새로운 교육의 시대

포스트 교육행정

| 최경민 · 김규태 공저 |

수양재

머리말

온 세상은 변화하고 있다. 시간도, 사람도, 삶과 일에 대한 생각도, 생산의 방식도, 기술도, 디자인도, 학습의 방법도 변하고 있다. 그렇다면 학교교육과 행정은 얼마나 변하고 있는가? 특히 코로나 19로 인해 우리의 삶과 일과 학습은 새로운 일상과 기준으로 재정립되고 있다. 우리 교육도 뉴노멀(new normal), 새로운 위기에 따라 목표, 내용과 방법과 평가 및 행정의 재정립이 필요하다. 뉴노멀 시대와 함께 인공지능, 빅데이터, AR, VR, 메타버스 등과 같은 제4차 산업혁명의 물결도 교육 현장에 거세게 밀려옴에 따라 교육체제와 교육과정과 교육행정도 이에 걸맞게 혁신되고 있다. 그렇다면 교육행정이론은 이렇게 변화하는 교육적 맥락과 내용과 방법 등을 설명하고 이해하도록 새롭게 재구성되고 있는가? 특히 미래사회에서 새로운 변화 속에서 살아야 할 인재들을 교육하도록 양성되는 예비교사에게 제공되는 교육행정과 교육경영 과목에서 다루는 이론들은 어떠한가? 아울러 교단에서 교육을 실천하는 교사들이 자신의 일터와 삶의 실재들을 바라보고 해석할 수 있는데 활용할 수 있는 교육행정이론들은 어떠한가?

유감스럽게도 이러한 질문들에 필자들은 '아직은 충분하지 않다(not yet enough)'라고 답하고 싶다. 왜냐하면 필자가 배웠었던 30년 전의 교육행정 및 교육경영 이론들을 2022년에도 거의 그때 그대로(?) 예비교사들은 배우고 있기 때문이다. 반면, 교육행정 전공자들의 필독서 중 하나인 Wayne K. Hoy와 Cecil G. Miskel이 집필한 *Educational Administration: Theory, Research, and Practice*(1978년에 초판이 출간되었고, 2012년 9판까지 출간)에는 교육행정의 실재를 이해하고 설명할 수 있는 이론들이 지속 수정 및 추가됨으로서 학문으로서의 역사를 읽어낼 수 있다. 해당 저서에서는 교육행정의 핵심기술인 교수와 학습에 대한 이론과 실제를 중심으로 학교교육 교수학습의 효과성 증진에 기여하는 요인들, 교육조직에서의 구조, 개인행동, 문화와 풍토, 권력과 정치, 외부환경과 책무성, 조직효과성, 공유된 의사결정, 의사소통, 리더십 등을 다루고 있다. 이들 내용들은 30년 이상 비슷한 내용이 아닌 교육 현장의 살아 있는, 변화되고 있는 실천적 맥락과 양상들을 실재감 있게 이해할 수 있도록 최신의 이론들, 사례들, 실증적 자료들을 제공하고 있다.

필자들도 우리 교육과 교육행정을 설명하는 이론들을 연구하고 가르치신 선배 교수들이나 연구자들의 결실들을 통해 '여기 지금(here and now)'의 교육행정이론들을 제시할 수 있다는 점을 겸손한 마음으로 감사드린다. 하지만 필자들은 교육행정학의 정립을 위한 노력에도 불구하고 설명ㆍ이해되기 어려운 블랙박스와 같은 학교조직의 실재를 드러내는데 한계를 지니고 있다고 솔직히 말하고 싶다. 이러한 이유로 필자들은 교육행정과 교육경영에 대한 새로운 접근(?)을 시도하였다. 그렇다고 교육행정을 뒤엎을 이론들을 제공하는 것은 아니다. 우리 필자들은 Hoy와 Miskel이나 우리 학계 석학들에 필적할 수 없음을 인정하고 또 인정한다. 다만 새로운 교육시대에서 학교조직과 교사의 삶과 일들의 실재들을 설명하고 이해하는데 조그마한 족적을 걷으려는 시도를 해보고자 하였다. 필자들은 교육행정을 연구하고 있는 전공 교수와 교육행정을 실천하는 교육행정 전공 박사이다. 우리들은 Hoy와 Miskel의 저서와 같이 머나 먼 학교 현장의 실재를 드러낼 수 있는 권위 있는 교육행정 이론과 실제를 담는 저서로서 제 모습을 찾을 수 있도록 지속 노력할 예정이다.

필자들은 본서의 제목을 설정하는데 고심을 했다. 겸손하면서 미래 포부를 담는 제목이 되도록 말이다. 고심 끝에 필자들은 본서의 제목을 '새로운 교육의 시대, 포스트 교육행정'으로 설정하였다. 저서의 의미는 변화하는 교육과 행정의 실재에 대한 종전의 교육행정 및 교육경영 저서가 아닌 학교조직과 교사의 생활을 읽어낼 수 있는 또 다른 책이어야 한다는 것이 함축되어 있다. 본서는 9장으로 구성되어 있으며, 각 장마다 교육행정 이론들과 그 이론들과 관련된 학교조직의 구조와 문화 및 교사들의 일과 삶에 대한 실천적 맥락과 실제를 담고 있다.

제1장의 제목은 '포스트 교육행정, 교육행정과 경영을 이해하다'이며, 여기에는 교육행정의 개념, 원리, 이론들, 조직행동 등 교육행정의 핵심 이론들을 다루었다. 핵심 지식을 제공하는 차원에서 설정하였다. 제2장은 '포스트 교육행정, 교육행정에 철학을 담다'이며 교육행정가가 어떠한 철학과 가치가 지향하는가에 따라 실천하고 있는 교육행정의 원리와 전략의 선택과 이행이 결정된다는 점을 다루었다. 제3장은 '포스트 교육행정, 질문과 함께 교사의 성장을 이야기하다'이며, 교사론과 교사전문성에 대한 이론과 교사들의 전문성 성장을 위한 실제를 다루었다. 제4장은 '포스트 교육행정, 교사의 정체성을 찾아보다'에서는 교사정체성의 이론과 함께 교육 현장에서 경험하는 교사들의 역할 혼미와 정체성 문제를 다루었다. 제5장은 '포스트 교육행정, 팀워크 중심 교사리더십을 강조하다'이며, 성공하는 교사들의 특징과 교사리더십의 이론과 함께 교사가 바라보는 팀워크 중심의 교사리더십의 실천적 실제를 다루었다. 제6장은 '포스트 교육행정, 교직과 교직문화가 변화하다'이며, 교직과 교직문화에 대한 이론과 교사로서의 교직문화의 경험과 변화 양상에 대한 실재를 다루었다. 제7장은 '포스트 교육행정, 교육 중심으로 교육정책을 개혁하다'이며, 교육정책의 이론과 함께 교육중심, 교사와 학생을 위한 교육정책의 실제를 다루었다. 제8장은 '포스트 교육행정, 미래사회 대비 교육정책을 논하다'이며, 미래사회의 특징과 교육의 변화, 미래사회에서의 교사 중심의 교육개혁 등을 담았다. 제9장은 '포스트 교육행정, 교육행정 변화로 위기를 극복하다'이며, 위험사회 속에서 교직과 교사들의 위기극복의 길들을 다루었다.

막상 탈고하고 보니 우리가 의도한 의도, 우리들의 열정과 뜻을 실현하는데 너무 부족함이 많다는 점을 인정한다. 필자들의 노력만으로 새로운 교육시대를 밝히는 교육행정 이론과 실제를 밝히지 못함을 솔직히 인정하며, 이러한 뜻과 열망을 이루도록 지속적인 노력을 경주할 것임을 밝힌다. 또한 이 책의 미진한 부분도 지속적으로 개선

할 것임을 밝힌다. 이럼에도 이 책이 우리들의 의도와 함께 하는 여러 동료들의 연구에 미진하나마 도움이 되기를 기원한다. 소홀하게 다루어진 부분이나 오류가 있는 부분에 대해서는 독자들의 질책과 지도를 요청한다. 본서를 발간하도록 아낌없는 지원과 격려를 해 주신 수양재 사장님과 편집진에게 깊은 감사를 드린다. 끝으로 본서가 발간될 때까지 우리들을 아낌없이 지원해 주신 가족들과 동료들에게도 진심으로 감사드린다.

2022년 6월 대구 성서에서
최경민, 김규태 배상

차례

CHAPTER

01

포스트 교육행정, 교육행정과 경영을 이해하다

1. 교육행정의 개념

교육행정은 일반적으로 학교 교육과정, 교수학습 및 생활지도를 지원하기 위한 활동이다(김규태, 강유정, 권민석, 최경민, 2017). 교육행정의 개념에는 다음과 같은 의미가 내재되어 있다. 첫째, 교육행정은 학교교육의 핵심인 교육과정, 교수학습과 생활지도 등을 위한 인적, 물적, 재정적 조건 마련과 그 운영 방법을 강구하는 활동이다. 둘째, 한정된 자원을 효율적으로 사용하여 공동의 목표를 효과적으로 달성할 수 있도록 계획, 집행 및 평가하는 활동이다. 셋째, 교육목표가 달성할 수 있도록 교육구성원 간에 이루어지는 협동적 활동이다. 종합하면 교육행정은 교육목표를 효과적 · 효율적으로 달성하기 위해 교육구성원의 협동적 행위를 촉진하고, 교육목표 달성을 위한 인적, 물적 및 재정적 조건과 그 운영 방법을 계획 · 집행 · 평가하는 활동이라고 할 수 있다.

2. 교육행정의 원리

학교교육은 사회 구성원이 합의한 공공의 목표 달성을 위해, 공익 추구를 위해 국가 및 지방자치단체 또는 학교법인이 설립한 교육기관을 통해 이루어지고 있다. 그래서 교육행정은 법제도로서 규정된 원리와 방법에 따라 실시된다. 교육행정의 법규적 원리는 일반적으로 법치행정의 원리, 기회균등의 원리, 자주성 존중의 원리, 적도집권의 원리 등이 있다(김규태, 강유정, 권민석, 최경민, 2017). 첫째, 법치행정의 원리는 「헌법」 제31조 제6항에서 규정된 것과 같이 모든 교육행정이 법에 의하여 법이 정하는 범위 안에서 이루어져야 한다는 것이다. 둘째, 기회균등의 원리는 「헌법」 제31조 제1항과 「교육기본법」 제4조와 같이 모든 사람에게 균등한 기회를 제공하여 개인의 능력을 최대한 발휘할 수 있도록 해야 한다는 것이다. 셋째, 자주성 존중의 원리는 「헌법」 제31조 제4항과 「교육기본법」 제5조에서 규정하고 있는 것처럼 학교나 교육행정기관이 그 조직의 관리·운영에 관하여 필요한 기준을 자주적으로 설정·집행하며, 조직 발전에 필요한 제반 정책을 독자적으로 결정하는 것을 말한다. 넷째, 적도집권의 원리는 중앙집권과 지방분권의 균형을 유지하는 것을 말한다.

교육행정은 법적 원리와 방법에 따라 운영될 뿐만 아니라, 실천적 활동을 지원하는 운영적 수준의 원리에 의해 이루어지고 있다. 즉, 교육실천 활동을 지원하는 전략과 수단 등이 타당하고, 민주적이며, 효율적이며, 사회변화에 적응가능하며, 일관성을 지녀야 한다는 것이다. 첫째, 타당성 원리는 교육행정이 교육목표 달성을 위한 수단적 활동이며, 교육목표에 부합되는 교수학습 및 생활지도를 계획하고 실시해야 한다는 것이다. 둘째, 민주성 원리는 교육에 관한 중요한 정책을 수립하고 집행하는 데 있어서 다양한 교육 관련 집단들의 참여와 의사결정을 보장하는 것이다. 셋째, 능률성의 원리는 경제성 또는 효율성의 원리로 교육활동에 있어서 최소한의 노력과 경비를 투입하고 최대한의 효과를 얻고자 하는 원리로서, 교육행정이 효율적이고 효과적으로 집행되어야 함을 말한다. 넷째, 적응성의 원리는 교육활동이 사회 변화를 고려하여 교육환경과 전략 및 수단을 유연하게 조정해 나가는 것을 말한다. 다섯째, 안정성의 원리는 일단

결정된 교육정책이나 그 집행을 일정 기간 시행함으로써 행정 시책의 일관성을 유지할 필요가 있다는 것이다.

3. 교육행정의 기술

교육행정의 기술은 교육행정가가 맡은 직무를 수행하는 기술로서 직무능력이라 할 수 있다. 직무능력은 담당한 직무에 따라 달라지며, 실무적 스킬, 대인관계 스킬, 통합적 스킬로 구분할 수 있다(김규태, 강유정, 권민석, 최경민, 2017).

첫째, 실무적 스킬(technical skill)은 조직목표를 달성하는 데 필요한 핵심 기술 또는 전문적 능력이다. 학교조직에 적용해 보면 담임 또는 교과교사가 수업, 상담, 평가, 생활지도, 진로지도 등을 수행하는 데 필요한 전문적 능력을 말한다.

둘째, 대인관계 스킬(human relationship skill)은 조직 내부와 외부의 사람들과 원만한 관계를 맺고 의견을 조율하며 협력할 수 있는 능력이다. 이는 부장교사와 일반교사 관계, 부장교사와 학교장 관계, 교사와 학생 관계, 교사와 학부모 관계, 학교장과 교육청 관계자와의 관계 형성과 소통에 필요한 능력이라 할 수 있다.

셋째, 통합적 스킬(conceptual skill)은 전체 파악적 스킬, 전략적 기획 전략이라고도 하며, 조직의 비전과 전략을 제시하거나 운영 전반을 전체적으로 파악할 수 있는 능력이다. 학교조직에 적용해 보면, 학교장이 학교교육 비전과 목표를 수립하고, 그에 맞는 교육계획을 수립하여 추진하고, 교육 및 운영 전반을 지속적으로 모니터링하며 운영 성과 및 개선활동을 하는 데 필요한 능력으로 볼 수 있다.

4. 교육행정 이론

교육행정이론은, ① 조직의 효율적 관리를 강조하는 과학적 관리론과 행정과정론

(1900~1930), ② 인간의 심리 · 사회적 속성을 강조하는 인간관계론(1930~1950), ③ 조직 내 인간의 행동을 과학적으로 탐구하려는 행동과학론(1950~1970), ④ 조직의 문제를 전체적인 입장에서 파악하려는 체제이론(1960년 이후) 등으로 구분될 수 있다(김규태, 강유정, 권민석, 최경민, 2017). 여기서는 각 이론들이 강조하고 있는 내용들을 개관해 보고자 한다.

1) 과학적 관리론과 행정과정론

과학적 관리론은 미국의 테일러(Taylor)가 그의 공장에서 직공, 직장, 기사, 고문 역할을 장기간에 걸쳐 경험한 결과를 바탕으로 제시한 테일러리즘(Taylorism)에서 비롯된다. 테일러는 노동자의 작업 현장을 분석 · 관찰해 보고, 노동자의 작업이 대부분 인습적이며 주먹구구식 방법에 방치되어 많은 동작과 시간이 낭비되고 있음을 발견하고, 이 같은 낡은 방법 대신 작업 능률을 향상시킬 수 있는 과학적 작업 도구나 작업 방법의 개선을 연구하였다. 그는 과업을 수행하는 데는 최선의 방법들이 있으며, 관리자는 이것들을 찾기 위하여 작업을 과학적으로 연구해야 한다고 주장하였다. 테일러가 제시한 과학적 관리론는 다음의 네 가지 원칙을 제시하고 있다(김규태, 강유정, 권민석, 최경민, 2017).

① **과학적 과업 관리:** 노동자 작업 요소 및 프로세스 등 시간과 동작 연구를 통해 과업의 절차와 방법을 과학적으로 접근한다. 이는 학교 현장에서 모든 교사들이 참고 · 활용할 수 있는 표준화된 수업모형이나 교수학습안을 제시하거나, 운영 절차나 방법을 제시한 매뉴얼을 제공하는 것으로 그 예를 들 수 있다.

② **과학적 선발과 훈련:** 직원을 과학적으로 선발하여 철저하게 교육 · 훈련시켜 육성해 나가야 한다. 이는 예비교사들을 표준화된 교직이수과정을 통해 이수하게 하거나, 현직교사들에게 자격 및 직무연수를 지속적으로 참여하도록 하는 것을 그 예로 들 수 있다.

③ **기능적 감독의 원리:** 관리자와 노동자 간에 분업을 통하여 관리자는 계획 · 조직 · 의사결정 활동을 하고 노동자는 그들의 직무를 수행한다. 이는 교무와 관리업무

를 구분하거나, 교무부 · 연구부 · 학생부 등으로 교무분장을 나누어 관리하는 것을 그 예로 들 수 있다.

④ **목표관리와 인센티브:** 개인, 부서별 목표를 수립하고, 그 목표에 따른 성과를 측정하여 그에 맞는 인센티브를 제공한다. 이는 교사들에게 업무 수행능력과 결과에 의한 성과급을 지급하는 것을 그 예로 들 수 있다.

2) 인간관계론

과학적 관리론이나 행정과정론은 과학적이고 표준화된 근무 조건과 절차를 강조하고, 경제적 유인가를 제공하면 생산성이 높아진다고 보았다. 하지만 이들은 조직의 생산성이 직무 상황에서 이루어지는 개인 및 집단의 역동적 관계에서 기인한다는 점은 간과하였다. 이러한 한계를 인식하면서 개인이나 집단의 동기나 사회적 관계 속에서 조직의 생산성이 결정될 수 있다고 보는 주장이 제기되는데, 이것이 인간관계론이다.

인간관계론은 메이요(Mayo)와 뢰슬리스버거(Roethlisberger)의 호손 실험을 통해 제기되었다. 이 실험은 1924년부터 1932년까지 미국 시카고 근처의 호손(Hawthorne) 공장에서 수행한 일련의 실험 연구이다. 호손 실험은 몇 개의 하위 실험으로 구성되는데, 그중 건반배선조립 관찰 실험의 예를 들면 다음과 같다. 건반배선 조립관찰 실험에서는 9명의 남성으로 구성된 한 집단이 자신들의 생산성 증가 정도에 따라 보수가 증가되는 인센티브 보수 체제를 적용받았다. 따라서 연구자들은 이들의 생산성이 시간이 지날수록 증가될 것으로 기대하였다. 그러나 전화계전기 조립 실험처럼 이 실험에서도 전혀 기대하지 못한 결과가 나타났다. 즉, 생산성을 최종 결정하는 것은 인센티브 체제가 아니라 비공식조직의 집단 규범이라는 사실이 실험 결과로 밝혀졌다. 노동자들은 생산을 더 많이 하게 되면 그만큼 임금을 더 많이 받을 수 있는데도 불구하고, 집단 내의 비공식조직이 생산을 통제하기 위한 수법으로 1일 표준작업량을 설정해 놓고, 이를 지키지 않는 동료에게 '일벌레'라는 별명을 붙이거나 물리적 체벌을 가하는 등 일종의 배척행위를 하고 있음이 밝혀졌다. 따라서 대부분의 노동자들은 인센티브 체제를 무시하였고, 비공식적으로 정해진 집단 규범의 생산성 기준을 따랐다.

호손 실험은 조직의 효율성 및 효과성에 조직구성원의 심리적 조건, 비공식조직의 성격, 인간 간의 원만한 관계 등이 영향을 미치게 됨을 알리는 계기가 되었다. 호손 실험이 주는 시사점은 경제적 요인이 아닌 심리적, 사회적 요인, 관계 및 규범도 조직 생산성을 높일 수 있다는 점, 공식조직만이 아닌 비공식조직도 구성원의 직무 수행과 동기를 결정할 수 있다는 점, 비공식적 지도자들도 공식적 지도자들 만큼 영향력이 있다는 점, 통제 및 감독만큼 심리적 지원과 의사소통이 중요하다는 점, 구성원은 수동적 존재가 아니라 적극적이고 능동적 존재라는 점 등으로 제시할 수 있다(김규태, 강유정, 권민석, 최경민, 2017)

3) 행동과학론

과학적 관리론은 조직의 생산성 향상을 위한 효율적 경영을 강조한다는 점에서 '인간이 없는 조직', 인간관계론은 조직 내 개인 및 집단의 심리적, 사회적 특성이나 관계 등을 강조하여 '조직이 없는 인간'이라는 한계를 지니고 있다. 그러나 이 두 측면은 교육행정에 있어서 모두 적용될 필요가 있다. 행동과학론은 이렇게 과학적 관리론과 인간관계론의 이론적 한계를 조화시키기 위해 시도된 접근이다. 이 접근은 인간의 행동을 과학적으로 연구하기 위한 학문으로, 사회적 현상을 연구함에 있어 개인이나 집단의 행동에 초점을 두면서 조직 내 운영 절차와 구조와 조직 내 개인 및 집단 내 역동적 행위와 관계를 이해하는 이론들을 도출하는 데 기여하였다. 사실상 많은 행정이론과 원리가 행동과학론에 의해 주창되었다고 할 수 있다.

행동과학적 접근에 있어서 대표적인 학자를 들자면 버나드(Barnard)와 사이먼(Simon)이 있다(김규태, 강유정, 권민석, 최경민, 2017). 버나드는 『경영자의 기능(The Functions of the Executive)』을 통해 조직을 사회적 협동체로 보고 조직의 요소로서 의사소통, 협동, 공동의 목적 등을 제시하였고, 조직 내 비공식조직의 중요성과 공식조직과의 피할 수 없는 상호작용이 있음을 증명하였다. 버나드는 조직을 구조적 개념과 역동적 개념으로 구분하였다. 구조적 개념은 개인, 협동적 체제, 공식적 조직, 복합적 · 공식적 조직 그리고 비공식조직이며, 역동적 개념은 자유의지, 협동, 의사소통, 권위, 의사결정 과정 그리고 역동적 균형이다. 버나드의 핵심 아이디어는 조직의 목적과 조직구성원 개개인의 목적 간의 균형을 유지하는 데 있다. 경영자는 인간관계 기술과 전문 기술을 모두 갖추어야 한다고 주장하였다. 한편, 버나드의 제자 사이먼은 『행정행위론(Administrative Behavior)』을 통해서 행정을 합리적인 의사결정 과정으로 보았다. 또한 그는 조직 내 의사결정 과정은 만족스러운 범위 내에서 제한된 합리성을 통해 이루어진다고 보았으며, 조직을 작업에 대한 유인이 교환되는 교환체제로 보았다. 구성원은 그가 조직에 헌신한 것보다 큰 유인을 지각하는 동안에는 조직에 머물러 있다는 것이다.

4) 체제이론

체제이론은 생물학적 존재가 여러 요소와 기능들이 유기적으로 상호 연계와 통합을 통해 생존하고 유지되는 것처럼, 한 조직도 조직 내 하위요소의 상호 연계와 통합을 통한 조직의 생존과 발전을 추구한다고 본다. 체제는 조직의 하위요인들과 관련 있는 여러 환경과의 상호작용 유무에 따라 개방체제와 폐쇄체제로 구분된다. 환경과 정보를 계속 주고받는 체제를 개방체제라 하고, 정보를 주고받지 않는 체제를 폐쇄체제라 한다. 또한 체제는 조직과 환경 간의 상호작용 과정에서 외부 환경으로부터 다양한 형태의 투입을 받아들이게 되며, 이러한 투입은 다시 체제의 전환 과정을 통하여 외부 환경에 산출의 형태로 되돌아가게 된다. 즉, 체제는 '투입 → 과정 → 산출 → 투입과 과정'에의 피드백 과정이 순환적으로 이루어지는 것을 말한다(김규태, 강유정, 권민석, 최경민, 2017).

호이와 미스켈(Hoy와 Miskel, 2013)은 교육조직을 하나의 사회체제로 보았다. 우선 교육조직의 내부 과정의 핵심을 교육과정, 교수학습 생활지도, 학급관리로 보았으며, 교수학습을 수행하는 데 영향을 미치는 요인들로 조직의 구조, 개인, 문화, 환경, 의사소통, 의사결정, 리더십 등을 제시했다. 이러한 내부 과정은 조직 환경으로의 요구와 재정지원 등 투입을 통해 유지되고, 외부 환경에 내부의 산출물을 제공하며, 그 환경적 요구나 기대 및 산출 측면은 다시 조직을 위한 투입과 과정에 피드백된다는 점을 제시하였다.

교육조직에서 적용되는 체제적 접근은 교육조직 내 · 외부 구성요소와 환경 간의 상호 연계된 것들을 탐색하여 조직의 목표 달성에 영향을 미치는 요인들을 탐색할 수 있다는 점에서 유용하다. 또한 분석된 조직의 하위요소들에 의해 발생하는 문제 및 대안에 대한 합리적, 총체적 분석을 통해 조직 내부의 프로세스, 구조 및 문화 등을 개선하는 데 유용하다. 또한 조직과 관련된 외부 환경과 관계자들의 요구를 파악하거나 조직에 대한 환경적 변화와 적응 방안을 탐색하는 데 유용하다.

교육행정가들은 이러한 체제적 접근을 통해 교육행정 현상을 분석 및 비판하면서 새로운 대안을 탐색하여 체제의 유지와 변화를 도모해야 한다. 이를 위해서는 무엇보다도 체제적 사고가 요청된다. 체제적 사고는 교육조직의 내부 요인들의 상호 연계성과 그것들에 대한 환경적 변화와 영향력 등을 종합적으로 사고하는 것을 말한다. 이러한 체제적 사고를 위해서는 분석적 사고, 비판적 사고, 창의적 사고를 필요로 한다.

① 분석적 사고(analytic thinking)는 조직 내 · 외부 요인, 요인 간, 환경 및 그 영향에 대해 논리적이고 합리적으로 사고하며 분석하는 것을 말한다. 이것은 문제와 관련된 조직 하위요소나 환경 영향 등에 대한 전후 관계나 논리적 관계를 살피고 그에 따른 원인과 문제 및 해결대안을 합리적으로 모색하는 사고라고 할 수 있다.

② 비판적 사고(critical thinking)는 조직 내 · 외부 요인, 요인 간 상호관계, 환경 및 그 영향에 대한 가치(강점과 약점), 효과(순기능과 역기능)을 객관적이고 균형 있게 판단하는 것을 말한다.

③ 창의적 사고(creative thinking)는 조직 내 · 외부 요인, 요인 간, 환경과 그 영향에 대한 가치와 효과를 종합적으로 분석한 결과를 바탕으로 기존의 조직 정책, 절차나 방법을 수정 · 보완하거나 새로운 것으로 대체하는 것을 말한다. 이것은 당면한 문제를 해결하기 위해 이미 알고 있는 경험지식을 해체하여 새로운 아이디어를 다시 도출하는 것으로, 개인이 가지고 있는 경험과 지식을 통해 새로운 가치 있는 아이디어로 다시 결합함으로써 참신한 아이디어를 산출하는 사고라고 할 수 있다.

5) 교육경영과 학교경영

교육행정의 개념은 학교경영과 구별된다. 교육행정은 공공적 가치를 추구하는 활동으로서 공공성을 가지며, 고도의 합리적인 협동적 행위를 강조한다. 또한 정부의 목표를 달성하기 위한 공공 관리의 성격을 지니며, 공공 목표를 위해 효율성을 강조한다. 반면에 교육경영은 교육성과의 극대화를 위하여 조직 목표와 과정의 합리적·과학적 관리를 강조하며, 고객의 요구와 서비스 만족에 민감하며 경쟁적 시장 행위를 강조한다(김규태, 강유정, 권민석, 최경민, 2017).

한편, 학교경영은 학교가 적합한 목표를 수립하고, 수립된 목표를 달성하기 위하여 교육적·인적·물적·재정적 자원을 적절한 수준으로 확보하고 이를 공정하게 배분하여 능률적으로 활용함으로써 효과적으로 학교교육목표를 달성하기 위한 기획·운영·평가활동이다. 학교경영은 다음과 같은 특수성에서 교육행정과 구별된다.

① 학교의 목표는 기업의 목표보다 구체적으로 규정하기가 쉽지 않다. 학교는 개인의 능력을 개발시키고 공인된 가치와 신념을 가르치고 수업 시간을 정해서 학생을 가르친다. 그리고 다음 단계인 교육이나 취업을 위하여 학생들을 준비시킨다.

② 학교교육은 교육목표가 제대로 성취되고 있는지 측정하는 것이 어렵다. 학교조직에서는 인간의 행동 변화나 교육경영 목표의 측정이 비가시적인 경우가 많고, 교육의 효과는 일생 동안 지속되거나 오랜 기간이 지나야 나타나기 때문이다.

③ 학생들은 기업의 원료처럼 쉽게 가공 처리되거나 조작될 수 없으며, 또한 학교에서 학생의 질은 선천적·후천적으로 형성된 개인차에 상당히 의존한다.

④ 학교는 공유된 가치, 훈련 및 경험을 가진 동일한 전문적 배경을 가지고 있는 교원들이 운영한다. 전문가로서의 교사는 교수학습과정에서 자율성을 부여받는다. 학교경영은 일반 행정에서 강조하는 규정이나 감독보다는 비교적 전문적 재량과 판단을 강조하여 교사가 담당하는 학습 상황과 방법에 대한 질적 통제가 어렵다.

⑤ 학교조직은 내적으로 이중 구조화되어 있고, 외적 조직 · 경영 구조의 영향을 받는다. 학교조직은 교원조직과 학생조직으로 이중화되어 있으며, 학교단계가 높아지면 높아질수록 이들 조직 간의 관계는 평등해진다.

⑥ 학교의 구성원들은 고정되어 있지 않고 유동적이어서 책임의 한계가 모호하다. 학교를 경영하는 경영자나 중간 관리자 및 실무자들은 공립학교의 경우 일정 기간이 되면 순환 근무를 하여야 한다. 또한 책임은 한 개인에게만 귀속되는 것이 아니고, 집단에 귀속되기 때문에 책임의 한계가 모호한 경향이 많다.

5. 교육조직행동

조직행동은 조직의 종합적 성과인 조직유효성 향상을 위해 개인, 집단, 그리고 조직구조가 조직 내부의 행동에 미치는 영향을 살펴보는 분야이다(Robbins & Judge, 2011). 조직행동은 조직 내에서 사람들이 무엇을 하는지 그리고 그러한 행위가 조직의 성과에 어떠한 영향을 주는지를 연구한다(Robbins & Judge, 2014). 조직행동에서 다루는 주요 내용은 학자들 간의 논쟁이 있지만 동기부여, 리더의 행동과 권력, 대인의사소통, 집단의 구조와 과정, 성격 · 감정 · 가치관, 태도의 발달과 지각, 변화 프로세스 관리, 의사결정, 의사소통, 조직문화, 조직구조, 갈등관리, 조직변화, 스트레스관리 등을 다룬다.

조직행동은 조직의 성과를 높이기 위해 사회적 · 문화적 환경에서의 인간행동에 대한 지식을 활용하고자 하는 사회적-과학적 접근이며 조직 실제에 대한 적용을 강조한다. 따라서 조직행동론은 조직 상황에서 일어나는 행동을 이해하고 영향을 미치는 요소들을 탐색하여 예측하는 데 기여할 수 있다. 그래서 조직행동론은 여러 행동과학 분야들을 기반으로 연구되고 있다. 로빈스와 저지(Robbins & Judge, 2014)에 따르면 조직행동론은 심리학, 사회심리학, 사회학, 인류학 등을 기초로 한다고 하였다. 심리학은 동기부여, 성격, 감정, 직무만족, 태도, 직무 스트레스 등에서, 사회심리학은 행동 및 태도 변화, 의사소통, 집단과정, 집단의사결정, 권력과 갈등 등에서, 사회학은 조직문화, 공식조직의 이론과 구조, 조직기술, 의사소통, 권력, 갈등 등에서, 인류학은 가치, 태도비교, 다문화 분석, 조직문화와 환경 등에서 조직행동이론에 영향을 주었다.

조직에는 다양한 가치, 성격, 태도, 감정을 지닌 사람이 존재한다. 이들은 개인적으로, 또는 집단적으로 심리적 행동, 개인과 개인의 사회적 행동, 개인과 집단 간 정치적 행동 등을 보인다. 이러한 행동들을 경영학에서는 조직행동이라 부른다. 조직행동이론은 조직의 효과성에 영향을 미치는 개인들, 집단들과 구조들을 이해하고 설명하고 예측하는 지식 체계이다(Robbins & Judge, 2014). 여기서는 교육조직에서 개인이 보일 수 있는 행동들을 태도, 성격, 지각과 감정 차원에서 구분하여 간략하게 제시해 보고자 한다[1].

1) 태도 차원의 조직행동

태도는 사물이나 사람 또는 사건에 대한 호의적이거나 비호의적인 평가적 표현 또는 판단을 의미한다. 태도와 관련된 조직행동 변수로는 직무동기, 조직공정성, 조직시민행동, 신뢰, 직무만족, 직무몰입, 심리적 임파워먼트, 조직몰입, 조직후원인식 등이 있다.

(1) 직무동기

가) 매슬로우(Maslow)의 욕구위계론

매슬로우는 생리적 욕구, 안전의 욕구, 사회적 욕구, 존경의 욕구, 자아실현의 욕구 등 5단계 욕구위계설을 주장했다가 인지적 욕구, 심미적 욕구, 초월적 욕구 등을 추가하여 8가지 욕구위계를 제시하였다.

① **생리적 욕구**: 욕구 단계상 출발점이며 인간 생명 유지를 위한 기본적 욕구로서 신체적 · 물질적 욕망(의식주, 성 등)과 관련된다.

1) 아래의 내용은 김규태, 강유정, 권민석, 최경민(2017)의 7장부터 9장의 내용을 요약 재구성한 것임

② **안전의 욕구**: 정신적 · 육체적 안정을 얻고 싶어 하는 욕구이다. 조직구성원이 직장의 안정성과 작업환경의 안전 등을 추구하는 것과 밀접히 관련되며 근무환경, 보수, 수당, 휴가, 복지후생 등이 해당한다.

③ **소속 및 사랑 욕구**: 동료집단에 소속되고, 인간관계를 형성하여 상호작용하고자 하는 욕구이다. 조직구성원은 공식 혹은 비공식 집단에 소속되어 동료들과 어울려 우정을 나누며 교제를 한다.

④ **존경의 욕구**: 타인으로부터 높은 평가와 존경을 받고 싶어 하는 욕구로서 조직에서의 승진과 인정을 받으려고 한다.

⑤ **인지적 욕구**: 문화나 교육을 통한 지적 욕구이다. 어떤 특정한 대상이나 경험에 대한 재음미와 발견을 통한 이해와 배움을 추구한다.

⑥ **심미적 욕구**: 문화예술의 추구, 자연환경을 통한 아름다움을 추구하려는 욕구이다. 외적인 아름다움보다는 오히려 정서적이고 감상적이며 감성적인 내적 미를 추구한다.

⑦ **자아실현의 욕구**: 자신의 잠재력을 인식하고 자아충족적이며 계속적인 자아발전 및 창조적이 되고자 하는 욕구이다.

⑧ **초월적 욕구**: 타인의 자아실현을 코칭하고 돕는 욕구이다.

나) 허즈버그(Herzberg)의 동기 · 위생이론

허즈버그는 조직 구성원들의 직무수행 시 만족과 불만족을 야기시키는 요인을 분석하기 위해 피츠버그 지역의 11개 기업체로부터 약 200여 명의 기술자와 회계자를 대상으로 면접을 통하여 조사 실시하였다. 그 결과 조직구성원의 불만을 야기시키는 요인이 대체로 일하는 환경과 관련되고, 만족을 야기하는 요인은 작업 자체와 관련된다는 사실을 밝혔다. 허즈버그는 직무 불만족을 야기하는 요인을 위생요인이라고 한다. 이것은 업무가 수행되고 있는 작업환경 및 작업조건, 직무불만족을 예방하는 기능을 하며, 조직의 정책과 관리, 감독, 작업조건, 대인관계, 금전, 지위, 신분, 안정 등이 해당된다. 반면에 만족을 주는 요인을 동기요인이라 한다. 이것은 조직구성원이 더욱 우수한 업무 수행을 위해 동기부여하는 데 적합한 요인으로, 직무 그 자체와 관련되며, 자기성취, 성취에 대한 인정, 도전적이고 보람 있는 과업수행, 책임의 증대, 승진 등이 해당된다.

다) 맥그리거(McGregor)의 X · Y 이론

맥그리거는 인간의 본성에 대한 가정을 근거로 하여 인간의 동기를 X이론과 Y이론으로 구분하였다. X이론 지향 인간은 일하기를 싫어하며, 야망이 없고 책임지기를 싫어하고 통제에 순응하면서 조직문제에 있어 창의력을 발휘하지 못하며, 생리적 욕구나 안전욕구 단계의 동기를 부여해야 한다고 본다. X이론에 따른 효과적인 관리는 경제적 보상과 통제를 적절하게 사용하는 것이다. 경제적 보상을 하고 권위주의적 리더십으로 상부책임제도의 강화를 하며, 조직구조의 위계화와 공식화, 직권제와 참여 제한 등을 활용한다. Y이론 지향 인간은 작업환경을 적절히 제공하면 직무를 자발적이고 창의적으로 수행하며, 사회적 · 존경 · 자기실현 단계의 욕구를 선호한다. Y이론에 따른 관리전략은 사회적 인간적 보상을 강조하고, 민주적 리더십으로 분권화와 권한위임을 하며, 수평적 조직, 비공식 구조 활용, 참여와 신뢰 및 존경, MBO, 셀프리더십, 자기평가 등을 강조하는 것이다.

호이와 미스켈(2013)의 효과적인 동기 유발 전략

- 낮은 욕구단계는 충족시켜 주고 높은 욕구는 도전하도록 할 때 열심히 일함.
- 구체적이고 현실적이고 도전 가능한 목표를 설정하고 그것을 이루기 위하여 전념하고 그 목표 달성에 대한 긍정적 피드백을 받을 때 열심히 일함.
- 성공과 실패의 원인을 능력과 노력으로 돌리고 상황에 따라 그것이 달라질 수 있다고 인정하며 적절한 직무수행 전략을 통해 과업의 성과는 통제될 수 있다고 믿을 때 열심히 일함.
- 받을 만한 보상을 받고 있고, 보상이 공평하게 배분되고 존경과 신뢰로 대우받고 있다고 느낄 때 열심히 일함.
- 열심히 일을 하면 성과가 개선되고 좋은 성과는 인정받고 가치 있는 보상을 받는다고 믿을 때 열심히 일함.
- 성공할 수 있는 역량이 있으며 수행하는 과업이 어렵지 않다고 믿을 때, 그리고 유사한 일을 성공적으로 수행한 경험이 있거나 그러한 성공의 모델들이 주변에 있을 때 열심히 일함.

(2) 조직공정성

조직공정성은 조직 내 업무환경하에서 구성원들이 경험하게 되는 다양한 공정성 지각의 차원들을 반영하기 위해 도입된 개념이다. 조직공정성이 중요하게 고려되어야 하는 이유는 능력주의 인사제도 도입으로 인한 공정성의 중요성, 구성원에 대한 조직생활의 만족과 동기 제고를 통한 조직효과성 증대, 리더와 구성원에 대한 신뢰 증대 및 조직에의 헌신 제고 등 때문이다. 조직공정성은 보상결과에 대한 분배공정성(distributive justice), 보상 절차와 규정에 대한 절차공정성(procedural justice) 그리고 보상과정 중에 발생하는 의사소통과 대인적 처우에 대한 상호공정성(interaction justice)으로 구분되며, 이에 대한 설명은 아래의 표와 같다.

공정성 분류	의미
분배공정성	의사결정의 과정을 거쳐 최종적으로 지급되는 임금, 승진, 조직 내 인정 등의 결과물에 대한 분배와 관련하여 조직구성원이 느끼는 공정성의 지각정도
절차공정성	자원-보상 배분결정을 위해 활용되는 절차나 규칙에 대해 지각된 공정성을 말하는 것으로 조직구성원 사이의 불충분한 자원의 배정이나 업무 성과의 보상결정과 관련된 의사결정이 아닌 의사결정이 이루어지는 과정에 중점
상호공정성	의사결정과정 및 정책이나 절차의 실행과정에서 권한 보유자가 보여 주거나 조직구성원이 지각하는 대인적 처우의 공정성의 지각정도

(3) 조직시민행동

조직시민행동(organizational citizenship behavior)은 조직이 종업원들에게 요구하지는 않지만 조직의 생존과 유효성을 높이기 위해 자발적으로 수행하는 행동이다. 조직시민행동의 예로는 동료를 돕고, 새로운 정보기술을 학습해야 하는 동료들에게 하는 방법을 알려주거나, 방화/절도/재난을 강조하고, 건설적인 제안을 하는 등을 들 수 있다.

(4) 신뢰

신뢰는 다른 사람이 인자하고 믿음직하며, 유능하고 정직하며, 개방적인 것을 근거로 다른 사람과의 관계를 맺으려는 의지로써, 조직 내에서의 높은 수준의 상호의존성 때문에 필요하다. 이는 개방성을 증진시키고 집단 응집성을 촉진하며, 학생의 성취도를 향상시킨다. 신뢰에는 인자함, 믿음직함, 유능함, 정직, 개방성 등 다섯 가지의 공통된 사항이 있으며, 조직의 강한 신뢰 문화는 구성원들이 리더를 신뢰하고, 구성원들이 서로 신뢰하며 모든 집단이 협동적으로 함께 일을 하게 한다.

(5) 직무만족

직무만족(job satisfaction)은 사람들이 자신들의 직무 전반과 직무의 다양한 단면들에 대해 어떻게 느끼는지를 나타내는 태도 변인이다. 즉, 직무만족은 자신들의 직무를 좋아하는 정도를 말하며, 직무불만족은 사람들이 싫어하는 정도를 의미한다. 직무만족에 영향을 미치는 요인들로는 급여, 승진기회, 부가급부, 관리 감독, 동료, 직무조건, 작업의 본질, 의사소통, 안전 등이 있다. 직무만족에 기여하는 직무특성으로는 기술다양성(skill variety, 직무를 수행하기 위해 필요한 기술의 수), 과업정체성(task identity, 종업원이 직무의 전체에 관한 일을 하는지 혹은 일부에 관해 일을 하는지에 대한 것), 과업중요성(task significance, 다른 사람에 대한 자기 직무의 영향력), 자율성(autonomy, 종업원 자신이 맞다고 생각하는 바대로 직무를 수행할 수 있는 자유), 과업피드백(task feedback, 종업원이 자신의 일을 올바르게 하고 있음을 분명히 아는 정도) 등이 있다.

(6) 심리적 임파워먼트

심리적 임파워먼트(psychological empowerment)는 조직구성원 자신이 직무환경, 역량, 직무에 대해 스스로 의미를 부여하고 자율적 권한위임의 정도에 대한 신념의 수준이다. 즉, 구성원이 의사결정에 참여하여 자신의 일이 중요하다고 느끼며, 또한 자신의 고유한 일을 스스로 수행할 수 있거나 위임받았다고 느끼는 정도를 말한다.

(7) 조직몰입

조직몰입(organizational commitment)은 조직구성원들이 특정 조직이나 조직의 목적을 자신과 동일시하여 조직의 구성원으로 남아 있으려는 의사를 말한다. 조직몰입은 조직에 대한 감성적 애착 및 조직의 가치에 대한 신념인 정서적 몰입, 조직을 떠나는 것에 비해 남아 있을 경우에 갖게 되는 경제적 가치 인식인 지속적 몰입, 도덕적 또는 윤리적 이유로 조직에 남게 되는 의무감인 규범적 몰입으로 구분된다. 조직몰입은 조직성과와 정적 관계를, 조직이탈행동에는 부적 관계를 일반적으로 보인다. 참고로 직장(직무) 이탈행동은 종업원 스스로 조직과 입장을 달리하는 제반 행위을 말한다. 이러한 행동은 회의에 늦게 나타나거나 아예 참석하지 않는 경우에서부터 결근과 이직 등 다양한 형태로 표출되며, 주로 직무태도, 감정과 기분, 상하관계, 동료관계가 부정적이거나 원만하지 못할 경우에 발생한다.

(8) 조직후원인식

조직후원인식(perceived organizational support)은 종업원들이 조직에서 그들의 공헌에 대한 가치를 부여하고 종업원 복지에 대한 관심을 갖고 있다고 믿는 정도이다. 육아문제가 있을 경우 회사에서 탁아시설을 제공하거나 업무상 실수에 대해서 신뢰하고 그것을 감싸 준다고 믿는 것을 예로 들 수 있다. 일반적으로 조직후원인식이 높을수록 조직시민행동은 높게, 근무태만은 낮게, 고객 서비스는 더 양호하게 나타난다.

2) 성격 차원의 조직행동

성격(personality)은 한 개인이 타인에 대해 반응하고 타인과의 관계에서 상호작용하는 모든 방식의 총체를 의미한다. 여기서는 조직행동론에서 주로 제시하는 성격 관련 변수들을 제시한다.

(1) MBTI

MBTI(Myers-Briggs Type Indicator)는 특정 상황에서 일반적으로 사람들이 어떻게 느끼고 행동하는가에 관해 질문하는 100가지 성격 테스트로 이루어져 있고, 외향적－내향적, 감각적－직관적, 사고적－감정적, 판단적－지각적 등 네 가지 특징을 조합하여 사람의 성격을 16가지로 구분한다.

① **외향적**(extraverted)**와 내향적**(introverted): 외향적인 사람은 사교적이고 사회성이 있으며 적극적이다. 내향적인 사람은 조용하고 수줍음을 잘 탄다.

② **감적적**(sensing) **및 직관적**(intuitive): 감각적인 사람은 현실적이며 일상적이고 규칙적인 것을 선호한다. 따라서 그들은 세밀한 것에 초점을 둔다. 직관적인 사람은 무의식적 프로세스에 의존하면서 상대적으로 "큰 그림"을 본다.

③ **사고적**(thinking) **및 감정적**(feeling): 사고적인 사람은 문제를 해결하기 위해 이유와 논리를 사용한다. 감정적인 사람은 자신의 개인적 가치와 감정에 의존한다.

④ **판단적**(judging) **및 지각적**(perceiving): 판단적인 사람은 통제를 중시하고 주변이 정돈되어 체계화된 것을 선호한다. 지각적인 사람은 사고가 유연하며 자발적이다.

16가지 성격 유형의 예시를 제시하면 다음과 같다.

① **내향적–직관적–사고적–판단적 유형**: 비전을 지향하는 사람으로, 자신의 생각이나 목적을 이루기 위한 강한 동기를 가지고 있고, 회의적, 비판적, 독립적이고 단호하고 완고하다.

② **외향적–감각적–사고적–판단적 유형**: 조직화를 지향하는 사람으로, 현실적, 논리적, 분석적이고 단호한 사업가나 기술자의 자질을 가지고 있으며 계획을 미리 수립한 후 일을 추진하는 스타일이다.

③ **외향적–직관적–사고적–지각적 유형**: 개념화를 지향하는 사람으로, 혁신적, 개인적이며 다재다능하고 도전적인 사고를 하며, 어려운 문제를 해결하는 데 유능하지만 일상 업무의 수행에 있어서는 다소 뒤떨어지는 편이다.

(2) Big-Five Model

빅 파이브 모델은 아래에서 제시한 다섯 가지 차원으로 성격을 측정하는 모델이다.

① **외향성**(extroversion): 외향적 성격 차원은 사람들이 많은 관계 안에서 느끼는 편안함의 정도를 다룬다. 외향적 성향의 사람은 사교적이고 단정적이며 친화적이 뛰어난 데 비해 내향적인 성향의 사람은 수줍어하고 소심하며 조용하다.

② **친화성**(agreeableness): 친화적 성격 차원은 다른 사람들에게 양보하고 순응하는 성향을 의미한다. 친화성이 높은 사람은 협력적이고 따뜻하며 남을 잘 믿는 데 비해 친화성이 낮은 사람은 차갑고 까다로우며 적대적이다.

③ **성실성**(conscientiousness): 성실한 성격 차원은 신뢰성에 대한 것이다. 성실성이 높은 사람은 책임감이 있고 규칙적이며 믿음직스럽고 우직한 데 비해 성실성이 낮은 사람은 쉽게 이성을 잃는 편이고 산만하며 믿음직스럽지 못하다.

④ **감정 안정성**(emotional stability): 감정적 안정과 관련된 성격 차원은 스트레스에 견디는 개인의 능력과 관계된다. 감정이 안정된 사람은 온화하고 자신감이 있으며 안전한 데 비해 감정 안정성이 낮은 사람은 신경질적이고 우울하며 불안전하다.

⑤ **개방성**(openness to experience): 개방적 성격 차원은 새로운 것에 대한 관심과 흥미를 나타낸다. 개방성이 높은 사람들은 창의적이고 호기심이 많으며 예술적 감수성이 있다. 반면 반대 성향의 사람들은 보수적이고 익숙한 환경에서 편안함을 느낀다.

대부분의 연구는 믿음직하며 신뢰할 수 있고 주의 깊고 철저하고 계획적이며 규칙적이고 근면하고 인내심 있고 성취 지향적인 사람은 전반적으로 높은 성과를 내는 경향이 있다고 본다. 또한 성실성이 높은 사람은 담당 직무에 더욱 많은 노력을 기울이므로 높은 수준의 직무 지식을 익히게 되며 그 결과 직무성과도 향상된다고 본다. 빅 파이브 성격 모델의 조직에서의 활용은 다방면으로 적용될 수 있다. 예를 들면, 조직 성공에 필요한 사람을 선발하고 배치하는 경우를 들 수 있다. 한 조사 결과, 증권사의 사업 성공에 적합한 특성으로 끈기, 섬세함, 효율성, 분석력, 도전성을, 중요치 않은 특성으로 강한 언변, 팀워크, 유연성, 열정, 청취력 등을 강조한 것이 그 예이다.

(3) 직무 적합성 및 개인-조직 적합성

① **개인-직무 적합성**(personality-job fit theory): 홀랜드(Holland)의 성격-직무 적합성으로, 여섯 가지 유형의 성격을 통해 직무만족과 이직률을 결정할 수 있다는 이론이다. 이 이론은 개인 간의 성격에는 본질적인 차이가 있고, 직무에는 다양한 유형이 있고, 자신의 성격 유형과 부합하는 직무 환경에 있는 사람은 그렇지 않은 사람보다 더 만족하며 자발적인 이직률이 상대적으로 낮다는 기본 가정을 견지한다. 홀랜드는 현실형, 탐구형, 친화형, 보수형, 사업형, 예술형으로 구분하여 성격 특성과 그에 적합한 직업을 제시하였다.

② **개인-조직 적합성**: 사람들이 자신의 가치와 어울리는 조직에 이끌리고 선발되는 데 비해 자신의 성격과 맞지 않는 조직을 떠난다고 보는 입장이다. 이는 조직의 문화와 종업원의 성격 간 적합성 여부에 관심을 갖는다. 예를 들어, 빅 파이브 모델 관점에서 보면, 외향적인 사람은 공격적이고 팀 지향적 조직문화가 더 적합하고, 새로운 것이나 체험에 개방적인 사람은 표준화보다 혁신을 강조하는 조직에 더 적합할 수 있다는 것이다.

(4) 핵심자아평가

핵심자아평가(core self-evaluation)는 개인이 한 인간으로서 갖추고 있는 능력과 역량 및 가치의 종합적 평가이다. 자신의 내재적 가치와 기본 역량을 확신하는 사람은 부정적으로 핵심자아평가를 하는 사람보다 직무만족도가 더 높다. 그들은 자신의 일을 보다 성취적이고 도전적인 것으로 볼 뿐만 아니라 도전해 볼 만한 직무를 우선시하는 경향이 있다. 또한 의욕적인 목표를 설정하고 목표에 몰입하며 지속적으로 목표를 추구하므로 높은 성과를 거둔다. 아울러 맡은 바 일에 대한 가치를 인정하며 타인에 대한 지원도 잘 해 준다고 한다. 한편 부정적인 핵심자아평가를 하는 사람은 야심 찬 목표가 거의 없으며 난관에 부닥치면 쉽게 포기해 버린다. 그만큼 그들은 긍정적으로 핵심자아평가를 하는 사람들에 비해 지루하고 반복적인 업무에 매달리는 경향이 있다. 또한 핵심자아평가가 지나치게 높은 경우는 자신에 대한 과신으로 잘못된 의사결정을 할 수 있는 경우가 많다.

(5) 마키아벨리즘

마키아벨리즘(Machiavellism)은 "도움이 된다면 이용하라", "나는 승진을 위해서라면 어떤 일이라도 할 준비가 되어 있다"라는 말처럼 개인의 실용주의적 성향을 말한다. 감성 억제력 및 목적 달성을 위해 수단이 정당화될 수 있다고 믿는 수준을 말한다. 마키아벨리즘 성향이 강한 개인은 독단적이면서 감성적 거리를 잘 유지하며 목적이 수단을 정당화할 수 있다고 믿는다. 또한 남을 잘 구슬리고 쟁취를 잘하며 남을 잘 설득한다. 또한 자기의 직무를 별로 좋아하지 않으며 오히려 일 때문에 스트레스를 많이 받고 일탈적 직장행동을 저지를 때가 많다.

(6) 나르시시즘

나르시시즘(narcissism)은 엄청난 자존심을 갖고 지나친 칭찬을 요구하며 자신이 특권적 자격을 지닌 것으로 여기는 성향이다. 자기애가 강한 사람일수록 카리스마가 강하므로 리더로 부각되기 쉬우며 나아가서는 스스로가 인정하듯이 강심장을 가진 사람으로 보일 수 있다. 또한 남들로부터 존경을 받으려 하고 자신의 우월성을 확인하려 하기 때문에 자신에게 위협을 가하는 사람을 경멸하고 다른 사람들도 마치 하인처럼 대하는 성향이 있다. 자기본위 의식이 강하고 자신의 이익만 추구하며 남들은 오로지 자기를 위하여 존재하는 것처럼 생각한다.

(7) 자기관찰

자기관찰(self-monitoring)은 자신의 행동을 외부 상황적 요인에 적응시키는 개인의 능력이다. 자기관찰을 잘하는 사람은 자신의 행동을 외적인 상황 요인에 적응시키는 능력이 뛰어나다. 그들은 외부 정보에 무척 민감하고 상황마다 다르게 행동할 수 있다.

또한 그들은 타인의 행동에 더 신경을 쓰고 자신을 맞추려는 경향이 있다.

(8) 위험감수성향

위험감수성향(taking-risk)은 위험이 닥쳐올 때 이를 받아들이려는 경향이다. 높은 위험부담의 성향은 신속하게 의사결정하고 사용한 정보량은 적은 경향을 보인다.

(9) 자아존중감

자아존중감(self-esteem)은 사람들이 얼마나 자신과 자신의 역량에 대해 자랑스러워하는지를 말한다. 자아존중감이 높은 사람은 대부분의 상황에 능숙하게 대처할 수 있는 유능한 사람들이다. 낮은 자아존중감을 가지고 있는 사람들은 자신의 가치와 역량에 대해 의심하며, 노력을 통해 성공할 수 있는 자신의 능력에 대해서도 자신감이 부족하다. 높은 자아존중감을 지닌 사람은 조직에서 높은 목표를 세우고 어려운 일에 더 많이 도전한다. 또한 동기부여와 직무만족에도 긍정적 영향을 미친다.

(10) 유형 A와 유형 B

유형 A는 성취하고자 하는 것에 강한 집착을 지니는 사람으로 매우 경쟁적이며 성격이 급하고 참을성이 없으며 공격적일 수도 있다. 이러한 사람은 단기간에 많은 일을 하고자 하며 매우 의욕적이다. 또한 자주 다른 사람들을 방해하며 참을성이 없어서 다른 사람들의 말을 끊기도 한다. 반면, 유형 B를 지닌 사람은 보다 여유 있고 온순하다. 유형 A 관리자들은 유형 B인 관리자보다 부하와 동료 사이에 더 많은 갈등을 겪고 팀 업무보다 혼자 일하기 좋아하고, 결과를 빨리 확인하고자 하기 때문에 장기적인 상황이나 프로젝트에서 잘 적응하지 못할 수 있다.

3) 지각 차원의 조직행동

(1) 지각의 중요성

지각(perception)은 개인이 감각기관(시각, 청각, 촉각, 후각, 미각)을 통해 얻은 정보를 선택, 조직, 이해하는 과정이다. 사람들은 이를 통해 주변 환경과 사건들, 인물들에 대한 생각을 구성 조합하여 해석한다. 조직에서 이루어지는 지각은 객관적이고 정확하게 이루어져야 한다. 하지만 지각자는 상황에 대해 자신의 주관과 편견과 해석 기준에 따라 지각할 수 있다. 즉, 지각은 상대적이고 주관적으로 이루어진다. 이러한 예는 조직 내에서의 동기, 보상, 공정성 지각에서 찾아볼 수 있다. 만일 관리자들이 직원들의 정확한 성과를 이해하여 보상한다면 직원의 사기진작과 협업 및 만족을 높일 수 있다. 한편, 만일 직원의 성과를 정확히 지각하지 못하고 실적이 뛰어난 직원에게 보상이 적절하게 이루어지지 않는다면 종업원들은 불공평한 대우를 받았다고 생각할 수 있다.

지각 차원의 조직행동에 대한 선행연구들을 분석하면, 지각대상이 모호할수록 정확하게 지각하는 일이 어려워지고 착오가 생길 확률이 높다. 지각대상이 모호할 경우 구성원들은 본인들의 의사결정에 대해 서로의 의견과 정보를 공유하고 이해할 필요가 있다. 사람들은 높은 사회적 지위에 오른 사람일수록 더욱 똑똑하고, 믿음직스럽고, 아는 것도 많고, 책임감이 강하다고 생각하여 책임을 맡기려는 경향이 높다. 그리고 다른 사람의 지각이나 인상에 영향을 주기 위해 시도하는 인상관리는 지각에 영향을 미친다. 예를 들면, 구성원들은 규범이나 비공식적인 규칙을 준수함으로써 인상을 관리할 수 있다. 회사 규정 퇴근시간인 6시 이후에도 남아서 일하는 것, 의상을 잘 갖추어 입는 것 등을 들 수 있다. 지각자와 대상이 처한 상황도 지각하는 데 많은 정보들을 제공한다. 예를 들면, 고객관리에 있어서 한가한 시간과 분주한 시간에 있어서 직원들의 행동을 관찰하면 그 상황으로 인해 고객관리 성과에 대한 지각이 달라질 수 있다. 또한 대상이 사람들 혹은 사물들 사이에서 얼마나 뚜렷하게 드러나는가를 말하는 가시성도 지각에 영향을 미치기도 한다. 예를 들면, 청일점(여자들 사이에 남자 하나), 홍일점(남자들 사이에 여자 하나)이 그 예이다.

(2) 영향을 미치는 요인

① 지각자는 도식(schema)를 통해 지각한다. 도식은 과거의 경험이나 다양한 출처로부터 얻어 낸 추상적인 지식 구조로서 이를 통해 사람들은 주어진 지각대상의 정보를 체계화하고 이해할 수 있다. 즉, 사람들은 대개 과거의 경험이나 다양한 출처로부터 얻어 낸 지식에 근거하여 새로운 인물이나 상황을 이해하고 해석한다. 사람들은 도식 때문에 정확한 지각을 할 수도 있지만 틀린 판단도 할 수 있다. 그래서 도식의 역기능들을 고려할 필요가 있다. 이들 역기능의 예로서 고정관념(stereotype)을 들 수 있다. 고정관념은 특정 집단의 전형적 특징에 대해 가지는, 일련의 단순화되고 부정확한 신념이다. 즉, 인종, 성, 나이에 대한 고정관념에 의해 부정확한 판단으로 불공정한 보상과 대우를 할 수 있다.

② 지각자의 동기상태, 즉 지각하는 당시 지각자의 수요, 가치, 욕구를 일컫는다. 즉, 사람들은 자신이 원하는 동기에 해당되는 것에 주의를 기울이고 지각한다. 이런 이유로 동기상태 역시 부정확한 지각과 의사결정을 유발할 수 있다. 만일 관리자가 한 직원을 호의적으로 생각하면 성과평가에서 후한 점수를 주기 쉽다. 만일 사이가 나쁘면 어떤 수단과 방법을 강구하더라도 그 직원에게 불리한 평가를 할 수도 있다.

③ 지각자가 느끼는 기분은 대상에 대한 지각에 영향을 미친다. 즉, 사람들은 기분이 좋을수록 동료, 관리자, 직원 심지어 직무에 대해 더 긍정적으로 생각하는 경향이 있다.

④ 지각대상과 상황적 요소는 지각에 영향을 미친다. 지각대상의 모호성, 사회적 지위, 대상의 인상관리, 상황으로부터 얻은 정보, 상황적 가시성 등에 의해 영향을 받는다.

(3) 편향

편향이란 지각대상에 관한 오류적인 지각을 형성하는 쪽으로 정보를 이용, 이해하는 체계적인 성향이며, 초기효과, 비교효과, 후광효과 등의 편향들이 있다. 대인지각에서 편향이 존재하는 이상 지각자는 대상에 대해 잘못된 지각을 형성하게 된다. 지각이 부정확하다면, 의사결정 역시 부적합할 가능성이 커진다. 예를 들면, 능력이 부족한 직원이 승진하고, 유능한 입사지원자가 면접관으로부터 낮은 점수를 받을 수 있다. 편향의 존재를 의식하고 있는 구성원일수록 부정적 행동과 잘못된 의사결정을 예방할 수 있다. 편향과 관련된 종류 및 그에 대한 설명과 사례는 아래의 표와 같다.

편향	설명	사례
초기효과	대상을 지각, 평가함에 있어서 처음에 들어온 정보가 가장 중요한 역할을 하는 것	면접관들은 면접 시작 후 단 몇 분 내에 입사지원자가 적합한지를 결정한다.
대조효과	여타 대상에 대한 지각자의 지각이 현 대상에 대한 지각에 영향을 미치는 것	평균적 성과를 기록한 직원이 최하위권의 성과를 기록한 팀에 속해 있을 때와 최상위권의 팀에 속해 있을 때 서로 다른 평가를 받는다.
후광효과	대상에 대한 전반적인 인상이 그 외 모든 특징에 대한 지각에 영향을 주는 것	어느 한 직원을 전반적으로 좋게 생각하는 관리자는 그 직원이 사실은 착오와 지각을 자주 하는데도 일을 꼼꼼히 하고 시간을 잘 지킨다고 생각한다.
엄격화, 관대화, 중심화 경향	어떤 지각자는 지나치게 엄격하고 어떤 지각자는 지나치게 관대하다. 대다수 지각자는 평균에 치우치는 성향을 보이는 것	직원의 성과를 평가함에 있어서, 어떤 관리자는 지나치게 엄격한 평점을 주는가 하면 지나치게 관대하게 평가하는 관리자도 있다. 또 어떤 관리자들은 모든 직원에게 평균점수를 주기도 한다.

4) 감정 차원의 조직행동

(1) 감정의 이해

감정 차원의 조직행동을 이해하려면 정서, 감정, 기분의 차이를 이해할 필요가 있다. 정서(affect)는 사람들이 체험하는 넓은 범위의 느낌(feeling)을 말한다. 감정(emotion)은 사람(예. 직장에서 친구를 만나면 즐거움을 느끼는 것)이나 사건(예. 무례한 고객을 접하면 화가 치밀어 오르는 것)을 대상으로 한 강렬한 느낌이다. 소위 말하는 분노, 공포, 슬픔, 행복감, 혐오, 놀람 등을 일컬으며 식별되는 얼굴 표정을 동반한다. 기분(mood)는 감정보다는 약한 상태의 느낌으로 자극의 원인이 불분명하다. 또한 일반적으로 뚜렷하게 표현되는 모습을 동반하지 않고 인지적 속성이 강하다.

감정은 순간적, 잠시 동안 유지되는 경향이 있지만 기분은 비교적 오래 지속된다. 반면, 기분은 특정 감정보다는 전반적인 감정을 다루며 긍정적 정서와 부정적 정서로 분류한다. 긍정적 정서(positive affect)는 흥분, 자신감, 흥겨움 같은 긍정적 감정과 권태감, 지루함, 피로감 같은 낮은 긍정적 감정으로 구성된 기분 상태이다. 부정적 정서(negative affect)는 신경질, 스트레스, 근심 같은 높은 부정적 감정과 느슨함, 평온함, 균형감 같은 낮은 부정적 감정으로 구성된 기분 상태이다. 강한 부정적 감정을 유발하는 사건은 강한 긍정적 감정을 유발하는 사건보다 약 5배나 더 지속된다. 그리고 부정적 체험을 긍정적 체험보다 더 쉽게 상기한다.

(2) 감정과 기분에 영향을 미치는 변수

① **성격**: 사람들은 대부분 특정한 기분이나 감정을 표현하는 타고난 성향을 갖는다. 또한 사람들은 동일한 감정이라도 정서 강도(affect intensity)가 다르다. 정서적으로 강한 사람은 그렇지 않은 사람보다 긍정적이든 부정적이든 감정을 보다 심도 있게 표현한다.

② **주간별 요일과 하루의 시간대**: 부정적 기분은 일요일과 월요일에 최고조로 올라갔다가 화요일부터 계속 내려가고, 긍정적 기분은 주말에 최고조에 달한다. 부정적 기분은 하루 종일 별다른 변화를 보이지 않지만 긍정적 기분은 하루의 중간지점(정오쯤)부터 최고조에 달한다. 이런 경향이라면 월요일 아침에 상대방에게 부탁을 하거나 좋지 않은 소식을 전하는 것은 적합하지 않으며, 직장 내 상호작용(회의 등)은 시간을 정오 근처부터, 그리고 주중보다는 주말 가까이(목, 금)에 실시하는 것이 효과를 증대할 수 있다.

③ 날씨는 일반적으로 기분에 거의 영향을 미치지 않는다고 많은 연구에서 검증되고 있다. 이것은 착각상관(illusory correlation)과 관련이 있는데, 이것은 실제로 아무런 관

련이 없는 두 가지 사건을 연계할 때 발생한다. 좋은 날씨가 기분을 좋게 한다는 것을 들 수 있다.

④ **스트레스:** 기분이 불쾌한 이메일, 임박한 마감 일정, 큰 거래를 놓쳤거나 상사에게 호통을 들을 때와 같은 스트레스는 기분에 부정적인 영향을 미친다. 즉, 스트레스가 고조되면 기분은 저하되며 부정적인 감정을 갖는다.

⑤ **사회적 활동:** 사회적 활동은 긍정적 기분을 갖게 한다. 육체적 활동(예, 함께 등산하는 것), 비공식적 활동(예, 파티에 참석하기), 식도락 활동(예, 함께 식사하기) 등은 공식적 활동(예, 회의 참석), 앉아 있는 활동보다는 더 강한 긍정적 분위기를 느끼게 한다.

⑥ **수면:** 숙면은 기분에 영향을 미친다. 잠을 설치거나 부족하면 의사결정이 흐려지고 감정 통제가 어렵고, 피로감이나 성가심과 함께 민첩성이 부족해지면서 직무 만족 수준이 저하된다.

⑦ **나이:** 부정적 감정은 나이가 들면서 줄어든다. 또한 나이가 들수록 긍정적 기분이 지속되는 시간이 더 길며 반면에 부정적 기분은 바로 사라진다.

⑧ **성별:** 여성이 남성보다 더 많은 감정적 표현을 한다. 여성이 분노를 제외하고는 대부분의 감정을 보다 강하게 경험하고 더 오래 간직한다. 또한 남성은 분노와 같은 감정을, 여성은 슬픔과 공포와 같은 감정을 강하게 보이는 경향이 있다.

(3) 감성지능

감성지능(emotional intelligence, EI)은 인간이 가지고 있는 심리적인 성향 중 긍정적 감정 성향으로 자신과 타인의 감정을 평가하고 효과적으로 조절할 줄 아는 능력 및 자신의 삶을 계획하고 성취하기 위해서 그러한 정서를 활용할 줄 아는 능력이다. 감성지능이 높은 사람은 스트레스 상황이 주어지더라도 긍정적으로 평가하고 적극적으로 문제를 해결하기 위해 노력하는 등 효과적인 대처방식을 보인다. 감성지능에 있어서 감성지능의 정의에 대한 합의가 어렵고, 측정내용이나 방법에 있어서 타당성과 신뢰성을 확보하기가 어렵다는 문제로 회의를 품는 견해도 있다.

(4) 감정노동

감정노동(emotional labor)은 직무상 대인 간의 상호작용이 이루어지는 동안 종업원이 조직 차원에서 바라는 감정을 표현하는 상황이다. 예를 들면, 호텔리어나 스튜어디스는 밝고 명랑해야 하며, 장례사는 애도와 슬픔을 표현해야 하며, 의사는 중립적이어야 한다.

감정부조화(emotional dissonance)는 사람들이 느끼고 있는 감정과 보여 주어야 할 감정 간의 불일치이다. 실제 다른 느낌이어도 주어진/요구된 감정을 보이는 것이다. 이때 실제 느끼는 감정을 감지된 감정(felt emotion)이라 하며, 조직이 구성원에게 담당 직무에 맞게 보이도록 요구하는 감정을 연출된 감정(displayed emotion)이라고 한다. 즉, 장례식장에서는 고인에 대한 상실감 여부에 관계없이 애도를 표해야 하는 것으로 예를 들 수 있다.

가짜 감정을 연출해 보이기 위해서는 진짜 감정을 억누르는 것이 필요하다. 이를 위해서 피상적 연기(surface acting)와 내면적 연기(deep acting)가 요청된다. 피상적 연기는 내면의 느낌을 감추고 연출 법칙에 따라 감정 표출을 삼가는 것이다. 자신이 전혀 그렇게 하고 싶은 느낌이 없더라도 고객에게 웃음을 보여 주는 직원은 피상적 연기를 하는 것이다. 내면적 연기는 연출 법칙에 따라 자신의 진정한 내면적 느낌을 개조하려는 노력을 말한다. 웃음치료사가 진심으로 사람들을 웃기려고 노력하는 것에 해당된다. 피상적 연기는 연출된 감정과, 내면적 연기는 감지된 감정과 연결된다. 감정노동이 강하게 요구되는 부서의 직원은 그렇지 않은 부서의 직원보다 스트레스와 탈진을 더 경험하는 것으로 나타났다.

(5) 직무스트레스

직무스트레스는 직무와 관련된 스트레스원에 의해 경험하는 스트레스이다. 개인이 직무와 관련하여 조직 내에서 상호작용하는 과정에서 조직의 목표와 개인의 욕구 사이에 일어난 불균형에 의해 일어난다. 그 원인은 물리적 환경, 조직 관련 스트레스원,

직무 관련 스트레스원, 개인 관련 스트레스원, 그리고 조직 외 관련 스트레스원 등으로 볼 수 있다.

(6) 소진

소진(burnout)은 종업원들이 일정 기간 동안 직무를 수행한 후 경험하는 지친 심리적 상태를 의미한다. 탈진으로 고통받는 사람은 정서적으로 지쳐 있으며 낮은 직무동기를 보이다. 소진은 정서적 고갈, 비인격화, 개인적 성취감 감소 등의 요인으로 측정된다.

- **정서적 고갈**(emotional exhaustion): 일터에서 느끼는 피로감과 권태감을 의미하며 결근, 피로 등으로 나타난다.
- **비인격화**(depersonalization): 타인에 대해 냉소적이고 냉담하게 행동하는 것을 의미하며 고객과 타인에 대해 무관심하고 배려하지 않는 태도와 타인에 대한 적대감 등으로 나타난다.
- **개인적 성취감 감소**(reduced personal accomplishment): 종업원이 업무를 통해 가치 있는 것을 성취하지 못하고 있다는 느낌을 말하며 낮은 동기나 낮은 수행으로 나타난다.

5) 집단 및 조직수준의 조직행동

(1) 리더십

① 변혁적 리더십

변혁적 리더십은 거래적 지도성의 비판을 통해 나타난 것이다. 거래적 리더십은 리더가 팔로워들이 원하는 경제적 보상이나 사회적 지위 등을 제공하는 대가로 자신이 원하는 방향으로 조직을 이끈다는 것이다. 반면, 배스(Bass)가 제시한 변혁적 지도성은 지도자가 조직 변화를 위하여 설정한 비전과 목표를 공유하여 영감을 갖게 하여 조직의 목표 달성에 헌신과 몰입을 하도록 동기유발을 하고, 팔로워들이 공유된 목표를 수행하는 데 필요한 권한을 위임하며, 직무 수행에 필요한 능력 계발 및 지원을 하여, 팔로워가 주도적으로 조직목표를 달성하도록 이끄는 것이다.

② 감성적 리더십

감성적 리더십은 리더가 가지고 있는 감성적이고 사회적인 스킬을 개발하고 응용하여 다른 사람에게 건설적인 노력을 발휘하도록 영향력을 행사하는 것을 적용한 것이다. 감성적 리더로서 교사는 스스로 자신의 내면을 이해하고, 구성원의 감성 및 필요를 배려하고 학생 및 동료 교사와의 관계를 자연스럽게 형성하여 학교조직의 감성적 역량을 높이는 사람이라고 할 수 있다.

감성적 리더로서의 교사는 골먼(Goleman)이 제시한 감성적 리더가 지니는 네 가지 특성을 지닌다고 할 수 있다. 즉, 자신(개인적)과 타인(사회적), 그리고 자각과 관리를 중심축으로 하는 자기인식 능력, 사회적 인식 능력, 자아관리 능력, 관계관리 능력을 지닌 교사라 할 수 있다. 자기인식 능력은 자신의 감성을 명확하게 이해하는 능력으로서 감성이해력, 정확한 자기평가, 자신감을 특징으로 한다. 사회적 인식 능력은 다른 사람의 감성을 명확하게 이해하는 능력이며 감정이입, 조직 파악력, 고객 서비스 정신을 특징으로 한다. 자기관리 능력은 자기 자신의 감성을 효과적으로 관리하는 능력으로 자기 통제력, 신뢰성, 자기관리, 책임 의식, 적응력, 성과달성지향, 주도성 등을 특징으로 한다. 관계관리 능력은 다른 사람의 감성을 효과적으로 관리하는 능력으로 영감을 불러일으키는 능력, 영향력, 타인 지원성, 연대감 형성, 커뮤니케이션, 변화 촉진력, 갈등관리 능력 등을 특징으로 한다.

③ 서번트 리더십

서번트 리더로서의 교사는 동료교사와의 수평적, 민주적 동료의식을 지니고 상호 성장과 발전을 위해 헌신하는 것을 강조하는 서번트 리더십(servant leadership)을 적용한 것이다. 서번트 리더는 동료들이 자율적으로 업무를 수행하도록 권한과 책임을 위임하고, 그들을 지원하며, 그들과 함께 문제와 대안을 토론하여 결정된 사안을 동료들이 참여적 의사결정에 적극 참여하여 주인의식과 책임감을 가지고 직무를 수행하도록 유도하고, 경청, 공감, 치유, 설득 등을 통해 공동체 문화를 만들어 가는 역할을 담당한다. 이를 통해 서번트 리더십은 인간존중을 바탕으로 구성원들에게 모범을 모이고 따뜻한 배려와 지원을 통해 그들의 역량과 잠재력을 극대화하도록 유도하여 조직 효과성을 높이는 리더십이라고 할 수 있다.

(2) 조직풍토

조직풍토는 조직 구성원들이 그 조직의 업무와 관련된 환경에 대하여 공통적으로 갖고 있는 인식을 말하며, 그 유형으로는 개방적 풍토, 자율적 풍토, 통제적 풍토, 친교적 풍토, 간섭적 풍토, 폐쇄적 풍토 등으로 구분되며, 각각에 대한 설명은 아래와 같다 (Hoy & Miskel, 2013).

- **개방적 풍토**: 조직 목표를 향하여 움직이고 집단 구성원의 사회적 욕구를 충족시켜 주는 활기차고 생기 있는 조직으로 구성원의 행동에 대해 신뢰성을 갖는다.
- **자율적 풍토**: 리더가 구성원들 스스로 상호 활동 구조를 마련하도록 분위기를 조성하고, 구성원들이 사회적 욕구를 충족할 수 있는 방법을 모색하도록 하는 자율성을 보장한다.
- **통제적 풍토**: 과업 수행을 강조하고 구성원들의 사회적 욕구 충족을 소홀히 하는 풍토를 가지며 리더의 행동이 위압적 · 지배적이며, 융통성이 거의 없다.
- **친교적 풍토**: 리더와 구성원들 사이에 우정적인 태도가 형성되고, 사회적 욕구는 잘 충족되나 조직 목적 달성을 위한 집단 활동이 부족하다.
- **간섭적 풍토**: 과업 성취나 욕구 충족 면에서 부적당한 풍토로서 리더의 행정행위는 공정성이 결여되어 있고 구성원들에게 과업만 강조한다.
- **폐쇄적 풍토**: 이탈 요인이 가장 높고 추진성과 사기가 낮은 풍토로서 리더는 일상적인 사소한 일과 불필요한 일을 강조하고, 구성원들은 최소한으로 반응하며 거의 만족을 나타내지 않고 일하는 척한다.

CHAPTER

02

포스트 교육행정, 교육행정에 철학을 담다

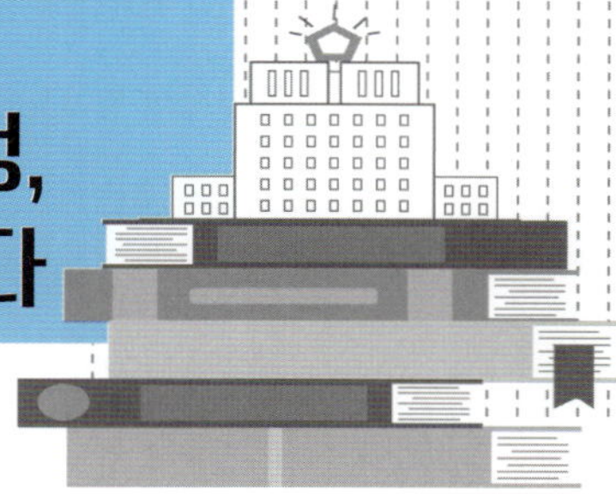

1. 교육과 교육철학

교육행정이란 무엇인가에 대해 이야기하기에 앞서 교육이란 무엇인가에 대한 이야기로 시작을 해야 할 것 같다. 교육행정이란 교육을 어떻게 바라보느냐에 따라 그 초점과 관심, 기준이 결정된다고 볼 수 있기에 교육이란 무엇인가에 대한 이야기부터 시작하는 것이 바람직할 것으로 보인다.

교육(敎育)이라는 말의 어원을 살펴보면 우선 영어로는 '어린이를 이끌다.'라는 뜻의 그리스어 'paidagogos'에서 유래된 'pedagogy'와 '빼내어 끌어올린다.'라는 뜻의 라틴어 'edcatio'에서 유래된 'education'에서 그 유래를 찾을 수 있다. 또한 한자적 어원은 맹자가 진심상장(盡心上章)에서 제시한 '천하의 뛰어난 영재를 얻어 교육한다(天下英才敎育之).'라는 말에서 유래되었다. 이처럼 교육의 어원에서 의미하는 말들의 뜻에 비추어 보면 교육이란 보다 성숙한 사람이 아직 성숙하지 못한 사람에게 모범을 보여서 내재된 가치를 끌어올려 성숙하지 못한 사람을 보다 성숙한 사람으로 이끌어 내는 것이라 할 수 있다.

하지만 교육이란 무엇인가에 대한 대답은 동·서양, 시대, 나라, 그리고 교육을 하고 있거나 받고 있는 사람들마다 다르게 해석될 수 있다. 이는 교육에 대한 의미는 객관적인 언어적 해석에 따르기 보다는 교육이 처해 있는 상황적 맥락에 비추어서 어떠한 내재적 목적을 갖고 있는지, 어떠한 방식으로 사용을 하고 있는지 등 다양한 측면에서 그 의미를 찾아야 하기 때문이다.

그럼에도 불구하고 교육을 이야기할 때 한 가지 공통된 정의는 있다. 바로 인격 완성, 자아실현과 같은 궁극적인 교육목적과 결부된 규범적인 정의 측면이다. 인간을 인간답게 형성하는 것이 교육이라고 정의 내린 칸트(Kant), 성숙한 사람이 미성숙한 사람을 이상의 상태로 끌어 주기 위한 문화작용이 교육이라고 정의한 슈프랑거(Spranger), 자기 자신이 되기 위해 교육을 한다는 발도르프 학교 등이 그 예라 할 수 있다.

그러나 이러한 교육의 정의에 입각하여 우리나라 교육은 어떠한가? 모든 학교나 교육이 그러한 것은 아니겠지만, 대부분의 학교와 교육은 자아실현과 같은 참된 행복 추구가 아니라 더 좋은 성적, 더 좋은 상급 학교에 진학하고자 피동적이고 답습적인 교육이 주를 이루고 있다.

이로 인해 그동안의 우리나라 교육은 개인 간의 경쟁을 심화시켜 도덕적 가치를 스스로 높일 수 있는 자아실현보다는 상대와의 경쟁에서 이기는 것을 강조하게 되었고, 함께하기보다는 혼자 앞서 나가야 한다는 목표 지상주의에 빠져 교육을 기능적 수단으로만 바라보게 된 것은 아닐까 생각해 본다. 이처럼 교육이 그저 더 잘 살기 위해, 더 많은 돈을 벌기 위해, 더 많이 출세하기 위한 기능이 되고 수단이 되어 버린 현재 우리나라의 상황에서 중요한 것은 교육을 교육만으로 떼어서 바라보지 말고 교육에 대한 정의와 유기적으로 연계될 수 있는 교육에 대한 철학을 가지는 것이며, 이러한 철학이 기반이 된 교육행정이 이루어져야 하는 것이다.

하지만 그동안 우리 사회에서 철학이라고 하면 현실과는 동떨어진 것으로 인식하게 되었고, 철학은 현실에 적용될 수 없는 낡고 무용의 것이라는 인식이 팽배해지게 되었다. 어쩌면 교육이 기능적 수단이 된 것도 이 때문이 아닐까 한다. 철학이 없는 교육으로 인해 교육의 본질이 훼손되고 절대적 가치가 아닌 수단적 가치만을 강조하게 된 것 같다. 그래서 교육이 교육다워지고 교육자가 교육자다워지기 위해서 가장 필요한 것이 철학을 가지는 것이며, 교육에 대한 철학적 사유가 필요한 것이다.

교육철학이 없는 교육행정가나 교육자는 교육의 현실과 문제점을 제대로 볼 수 없으며, 현재의 교육 문제에 대해 논리적으로 문제를 제기할 수 없기에 교육적 문제의 개선이나 해결책을 찾기가 어렵다. 교육자 혹은 교육행정가의 학생의 관점, 교사의 역할, 교육과정의 강조점, 학교의 기능 등에 대한 교육적 철학은 개개인마다 상이할 것이며, 이러한 요소들을 어떻게 바라보느냐에 따라 교육과 교육행정에 차이가 있을 것이다.

그럼에도 불구하고 그동안 우리나라의 많은 교육행정가들은 다양한 교육철학적 배경을 갖추려 하기보다는 성적, 입시에 보다 능률적인 것을 제1의 교육행정 가치 척도로 여기는 교육철학적 신념을 가지고 있기에, 인간 존엄성 경시, 물질 만능 풍조, 경쟁 중심 사회 문화 만연으로 인해 사회 범죄와 부패가 그 정도를 더해 가게 된 것은 아니었을까 하는 생각을 하게 된다. 그리고 사회 또한 인간의 도덕적 가치를 높이고 자아실현을 본질로 여겨야 하는 교육적 목적과는 다르게 능률과 효과라는 개념의 방향으로 교육정책을 몰고 가 우리의 교육을 더욱 어려운 상황으로 만든 것은 아니었는지 조심스럽게 이야기하고자 한다.

이제부터라도 교육행정가 혹은 교육자는 그동안의 가치 척도가 아닌 교육의 본질적 목적을 회복할 수 있는 교육철학을 기반으로 한 교육과 교육행정이 자리 잡을 수 있는 학교교육행정의 다른 길을 모색해야 할 시점이라고 여겨진다.

2. 교육과정과 교육행정

1) 교육과정의 변화

국가 수준 교육과정은 교육부에서 고시하는 것으로, 1~7차 교육과정까지는 전면 개정 체제를 취했으며, 7차 교육과정 이래로는 수시 개정 체제를 취하고 있다. 이로 인해 2007년 이후로는 2009 개정 교육과정, 2015 개정 교육과정 등과 같은 용어를 사용하게 되었다.

1954년에 현재의 교육과정 총론에 해당하는 '국민학교 · 중학교 · 고등학교 · 사범학교 교육과정 시간배당 기준령', 1955년에는 현재의 교과 교육과정에 해당하는 '초등학교 교육과정'이 공포되면서 1차 교육과정이 시작이 되었다. 교수요목기를 거쳐서, 제1차 교육과정에서 2015 개정 교육과정까지 총 10번의 국가 교육과정이 개발되었으며, 1~3차 교육과정은 8~10년, 4~7차 교육과정은 5~6년마다 전면 개정되었다. 하지만 전면 개정 체제에서는 주기적, 전면적인 교육과정 개정 방식으로는 급변하는 사회, 문화 흐름을 제때 반영하지 못하며, 다양한 교육환경의 변화 속에서 학생들을 효율적으로 가르치기 어렵다는 문제점을 가지고 있다는 지적이 지속적으로 제기되었다.

이에 교육부에서는 전면 개정 체제에서는 급변하는 교육환경의 변화 속에서 교육과정이 변화될 수 없다는 문제점을 받아들이고, 교육 선진국처럼 교육현장에서 문제점이 제기될 때마다 해당 분야를 수정 · 보완하는 방식으로 교육과정을 수시로 부분 개정하는 수시 개정 체제로 변화하게 되었다.

물론 수시 개정 체제로 바뀌었다고 하여 문제점이 없는 것은 아니었다. 이전까지는 짧아야 5~6년에 한 번 바뀌던 교과과정이 거의 2년 주기로 바뀌게 되었고, 이에 따라 연도별로 교육과정을 명명하게 되었다. 문제는 수시 개정 체제에 들어서면서 학생은 물론 일부 교사조차 자신이 배우고 가르치는 교육과정이 무엇인지 모르는 헬게이트를 열었다는 것이다.

실제 어느 학교의 이야기를 보면 더욱 이해가 될 것이다.

많은 학교에서 지필 고사가 점점 사라지고 있는 추세이기는 하지만 아직도 현장에서는 많은 학교가 지필 평가를 유지하고 있는 상황이다. 여기서 이야기를 하고자 하는 학교 역시 지필 고사를 치르는 학교 중의 하나였다. 2017년 2학기 기말고사를 치르기 위해 연구부장(혹은 교육과정부장)은 교사들에게 학년별로 기말고사 시험 및 답안지 양식과 함께 이원목적분류표 작성을 위해 성취기준을 함께 제공하였다.

알다시피 수시 개정 체제로 변화가 되면서 2015 개정 교육과정은 2017년에는 1, 2학년, 2018학년도에는 3, 4학년, 2019학년도에는 5, 6학년에 적용이 된다. 그럼에도 불구하고 해당 학교의 연구부장은 모든 학년에 2015 개정 교육과정에서 제시하는 성취기준을 제공하면서 이 성취기준에 맞게 이원목적분류표를 작성하라고 전달하였다. 이 학교의 한 교사(3학년)가 이러한 사실을 알고서 학년 부장 교사에게 말을 하였지만, 아무도 알지 못한다고 하면서 괜히 힘들게 고생하는 연구부장에게 더 큰 어려움을 주지 말고 그냥 작성하자는 말을 전해 들었다고 한다.

한 학교의 교육과정 운영을 책임지고 있는 연구부장조차 학년별로 어느 교육과정이 적용이 되고 있는지 정확히 파악하지 못하고 있는 상황이며, 담임교사들 역시 내가 지금 어느 교육과정에 따라 아이들을 지도하고 가르치고 있는지를 인지하지 못하고 있는 것이다. 물론 이러한 것들이 모두 교사들의 문제라고만 치부할 수는 없을 것이다. 교사들은 수시 개정 체제로 전환이 되면서 거의 2년마다 교육과정이 발표되고 변화되고 있는 현 상황에서 아이들을 지도하는 동시에 변화하는 교육과정을 따르는 것에 버거움을 느끼고 있다고 할 수 있을 것이다. 또한 교사들 스스로도 교육과정이 아닌 교과서를 중심으로 수업을 하고 있으며 교과서가 교육과정이라고 인식을 하고 있는 것에도 문제가 내포되어 있다 할 수 있겠다.

비단 이러한 상황이 위의 이야기에서 등장하는 해당 학교만의 문제인 것일까?

수시 개정 체제에서는 고시문 형태로 교육과정을 발표한다. 2014년 고등학교에 입학한 학생이 배우는 교육과정은 교육과학기술부(현 교육부) 고시 제2009-41호 교육과정이 정식 명칭이다. 하지만 교육부에서는 편의상 고시가 발표된 연도를 붙여 교육과정을 부른다. 문제는 교육과정이 고시된 해와 적용되는 해가 다른 데다가 교과별로 적용되는 시기 또한 다르다는 것이다. 예를 들자면, 2011학년도 고등학교 1학년 입학생은 수학, 영어, 체육/예술 영역, 생활/교양 영역은 2007 개정 교육과정을 따르고, 국어와 영어, 총론, 창의적 체험활동은 2009 개정 교육과정을 따른다. 2013학년도 입학생은 수학, 체육/예술 영역, 생활/교양 영역은 2007 개정 교육과정, 나머지는 2009 개정 교육과정을 따라서 거의 2009 개정 교육과정으로 전환되고 있다. 그렇다고 2014학년도 신입생은 전부 2009 개정 교육과정을 따랐느냐? 2014학년도 입학생은 국어는 2011 개정 교육과정을, 나머지는 모두 2009 개정 교육과정을 따른다.

이보다 더 큰 문제는 교육부가 세세한 것까지 고시를 매우 자주한다는 것이다. 2009 개정 교육과정은 총 7차례 고시문이 발표되었다. 이 중에서 2011년 개정이 상당히 유의미하고 실질적인 개정이었기에 많은 사람이 이를 2011 개정 교육과정이라고 부르기도 하지만 엄밀하게 따지면 틀렸다. 2011년에 2009 개정 교육과정 각론이 나옴에 따라 이를 구분하기 위해 편의상 만든 표현일 뿐 정식 명칭이 아니기 때문이다.

이쯤 되자 자녀를 위해 서점에 왔다가 갸우뚱하는 학부모가 늘어나기도 하였다. 심지어는 “아니, 우리 애는 2014년에 입학하는데 왜 2009년에 나온 옛날 책을 주는 거야!”라고 따지는 모습도 볼 수 있다고 한다. 이에 서점에서는 2009 개정 교육과정이라는 표현보다는 “올해 몇 학년이에요?”라고 물어보기도 한다고 한다. 그리고 출판사에서도 2009 개정 교육과정 책이 아니라 ‘2014년도에 1학년이 배우는 전용책’과 같은 표기 방식을 사용하기에 이르렀다.

수시 개정 체제의 필요성에 대해서는 우리 필자들도 매우 동의를 한다. 그러나 수시 개정 체제로 변화되었다고 하여 매년 교육과정이 바뀌어도 된다는 의미는 아닐 것이다. 교사들이 교육과정을 바르게 읽고 이해하는 데 필요한 시간, 그리고 이러한 이해를 바탕으로 학교와 교실에 적용함에 필요한 시간 등을 배려해 주면 좋겠다는 생각을 하게 된다. 이러한 필요한 시간에 대한 배려가 없었기에 우리 교사들은 어쩌면 교육과정을 읽어 보려는 대신에 교과서를 한 번 더 살펴보고 연구할 수밖에 없었는지도 모른다. 그리고 교육과정이 곧 교과서가 되었을지도 모른다.

교육부와 교사, 교육청과 교사, 서로가 서로에 대한 배려가 필요한 시기가 아닐까 한다. 이러한 배려가 교육과정 중심의 수업으로 나아갈 수 있는 길, 4차 산업시대 학교교육이 지향해야 하는 길, 그리고 학교에서 아이들이 행복해할 수 있는 길, 수업을 통해 아이들이 행복을 느낄 수 있는 길이 아닐까 조심스럽게 이야기를 꺼내 본다.

2) 교육과정의 구성, 교육행정

수시 개정 체제로의 변화로 인해 여러 문제점이 존재한다고는 하지만, 그래도 사회와 문화의 변화, 그리고 이로 인한 교육환경 변화의 흐름에 교육과정이 발맞추어서 따라가기 위해서는 수시 개정 체제가 필요할 수밖에 없다. 그렇다면 앞에서 언급했던 여러 문제점을 해결할 수 있는 방법은 무엇일까? 진부한 답변일지는 모르겠지만, 그 해답 역시 교사에게 있다고 할 수 있을 것이다. 교사들이 교육과정에 더 큰 관심을 가지고 연구하며 전문성을 가지는 길이 가장 좋은 해결안이 될 것이다.

이러한 의미에서 2007 개정 교육과정 이래로 교사들이 가장 흔하게 접하게 되는 용어 중에 하나가 바로 교육과정 재구성이라는 말이다. 교육과정 재구성에 대한 필요성에는 많은 교사들이 공감을 하고 있지만 선뜻 팔을 걷어붙이고 현장에 적용하려는 교사는 그리 많지 않다. 앞에서 계속 언급하고 있던 교사가 곧 교육과정이라는 말 역시 교사 주도하의 탄력적 교육과정 운영을 의미하는 단어로써, 교사가 곧 교육과정이라는 말 자체가 바로 교육과정 재구성을 의미하는 것이며, 이를 통해 교사들 스스로 교육과정에 더 많은 관심과 더 높은 전문성을 가질 수 있는 가장 확실한 해결방안이기도 하다.

하지만 여전히 대부분의 교실에서는 교과서를 중심으로 수업이 진행이 되고 있으며, 앞서 예로 들었던 학교(현재 학년별로 적용되고 있는 교육과정이 무엇인지도 모른 채 2015 개정 교육과정의 성취기준에 맞게 기말고사 이원목적분류표를 작성하던 학교)의 교사들처럼 대부분의 교사들은 여전히 교과서가 곧 교육과정인 것처럼 인식을 하고 있다. 하지만 더욱 심각한 문제는 교사들 스스로도 교과서는 교육과정을 적용하여 교수 · 학습에 도움이 되도록 잘 조직된 하나의 가장 잘 정돈화된 자료일 뿐이라는 사실을 인식하고 있음에도 불구하고, 여전히 대부분의 교사들이 교과서와 교육과정을 바라보는 관점과 실제 적용하는 방법에 이중적인 태도를 취하고 있다는 점이다.

4차 산업혁명 시대에 접어들고 있는 현대 사회에서는 각종 정보매체 발달로 인해 지식 전달이 과거처럼 교사의 고유 권한이 아닌 시대가 되었으며, 인터넷에서는 교사들이 알고 있는 것보다 훨씬 더 많은 지식들이 넘쳐 나고 있고, 아이들은 스마트폰 검색만으로도 교실에서 배우고 있는 지식보다 훨씬 더 정확하고 다양한 지식을 실시간으로 알 수 있는 시대가 되었다. 이러한 의미에서 학교는 지난 과거에 중시했던 문명지식을 넘어서는 다른 무엇인가를 배울 수 있는 기회를 제공해 주어야 하며, 이것이 그동안 교육과정에서 수차례 강조하고 있는 핵심역량, 인성, 창의성 등이라고 할 수 있다. 이러한 의미에서 2015 개정 교육과정은 핵심역량을 중심으로 한 바른 인성과 창의성을 겸비한 인재 육성을 강조하게 되었다. 이에 사회적, 문화적, 교육적으로 교사들은 이전 보다 훨씬 더 높은 교육과정 전문성을 요구받게 되었으며, 사회적으로 교육과정 재구성에 대한 관심이 높아지게 되었고, 교육과정 재구성이 교실 수업에서 필수 요소로 조금씩 학급 운영에 자리하게 되었다.

잠시 다른 이야기이기는 하지만, 최근 들어 교권을 침해하는 다양한 사례들을 뉴스로 자주 접하게 된다. 이로 인해 학생들의 교사를 향한 성추행 및 신체 폭행, 학부모의 폭언과 폭설이 이제는 진부한 뉴스가 되어 가고 있는 것은 아닌지도 모르는, 혹은 그러한 상황이 당연시되어지는 시대에 살고 있는 건 아닌지 걱정이 되기도 하다. 필자는 이러한 상황에 대해 교권을 침해하는 학생, 학부모 등 주변 사람들도 문제가 있기는 하지만 교사에게도 어느 정도의 잘못이 있지는 않은지 스스로에게 반문을 해 보았다. 필자들 역시 초등학교 교사, 혹은 대학교 교수로 재직하고 있기에 이러한 시대적 상황에 대해 교사들에게도 잘못이 있는 것은 아닌가에 대한 말을 듣게 된다면 굉장히 언짢으며 마음이 불편하다. 하지만 솔직해져야 할 필요는 있는 듯하다.

어느 교실에서나 똑같은 수업 방법, 학원과 별다른 차이가 없는 학교, 그리고 인터넷 검색만으로도 알 수 있는 단편적인 지식 전달에 그친 수업 등 교사들 스스로가 자신의 전문성을 포기하고 있는 것도 이러한 문제를 일으킴에 있어서 일조하지 않았는지 조심스럽게 말을 꺼내 본다. 학원과 다른 학교, 학원에서는 흉내 낼 수 없는 수업, 학원에서 다룰 수 없는 평가, 그리고 세상에서 누구나 알 수 있는 지식이 아닌 역량과 인성, 그리고 창의성을 함양시켜 줄 수 있는 교사들만의 학생 중심 수업을 교사들이 하게 된다면 상황이 어떠할까 생각을 해 보았다. 지금보다는 상황이 조금은 변화되지 않을까 한다. 그래도 학생과 학부모가 교사를 바라보는 관점에서 어느 정도의 전문성을 인정해주지 않을까, 그리고 교권을 침해하려는 행동 또한 조금은 줄지 않을까 생각한다. 교권 침해를 줄이기 위해 수많은 행사를 한다. 스승의 날이 되면 세족식을 하는 학교도 뉴스를 통해 접하게 된다. 과연 행사 한 번으로 교권이 회복되는 것일까? 교권 회복의 해답 역시 교사들에게 있지는 않은지 조심스럽게 말을 꺼낸다. 스스로 전문성을 지닐 수 있도록 교과서가 아닌 교육과정, 날것의 교육과정이 아닌 재구성된 교육과정에서 본 필자들은 해결의 실마리를 함께 찾아보기로 하였다.

다시 본래의 이야기로 돌아오자. 어쩌면 교사의 교육과정 전문성 혹은 교육과정 재구성 역량은 학교와 교육의 본질을 회복하기 위한 기본 전제이며, 교사가 갖추어야 할 기본 소양이 아닐까 한다. 교육과정 재구성에 앞서 재구성을 하기 위해서는 교육과정에 대한 기본 지식이 바탕이 되어야 하기에 지금부터는 2015 개정 교육과정의 구성에 대해 잠시 살펴보도록 하겠다. 교육과정 구성에 대한 지식이 없다면 교육과정 재구성은 첫 단추부터 잘못 꿰기 시작하는 것과 같기 때문이다.

우리나라는 여전히 중앙 집권형 교육과정 체제를 유지하고 있기는 하지만, 1~5차 교육과정까지는 교육과정 편성 운영에 있어서 학교의 자율권이 별로 없었기에 교육과정은 곧 국가 수준 교육과정을 의미하는 바가 컸다. 하지만 6차 교육과정 이래로 학교에 교육과정 편성 운영 자율권이 조금씩 이양되기 시작했으며, 시기를 거듭할수록 그 범위가 확대되어 현재 2015 개정 교육과정에서는 학교교육과정 편성 · 운영에 있어 많은 자율권이 부여되기에 이르렀다. 심지어 2022 개정 교육과정에서는 학교 자율시간을 운영하면서 학교의 자율권을 보다 확대하고 있다.

우리나라 국가 수준 교육과정은 교육과정의 분권화가 처음으로 명시되었던 6차 교육과정 이전까지는 '교과서 중심 학교 모형'[1]이라고 하여 어느 학교에서나 동일한 교과서를 활용하여 유사한 방식으로 교수 · 학습이 이루어졌다. 그러나 6차 교육과정에서는 국가와 교육청의 역할이 구분되어서 교육과정 총론에서 명시되었다. 즉, 국가 수준에

1)

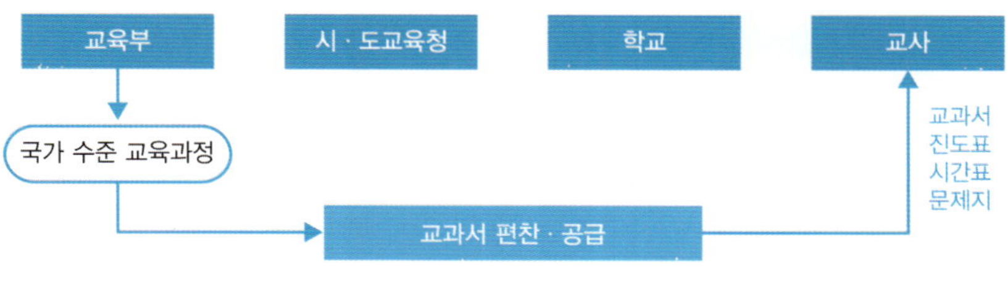

서는 교육과정 기준을 고시하고, 시 · 도 교육청 수준에서 학교교육과정 편성 · 운영 지침을 제시하며, 학교에서는 국가 수준 교육과정 기준과 시 · 도 교육청 수준의 편성 · 운영 지침을 수용하는 동시에 지역과 학생의 요구를 고려하고 학교 특색을 반영하여 학교교육과정을 편성 · 운영할 수 있도록 '교육과정 운영의 분권화'[2]가 시작되었다.

또한 2009 개정 교육과정에서부터는 교육청의 역할이 '지원'으로 구체화되었고, 이로 인해 시 · 도별 교육청 산하 교육청의 이름이 교육지원청으로 변경되기도 하였다. 즉, 국가 교육과정 기준, 시 · 도 교육과정 편성 · 운영 지침은 학교교육과정 편성 · 운영을 위해서 존재한다고 할 수 있다. 이러한 의미에서 우리는 학교교육과정 편성 · 운영의 자율성이 높아졌다고 말을 하기도 한다.

물론 여기서 말하는 학교교육과정 편성 · 운영의 자율성은 단순히 교과 시수 증감, 학년별 혹은 학기별 교과 집중 이수 가능, 범교과 학습 주제를 통한 자율적인 창의적 체험활동 계획 등을 의미하는 것은 아닐 것이다. 국가 수준에서 제시한 교육과정 기준에 따라 지역사회와 학교교육의 관계자인 학생과 학부모의 교육적 요구를 고려하여 학교교육과정을 편성 · 운영하여 재구성하는 데 그 의의가 있을 것이다. 자율성을 부여한 의도는 아무리 잘 짜여진 국가 교육과정이라도, 혹은 시대적 요구와 사회적 요구에 의한 수시 개정 교육과정 체제라 하더라도 개별 학생과 학부모의 교육적 요구에 모두 충족되어 유연하게 대처할 수는 없기 때문일 것이다.

이러한 측면에서 학교교육과정 편성 · 운영의 자율성을 생각함에 있어서 단순하게

2)

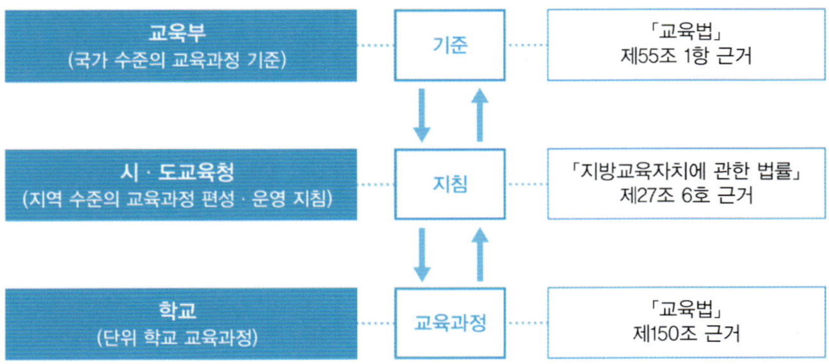

기준에 어긋나지 않는다면 어떠한 교육활동이더라도 자유롭게 할 수 있을 것이라고 여기면 안 될 것이다. 자율성을 발휘하기 위해서는 그에 맞는 전문성을 갖추고 있어야 하며, 학교 혹은 교사에게 있어서 이러한 전문성이 바로 교육과정 편성 · 운영에 대한 전문성일 것이다. 이것이 바로 교사 스스로에게 있어서 교육에 대한 책무성을 구현하는 일이 될 것인 동시에 교사 스스로 전문성을 회복하여 교권을 회복할 수 있는 일이 될 것이다.

그렇다면 과연 교육과정에서 제시하고 있는 교육이념과 목적은 무엇일까? 교육행정이라는 것도 결국 교육의 본질적 이념과 목적을 잘 달성하기 위한 것이기에 국가 교육과정에서 제시하는 교육이념과 목적이 무엇인지에 대해 살펴보고자 한다.

2015 개정 교육과정

2015 개정 교육과정에서도 기존의 인간상의 큰 틀을 유지하면서 미래사회에서 요구되는 핵심역량을 포함하여 교육과정이 추구하는 인간상을 제시하였다. 먼저, 앞부분에 제시된 추구하는 인간상의 구체적인 내용은 아래와 같다. 이는 「교육기본법」(제2조)에 제시된 교육이념을 바탕으로 2015 개정 교육과정이 추구하는 인간상을 구체화하여 제시한 것이다.

> 우리나라의 교육은 홍익인간의 이념 아래 모든 국민으로 하여금 인격을 도야하고, 자주적 생활능력과 민주 시민으로서 필요한 자질을 갖추게 함으로써 인간다운 삶을 영위하게 하고, 민주 국가의 발전과 인류 공영의 이상을 실현하는 데에 이바지하게 함을 목적으로 하고 있다.
>
> 이러한 교육 이념과 교육 목적을 바탕으로, 이 교육과정이 추구하는 인간상은 다음과 같다.
>
> 가. 전인적 성장을 바탕으로 자아정체성을 확립하고 자신의 진로와 삶을 개척하는 자주적인 사람
> 나. 기초 능력의 바탕 위에 다양한 발상과 도전으로 새로운 것을 창출하는 창의적인 사람
> 다. 문화적 소양과 다원적 가치에 대한 이해를 바탕으로 인류 문화를 향유하고 발전시키는 교양 있는 사람
> 라. 공동체 의식을 가지고 세계와 소통하는 민주 시민으로서 배려와 나눔을 실천하는 더불어 사는 사람

2015 개정 교육과정은 과거 2009 개정 교육과정이 추구하는 인간상을 기초로 창조경제 사회가 요구하는 핵심역량을 갖춘 '창의융합형 인재'상을 제시하였다. 창의융합형 인재는 인문학적 상상력, 과학기술 창조력을 갖추고 바른 인성을 겸비하여 새로운 지식을 창조하고 다양한 지식을 융합하여 새로운 가치를 창출할 수 있는 사람을 의미한다.

또한 이를 구체적으로 구현하기 위해 추구하는 인간상으로 자주적인 사람, 창의적인 사람, 교양 있는 사람, 더불어 사는 사람과, 창의융합형 인재가 갖추어야 할 핵심역량으로 자기관리 역량, 지식정보처리 역량, 창의적 사고 역량, 심미적 감성 역량, 의사소통 역량, 공동체 역량을 제시하였다.

> 교육과정이 추구하는 인간상을 구현하기 위해 교과 교육을 포함한 학교교육 전 과정을 통해 중점적으로 기르고자 하는 핵심역량은 다음과 같다.
> 가. 자아정체성과 자신감을 가지고 자신의 삶과 진로에 필요한 기초 능력과 자질을 갖추어 자기주도적으로 살아갈 수 있는 자기관리 역량
> 나. 문제를 합리적으로 해결하기 위하여 다양한 영역의 지식과 정보를 처리하고 활용할 수 있는 지식정보처리 역량
> 다. 폭넓은 기초 지식을 바탕으로 다양한 전문 분야의 지식, 기술, 경험을 융합적으로 활용하여 새로운 것을 창출하는 창의적 사고 역량
> 라. 인간에 대한 공감적 이해와 문화적 감수성을 바탕으로 삶의 의미와 가치를 발견하고 향유하는 심미적 감성 역량
> 마. 다양한 상황에서 자신의 생각과 감정을 효과적으로 표현하고 다른 사람의 의견을 경청하며 존중하는 의사소통 역량
> 바. 지역 · 국가 · 세계 공동체의 구성원에게 요구되는 가치와 태도를 가지고 공동체 발전에 적극적으로 참여하는 공동체 역량

위와 같이 추구하는 인간상을 바탕으로 2015 개정 교육과정이 추구하는 비전은, ① '미래사회가 요구하는 창의융합형 인재 양성'과 ② '학습경험의 질 개선을 통한 행복한 학습의 구현'으로 요약할 수 있다. 전자가 문 · 이과 칸막이 해소 등 2015 개정의 핵심과제를 반영한 비전이라면, 후자는 그동안 추진된 교육과정 개정의 연속선상에서 학생들이 학습에 몰입하고 학습의 즐거움을 경험할 수 있도록 해야 한다는 한국 교육의 근본적인 과제를 반영한 비전이라고 볼 수 있다.

이러한 교육 비전, 이념, 그리고 인간상을 바탕으로 미래사회가 요구하는 핵심역량을 함양하여 바른 인성을 갖춘 창의융합형 인재를 양성하기 위한 교육과정 구성의 중점은 다음과 같다.

> 이 교육과정은 우리나라 교육과정이 추구해 온 교육 이념과 인간상을 바탕으로, 미래사회가 요구하는 핵심역량을 함양하여 바른 인성을 갖춘 창의융합형 인재를 양성하는 데에 중점을 둔다. 이를 위한 교육과정 구성의 중점은 다음과 같다.
> 가. 인문 · 사회 · 과학기술 기초 소양을 균형 있게 함양하고, 학생의 적성과 진로에 따른 선택학습을 강화한다.
> 나. 교과의 핵심 개념을 중심으로 학습 내용을 구조화하고 학습량을 적정화하여 학습의 질을 개선한다.
> 다. 교과 특성에 맞는 다양한 학생 참여형 수업을 활성화하여 자기주도적 학습 능력을 기르고 학습의 즐거움을 경험하도록 한다.
> 라. 학습의 과정을 중시하는 평가를 강화하여 학생이 자신의 학습을 성찰하도록 하고, 평가 결과를 활용하여 교수 · 학습의 질을 개선한다.
> 마. 교과의 교육목표, 교육내용, 교수 · 학습 및 평가의 일관성을 강화한다.
> 바. 특성화 고등학교와 산업수요 맞춤형 고등학교에서는 국가직무능력표준을 활용하여 산업사회가 필요로 하는 기초 역량과 직무 능력을 함양한다.

지금까지 살펴본 2015 개정 교육과정이 추구하는 인간상, 핵심역량, 인재상의 관계를 살펴보면 아래의 그림과 같다.

[그림 2-1] 추구하는 인간상, 핵심역량, 인재상의 관계

이것이 바로 우리나라 교육이 추구하는 학교교육의 본질이자 이념, 목적이 되어야 하지 않을까 생각한다. 교육행정 또한 이러한 교육의 본질적 의미가 훼손되지 않도록 실천되어져야 하지 않을까 조심스럽게 이야기를 꺼내 본다.

2022 개정 교육과정

2021년 11월에 공시된 2022 개정 교육과정의 경우, 2015 개정 교육과정의 전체적인 맥락이나 흐름을 유지하면서 삶과 연계한 역량 교육 강화, 학생 맞춤형 교육과정 및 교육과정 자율화 확대, 디지털 · AI 교육 학습 환경 조성이라는 개정 방향을 마련하고 있다. 특히 학습자 스스로 목적의식을 가지고 자신의 진로와 적성을 바탕으로 무엇을 어떻게 배울지 주도적으로 교육과정을 설계할 수 있도록 학습자의 삶과 성장을 지원하는 맞춤형 교육과정을 강조하고 있다.

이에 미래사회에 적합한 인간상, 핵심역량, 교육목표 등을 개선하려는 노력이 엿보이고 있다. 인간상 설정 시에는 자기 주도성, 창의와 혁신, 포용성과 시민성을 강조하면서 기존의 인간상 중 자주적인 사람을 자기주도적인 사람으로 개선하려고 한다. 그리고 핵심역량의 측면에서는 우리 교육이 지향해야 할 가치와 교과교육 방향 및 성격에 대한 개념적 틀에 기초하여 기존의 의사소통 역량을 협력적 소통 역량으로 개선하려고 한다. 이와 더불어 교육목표는 환경 · 생태교육, 민주시민교육 및 일과 노동에 포함된 의미와 가치 등을 교육목표에 반영하는 방안을 검토 중이기도 하다.

2022 개정 교육과정 내용 중 학교행정 및 경영의 측면에서 주요적으로 살펴보아야 할 점은 모두를 위한 교육과정 강화와 분권화를 바탕으로 한 학교교육과정 자율성 확대라 할 수 있다. 학교교육과정 자율성 확대를 위해 2015에서는 교과(군)에서만 20% 범위에서 시수 증감이 가능하였지만, 2022 개정 교육과정에서는 창의적 체험활동도 20% 범위에서 시수 증감이 가능토록 개선하였다. 또한 초·중학교에서 자율적으로 다양한 선택과목을 개발 운영할 수 있도록 총론 편성 운영 지침을 개선하여 운영 근거를 마련함으로써, 학교 자율시간 확보를 통해 다양한 학교장 개설과목 신설, 지역연계특색 프로그램, 교과 교육과정 재구성 등이 가능하도록 개선하였다. 이를 위해 학교 자율시간을 도입하여 내용요소와 성취기준 등을 유연하게 개발할 수 있는 자율권, 선택권, 결정권을 학교에 제공하고자 노력하고 있다는 점을 발견할 수 있다.

2022 개정 교육과정으로 인해 학교 현장은 행정과 경영적인 측면에서 많은 부분 변화가 예상된다. 특히, 학교교육과정 운영에 있어서 학생 맞춤형 수업 및 학생 중심형 수업 운영이 가능할 수 있도록 교육과정 운영에 대한 선택권, 자율권, 결정권이 많이 부여되고 있다는 부분에 대해 많은 관심을 가져야 할 것이다. 그리고 이것이 바로 앞으로 학교행정 및 경영에 있어 큰 전환점, 변환점, 지향점이 될 것으로 사료된다.

3) 교실 수업 문제점, 그리고 교육과정 재구성의 필요성

교육과정 재구성은 수업을 효율적으로 하도록 하기 위함이며, 여기서 의미하는 효율적인 수업이란 학습자의 수업 목표 도달도가 높다는 의미로 해석되어질 수 있을 것이다. 효율적인 수업이라고 하여 교사의 일방적인 설명에 의한 것이 되어서는 안 될 것이다. 학생 스스로 학습에 즐겁게 참여하며 이루어져야 한다는 전제가 바탕이 되어야 한다. 이는 앞서 언급을 했던 국제 학업성취도 평가 결과를 통해서도 절실히 드러난다. 전 세계적으로 높은 성적을 보이고 있는 우리나라이지만, 정의적 영역에 대한 검사 결과는 정반대로 최하위권을 벗어나지 못하고 있다. 이것이 바로 효율적 수업을 위해 자발적으로 학습이 이루어지게 하기보다는 사회나 학교의 높은 강요가 있었음을 보여주는 단적인 예라고 할 수 있으며, 그동안 우리나라는 효율적 수업이란 학생들의 즐거움보다는 수업 목표 도달도를 높이는 것에 집중했음을 알 수 있다.

이러한 경직된 교육과정 운영으로 인한 경직적인 수업에서 제기되는 몇 가지 문제를 살펴보면 다음과 같다.

가장 먼저 고려되어야 할 문제점은 많은 교사들이 교과서를 유일한 학습 도구로 여기고 수업을 진행하고 있는 교실 상황이다. 수업의 핵심은 성취기준 도달이며, 교과서는 이를 위해 잘 정선된 학습 자료 중의 하나로 수단적 매개체로 제작이 된 것이다. 그럼에도 불구하고 많은 교사들이 교과서에 얽매여 수업을 준비하고 있으며, 이로 인해 교과서를 만든 교육과정에 대한 깊이 있는 분석에는 별 관심을 보이지 않는 것이 사실이다.

그것이 국가 수준 교육과정이든, 시도 교육청 교육과정 편성 · 운영 지침이든, 학교 교육과정이든 거의 관심을 기울이지 않는다. 다만 학교교육과정에 관심을 기울이는 경우는 시수 확인이나 창의적 체험활동 편성 내용 등의 제도적 장치이며 그 내용적인 측면은 관심사가 아닌 것이다.

교과서가 물론 좋지 않는 학습 자료라는 의미는 아니다. 교육과정에 따라 잘 정선된 최적의 학습 자료가 교과서임은 분명한 사실이니 말이다. 다만 교과서가 교과 중심, 단원 중심, 차시 중심으로 엮어져 있다 보니 전체적인 틀 속에서 내용을 확인하여 수업을 진행함에 있어서 어려움을 가지게 된다. 그러하다 보니 교사들 역시 전체적인 흐름 및 내용을 확인하기보다는 단원별 혹은 차시별로 교과서 학습 내용을 확인하는 면에서 교재 연구를 하고 있기도 하다.

숲속에서 길을 헤매지 않고 올바른 길로 가기 위해서는 전체 숲의 모습을 살펴보아야 한다. 그저 앞에 보이는 나무만 보고 길을 나설 경우 길을 잃고 헤매게 될지도 모른다. 마치 현재 학교와 교실, 그리고 교사들에게 있어서 교과서와 교육과정의 관계가 그러한 것 같다. 교육과정이라는 전체 숲을 보지 않고, 교과서라는 혹은 교과서 안의 단원 및 차시라는 한두 개가 나무만을 바라보고 교육을 하고 있는 것은 아닌지 생각을 해 본다.

또한 교과서는 많은 양의 학습 내용을 한 권의 책으로 엮어 내다 보니 깊이 있는 사고를 이끌어 내기 어렵고, 개인별 활동 중심의 학습으로 많이 이루어지게 된다. 한 학급에서도 학생들의 능력 차이가 상당함에도 불구하고, 교과서는 이러한 면을 고려하지 않은 채 단일한 내용으로 학습하고 수업하게 만들게 된다.

그래서 교과서 중심으로 수업을 하게 될 경우 학습 능력이 매우 우수한 학생, 혹은 매우 부족한 학생은 수업에서 제외될 가능성이 매우 높아지게 된다. 즉, 학습 능력이 매우 우수한 학생들, 혹은 학원에서 선행학습이 이루어진 학생의 경우에는 학습 내용이 너무 쉬워서 수업에 대한 흥미를 느끼지 못하게 되고, 학습 능력이 매우 부족한 기초 학습 능력이 부족한 학생들은 학습 내용이 어려워서 수업을 포기하게 된다.

이처럼 모든 학생들의 학습 능력을 고려하면서 전체가 수업에 참여하도록 하기 위해서는 단일한 교수 방법, 교과서 중심의 설명식 수업에서 벗어나지 않으면 안 될 것이다. 수업의 목적은 지식 전달에만 있는 것이 아니라, 지식을 어떻게 획득하고 활용하면 좋을지 학습 역량을 길러 주는 데도 있기 때문이다. 그리고 획일한 교과서 중심의 설명식 수업의 문제점은 학생들의 학습 능력 차이를 고려하지 않은 것과 함께 교육 환경 또한 고려하지 않는다는 것도 또 다른 문제점이라고 할 수 있다.

학교마다 교육환경은 모두가 다를 수밖에 없다. 지역에 따라 농촌, 어촌, 산촌, 도시 지역이 다르고, 같은 도시 지역이더라도 지역별 특색에 따라 편차가 생길 수밖에 없다. 이러한 교육 환경의 차이점을 고려한다면, 학교 위치에 따라 동일한 학습 주제라 할지라도 서로 다른 수업이 전개될 수밖에 없다. 그러기 위해서는 교과서를 그대로 활용하기보다는 교과서를 하나의 수업 자료로 여기고 활용하는 측면에서 수업을 전개해야 한다는 의미가 된다. 학습자들에게는 주변에서 볼 수 있고, 접할 수 있는 친숙한 소재를 활용한 수업에 더 많은 관심과 흥미를 가지게 될 것이니 말이다.

수업 상황 역시 이와 비슷하다. 수업에서는 다양한 교수, 학습 자료를 필요로 한다. 학습자의 학습 수준, 학교의 교육 환경 등을 고려하여 다양한 학습 자료를 투입해야 수업 실패의 가능성이 적어지게 된다. 이러한 교육 환경, 수업 환경 속에서 교과서의 재구성은 반드시 요구되는 것이며, 나아가 교육과정 재구성도 필연적으로 선행되어져야 한다고 할 수 있다.

이뿐만 아니다. 교과서에 담을 수 있는 지식의 양 또한 한정적이라는 문제점도 가지고 있다. 새로운 지식이 매일매일 쏟아지는 지식정보화 시대, 그리고 인공지능의 발달로 대변되는 제4차 산업 혁명시대에는 더 이상 과거의 지나간 지식 습득이 아닌 과거의 지식을 어떻게 활용을 해야 하는지가 더 중요한 시대라고 할 수 있다. 이러한 시대에 자칫 잘못하면 교과서는 한정적인 지식만을 학생들에게 알려 주는 도구가 될 수도 있다. 단순 지식은 이미 사이버상에 교과서에서 실을 수조차 없을 정도로 넘쳐 나고 있다. 이러한 이유로 이제는 지식의 습득이 아닌 활용을 강조하게 되었으며, 2015 개정 교육과정이 역량 중심의 교육과정으로 변화된 가장 큰 이유 역시 여기에 있지 않을까 한다.

역량을 기른다는 것은 학생들로 하여금 사회 공동체의 구성원으로서 자신의 역할을 수행할 수 있는 능력을 갖추는 것이라고 할 수 있다. 그리고 사회 공동체의 구성원으로 역할을 성공적으로 수행하기 위해서는 지식, 기능, 태도를 고르게 형성하고 있어야 하며, 이를 위해서는 그동안의 지식 전달 위주의 설명식 교육이 아닌 다양한 교수 학습 방법이 필요하다. 교사의 설명에 귀를 기울이며 조용히 듣고 열심히 필기하며 이해를 하는 것에서 그치는 수업이 아니라, 학생과 학생, 교사와 학생 간의 다양한 상호작용을 통해 함께 토론하는 과정에서 서로를 이해하고, 다름을 받아들이고 또 다른 새로운 것을 발견하여 탐구의 실마리를 찾아갈 수 있는 다양한 교수–학습 방법이 필요하다고 할 수 있다. 그래서 최근의 국가 수준 교육과정에서는 토의 · 토론 수업, 창의 · 인성교육, 협력 수업, 프로젝트 학습 등 학생중심의 다양한 교수–학습 방법을 강조하고 있는 것이다.

지금까지 언급한 여러 이유들로 인해 우리는 이제 교과서가 아닌 교육과정이 중심이 될 수 있는, 그리고 교육과정의 재구성이 반드시 필요한 것임을 알게 되었다. 수업과 학습의 핵심은 학생들이 자신의 두뇌로 사고하고, 결론에 도달함으로써 진정한 배움을 얻는 것이며, 이것의 출발점은 교육과정 재구성이라는 사실을 현재의 교과서 중심의 단일한 수업 방식의 여러 문제점을 살펴보면서 깨닫게 되었을 것이다.

4) 교육과정 재구성에 대한 논쟁[3)]

전통적으로 교사는 국가 수준에서 개발된 교육과정을 학교에서 실행하는 역할을 수

3) 서경애(2016)의 자료에서 내용을 발췌 · 요약함

행하였다. 앞서 언급을 했듯이 국가 수준에서 만들어진 교육과정을 학교 현장에 적용을 하다 보면 학생들에게 맞지 않는 경우가 종종 있다. 보편적 수준의 교육과정은 학교의 특수성, 학생들의 다양성을 충족시키기 어렵기 때문이다. 이에 교사들은 상황에 맞게 적절하게 국가 교육과정을 재구성하여 지도하게 되었다. 하지만 과거 전통적인 관점, 즉 국가 교육과정이 계획대로 잘 이행되고 실행되고 있는지의 관점에서는 교사들의 이와 같은 교육과정 재구성의 노력은 제대로 이해받을 수 없는 행동일 수도 있다. 그래서 관점의 전환이 필요하다.

물론 교육과정 재구성에 대한 비판의 목소리가 없는 것은 아니다. 그 한 입장은 현재 한국의 교육과정은 주체에 따라 국가 수준, 지역 수준, 그리고 학교 수준으로 구성되어 있으며, 각각의 수준에서 수행하는 기능과 역할이 분명함에도 불구하고 교사들의 교육과정 활동을 교육과정 재구성으로 본다는 것은 각 수준의 교육과정을 지배종속관계로 여기는 우를 범하게 된다는 것이다. 다시 말해, 국가 수준에서 기준을 개발하고, 지역 수준에서 실정에 적합한 지침과 자료를 개발하고, 학교 수준에서는 학교의 특색을 고려하여 교육과정을 개발하고 적용하는 등 수준에 따라 교육과정 개발이 이루어지고 있다. 하지만 교사들은 교육과정 재구성이라는 이름하에 교육과정의 내용을 축소 또는 왜곡함으로써 국가 및 지역 교육청 수준의 교육과정이 교사 수준 교육과정에 종속된 것처럼 보인다. 김현규(2015)는 교육과정 재구성 관점의 종속성을 비판하면서, 교사 수준의 교육과정을 교육과정 개발의 관점에서 접근해야 한다고 주장을 하였다.

> 이렇게 각 단계에서 하는 구체적인 일들이 분명함에도 불구하고 통칭 '교육과정 재구성'이라는 말을 사용하는 것은 현상을 구체적으로 이해하지 못하게 만든다. 어느 것을 교육과정 개발이라고 하고, 어느 것을 교육과정 개발이 아니라고 할 수 있는가? (중략) 그런데 이러한 흐름에서 두 개(주: 국가 수준과 교사 수준)의 교육과정 개발에 대한 규모나 개발 주체의 차이로 인하여 어느 한 가지가 더 대단해 보이고, 나머지 하나의 행위는 그에 비하여 수준이 낮아 보인다고 오인하도록 주선하고 있다. 특히 이런 오인은 '교육과정 재구성'이라는 용어 때문에 더 증폭되고, 더 만연해지는 듯하다. 단위학교와 교사가 하는 행위가 무엇인가를 만들어 내는 것이 아닌 기존에 있던 것을 재구성한다고 했을 때 갖게 되는 종속적인 이미지, 재구성이라는 용어 속에 내재되어 있는 어쩔 수 없는 의존성 때문이다(김현규, 2015: 77-78).

한편, 국가 수준 교육과정이 존재하고 있고 교육부 장관이 「교육법」에 의거하여 교육과정 문서를 고시하고 있기에 법적인 구속력이 있으므로, 우리나라에서 교육과정 재구성은 현실적으로 불가능한 것이며, 교사들에게 혼란만을 가중시킨다는 주장도 있다. 즉, 현재 교사나 연구자들이 말하는 현재의 교육과정 재구성은 엄밀히 따지면 교과서 재구성이며, 교육과정 재구성이란 말을 교과서 재구성과 혼용하여 사용함으로써 교사들에게 국가 교육과정을 재구성할 수 있다는 오해를 심어 주고 있다고 한다. 이윤미, 조상연, 정광순(2015)은 다음과 같이 주장하였다.

> 현실적으로 우리나라 교사들이 국가교육과정을 상호조정하거나 생성하는 교육과정 실행은 궁극적으로 봉쇄되어 있는 상태이기 때문에 세 가지 관점(주: 충실, 상호조정, 생성 관점)이 모두 허용되는 상황이 아니다. 그러므로 국내 연구들이 교과서를 대상으로 하면서도 교육과정이라는 용어를 사용함으로써 마치 이 용어가 국가교육과정을 생각하도록 만들 때에는 몇 가지 심각한 오류가 생긴다. 그중 가장 우려되는 것은 교사들이 국가 교육과정을 상호조정하거나 생성할 수 있고, 이것이 충실한 것보다 더 바람직하다고 생각하게 되는 인식의 착오이다(이윤미, 조상연, 정광순, 2015: 90-91).

이처럼 이윤미 등(2015)은 교육과정 재구성 관점은 오류이자 실체 없는 허상이라 비판하며, 교육과정 실행의 관점에서 교사 수준의 교육과정을 이해해야 한다고 주장하였다.

그렇다면, 이제 우리는 교육과정을 어떻게 바라봐야 하는가?
교육과정 재구성을 어떻게 바라봐야 하는가?
교육과정 실행인가? 교육과정 개발인가? 교육과정 재구성인가?

교사 수준의 교육과정 재구성에 대한 논쟁은 한국만의 특수한 현상은 아니었다. 미국의 경우 1950년대 교육과정 개혁에 대대적인 투자가 이루어지면서 교육과정 실행에 대한 다양한 관점과 접근이 제기되었으며, 스나이더, 볼린, 줌월트(Snyder, Bolin, & Zumwalt,

1992)는 이를 충실 관점, 상호조정 관점, 생성 관점 등 3가지 관점으로 유형화하였다.

우선은 충실, 상호존중, 생성 관점에 대해 간략하게 정리를 한 후에 교육과정을 바라보는 각 관점에 대해 이야기를 나누고자 한다.

관점	주요 내용
충실 관점	충실 관점은 원래 계획했던 대로 교육과정이 이행되었는가, 또한 그러한 이행에 영향을 주는 요인은 무엇인가를 파악하는 것에 관심을 가진다. 교육과정 운영에 있어서 교사의 역할운 개발자의 의도대로 충실하게 교육과정을 이행하여야 하는 존재로 본다.
상호조정 관점	상호조정 관점은 계획된 교육과정이 교육과정 사용자에 의해 실행되고 조정되는 과정에 관심을 가진다. 교육과정이 운영되는 과정에 대한 가치 있는 정보를 제공한다.
생성 관점	생성 관점은 외부에서 개발한 교육과정은 학생들의 교육 경험을 계획하는 기반으로 간주한다. 실제로 존재하는 교육과정은 교사와 학생이 함께 만드는 교육 경험이다. 학급에서 만들어지는 교육경험은 무엇이며. 교사와 학생은 그것을 어떻게 구성하고, 교육과정 운영에 미치는 외부요인이 교실에서 교육 경험을 구성하는 데 어떤 영향을 미치는가에 관심을 둔다.

초기의 교육과정 관련 연구들은 교육과정이 계획대로 충실히 실행되었는지에 관심을 두었다. 교육과정이 계획대로 충실히 실행되는지 확인하고자 교육과정을 면밀히 분석하고, 계획대로 실행되면 어떤 모습을 띄어야 하는지 조사하였고, 실제적인 실행 형태가 바람직한 실행 형태와 일치하는지를 확인하였다. 이러한 접근을 '충실관점'이라고 하였다.

그런데 이러한 조사 과정 중에서 교육과정이 계획대로 실행되지 않는 경우를 자주 목격하게 되었다. 그렇다고 실패한 것이냐, 반드시 그렇지도 않다. 계획대로 실행되지 않았지만 의도한 결과를 내기도 하였고, 반대로 계획대로 실행하려다 아예 포기하거나 겉모습만 그럴싸하게 시늉만 내는 경우도 발견하게 되었다. 이에 학교 현장에서 교사들이 교육과정을 어떻게 조정하고 있는지 관심이 높아지게 되었으며, 교사들이 교육과정을 어떻게 조정하여 실행하는지, 그리고 왜 조정을 하고 있는지를 이해하고자 하였고, 이를 '상호조정 관점'이라고 하였다.

상호조정 관점은 충실 관점과 비교하여 기존의 수용적인 관점에서 벗어나 조정의 과정으로서 교육과정을 바라보게 되었다. 즉, 교사의 역할은 교육과정을 계획한 대로 실행하는 것에서 더 나아가 경험과 전문성을 바탕으로 교육과정을 재해석하고 상황에 맞게 재구성할 수 있는 자율적 실천가로 바라보게 되었다.

하지만 상호조정 관점 역시 충실 관점과 유사하게 교육과정 개발과 실행 및 개발자와 실행자의 역할을 구별하고, 교육과정 개발과 실행을 선형적, 순차적인 관계로 규정하였다. 즉, 충실 관점과 상호조정 관점 모두 교육과정(그것이 계획되었던 것이든, 조정되었던 것이든)이 기존의 의도하였던 결과를 가져왔는가에 관심을 가졌다는 것이다.

이에 이 둘과는 전혀 다른 관점인 '교육과정 생성'이라는 관점이 등장하게 되었다. 이는 교육과정 개발의 결과물을 교육과정 실행의 출발점으로 삼지 않고, 교육 현장에서 교사와 학생들이 만들어 가는 교육과정에 관심을 가지게 되었다. 즉, 교육과정이 만들어진 것이 아니라 만들어 가는 것, 결과물이 아니라 과정으로 재개념화하게 된 것이다. 그리고 그 핵심에 교사와 학생을 두게 되면서, 교사와 학생이 교육과정의 이용자가 아니라 교육과정을 만들어 가는 주체자, 개발자로 재개념화하게 된 것이다.

물론 그렇다고 하여 교육과정 생성 관점이 교육과정 개발자들에 의해 만들어진 교육과정을 거부하거나 무시하는 것은 아니다. 다만 교육과정 생성 관점에서는 계획되어진 교육과정을 활용하여 가르치고 배우며 교사와 학생들이 함께 만들어 가는 교육적 경험을 이해하는 데 더 큰 관심을 기울인다는 의미로 받아들이면 좋을 것 같다. 즉, 교육과정 생성 관점의 연구자들에게 교육과정은 교사와 학생들이 함께 만들어 가는 교육적 경험을 의미한다고 할 수 있다.

그러나 국가 수준 교육과정이 존재하지 않는 미국과 달리 국가 수준 교육과정이 존재하는 우리나라에서도 이와 같은 관점이 적용될 수 있을까? 2000년대 들어 교사의 교육과정 재구성에 대한 연구가 활발히 진행이 되었고, 이들 연구의 대부분은 상호조정 관점을 토대로 삼았다고 할 수 있다(서경애, 2016). 이러한 교육과정 재구성에 대한 연구는 '국가 수준의 공통성과 지역, 학교, 개인 수준의 다양성을 동시에 추구하는 교육과정'(교육부, 1997)을 표방하여 국가 수준의 교육과정을 토대로 다양하고 특색 있는 학교교육과정을 편성 · 운영할 것을 강조한 제7차 교육과정으로 인한 것이라고 할 수 있다. 제7차 교육과정 해설서에서는 그 필요성을 다음과 같이 설명하고 있기도 하였다.

우리나라의 초·중등 교육은 획일성이 커다란 문제로 지적되어 왔다. 획일화된 교육 내용과 방법, 교육 환경에서 탈피하여 학생, 교원, 학교의 실정에 알맞은 다양한 교육으로 변화시켜 나가기 위해서는 학교교육과정이 필요한 것이다. (중략) 결국, 교육과정의 기본 정신을 구현하기 위해서는 국가에서 '주어지는 교육과정'의 틀에 안주해 있기보다는 교육 실천이 이루어지는 학교 현장에서 '만들어 가는 교육과정'의 흐름으로 교육과정을 이해해 나가는 인식의 구조와 전환이 필요하다 하겠다(교육부, 1999: 15-16).

그리고 한국교육과정평가원에서 실시한 제7차 교육과정의 현장 운영 실태 분석이라는 연구 결과를 통해 충실 관점과 상호조정 관점을 동시에 취하면서 교육과정 재구성을 강조하고 있음을 알 수 있었다. 그에 대한 내용은 아래와 같다.

교육과정의 현장 운영 실태 파악을 주 목적으로 하는 본 연구에서는 충실도와 조정의 두 가지 관점을 모두 수용하였다. 즉, 한편으로는 상위 수준의 교육과정이 단위 학교로 내려가면서 어떻게 일관성을 유지하면서 구체화되는지에 대해 점검하고, 다른 한편으로는 단위 학교 수준에서 실천적으로 교육과정이 어떻게 만들어져 운영되는지를 살펴보는 것이다. (중략) 일관성과 연계성을 확보해야 한다는 측면에서 충실도의 관점을 취하였다. (중략) 어떻게 변용하고 교실 수업에서 실천하는지를 탐색하는 과정에서는 '조정'의 관점을 적용하였다(성경희 외, 2004: 19).

이 같은 입장을 취하게 된다면, 교사들의 교육과정 재구성을 독려하는 국가 교육과정을 충실히 실행하는 것, 이것을 교육과정 실행으로 보아야 하는가, 교육과정 재구성으로 보아야 하는가? 교사들이 교육과정을 재구성하여 가르치고 있다면 이를 더 독려해야 하는가, 아니면 국가 교육과정이 변용되고 있는 것은 아닌지 우려해야 하는가? 교육과정 재구성이 제대로 안 되고 있다면 뭔가 대책을 강구해야 하는가, 아니면 교사들이 국가 교육과정을 변용하지 않고 충실히 실행하고 있으니 안심해도 되는가?(서경애, 2016: 217).

이에 최근 교육과정 재구성에 대한 관점의 문제점에 대한 목소리가 높아지게 되었다. 국가 수준과 교사 수준에서 교육과정 개발이 이루어지고 있지만, 교사 수준의 교육과정 재구성은 국가 수준의 교육과정을 기반으로 하는 것으로, 이는 상의 하달식으로 내려오는 국가 수준 교육과정과 교사 수준의 교육과정의 일방적인 관계를 정당화하는 것으로, 교사들의 교육과정 활동을 국가 수준 교육과정에 종속적인 것으로 여기는 것이라고 할 수 있다. 진정한 의미에서의 교육과정 재구성이 이루어지기 위해서는 교사 수준의 교육과정을 교육과정 개발의 관점에서 접근해야 하며, 국가 수준 교육과정과 교사 수준 교육과정의 관계가 상의하달식의 일방적인 관계가 아니라 양방향 소통의 수평적 관계로 재정립되어질 필요가 있는 것이다.

그리고 또 다른 연구자들은 교육과정 재구성이란 실체 없는 공허한 수사학적 표현이라 주장한다. 국가 교육과정은 법적 구속력을 갖고 있기 때문에 교사가 이를 실행하는 과정에서 수정하거나 삭제하기 힘든 구조적 문제를 안고 있다(이윤미 등, 2015). 이로 인해 이윤미 등(2015)은 마치 교육과정 재구성이 가능한 것처럼 현실을 왜곡함으로써 교사들의 국가 교육과정 조정권 및 교육과정 자율권에 대한 담론을 억제하는 역효과를 가져올 수 있다고 주장한다. 교육과정을 재구성하기 위해서는 국가 교육과정을 반드시 준수해야 하는 것으로 규정하고 있는 현 상황에 대한 개선이 우선시되어서, 교육과정 재구성이 실질적으로 가능하도록 교사의 자율권을 보장하는 데 더 많은 노력을 기울여야 할 것이다.

이에 결국에는 교육과정 재구성의 현실적 실현 가능성을 높이기 위해서는 국가 수준 교육과정과의 관계 속에서 교사 수준 교육과정을 어떻게 바라볼 것인지, 어떠한 관계 속에 있어야 할지에 대한 고민이 선행되고, 현재와는 다른 종속적인 관계가 아닌 수평적인 관계 형성을 위한 법적인 근거 마련이 우선 필요할 것으로 생각된다. 그렇다고 하여, 법적인 근거가 없다고 하여, 교사들은 그저 국가 교육과정에 따른 교육을 해야 하는 것일까? 교육과정 재구성을 위해 앞으로 어떻게 나아가면 좋을까? 어떻게 실천하면 좋을까?

현재 국가 수준 교육과정에 대한 교육부 장관의 교육 관계 법령을 살펴보면 다음과 같이 고시하고 있다.

> 이 교육과정은 「초 · 중등교육법」 제23조 제2항에 의거하여 고시한 것으로, 초 · 중등학교의 교육 목적과 교육목표를 달성하기 위한 국가 수준의 교육과정이며, 초 · 중등학교에서 편성 · 운영해야 할 학교교육과정의 공통적이고 일반적인 기준을 제시한 것이다.

여기에 따르면, 국가 수준의 교육과정은 법적 구속성을 갖고 있고, 국가의 교육적 의도(국가 수준에서 수립된 교육목적 및 목표) 달성을 위한 수단적 기능을 하고 있으며, 학교교육과정 편성 · 운영에 관한 기준이 된다는 사실을 알 수 있다.

교육과정 재구성을 둘러싸고 있는 논쟁의 핵심이 바로 국가 교육과정이 학교교육과정 편성 · 운영의 기준이 되어야 한다는 것이다. 이 기준이라는 단어를 어떻게 바라보고 해석하느냐에 따라서 국가 교육과정과 교사 교육과정의 관계를 달리 설정할 수 있기 때문이다. 그렇다면 교육과정 기준과의 관계에 대한 논쟁은 어떠한 것이 있을까?

우선 국가 수준 교육과정을 기준이라고 정의하기 시작한 것은 제6차 교육과정에서부터이다. 제6차 교육과정부터 교육과정 결정의 분권화를 표방하면서 국가 수준, 지역 수준, 학교 수준으로 교육과정을 분산하였고, 이에 국가 수준에서는 공통적 · 일반적인 기준 고시, 지역 수준에서는 특수성, 실태, 교육 관계자의 요구 및 필요 등을 반영한 구체적인 편성 · 운영 지침, 학교 수준에서는 국가 수준의 교육과정 기준과 시 · 도의 교육과정 편성 · 운영 지침에 의거하여 학교 실정에 알맞은 교육과정을 편성 · 운영하였다. 이러한 분권화 개념은 현재 2015 개정 교육과정까지 이어져 오고 있다.

그런데 분권화 개념이 처음으로 도입된 제6차 교육과정과 그 이전인 제5차 교육과정을 비교해 보았을 경우, 내용적인 측면에서 크게 달라진 것은 없다. 그렇다면 기준이 표준을 의미한다고 보아야 하는 것일까? 과연 기준이라는 새로운 개념적 단어를 사용할 필요가 있었을까 하는 의문이 생긴다.

이에 따라 표준으로서의 역할을 하고 있는 교육과정 기준으로 교육과정 획일화, 규격화, 경직화 등의 문제점으로 인해, 허경철, 강창동, 소경희(2000)는 총론 문서의 대강화(자세하지 않게 기본적인 틀만 제시하도록 한다는 의미의 大綱化), 홍후조(2002)는 교육과정에 대한 국가 수준과 학교 수준의 역할과 책임을 명확히 해야 함을 강조하며 학교 수준의 교육과정 계획의 특성화, 김재춘(2002)은 교육과정 기준의 대강화와 함께 최소 기준화가 대안으로 제시되었다. 국가 수준의 교육과정 기준은 교육과정 얼개를 제시하여 학교교육과정 편성 · 운영을 위한 최소한의 기준을 제시하고, 학교 수준에서는 국가 교육과정 기준의 범위 내에서 자율적으로 교육과정을 편성 · 운영하는 체제를 제안하였다(김재춘, 2002).

이에 박순경 등(2014)은 「국가 교육과정 총론 개선을 위한 기초 연구」를 통해 국가 교육과정의 성격에 대하여 다음과 같은 개선할 것을 주장하였다.

> 첫째, 국가 교육과정에 제시된 각 규정들은 "국가 수준의 공통성과 지역, 학교, 개인 수준의 다양성을 동시에 추구"하기 위하여 지역, 학교, 교사 개인이 지켜야 할 '최소 기준'이라는 점을 제시한다. 둘째, 국가 교육과정은 최소 기준을 구현하는 범위 내에서 지역 및 학교의 특성과 학생의 교육적 요구를 반영하여 "교육청과 학교, 교원 · 학생 · 학부모가" 협의하에 재구성할 수 있다는 점을 제시한다(박순경 외, 2014: 185).

이처럼 교육과정 기준에 대한 대안으로 교육과정 대강화와 최소 기준이 제시되었다. 최소 기준은 일반적으로 용인할 수 있는 최소한도 또는 최저점을 의미하는 것이고, 대강화는 자세하지 않게 기본적인 틀만 제시하도록 한다는 의미로 서로 다른 내용의 주장이라고 할 수 있다. 둘 중 대강화는 오히려 표준의 성격에 가깝다고 볼 수 있다. 즉, 대강화는 틀 또는 경계선(Boundary)의 의미를, 최소 기준은 최소한도의 의미를 가지고 있는 것이다.

이로 인해 그동안 국가 교육과정에서는 표준의 성격이 강한 국가 교육과정의 대강화를 위해 의무규정, 재량규정, 허용규정, 금지규정 등을 설정하는 방식으로 교육과정 표준화의 문제점을 해결하고자 하였다. 예를 들어, 의무규정은 '한다'는 진술문으로(예: 2005 개정 교육과정에서 '중학교교육과정은 교과(군)와 창의적 체험활동으로 편성한다') 제시, 재량규정은 '할 수 있다'는 진술문으로(예: '교과(군)의 이수 시기와 그에 따른 수업 시수는 학교가 자율적으로 결정할 수 있다')

제시, 허용규정은 의무규정에서 예외적으로 허용되는 사항의 형태(예: '체육, 예술(음악/미술) 교과는 이수 교과목 수 제한에서 제외하여 편성할 수 있다')로 제시, 금지규정은 허용규정에서 제외되는 금지사항의 형태(예: '단, 체육, 예술(음악/미술) 교과는 기준 수업 시수를 감축하여 편성 · 운영할 수 없다')로 제시되었다. 다시 말해, 규제를 완화함으로써 표준의 성격을 조금씩 줄여 가는 식이었다. 그 대표적인 예가 바로 2009 개정 교육과정에서 제시한 교과(군)별 수업 시수 증감의 허용, 학기 · 학년 집중이수 확대, 고등학교 선택중심 교육과정의 재구조화, 재량활동과 특별활동의 통합 운영 허용, 학년군과 교과군의 도입 등으로, 교육과정의 의무규정들을 대폭 완화하고 단위 학교에 재량권을 부여하는 방식이었다.

물론 이렇게 재량권을 주었다고 하여 긍정적인 효과만 있었던 것은 아니다. 실례로 교과(군)별 수업 시수의 20% 증감 허용으로 인해, 많은 학교에서는 국어, 영어, 수학 등 주지교과의 수업 시수를 늘리고, 체육, 음악, 미술 등 예체능 교과 수업 시수를 감축하는 문제점이 생기게 되었다. 이에 2015 개정 교육과정에서는 이 문제를 해결하고 아래와 같이 '단'이라는 조항을 추가하여 금지규정을 만들게 되었다.

> 학교는 학교의 특성, 학생 · 교사 · 학부모의 요구 및 필요에 따라 교과(군)별 20% 범위 내에서 시수를 증감하여 편성 · 운영할 수 있다. 단, 체육, 예술(음악/미술) 교과는 기준 수업 시수를 감축하여 편성 · 운영할 수 없다(교육부, 2015, 고시 제2015-74호).

즉, 의무규정을 풀어서 재량규정을 달고 그리고 다시 여기에 금지규정을 단 것이다. 이처럼 표준의 성격을 유지한 상태에서 규제 완화의 폭을 조절하는 방식으로 교육과정의 표준화 문제에 대처해 왔다.

그렇다면 각론은 어떠할까?

교과 교육과정의 경우에는 '도달점'으로서 교육과정 기준의 개념이 대안으로 주목을 받았다. 이는 기존의 무엇을 가르치고 배워야 하는가를 넘어서 그것을 가르치고 배웠을 때 어떠한 결과에 이르러야 하는가, 즉 학습 결과의 측면에서 교육과정 기준을 개념화한 것으로 이것을 '성취기준'이라고 하였다.

성취기준이라는 개념은 제7차 교육과정 개정 시기에 미국의 기준 중심 교육 개혁 정책을 차용한 것으로, 김영삼 정부의 5 · 31 교육개혁안의 핵심이라고 할 수 있는 상대평가, 지필평가 중심의 학생 평가 방식의 폐해(경쟁, 사교육 과열, 획일적 입시교육 등)로 인한 학생 평가 방법 개선과 밀접한 관련이 있다. 이 시기에 한국 교육은 학교생활기록부를 도입하였고, 각 교과별 성취도를 절대평가에 의해 파악하고자 노력하게 되었으며, 이를 위해서 학생들이 성취해야 하는 것, 성취기준이 필요하게 되었다(허경철 외, 1996). 다시 말해, 절대평가로 평가 방식을 개선하기 위해 성취기준이 도입되었음을 알 수 있다. 그러나 대부분의 교사는 도입 취지와는 다르게 성취기준의 의미를 학교에서 가르치고 배운 결과로서 학생들이 도달해야 할 도달점이 아니라 과거에서와 같이 무엇을 가르치고 배워야 하는가에 대한 교육과정 표준으로 이해하게 되었다. 요컨대, 교육과정을 '결과'로 보는 관점에서 태생한 성취기준을 '내용'의 관점에서, 즉 '무엇'을 가르치고 배워야 하는가의 관점에서 잘못 접근한 것이다. 이로 인해 결국 성취기준은 내용 진술의 한 방식으로 활용되었고, 무엇보다도 그 도입 취지대로 평가 방식의 개선이 이루어지지 못한 상황에서 그 실효성은 미미할 수밖에 없었다. 그래서 교사들이 교과 교육과정의 성취기준보다는 교과서에 더욱 치중하며 수업을 해 왔던 것인지도 모른다.

결론적으로 국가 수준의 교육과정을 기준으로 개념화되었지만, 그동안의 교육과정 기준은 표준의 성격을 띠어 왔으며, 학교에서 무엇을 가르치고 배워야 하는가에 대한 국가적 표준이 되어 왔다. 이러한 상황에서 국가 수준 교육과정 기준으로 인해 학교교육과정 획일화, 규격화, 경직화 등의 문제를 가져왔고 이를 해결하기 위하여 교육과정 대강화, 최소 기준으로서 교육과정 기준, 도달점으로서 교육과정 기준 등의 대안이 모색되어 왔다. 그러나 이러한 대안 또한 실제로는 표준의 성격을 유지한 채 규제를 완화하는 방식으로 나타났다.

만약 교육과정 기준이 진정한 의미에서의 최소 기준이라면, 교사들은 최소 기준을 충족시키는 조건 아래 제한 없이 자율권을 행사할 수 있다. 만약 교육과정 기준이 도달점을 제시한 것이라면, 교사들은 도달점에 이르는 길, 즉 교육의 과정에 있어 제한 없이 자율권을 행사할 수 있다. 그러나 교육과정 기준이 표준이라면, 그것도 법적 구속력을 가진 표준이라면, 교사들의 자율권은 허용된 범위 내에서만 행사할 수 있는 허가된 자율권으로 극히 제한적일 수밖에 없다.

교육과정 재구성에 대한 여러 논쟁은 바로 이 같은 현실에 대한 문제제기라 할 수 있었다. 말로는 최소 기준이나 성취기준을 표방하고 있지만, 실제로는 표준의 성격을 띤 국가 수준의 교육과정에 대한 문제제기이자, 규제를 완화하는 방식으로 허용된 범위 내에서 교사들에게 제한적으로 주어지는 자율권에 대한 문제제기인 것이다.

국가 수준 교육과정과 교사 수준 교육과정이 지금과 같은 관계에서 과연 교육의 공통성과 다양성을 동시에 구현할 수 있겠는가?

그렇다면 대안은 무엇인가?

그동안 우리나라에서는 국가 수준의 교육과정과 관련하여 학교교육에 대한 국가 통제의 문제가 끊임없이 제기되어 왔으며, 이에 대한 대안으로 '교육과정의 분권화', '교육과정의 대강화', '교육과정 자율화' 등이 제기되었다. 그러나 여전히 국가 교육과정은 표준의 성격을 띠고 있는 실정이고, 표준의 성격을 유지한 상태에서 규제를 완화하는 표면적인 해결책만이 실천되었다.

특히 2009 개정 교육과정의 경우 규제를 대폭 완화하면서, 국가 대신 학교 간 교육서비스 경쟁을 독려하고, 교육 소비자의 자유 선택을 강조하면서, 교육과정 자율화를 통해 교육과정의 다양성을 촉진하고자 하였다. 그러나 이는 결국 국가 수준 교육과정이라는 표준에 의한 자율성 및 다양성으로써, '타율적인 자율화' 또는 '강제된 자율성' 등 자율권이 일방적으로 강제되었기에 그 영향력은 매우 미비하였으며 그 결과 역시 실패라는 견해가 일반적이었다(정영근, 이근호, 2011).

또한 이러한 강제된 자율권도 문제이기는 하지만 국가 통제의 대안으로 시장의 해법이 적용되는 것 또한 문제라고 할 수 있다. 국가 통제 대신 시장이 들어서면서, 학교와 교사는 교육 공급자로, 학생과 학부모는 교육 소비자로 칭해졌고, 교육 공급자들 간의 경쟁과 교육 소비자들의 선택이 강조되었다. 그로 인해 학교는 소비자들(학부모)을 만족시키기 위하여 더 심각한 경쟁을 낳게 되었으며, 이러한 경쟁은 결국 교육 불평등을 심화시켰으며, 다시금 성적 위주의 교육과정 획일화를 가속시키는 결과를 가져오게 되었다.

앞서 언급을 했듯이 교육을 시장에 내맡기는 것도 문제이고, 국가가 교육을 독점하는 것 또한 문제이다. 그렇다면 어떻게 해야 하는 것일까? 결국 국가도 시장도 아닌 새로운 해법이 필요한 것이다. 우리는 교육의 공공성을 과연 교육과정이 어떻게 추구할 것인가에 대한 고민, 그러한 공공성이 과연 국가 수준의 교육과정 기준이나 공통 교육과정이어야 하는가에 대한 고민을 함께할 필요가 있다.

하지만 조금만 생각을 전환해 본다면 교육의 공공성이 국가의 개입이나 공통 교육과정으로 담보되는 것은 아닐 것이다. 그런 점에서 최근 학교 현장에서 일고 있는 공동체 운동에 주목할 필요가 있을 것이다. 국가도 시장도 아닌 새로운 해법을 공동체에서 찾을 필요가 있는 것이다.

왜냐하면 공동체적 접근은 교육의 공공성을 다양하고 이질적인 집단들이 서로의 차이를 존중하고 협상과 절충을 통해 합의점을 찾아가는 과정으로 접근하기 때문이다. 즉, 공동체 속 구성원들은 서로의 이해가 다름을 인정하고 서로의 이익이 만나는 지점, 모두에게 이익이 되는 공익에 이르는 과정으로 문제를 해결하고자 문제에 접근하게 된다. 이를 통해 다수의 논리가 아니라 소수의 목소리에도 귀를 기울이고 모두의 다양한 가치를 존중하고 공유하는 과정으로 접근하게 되는 것이다.

이러한 공동체적 접근은 교사 수준의 교육과정에 시사하는 바가 크다. 그동안의 교사 수준의 교육과정에 대한 연구는 주로 교사 개개인에게 초점을 두어 왔으며, 교사 개인의 교육과정 전문성 신장을 강조해 왔기 때문이다. 이로 인해 교육의 공공성에 대한 의미를 찾을 수 없었으며, 개인주의적 접근으로 인해 일부 교실 속 교육과정의 변화만을 어느 정도 가져올 수 있었으며, 주변 교사들, 옆의 교실에 그러한 변화를 가져다주지 못했다. 다시 말해, 교사 개인 차원의 변화에만 그칠 뿐, 학교 차원의 변화,

나아가서 우리나라 교육의 변화로 이끌지 못하였으며, 이로 인해 학생들에게 미치는 영향은 제한적이었고, 국가 교육과정의 법적 구속력, 경쟁적인 입시체제, 관료주의 조직 앞에서 교사 개인의 힘은 무력하기 짝이 없었던 것인지도 모른다.

그래서 이제부터 교사 수준의 교육과정 및 교육과정 재구성을 위해서는 개인주의적 접근에서 탈피하고, 공동체적 접근이 필요한지도 모른다. 이러한 이유로 인해 교사 공동체에 대한 관심이 높아지고 있으며, 이와 관련된 다양한 교육 활동 및 사업이 진행되고 있는 것 같다. 교육과정 재구성을 위해서는 교사 개인의 교육과정 전문성 신장뿐 아니라 교사들의 집단전문성의 개발도 함께 필요하다. 교사들의 집단전문성 개발의 중심지로, 나아가서 교육과정 연구 및 개발의 중심지로, 그리하여 교사 수준의 교육과정과 국가 수준의 교육과정이 새로운 관계를 만들어 나아가는 중심지로 교사학습공동체에 주목할 필요가 있다.

3. 교육철학이 있는 교육행정

교육행정에 대해 이야기를 하면 이러한 질문들이 떠오를 것이다. 교육행정이란 무엇인가, 무엇을 위해 존재하는가, 어떠한 행정역할이 과연 바람직한 것일까 등 말이다. 이러한 질문들에 대한 하나의 보편화된 대답은 정해져 있지 않다. 다만 바람직한 해답을 구하고자 한다면 그것은 철학에서 찾아야 할 것이다.

교육행정철학이라는 용어는 교육, 행정, 철학이라는 용어의 합성어기는 하지만 단순하게 '1+1+1=3'이라는 등식이 성립되는 용어가 아니다. 마치 서로 다른 색을 섞으면 새로운 색이 되듯이, 세 개의 서로 다른 용어가 합쳐서 또 다른 색을 가진 새로운 용어가 된다.

그러하기에 교육행정철학은 교육이 무엇인지, 행정이 무엇인지, 그리고 철학이 무엇인지에 대한 정의를 내리는 것에서 그 출발점을 찾아야 한다. 지금의 교육 현상을 어떻게 바라보느냐, 어떠한 관점에서 문제를 바라보느냐에 따라 개념의 정의가 달라지기 때문이다.

교육행정은 교육에서 추구하는 가치, 신념, 철학이 밖으로 표현되는 행위라 할 수 있으며, 교육행정철학은 그러한 행정행위의 기반이 되는 것이라 할 수 있다. 그러하기에 교육행정은 겉으로 드러나 보이지만 교육행정철학은 가시적으로 나타나지 않는다. 그리고 교육행정철학이 교육행정으로 표현되는 과정 중에 교육행정가 혹은 교육자의 이익과 욕구가 개입되기도 하고, 학교와 교육청 단위의 조직적인 변인이 개입되기도 하고, 이해집단의 권력투쟁 등 정치적 작용이 개입되기도 하기에 교육행정철학을 그대로 교육행정으로 펼치는 것에 큰 어려움이 있는 것이 지금의 교육 현실이다.

실제로 학교에 있다 보면 교사들의 교육철학이 교육행정으로 그대로 반영되는 것에 큰 어려움이 존재함을 알게 된다. 그래서 이번 장에서는 교육철학이 있는 교육행정 실현의 중요성에 대해 이야기를 하고 있으며, 이에 학교에 대한 이야기를 함께 하고자 한다.

학교 하면 무엇이 떠오르나요?

아마도 많은 사람들은 위의 그림처럼 학교 건물 중앙에는 동그란 시계가 있고, 네모반듯한 건물, 그 안에는 네모반듯하게 만들어져서 나열되어 있는 교실들이 있으며, 학교는 커다란 교문과 담으로 둘러싸여 있고, 교문은 등교시간 이외에는 항상 닫혀 있으며, 지각을 하면 교문 앞에서 혼이 나는 모습들이 떠오를지도 모른다. 열린 교육이 우

리나라에 들어오면서, 그리고 지역사회를 위한 학교 개방을 위해 담벼락을 허물던 시대도 있었지만, 현재는 여러 학교 안전 문제들로 인해 담벼락이 다시 쌓여 가고 있다. 담벼락이 있고 없고를 떠나서, 이러한 교육행정들로 인해 얼마나 많은 예산이 낭비되고 있는지에 대해서도 잠시나마 한번 생각해 보았다. 또한 학교 안의 교실들은 수의 순서에 따라 일정하게 배열이 되어 있어서, 어느 누구라도 그다음 교실은 몇 학년 몇 반이 될지 예상할 수 있다.

그렇다. 대부분의 사람은 학교라고 하면 이러한 건물이 먼저 떠오를 것이다. 하지만 나는 학교 하면, 이러한 건물이나 외형적인 모습이 아니라 그 속에서 함께 웃고 울면서 배우고 활동하는 아이들의 모습이 떠오르며, 많은 선생님들도 그러한 생각이 떠올라야 한다고 생각한다. 나는 그러한 것이 안타까웠다. 학교에 대한 오해와 편견은 학교가 만들어 내는 것도 아니며, 학교에서 아이들을 가르치고 있는 교사들이 만들어 내는 것도 아니다. 이미 모든 일반 사람들이 자신도 모르게 학교에 대한 오해와 편견을 가지고 있는 것이다. 학교를 그저 건물로 여기고 있고, 아이들이 일정한 나이가 되면 다녀야 하는 곳, 그리고 선생님의 지도 아래 국어, 영어, 수학, 과학, 사회 등 교과목을 배우고 암기하고 시험을 치르는 곳으로 여기고 있다.

물론 이렇게 학교를 생각하게 만든 것은 그동안의 우리들 교육이 잘못되었기 때문이라는 것에는 반박의 여지가 없다. 그동안 우리들의 학교 모습은 어떠하였는가? 아래의 질문에 대한 답을 해 보면서 그에 대하여 함께 이야기를 나눠 보자.

사회학에서 자기연출이라는 개념을 처음 도입한 어빙 코프먼(Erring Goffman)은 우리 주변의 4곳의 특징을 찾아 다음과 같은 공통점을 찾아내었다. 다음에서 설명하는 장소는 어디일까?

① 담이 높으며 한번 들어가면 예정된 시간이 끝나야 나올 수 있는 곳
② 시간표가 있고, 벨이나 타종에 의해 시작과 끝을 알려 주는 곳
③ 유니폼이 있는 곳
④ 감시자와 피감시자의 공간이 분리되어 있는 곳
⑤ 피감시자들에게 번호가 부여되는 곳

아마 몇 번씩 이와 비슷한 내용을 본 적이 있을 것이다. 위의 공통점을 모두 가지고 있는 장소는 군대, 감옥, 정신병원... 그리고 학교이다.

등교시간에 맞혀서 들어오고 나면, 하교시간 전까지 교문이 폐쇄되어 아무도 나가지 못하는 학교, 정해진 시간표가 있고 시종으로 매 시간의 시작과 끝을 알려 주는 학교, 교복으로 모두가 같은 옷을 입고 다니는 학교, 교사(교무실)와 학생(교실)이 머무르는 공간이 분리되어 있는 학교, 학생들에게 학급별로 번호가 부여되는 학교...

이런 학교 이미지가 한국 학교에 대해 누구나 가지고 있는 고정된 생각들일 것이다.

2014년 한국방정환재단과 연세대 염유식 교수 연구팀에 의뢰해 초등학교 4학년부터 고등학교 3학년까지 7천여 명의 학생을 대상으로 행복지수를 조사한 '한국 어린이 · 청소년 행복지수' 결과를 살펴보면 74점으로, OECD 국가 중 가장 낮은 점수를 획득하였다. 이는 2009년 시작된 조사부터 6년 내리 최하위를 벗어나지 못하고 있다. 물론 2009년 64.3점으로 시작하여 매년 꾸준하게 오르고 있지만, OECD 평균인 100점에는 턱없이 모자란 점수이다.

초중고생들은 '좋아하는 일을 실컷 할 수 있을 때' 평소 행복을 느낀다고 공통적으로 대답했다. 평소 행복하지 않다고 느낄 때는 '성적 압박이 심할 때'와 '학습 부담이 너무 클 때'로 나타났다. 초등학생은 '부모와 관계가 좋지 않을 때' 행복하지 않다고 느낀다는 비율이 20.8%로 학습부담(20.8%)이나 성적압박(15.6%)과 함께 높게 나타났다. 행복지수 6개 영역 가운데 '주관적 행복'은 꼴찌였지만, '교육'(122.2점) 및 '행동과 생활양식'(128.8점) 영역은 OECD 국가 가운데 가장 높았다. '물질적 행복'(111.9점) 및 '보건과 안전'(111.1점) 영역도 OECD 평균인 100점보다 10점 넘게 높았다. '가족과 친구관계'는 98.9점으로 평균보다 약간 낮았다.

이뿐 아니다. 서울특별시교육청과 한국재정분석 연구원이 공동으로 개발한 서울형 학생행복지수 연구 결과에서도 학생들의 행복지수는 100점 만점에 62.5점으로 높지 않은 점수를 나타내었다. 특히 초등학교, 중학교, 고등학교로 학교급이 올라갈수록 학생들의 행복지수는 현저히 떨어지고 있었다. 또한 대전 지역 학생들을 대상으로 한 학교생활 만족도 조사에서도 설문 응답자 955명 중 553명이 '학교가 즐겁지 않다'라고 응답하였다. 학교생활이 만족스러울 때가 언제냐는 질문에는 친구 관계 및 노는 것을 대부분 선택하였으며, 학업을 선택한 학생은 초등학생 9%, 중학생 4%, 고등학생 8%에 그쳤다.

학교는 더 이상 학생들에게 행복한 공간이 아니라고 할 수 있다. 우리 아이들은 현재 자신이 다니고 있는 학교의 모습에 만족하지 못하고 있으며, 이제부터라도 우리들이 스스로 학교를 변화시켜야 하는 이유가 바로 여기에 있다. 학교는 아이들을 위한 장소이다. 그러나 그 장소에서 주인이 되어야 하고, 주체가 되어야 하는 아이들이 행복해하지 않고 있다.

그렇다면 왜 학교가 아이들에게 행복한 공간이 되지 못하고,
아이들을 가둬 두는 공간이 되어 버렸을까?
왜 선생님은 아이들을 감시하고 관리해야 하는 걸까?

최근 우리나라 사회에서는 학교 붕괴의 우려 목소리가 여기저기서 나오고 있다. 이에 학교 혁신에 대해 많은 사람들이 관심을 가지기 시작했으며, 교육청에서도 여러 방안을 제시하고 있다. 그 한 예로 경기도 교육청에서 혁신학교를 내세우고 있으며, 서울시 교육청에서는 학교 운영의 혁신, 교육과정의 혁신, 수업의 혁신, 생활지도의 혁신, 교육 복지의 혁신 등 다양한 교육적 혁신을 제시하고 있다. 그러나 과연 이처럼 위에서부터 이루어지는 공문 위주의 혁신이 실효성을 거둘 수 있을지에 대해서는 큰 의문점을 남긴다.

필자들이 본 저서를 통해 제시하고자 하는 변화는 이러한 위에서부터 이루어지는 혁신이 아니다. 학교가 가지고 있는 여러 가지 불편한 진실을 끄집어내고, 이를 다른 방향으로 생각해 보고, 그동안 학교에 대해 가지고 있던 오해와 편견, 불편한 진실에 대한 사고의 전환으로 교실과 학교 자체에 변화를 가져오고자 한다. 그동안 많은 역사적 사실을 통해서도 알 수 있듯이, 큰 변화, 변혁, 혁신은 위에서부터가 아니라 아래로부터 이루어졌다. 한 사람의 정치인이 아니라 대다수의 국민들의 요구에 의한 혁신에 더 큰 힘이 있으며, 변화와 혁신의 의의 역시 높다. 이러한 의미에서 이제는 우리들

스스로 변화를 꾀하고, 혁신을 바래야 하며 그러한 혁신을 위해 우리 스스로 생각에 변화를 주어야 한다고 생각한다.

이쯤에서 또 다른 질문을 던지고 싶다.

학교는 어떻게 변해야 할까?
앞으로 학교는 어떠한 공간이 되어야 할까?
아이들에게 학교는 어떠한 이미지로 비춰져야 할까?
학교가 행복한 공간이 되려면 어떻게 해야 할까?……

이 모든 질문에 대한 해답(?)은 학교를 뒤집어 생각해 보는 것에서 찾을 수 있다. 건물이 중심이 되는 학교가 아니라 그 속에서 함께 숨을 쉬면서 삶을 살아가고 있는 학생들이 중심이 될 수 있는 학교, 교사가 중심이 되어 다른 사람들이나 상급자에게 잘 보이기 위한 교실이 아니라 조금은 더럽고, 조금은 어지럽더라도 아이들이 중심이 될 수 있는 교실, 교사가 중심이 되어서 교사가 만들어 가는 공간으로서의 교실이 아니라 아이들이 중심이 되어서 아이들이 함께 만들어 갈 수 있는 공간으로서의 교실…

많은 학자들은 앞으로 학교가 어떻게 바뀌어야 할까라는 질문에 대해 학자들의 수만큼이나 다양한 의견들이 제시되고 있다. 돌려서 생각해 보면, 이렇게나 다양한 의견을 제시하는 사람들이 존재한다는 점에서 그들 모두는 공통적으로 한국 학교가 이대로 계속 되어서는 안 된다고 생각을 하고 있다는 반증이 되기도 한다. 여러 학자들의 다양한 의견을 범주화해 보면 두 가지로 나눌 수 있다. 요즘 사회적으로 많은 이슈가 되고 있는 학교폭력 문제, 안전사고 문제 등을 해결하기 위한 훈육의 장으로서 학교 기능 회복과 학생 개개인의 적성과 흥미, 끼와 꿈을 키워 줄 수 있는 학습의 장으로서 학교 기능 회복으로 나눌 수 있다.

훈육의 장으로서 학교 기능을 회복하고자 주장하는 사람들은 과거의 엄격하고 규율을 강조하는 전통적인 학교가 학생들의 미래 삶에 더욱 도움이 된다는 생각이 깔려 있다고 할 수 있다. 하지만 이러한 생각을 가지고 있는 선생님들을 비판하거나 잘못되었다고 말을 하는 것은 아니다. 그리고 흔히들 말한다.

"지금 힘들어도 참고 열심히 공부하면 좋은 대학교에 가서 좋은 직장을 얻게 될 것이다"

그래서 한때 여학생들의 급훈으로 유행한 것이 바로 "삼십 분 더 공부하면 내 남편의 직업이 바뀐다."이다.

여기서 잠시 관련된 것 같지는 않지만 관련된 다른 이야기를 하고자 한다. 아마 모두들 마시멜로 이야기를 알 것이다. 지금 마시멜로를 먹지 않고 참으면 다음에 더 많은 마시멜로를 먹을 수 있다. 아이들을 실험의 대상으로 두고, 마시멜로를 먹는 아이들과 먹지 않고 기다린 아이들을 추적하여 그들의 삶이 어떻게 다른지 비교하는 내용의 글이다. 아이들을 실험 대상으로 둔 것부터 마음에 들지 않았지만, 지금 참고 노력을 하면 훗날 더 나은 미래가 보장된다는 교훈을 준다는 측면에서 나 역시 매우 관심을 가졌던 이야기였다. 이 이야기를 처음 접했을 때가 대학교 때였고, 임용고사를 준비하던 나에게 큰 위로가 되었던 책이었다. 그런데 세월이 흐른 지금, 나는 이 작가에게 혹은 마시멜로 이야기를 좋아하고 신봉하는 사람들에게 묻고 싶다.

"맛있는 음식을 앞에 두고, 먹지 않으면 다음에 더 많은 것을 사줄게라는 말을 들은 아이들의 기분은 어떠할까? 과연 먹고 싶은 것을 앞에 두고서, 꾹 참음 뒤 더 많은 것을 먹고 싶어 할까? 그리고 다음에 더 많은 것을 선택한 아이들이 한 선택은 올바른 선택이 맞을까?"

필자는 '아니다'라고 말을 하고 싶다. 이러한 생각과 사고가 아이들의 행복을 뺏어간다고 생각한다. 지금 행복을 포기하면 미래의 행복이 보장되고, 지금 먹을 것을 참으면 미래에 더 많이 먹을 수 있다는 말이 과연 아이들의 행복을 보장해 줄지 의문이 생긴다. 아이들의 지금, 현재의 행복도 매우 중요하다. 나는 우리 학생들의 현재 삶 또한 행복해야 한다고 생각한다. 학교는 아이들의 행복을 위해 바뀌어야 한다. 언제 올지도 모를 미래의 행복한 삶을 위해 현재의 삶을 포기하게 하고, 딱딱한 의자에 앉아서 매일매일 교과서와 씨름하며 외우고, 또 외우게 만드는 학교는 바뀌어야 한다고 생각한다.

그동안 우리 학교는 아이들의 개성을 무시하고 하나의 인간으로 여기지 않았다. 이로 인해 몰개성화 교육이라는 말을 듣기도 한다. 표준화된 학교 모습 속에서 표준화된 교과서로 표준화된 지식을 동시에 많은 아이들에게 전달하는 학교에서 과연 아이들은 자신만의 개성을 찾아갈 수 있을까? 그 속에서 행복을 느낄 수 있을까?

학교는 다양한 활동과 체험을 통해 직접 경험하고 깨닫게 하고, 그러한 과정 속에서 자기의 적성과 흥미, 개성을 찾아가게 도와주어야 하지 않을까? 학생들은 저마다 가지고 있는 재능과 개성이 다 다르다. 학생 개개인을 배려할 수 있는 교육의 장으로서의 학교가 되어야 한다. 그래서 나는 학습의 장으로서의 학교 기능이 더욱 활발하게 이루어져야 한다고 생각한다. 물론 미래를 위한 준비의 과정으로서 학교가 존재해야 한다는 것까지 반박하는 것은 아니다. 다만, 오롯이 학생들의 미래를 위한 준비를 위하여 현재의 모든 행복을 포기하게 하지 않아야 한다는 것이다.

현대 사회는 태어나서 죽을 때까지 배워야 하는 세상이 되었다. 스마트폰이 처음 생겨났을 때 어른들이 과연 사용할 수 있을까라는 의문이 생겼다. 하지만 지금 길거리에 나서면 나이가 지긋하게 드신 분들도 모두 스마트폰을 사용하신다. 스마트폰을 사용하기 위해 얼마나 많이 배우고 또 배웠을까? 필자도 부모님에게 스마트폰 사용법을 알려 주기 위해 똑같은 내용을 몇 번씩이나 설명을 다시 드렸는지 모른다. 어른들도 스마트폰의 편리함과 필요성을 스스로 깨닫고 이러한 깨달음을 통해 계속해서 배우게 되는 것이다. 그렇다. 현대 사회는 매일매일 새로운 것이 나타나게 되고, 그로 인해 죽을 때까지 배워야 하는 시대가 되었다.

전 일생을 배워야 하는 시대에 살고 있는 우리들, 그보다 훨씬 더 많은 것을 전 일생을 두고서 배워야 할 우리 아이들을 위해, 이제는 배워야 하는 시기를 학생에게 국한시키기보다는 인생의 모든 시기에 배움을 고르게 분배할 줄 아는 방법을 알려 주어야 하지 않을까? 물론 학생들에게 현재 삶의 즐거움이나 행복감 중 조금을 미래의 삶을 위해 양보하고 미래의 삶에서 그러한 즐거움과 행복감을 더해서 살아갈 수 있도록 삶을 재구조화할 필요가 있음을 알게 해 주는 것이 필요할 것이다. 과거 우리들이 살던 시대에서는 현재의 행복을 포기하고 학교에서 열심히 공부만 하면 미래의 삶이 더욱 윤택해질 수 있다는 보장을 받았다. 하지만 지금의 사회는 그렇지 않다. 우리 아이들은 기계와 경쟁하며 살아가야 하는 시대에 살게 된다. 학교에서 아무리 열심히 공부하고 외우더라도, 기계가 가지고 있는 지식을 능가하지 못한다. 그래서 지금의 아이들에게는 미래의 행복한 삶을 위해서 현재 모든 삶의 행복을 포기하게 해서는 안 되며, 학교가 그러한 공간이 되어서도 안 된다.

어느 연수에서 들은 사례를 꺼내 본다.

어느 한 고등학교에서 연예인 지망생인 학생이 있었다. 그 학생은 소속사에 속해 있었고, 평소에는 학교 후에 소속사에 가서 열심히 연기 연습을 하면서 자신의 진로를 찾아가고 있었다. 열심히 노력한 끝에 오디션을 통해 영화에 출연하게 되었다. 기쁜 마음에 학교에 소식을 전하고, 영화 촬영을 위해 몇 일간 학교에 출석을 하지 못하게 되었다고 말씀 드렸다. 학교 측에서는 이 학생을 어떻게 처리해야 하는지 고민에 빠지게 되었다. 몇 번의 회의 끝에 나온 결론은 결석 처리였다. 이러한 학교 측의 결정에 불만을 품은 학부모가 항의를 하자 학교 측에서는 교장의 결정이었다라는 말을 하였다.

위 학교의 사례를 읽으면서 어떠한 생각이 들었나? 실제 어느 고등학교에 있었던 일이다. 물론 심의를 거쳐 학교장의 최종 승인이 나서 결석 처리를 했다는 결정에 대해서 이 학교가 잘못을 했다는 것은 아니다.

이 학교에 속해 있는 교사들이 조금이라도 앞으로의 학교가 아이들에게 어떠한 역할을 해야 하며, 아이들에게 학교가 어떠한 존재가 되어야 할까라는 질문에 대해 함께 모여서 약간이라도 생각을 나누는 시간을 가졌더라면 이러한 결정을 내리지는 않았을까 하는 것을 말하고 싶다. 학교는 아이들의 더 나은 미래를 위해 준비할 수 있도록 도와주는 장소가 되어야 하는 동시에 아이들의 적성과 흥미를 찾을 수 있도록 다양한 진로를 탐색해 주어야 하는 장소가 되어야 한다. 또한 아이들의 행복한 삶을 영유할 수 있는 장소가 되어야 한다. 앞의 학생은 현재 자신의 진로를 스스로 찾아가고 있었으며, 그러한 과정에서 행복한 삶을 스스로 영유하고 있었다. 그 결과 본인이 정말 하고 싶었던 영화에 참여하게 되었다. 자신의 진로를 스스로 탐색하여 찾았고, 자신의 미래를 위해 이제 첫 출발선상에 선 아이에게 학교가 꼭 그러한 결정을 해야 했을까 하는 의문이 든다. 오히려 그러한 아이를 더욱 칭찬하고 더욱 성장하여 나아갈 수 있도록 도와주는 역할을 학교가 해야 하지 않을까 한다.

이제 우리는 학교에 대한 이미지를 떠올릴 때 아래와 같이 생각을 해야 할지도 모른다. 건물과 교사가 중심이 되는 공간이 아니라, 아이들이 중심이 되는 학교가 되어야 할 것이다. 교육 관계자들이 함께 노력하여 마련된 튼튼하고 견고한 교육행정철학을 토대로 바르고 전문적인 교육행정이 이루어져서, 우리나라 교육이 질적으로 향상될 수 있는 날이 곧 오기를 희망해 본다.

4. 현장 교사를 위한 행정과 경영

교육과 철학이 이론적인 영역이라면 교육행정은 교육과 철학이 운영되는 실천적인 영역이라 할 수 있다. 이에 교육행정에 대한 정의는 교육철학을 어느 초점에 두고 있느냐에 따라 서로 다르게 정의 내릴 수 있다. 즉, 어느 한 정의를 따라야 한다는 황금률이 정해져 있는 것이 아니라, 교육자 혹은 교육행정가가 지니고 있는 교육철학의 바탕 위에 형성되는 교육적 목적에 따라, 목적이 달성되기 위해 다양하게 실천되어지는 것들을 모두 교육행정이라 할 수 있다.

이러하기에 주삼환(2005)은 교육행정의 본질을 사상과 실천이라고 강조하였고, 사상이 어디에서 출발하였는지, 역사적 배경이 무엇인지, 어떠한 문제의식을 교육행정가가 지니고 있는지를 탐색하는 것이 매우 의미 있는 일이라고 하였다. 교육행정은 교육에 대한 철학의 반영이며 사회적 기류를 반영한 교육의 목적에 따라 그 정의가 매우 가변적이기 때문이며, 교육목표를 달성하기 위한 봉사적 활동이 교육행정이기 때문이다. 즉, 교육행정이란 인간 존엄성을 바탕으로 의도적인 목적을 갖고, 가시적이든 비가시적이든 계획적인 통제에 의해, 지시적 혹은 비지시적 방법으로 인간의 도덕적 가치를 높이고자 하는 봉사적 행위 또는 과정이라 할 수 있다(주삼환 외, 2007). 그러하기에 교육행정은 교육이 있는 현장에서는 항상 존재해 왔다. 물론 그동안의 교육행정은 교육철학이 기반이 되기보다는 능률과 효과라는 가치적 측면에서 보다 더 높은 성적을 내기 위한 입시 위주의 측면에서 이루어지기는 하였지만 말이다.

그래서인지 학교에서는 교육행정이라는 용어와 함께 교육경영, 학교경영이라는 용어를 혼용하여 사용하기도 한다. 심지어 학교교육과정에 학교철학이라는 용어 대신 경영철학에 대한 정의가 내려져 있는 학교도 있으며, 주요 학교경영중점과제도 제시하고 있으니 말이다.

경영(經營)이란 기업이나 사업 따위를 관리하고 운영한다는 뜻을 가지고 있다. 경영이라는 단어의 뜻에서도 알 수 있듯이 기업이나 사업에서 사용되는 단어를 우리는 아무런 제약 없이 학교에서도 사용한다. 학교경영이라는 말로 말이다. 그런데 나는 묻고 싶다.

학교경영이라는 말이 맞는 말인가?

다시 한번 더 말을 하지만 경영이라는 단어는 기업이나 사업체에서 사용되는 말이다.

그렇다면 학교가 기업이 될 수 있는 건가?
아니면 사업이 될 수 있는 건가?
절대 아니다!

학교는 교육을 위한 곳이며, 학생들의 배움과 성장을 위한 공간이다. 기업 혹은 사업은 그 성과가 분명하게 드러난다. 일 년간 투입한 금액에 대비해서 산출된 혹은 벌어들인 금액이 얼마인지를 따져 보면 일 년간의 성과가 눈에 바로 드러나게 된다. 가시적으로 드러나는 투입 대비 실적 혹은 성과를 높이기 위하여 경영은 분명하게 필요하다. 그렇다면 학교는 어떻게 실적을 혹은 성과를 알 수 있는 것일까?

교육이라는 것, 아이들의 성장과 발전이라는 것은 1년이라는 기간 동안 드러나지 않는 경우가 대부분이다. 아니 교육적인 측면에서는 그 전부가 1년이라는 기간 동안 가시적으로 그 성과가 드러나는 부분이 없다고 해도 과언이 아닐 것이다.

몇 년 후 한 아이가 인성적인 측면, 학력적인 측면에서 많은 성장을 이루었다고 가정해 보자. 그런데 몇 년 후 한 아이의 성장에 있어서 지금의 1년이 지대한 영향을 미쳤을지 어떻게 알까? 학교는 1년의 학교 살이만으로는 그 성과를 측정하거나 평가받는 것이 절대 불가능한 집단이다. 그래도 학력적인 측면은 그나마 측정이 어느 정도 가능하다고 할 수도 있다. 단, 학력적인 측면을 시험 성적으로 한정하였을 경우에만 해당된다. 그래서 국가 수준 학업 성취도 평가가 시행이 되었으니 말이다. 물론 필자는 학력적인 측면 역시 1년의 학교 살이로 평가가 불가능하다고 생각을 한다. 그 이유는 앞과 같다. 한 아이가 학력적으로 성장하고 발전하였다고 했을 경우, 언제적의 배움으로 그러한 성장과 발전이 있었는지 측정이 불가능하기 때문이다. 한 아이가 배움을 통해 아는 내용이었지만, 실수로 인해 혹은 다른 환경적 상황으로 인해 올바른 점수를 획득하지 못할 경우에는 어떻게 할 것인가? 그 학생은 배워서 아는 것임에도 성적표에는 틀렸다고, 그리고 모른다고 기재되어 나오니 말이다.

학력적인 측면이야 어쨌든, 아이들의 성장과 발전을 인성적인 측면, 핵심역량적인 측면을 함께 고려했을 경우에는 그 성과에 대한 측정이 더욱더 불가능해진다. 인성과 역량은 점수로 환산될 수도 없을 뿐더러, 시험을 통해서 길러질 수 있는 것들이 아니기 때문이다. 즉, 측정이 절대 불가능한 영역일 뿐 아니라, 1년이라는 단기간의 성장만을 살펴보는 것으로는 절대 그 효과성에 대한 평가가 불가능한 것이다.

이렇듯 아이들의 교육과 배움을 목표로 하고 있는 학교라는 조직에 대한, 경영 평가가 어려움에도 불구하고, 세계 각국은 학교조직에 대해 평가를 시행하고 있으며, 우리나라도 예외가 아니다. 그 예로 1996년부터 시행되고 있는 시 · 도 교육(지원)청 평가, 1997년부터 서울시교육청에서 시행되기 시작한 학교평가, 2009년 전집 평가로 시행되고 있는 전국수준 학업성취도 평가를 들 수 있다(김규태, 2012). 한편, 외국 사례를 들면, 미국의 '효과적인 학교운동(effective school movement)'을 들 수 있다. 효과적인 학교는 투입요건(학생들의 가정배경, 학습능력 등)이 비슷한 조건의 학교 중에서 상대적으로 학업성취가 높은 학교를 말한다(Hoy & Miskel, 2013). 그래서인지 학교를 평가함에 있어서 학생들의 인성적, 역량적인 측면보다는 학력적인 측면만을 고려하는 경우가 많게 된 것 같다.

또한 학교경영이라는 말을 아무런 여과 없이 사용하게 되면서, 대부분의 학교교육과정에는 특색사업이라는 말을 사용하고 있기도 하다. 누가 그렇게 하라고 지시한 적도 없음에도 불구하고 보통 1년에 3개 정도의 특색사업을 거창한 이름을 붙여서 만들어 내고 있다. 경영이라는 말도 어울리지 않는데, 하물며 그 안에 사업이라는 말까지 사용하고 있는 것은 왜 그런 것일까?

학교경영에 대한 이야기를 시작하기에 앞서, 이에 대한 학교 이야기부터 해 보도록 하겠다. 매 학년 초, 흔히 2월에서 3월은 각 학교 연구부장, 혹은 교육과정부장은 눈코 뜰 새 없이 바쁜 시기를 보내게 된다. 바로 특색사업을 포함한 학교교육과정 작성 때문이다. 이렇게 바쁜 시기를 보내는 것이 진정 교육과 배움을 위한 학교교육과정을 계획하기 위함이라면 그나마 그러한 바쁨이 지나고 난 뒤 만족감, 행복감이 찾아올지도 모른다. 그러나 대부분의 학교에서는 매우 예쁜 혹은 거창한 이름으로 학교교육과정을 만들어 내고, 다른 학교와 차별화된 특색 사업을 만들어 내면서 각각의 특색사업에 색다른 이름을 붙이느라 정신이 없다. 그리고 이를 위해서 이번 학년도에는 어떠한 사업을 구성하면 좋을지를 고민하면서, 교육과 배움이 아닌 업무 중심의 학교교육과정을 작성함에 눈코 뜰 새 없이 바쁘다.

그리고 여기에 또 다른 큰 문제점이 생겨나게 된다. 거의 2달에 걸쳐서 매우 힘들게 작성한 학교교육과정을 살펴보면, 많은 학교들이 매년 150쪽에 달하는 책 한 권을 만들어 내고 있다. 그러나 정작 이렇게 몇몇 사람의 땀과 열정으로 만들어진 학교교육과정 책자를 자세히 살펴보는 교사는 거의 아무도 없다. 심지어 이렇게 힘들게 만들었던 연구부장조차도 살펴보지 않으니 말이다. 필자가 그러했고, 주변 연구부장 교사들이 그러했다. 직접 학교교육과정을 만드는 데 가장 열심히(?) 참여한 교사들도 보지를 않는데, 학교 내 다른 교사들이 과연 학교교육과정 책자를 살펴보겠는가? 아마 대답은 아닐 것이다. 그나마 책자를 살펴볼 때가 있기는 하다. 바로 학기말, 혹은 학년말 수업시수를 확인하고 시수 놀음을 할 때 사용되기는 한다. 그 이외의 대부분의 시간을, 교사들은 학교교육과정 책자를 받게 되면 바로 책꽂이(책꽂이는 그나마 괜찮다. 책꽂이에 넣으면 그나마 눈에 보이기도 하고, 찾아보기도 쉬우니 말이다. 심지어는 눈에 보이지도 않는 캐비닛 안에 넣어 둔 채 1년을 그렇게 학교교육과정이 무엇인지도 모른 채 살아가기도 한다. 아니 어쩌면 그렇게 학교교육과정이 무엇인지 모르고 살아도 별 문제가 없는 것이 더 큰 문제인 것인지도 모르겠다.)에 넣어 두게 된다. 아마 각자 학교의 교육과정이 어떻게 구성되어 있는지, 어떠한 내용으로 꾸려져 있는지 관심조차 없을 것이다. 이에 정성식(2014)은 『교육과정에 돌직구를 던져라』라는 저서를 통해 이러한 학교교육과정을 캐비닛 교육과정이라고 칭하기도 하였다.

물론 학교교육과정을 캐비닛에 넣어 둔 교사들이 잘못되었다고 비판하기 위해서 이렇게 언급하는 것이 아니다. 학교교육과정이 잘못되었기 때문에, 학교교육과정이 교사들이 수업을 함에 있어서 필요 없는 내용으로 구성이 되었기 때문에 그러하지 않은지 생각하게 되었다. 연구부장을 처음 맡고서, 대부분의 교사들이 열심히 제작한 학교교육과정을 살펴보지 않음에 있어서 화가 나기도 하고, 왜 안 보는 건지 이해를 하지 못할 때도 있었다. 하지만 지금은 아니다. 그러한 교사들이 잘못된 것이 아니라, 학교교육과정이 잘못된 방향으로 구성되어 있는 것이 문제였던 것이다.

정성식(2014)은 이러한 학교교육과정 구성을 포함한 그와 관련된 의문점을 해결하고자 교육청에 문의를 한 결과 학교교육과정 작성 및 제출에 대한 법적 근거는 없다는 답변을 받았다고 하였다. 이처럼 법적근거도 없는 학교교육과정, 제출에 대한 의무사항도 없는 학교교육과정임에도 불구하고 150쪽에 달하는 책 한 권을 만들어 내기 위해 매년 2월, 3월이 되면 학교 내 몇몇 교사의 교실 불은 늦은 밤에도 꺼지지 않고 있는 것이다. 또한 따로 정해 준 형식이 없음에도 불구하고 대부분의 학교교육과정의 양식은 일정한 틀이 정해져 있는 것처럼 유사하게 진술되고 있기도 하다. 이제는 이러한 틀에 박힌 형식이 아니라 교육과 배움이라는 내용에 충실한 학교교육과정이 만들어질 수 있으면 좋겠다.

그리고 이를 위해서는 학교를 기업이나 사업체처럼 바라보며 경영을 해야 하는 곳, 혹은 어떠한 사업을 만들어서 운영해야 하는 곳으로 여기면 안 될 것 같다. 학교는 기업도 아니며, 하나의 사업체도 아니니 말이다. 「초 · 중등교육법」 제23조 제1항에 다음과 같이 명시되어 있지 않은가?

학교는 교육과정을 운영하여야 한다.

사업이 아니라 교육과정을 운영해야 하는 곳이 바로 학교라는 것을 법을 통해서도 알 수 있다. 또한 여기서 말하는 교육과정은 두툼한 한 권의 책으로 이뤄진 학교교육과정이 아니라, 국가 수준 교육과정에 충실하면서 틀에 박힌 형식이 아닌 아이들의 배움과 교육을 위한 내용이 중심이 될 수 있는, 학교가 아닌 학생이 중심이 되는, 업무나 사업이 아닌 교육과 수업이 중심이 되는, 교사의 일방적인 가르침이 중심이 아닌 학생들 스스로의 배움이 중심이 될 수 있는 그러한 교육과정을 의미할 것이다.

어느 컨설팅에서 물어본 적이 있다.

왜 그렇게나 두꺼운 학교교육과정이 필요할까요?

이러한 질문에 돌아온 대답은 역시나... "다른 학교에서 그렇게 하니까요, 이렇게 해야 학교교육과정이 만들어진 것 같고, 교장 선생님이 이렇게 해야 나중에 100대 교육과정에 제출할 때 편하다고 말씀을 하시니까요."라고 말들을 한다.

그렇다. 어쩌면 우리는 그동안 학교교육과정을 그 자체로 바라보는 것이 아니라 다른 용도로 사용하기 위해서 하나의 용도로 바라보고 있었던 것이며, 이를 위해 그렇게도 열심히 150쪽에 달하는 책을 매년 열심히 만들어 내고 있는 것이다. 학교교육과정은 1년간 학교교육의 기본이자 기틀이 되어야 하며, 학생들의 배움과 수업을 위해 하나의 목적 내지 목표가 되어야 하는 것임에도 불구하고, 우리는 학교교육과정을 다른 것을 위한 하나의 용도로 사용하고 있었던 것 같다. 그래서인지 대부분의 교사들은 학교교육과정 책자를 받아 들고는 그대로 캐비닛에 넣었던 것일지도 모르겠다. 교실에서 수업과 교육, 배움을 위해서 필요한 것이 아니라, 학교평가를 위해 혹은 기관 보고서를 작성하기 위해 필요한 것이 학교교육과정이라는 인식을 대부분이 가지고 있으니 말이다. 그래도, 이렇게나 두툼한 책으로 학교교육과정을 완성하고, 책으로 만들었다는 연구부장 자신만의 만족감, 어느 공모대회에 기관보고서를 제출할 때 유용하게 사용하기 위한 효율성 및 효과성 등 약간의 불순한 의도가 담겨 있다고 하더라도, 그렇게 열과 성을 다해 학교교육과정을 매년 두툼한 한 권의 책으로 새롭게 재창조하며 만들어 내는 전국의 연구부장, 교육과정부장에게 격려의 큰 박수를 보내고 싶다. 필자 역시 그렇게 해왔으니 스스로에게도 대견하다는 말을 하고 싶다. 그것도 4년 동안이나 말이다. 4년 동안 연구부장이라는 역할을 수행하면서 조금씩 생각이 성장하고 발전(발전이라고는 하지만, 이 또한 필자가 생각하는 관점에서의 발전이라고 할 수 있다. 혹자는 발전보다는 변화라고 여길지도 모르겠지만 말이다.)하게 된 것 같다. 학교교육과정에 대해 이러한 인식(학교교육과정은 연구부장이 작성하는 것이며, 기관 보고서 작성을 위해 만들어지는 것이며, 수업보다는 교사들의 업무와 관련된 내용으로 구성이 되며, 형식적으로 만들어 내는 것이라는 인식 등등)은 교사들의 잘못이 아니라, 학교교육과정 자체의 잘못이라는 생각을 하게 되었으며, 이렇게 학교교육과정이 흘러가게 된 원인이 바로 학교를 기업이나 사업체처럼 바라보면서 학교를 경영하려고 했기 때문은 아니었을까라는 생각을 하게 되었다.

우리는 왜 학교교육과정 책자를 펼치지도 않은 채, 캐비닛 속에 넣어 두는 것일까?

아마도 이 글을 읽고 있는 독자들은 이 질문에서 필자가 하고자 하는 말이 무엇일지 답을 할 것이라고 예상하며, 그러한 예상처럼 이 질문에 대해 필자는 그 해답을 학교경영에서 찾아보려고 한다. 이 말을 꺼내기 위해 서두가 너무 길었나 하는 생각이 들기도 한다. 그러나 이러지 않으면 학교경영에 대한 다른 시각을 가지기 어려울 것 같아서 어쩔 수 없이 이런저런 학교 이야기를 먼저 하게 되었다.

이렇게 학교경영이라는 단어를 비판적으로, 굳이 비판적이라기보다는 다른 시각으로 바라보고자 노력하는 본 필자는 참 아이러니하게도 모 대학교 교육대학원에서 현장 교사들을 대상으로 학교경영이라는 제목으로 강의를 진행하였다. 그런데 학기말 기말과제 제출 및 한 학기 수업에 대한 소감문에서 선생님들이 부르는 필자의 별명을 알게 되었다.

'학교경영 비판자'... 왜 그렇게 나를 불렀을까?

아마도 이 질문에 대해 강의를 들었던 선생님들의 답을 듣지 않더라도, 모르긴 몰라도 독자들은 아마도 필자의 한 학기 강의 내용이 어떠했을지 '학교경영 비판자'라는 단어 하나만으로도 짐작을 할 수 있을 거라고 생각한다. 이 과목을 강의하기 위해서 수없이 많은 고민을 했던 것 같다. 학교는 경영하는 곳이 아니라고 생각을 하고 있는 필자가 과연 한 학기 동안 학교경영에 대해 강의를 한다는 것이 가당키나 한 일일까?

학교경영에 대해 비판적인 시각에서 바라보고 있는데 대체 무엇을 강의하라는 것일까?

이 상황을 다른 방향으로 생각해 보면서 스스로 생각하게 되었다. 어쩌면 이러한 기회에 더 많은 선생님들과 함께 학교경영에 대한 다른 시각에 대해서 이야기 나눠 볼 수 있는 보다 의미 있고 뜻깊은 시간이 마련될 수도 있을 것 같다는 생각을 말이다. 물론 학교경영 강의를 듣기 위해 수강 신청을 한 선생님들은 학교경영이 무엇인지 전반적인 내용에 대한 이론적 강의를 듣기를 원했는지도 모르겠지만, 그러한 이론적 내용은 필자의 설명보다는 인터넷을 통해, 그리고 다양한 서적을 통해서 더 많이 알 수 있고, 더 자세한 지식을 얻을 수 있다고 생각을 했다. 실제 우리 반 수업이 늘 그렇듯이 말이다.

이렇게 많은 고민과 걱정 속에서 시작하였지만, 필자는 마음속 진솔된 이야기를 통해, 그리고 학교의 진실된 모습에 대한 이야기를 나누면서 한 학기 강의를 무사히(?) 끝낼 수 있었다. 한 학기 동안 짧지 않은 기간의 강의를 통해 필자가 여러 선생님들에게 하려고 했던, 혹은 이미 이야기를 했던 다양한 이야기와 말들을 요약하면 아래와 같이 몇 개의 문장(한 학기 동안의 강의내용을 정리한 것으로, 선생님들과 함께 나누었던 약간은 격양되었던 강의 내용을 정리하는 것이라서 단어 사용에 있어서 읽는 사람에 따라 약간은 저돌적이고 강압적이라는 느낌을 줄 수도 있을 것 같습니다. 이에 대한 너그러운 이해 부탁드립니다.)으로 정리가 될 것 같다.

지금까지의 학교

지금까지의 학교는 그 출발점이 잘못된 것 같다. 학교는 경영이 불가능한 곳임에도 불구하고, 일반 기업이나 사업체처럼 경영이 가능하다는 인식을 가지고서 시작을 했으니 말이다. 그러므로 학교장, 교감은 이제는 더 이상 학교를 경영할 수 있는 곳이 아니라, 그저 관리가 필요한 곳이라고 여겨야 할 것이다. 그리고 그러한 관리는 중앙집권적인 방법이 아니라 교사를 위하는 방법으로 나아가야 한다. 주변의 시선, 주변의 평가를 위해 학교를 관리하는 것이 아니라 교사들이 학교에서 안정감을 느끼면서 서로의 공동성을 회복하고 수업과 배움에 집중할 수 있도록 해 주어야 한다. 주변의 말, 학부모의 말에 따라 관리해서는 안 된다. 학교장이 교사를 위해서 관리를 하는 대신, 교사는 학생과 학부모를 위해 주면 된다. 학교장은 교사를, 교사는 학생과 학부모를 위하고 그들의 말을 적극 경청해 주는 학교관리가 이루어진다면 학교의 분위기, 학교 문화가 어떻게 변화될까? 모르긴 몰라도, 지금보다는 서로를 위하고, 서로를 위로하고, 함께 무언가를 하기 위해 관계를 중시하는 공동성이 회복된 하나의 공동체가 되지 않을까? 교사들이 함께하는 모습 속에서 학생들도 저절로 함께하는 방법을 배우게 되지 않을까?

아마도 이렇게 정리가 될 것 같다. 물론 한 학기 동안의 강의를 통해 선생님들에게 던지고자 했던 요점은 학교경영이 필요 없다는 말이 아니다. 학교경영은 필요한 것이지만, 이전과는 다른 시각에서 바라보고 시작할 필요가 있다는 것을 말하고 싶었다. 그렇다면,

학교경영을 어떻게 바라봐야 할까?

필자는 수없이 이 질문을 스스로에 던져 보고 다양한 답변을 찾아보려고 노력했지만, 학교경영을 어떻게 바라보고, 어떻게 시작하면 좋을지 도통 손에 잡히지를 않았다.

왜 학교경영을 다른 시각에서 바라보지 못했을까?

곰곰이 생각하고 고민한 결과, 그동안 줄곧 학교경영이라는 것은 학교장의 일이며 책임이라고 생각을 하고 있었기 때문이었다. 다른 조직과 달리 학교라는 조직은 학교

장이 혼자서 만들어 갈 수 있는 조직이 아니다. 물론 다른 조직들도 수장이 혼자서 만들어 가거나 이끌어 가지는 못하지만, 특히나 학교는 다른 조직과 달리 학교장이 만들거나 이끌어 가지 못한다. 학교는 교육하기 위한 곳이며, 실제 교육은 각자의 교실에서 이루어지고 있으며, 학교장이 가지는 교실에 대한 통제권이 그다지 크지 않기 때문이다. 즉, 학교는 학생과 교사가, 더 나아가서는 학부모와 지역사회가 함께 만들어 가는 조직이며, 이들을 모두 학교 구성원이라고 일컫는 이유도 아마 이 때문일 것이다. 이러한 의미에서 학교경영 또한 이들이 함께 이뤄 내야 하는 것이라고 생각한다. 그럼에도 불구하고 우리들은 흔히 경영이라는 단어를 학교에 적용시킴으로써, 학교경영을 학교장의 일로 떠넘기고 있었으며, 일선의 교사들은 이로 인해 학교경영에 대해 무관심한 상태에 있었다는 사실을 깨달았다. 그래서 학교교육과정 책자 또한 펼쳐 보지도 않은 채 캐비닛 안에 넣어 두었을 것 같다. 스스로 경영은 나와는 상관없는 학교장의 일, 혹은 그와 관련된 연구부장, 교육과정부장 등 몇몇 교사들과 관련된 일이라고 생각을 하면서 말이다.

이러한 학교경영에 대한 질문과 깨달음을 얻어 가는 동안에, 미국에서 제작한 영화 한 편을 감상하게 되었다. 물론 영화라는 매체의 특성상 매우 비현실적일 수도 있으며, 재미와 감동을 위해 억지스럽게 만들어 낸 이야기일 수도 있었지만, 참으로 어이없게도 본 필자는 한 편의 영화를 통해 학교경영에 대한 또 다른 시각은 어떠해야 하는지에 대한 해답 아닌 해답을 얻을 수 있었다.

학교경영에 대해, 앞으로 우리가 지향해야 할 학교경영의 시각을 살펴볼 수 있었던 영화 제목은 '억셉티드(accepted)'였다.

영화를 보지 못한 분들이 있다면 꼭 한 번쯤 보기를 권해 드리며, 영화에 대한 대략적인 줄거리를 설명하자면 아래와 같다.

주인공은 고등학교 졸업 후, 8개의 대학으로부터 불합격 통지를 받고서, 부모를 긍정적으로 설득하려고 하지만 실패한다. 이에 주변의 따가운 시선과 비참함을 느끼고, 이러한 상황을 모면하기 위해 있지도 않은 가짜 대학교를 만들게 된다. 온라인 사이트 개설로 인해 수많은 사람들이 입학을 하게 되고, 돌려보내려 하지만 모든 친구들이 어디에도 합격을 받지 못한, 흔히 말하는 루저들임을 안 주인공은 돌려보내기 못하고 모두를 합격시키게 된다. 어떻게 학교를 경영해야 할지 모르는 주인공은 주변 대학교를 살펴보러 가지만, 그 속에서 학생들의 즐거움, 흥미, 배움이 없고, 그저 시험을 위해 공부만 하는 기계 같은 학생들의 모습을 발견하게 된다. 그리고 다시 가짜 대학교로 돌아와 학생들에게 배우고 싶은 것이 무엇인지 조사를 하게 되고, 그것을 바탕으로 강좌를 만들고 함께 모여서 서로 하고 싶은 것을 하게 된다. 물론 이러한 일이 발각이 되면서 법원에 회부된다. 주인공의 진심 어린 답변과 이야기를 통해 학교는 임시 허가를 받으며 영화가 끝이 난다.

이 영화 속 장면 중 학교경영에 대해 다른 생각과 시각이 있음을 알려 주는 장면이 있다. 바로 영화의 마지막 법정에서의 판사, 그 지역 명문대학교의 총장, 그리고 주인공의 대화 장면이었다.

법정에서 주인공이 속해 있는 지역의 유명한 명문대학교 총장과 법정의 판사는 학교가 만들어지고 승인을 받기 위해서는 세 가지가 필요하다고 하였다. 그것은 바로 운영할 수 있는 시설, 교육을 책임질 교수, 그리고 교육 내용인 교육과정이 필요하다고 말을 한다.

영화를 보았다면 알 수 있겠지만, 학교로 승인을 받기 위해서 시설적인 측면은 어쩔 수 없이 존재해야 한다고 생각한다. 물론 그렇다고 하여 그동안 교실 선진화를 목적으로 도입되었던 첨단 전자기기가 즐비한 교실 갖추기처럼 최신의 장비 및 시설이 필요하다는 주장에는 동의하지 않는다. 다만, 아이들이 함께 모여서 이야기를 나누고, 소통하며 문제를 해결하기 위해서, 그리고 함께 모여서 뛰어놀 수 있는 물리적 공간으로써의 장소와 같은 시설이 필요하다는 것에 동의를 한다. 그리고 학교라는 장소가 아이들에게 안전한 장소로써, 아이들을 위해 보호하고 있다는 안정감을 주기 위해서라도 시설은 당연히 필요하다고 할 수 있다.

그러면서 주인공은 다음의 질문을 이어 간다.

교수진은 마련되어 있는가?

그러자 주인공과 뒤에 앉아 있던 친구들이 모두 자리에서 일어섰다. 그리고는 저마다 자신의 특기와 장기를 살려서 서로가 서로를 가르쳐 주고 배우고 있기 때문에 그들 모두가 교수라고 말을 한다. 여러분은 어떻게 생각하는가? 학교 현장에서 많은 교사들이 활용하고 있는 교수법 중에 하브루타 학습법이 있다. 하브루타는 유대인들의 주요 학습법으로써 친구들끼리 서로 짝을 지어서 질문을 통해 서로 가르쳐 주고 배우는 것이 핵심이다. 정답을 알려 주는 교육이 아니라 아이 스스로 생각할 수 있는 힘을 길러 주기 위한 학습법으로써, 친구들끼리의 또래 가르치기로부터 시작이 된다.

그렇다면 학생들도 교수가 될 수 있고, 선생님이 될 수 있는 것은 아닐까?

그리고 판사가 다시 묻는다.

교육과정은 마련되어 있는가?

그러자 법정 뒤에서 낙서가 가득한 커다란 화이트보드 판 하나가 들어온다. 낙서처럼 보이던 화이트보드 판에 적혀 있던 글들은 낙서가 아니라, 주인공의 대학교에 들어와서 배우고 싶은 것, 하고 싶은 것이 무엇이냐는 질문에 대해서 주인공이 만들어 놓은, 가짜 대학교에 들어온 학생들의 답변을 빼곡하게 적어 놓은 글들이었다. 그리고서는 말을 한다.

"이것이 바로 우리 학교교육과정이다"

물론, 국가 수준 교육과정이라는 국가가 지정해 주는 기본적인, 혹은 기틀이 되는 교육과정의 틀이 존재하는 우리나라와 같은 경우에는 학교 혹은 교실에서 이루어지는 교육과정의 모든 내용을 학생들이 배우고 싶고, 알고 싶고, 하고 싶어 하는 것들로만 구성하여 계획하고 실천하는 것이 절대 불가능한 것임은 분명하다.

하지만 한 번쯤 생각해 볼 수 있지 않을까?

아이들이 하고 싶고, 배우고 싶고, 알고 싶은 것들로
가득한 학교교육과정은 어떠할까?
그것이 바로 진정한 학교교육과정이 아닐까?

그러면서 주인공은 마지막으로 이러한 말을 한다.

"Cause you don't need teachers or classrooms or - or fancy highbrow traditions or money to really learn. You just need people with a desire to better themselves"
"정말로 배우는 데는 교실이나 선생이나 화려한 전통 따위나 돈이 필요 없거든요. 필요한 건 오로지 자신을 개선시키고자 하는 사람뿐입니다."

학생들은 자신들이 배우기 위해서는 학교, 교실이라는 공간도, 선생님이라는 인적 요소도, 전통이나 돈이라는 물질적인 측면도 필요 없다고 하였다. 단지, 오로지 학생들에게는 스스로 개선하고 싶어 하는 마음과 의지가 가장 중요하다고 말을 하였다. 이 영화에서 진정으로 하고 싶었던 말은 이것이었던 것 같다.

나는 가치 있는 사람인가? 미래를 꿈꿀 수 있는 사람인가?
꿈을 이룰 수 있는 사람인가?

라는 질문에 시원하게

"그래!"

라고 외칠 수 있도록, 현재 교육에 대한 비판과 풍자, 그리고 이에 대해 앞으로 나아가야 할 교육의 방향이 무엇인지를 영화를 통해 보여 주고자 했던 것 같다. 물론 영화이기 때문에 가능할지는 모르겠다. 하지만 영화 같은 학교를 꿈꿔 보는 것이 잘못은 아니지 않은가? 실제 대안학교의 모습, 혹은 배움과 교육으로 유명한 해외 학교 사례를 살펴보면 위 영화에서 보여 주는 학교의 모습과 비슷한 점을 많이 찾아볼 수 있으니 말이다.

그리고 영화에서 보여지는 미국 교육 모습과 우리나라 교육 모습은 크게 다르지 않았다. 우리나라처럼 미국 또한 아이들은 학교라는 공간에 갇혀서, 전통이라는 틀에 갇혀서 그동안 해 오던 방식에 따라 교육이 이뤄지고 있었으며, 학생들의 즐거움, 흥미, 배움, 관심에는 무관심한 채, 그저 오로지 더 많은 지식을 심어 주기 위한 교육, 일류 대학입학을 목적으로 하는 학교교육이 이뤄지고 있었다. 마치, 학교는 단지 일류 상급학교 진학을 위해 존재하는 것 같았다. 그리고 상급학교에 진학하지 못하는 것은 인생 실패라는 인식을 가지고 있는 것 같다. 마치 우리나라처럼 말이다.

이로 인해 영화를 보고 나서 실제 우리 학교의 교육과정, 우리 교실에서 이뤄지는 교육과정을 다시금 살펴보는 계기가 되기도 하였다.

과연 우리들은 아이들의 이야기, 아이들의 삶, 아이들의 흥미와 관심을
얼마나 많이 교육과정 속에 녹아들게 만들었을까?
그리고 이를 실천하기 위한 교육행정은 얼마나 펼치고 있었을까?

물론 국가 수준 교육과정이 존재하는 우리나라의 경우, 학교교육과정은 국가 수준 교육과정에 준한 형식 및 내용을 갖춰야 하는 것은 당연하다. 또한 그러한 기준이나 기본이 될 수 있는 국가 수준 교육과정의 필요성에 대해서 동의한다. 그러한 기준과

기본이 존재함으로써 교사들이 가르치고, 아이들이 배워야 할 내용이 무엇인지 편하게 알 수 있으니 말이다. 무엇을 어떻게 가르치고 배워야 할지 고민하거나 불안해하지 않아도 되니 얼마나 좋은 제도인가?

국가 수준 교육과정의 존재로 인해 많은 교사들은 불안해하지 않아도 되며, 국가에서 정해 준 틀 안에서 자유롭게 교육과정을 구성하여 운영할 수 있는 장점을 가진다. 하지만 문제는 대부분의 교사들이 교육과정을 살펴보기보다는, 교육과정이 곧 교과서라는 인식을 가지고서 교과서 혹은 지도서만을 살펴보면서 교재를 연구하고 있는 것이다.

기본적인 틀이나 바탕은 국가 수준 교육과정에 따르되, 나머지 부분은 학교 내 교사, 학생, 학부모의 이야기와 삶이 담길 수 있게 학교교육과정, 그리고 교실교육과정을 만들 수는 없을까?

위 그림은 억셉티드 영화에서 주인공이 판사에게 보여 주었던 그들의 교육과정이다. 어떻게 보이나? 굳이 종이형식이 아니어도, 그들이 하고 싶은 것, 배우고 싶은 것으로 가득한 학교교육과정, 교실교육과정도 가능하지 않을까? 형식이 아닌 내용을, 주어짐이 아닌 만들어 감을, 교과서나 지식이 아닌 학생들의 삶과 이야기가 가득 담긴 학교교육과정, 그리고 교육행정을 꿈꿔 보고 싶다.

우리나라에 덮친 경제위기와 신자유주의 교육정책으로 인해 학교의 공공성과 민주주의는 위기에 처하게 되었다. 또한 경쟁중심과 능력중심의 학교교육은 아이들로 하여금 배움으로부터 멀어지게 만들었고, 교사들을 기계적으로 가르치는 존재로 만들어가고 있으며, 학교를 제도적 행정 중심의 기업이 되도록 조장하고 있는지도 모른다. 이로 인해 끊임없이 사회를 위해, 교육을 위해, 그리고 학교를 위해 계속적으로 만들어지고 실시되어지고 있는 여러 교육정책을 살펴보면 실망스러운 생각에 사로잡히는 것도 사실이다. 이에 대한 이야기는 다음 장부터 해서 계속 이어 가도록 하겠다.

어쨌든 학교를 대상으로 실시되는 교육정책을 살펴보면, 학교를 도구로 여기는 것 같으며, 사회의 발전을 위해서, 혹은 사회의 안녕을 위한 도구로 교육을 사용하는 것 같다는 생각을 한다. 학교는 사회의 발전을 위해서 존재하는 것이 아니며, 학교의 발전이 곧 사회의 발전이 된다는 인식을 가져서도 안 될 것 같다. 학교는 그저 학생들을 위한 장소이며, 교육과 배움을 위한 곳이 되어야 할 것이다.

사회적 문제가 발생하면 갑작스럽게 교육 종류가 하나 추가가 되고, 그렇게 교육을 하는데도 사회적 문제가 발생함으로 모든 책임을 학교와 교사에게로 전가시키는 것 같다는 느낌을 지워 버릴 수 없으니 말이다. 어떠한 말을 하려는지 독자들은 이해할 거라고 믿는다. 자세한 언급은 정치적 성향을 띠게 될 것 같아 자제하려고 하고 있으며, 필자 역시 정치에는 큰 관심이 없기 때문이기도 하다. 어쨌든,

이제는 교육, 배움, 그리고 수업을 중심으로 한 학교교육 경영이 이루어지도록 '조용한 혁명'이 필요한 시점이 아닐까? 함께 협력하며, 학교 구성원 모두의 참가를 촉진하는 학교교육 경영 개혁이 이루어지기를 바라는 것은 필자, 우리들만의 바람이 아니기를 희망해 본다.

학교경영은 학교장만의 일이 아니라 학교 구성원 전체의 일이며, 함께 이루어 나가야 할 것이다. 학교경영이 바로 교육이며, 교육 그 자체가 바로 학교경영이니 말이다. 교육은 어느 한 사람의 노력으로 가능한 것이 아니다. 그러니 학교 구성원 모두가 협력하는 그러한 학교교육 경영 개혁을 꿈꿔 보고자 한다.

"전 이런 데 익숙해요. 얼굴에 다 쓰여 있어요, 내면이 아닌 외모만 보고 판단하신다니 안타깝습니다."

"당신은 학생들의 창의력과 열정을 도둑질했어요. 그게 진짜 범죄지요."

"절망 속에서도 대단한 일이 생겼어요. 삶은 가능성으로 충만해요. 부모들은 그런 걸 원하잖아요. 가능성 말이에요. 저희는 인가를 받으러 왔는데 이런 생각이 드네요. 이제 상관없어요. 그딴 건 필요 없어요. 저희가 한 건 진짜였으니까요. 진실이란 게 없는 세상이라 보면 알 수 있죠. 진정한 교육엔 교사, 전통, 돈 따위는 필요 없어요. 더 나아지길 원하는 사람들만 있으면 되죠."

"저희는 멈추지 않고 배우고 성장할 거예요. 저희 안에 있는 이상을 잊지 않을 거예요."

위의 대사들은 영화 '억셉티드'에 나온 주인공의 대사들 중에 필자가 마음에 들었던 것들을 모아 놓은 것이다. 여러분도 한번쯤 정독하면서 이런저런 생각들을 떠올리면서, 고독이라는 자신의 내면을 들여다보는 그런 시간에, 다시 한번 더 하나씩 하나씩 자세히 읽어 보기를 권해 본다. 그래서 이에 대한 필자의 생각은 잠시 묻어 두려고 한다. 아마도 여러분의 생각과 별반 다르지 않을 것 같으니 말이다. 단, 이것 하나만 말하고 싶다.

아이들에게 범죄자가 되지 말자.

교육의 목적은 아이들의 창의력과 열정을 자극시키고, 가능성의 길을 다양하게 열어 주는 것이다. 그러나 영화에서 말하는 것처럼 어쩌면 우리는 학교교육과정이라는 이름 아래 아이들의 창의력과 열정을 빼앗아 가고 있는 범죄자일지도 모른다. 그리고 아이들의 미래를 위한다는 명목하에, 우리는 아이들이 누려야 할 현재의 행복을 빼앗아 가고 있는 범죄자일지도 모른다.

체계가 잡힌 안전한 길만이 아이들에게는 효과적일까?
이를 위해 학교를 경영하는 것이 올바른 일일까?

이 글을 읽고 있는 여러분도 지금 가지고 있는 직업이 어린 시절부터 가지고 싶었던 직업이었나? 그것이 여러분 스스로 가지고 있던 꿈은 맞는 것인가? 아니면 주변의 시선과 요구에 의해 따라가다 보니 그러한 직접을 어쩌다 보니 가지게 된 것은 아닌가?

우리 아이들의 인생과 삶은 가능성으로 가득 차 있다. 우리 어른들, 교사들은 아이들의 가능성을 열어 주어야 한다. 교사는 아이들의 가능성을 믿어야 하는 존재이다. 즉, 교사는 아이들의 가능성을 만들어 주는 존재가 아니라 아이들이 가지고 있는 가능성을 열어 주는 존재인 것이다. 아이들의 가능성으로 가득한 학교교육과정을 오늘도 본 필자는 꿈꿔 보려고 한다. 아니 내가 있는 학교에서는 아이들의 가능성으로 가득한 학교교육과정을 만들어 보고 싶어진다.

함께하고 싶지 않은가?

지금이라도 당장 교실에서, 아님 학교에서 물어보라.

무엇을 배우고 싶나요?

이것이 학교경영이 아닌 교육철학을 함께 가질 수 있고, 교육철학이 기반이 되는 진정한 교육을 실천한 교육행정의 또 다른 첫 출발점이 될 테니 말이다.

다시 교육 행정에 대한 이야기로 돌아와서, 교육행정 이론에 대한 역사적 고찰을 하고자 한다. 교육행정에서의 고전적 이론은 인간의 사회적 · 정서적 · 심리적 요소의 중요성을 무시한 반면, 인간관계론은 공식적 구조의 의미를 소홀히 취급하였다. 이 두 이론은 서로 약점이 되는 것이 강점이 되는 관계를 같고 있기에, 이 두 이론을 통합함으로써 학교조직의 효과성을 높이면서 조직과 인간 현상에 대한 체계적 이해와 설명을 도모해야 한다는 필요성이 대두되었다. 이에 교육행정학은 체계적 학문의 성격을 정립하기 시작하였고, 1940년대 말 고전적 조직이론이나 인간관계론과는 다른 과학적 접근이 소개되었으며, 이를 학계에서는 신운동 또는 이론화운동이라고 명명하였다.

이론화운동을 주도한 학자들의 의견을 종합하면 '가설 연역적 연구, 보편적 개념으로서의 행정, 교육체제에 대한 행동과학적 접근'으로 요약할 수 있으며, 이는 '논리 실증주의'의 영향을 받았다는 데 의견이 일치하고 있다. 이러한 논리 실증주의의 특징은 연구 대상에 대한 객관성 보장, 가설 연역적 방법에 의한 이론 타당화 등 자연과학적 방법에 철저하게 의존하는 이론이다. 그러한 이유로 전통주의적 교육행정은 교육조직의 효과성 및 효율성 검증이 주된 관심 영역이었다. 그러나 교육은 이미 가치적인 문제를 지니고 있으며, 그러한 행위로 인한 결과는 단순히 조직이 설정한 목적을 달성하였느냐 못하였느냐라는 문제로 끝나는 것이 아니다. 교육이라는 것 자체가 이미 사회와 문화를 반영하는 것이고 학생 개개인의 삶에 영향력을 행사할 수 있는 것이기 때문이다. 효율성과 효과성만을 고려하여 성과를 매기게 되는 일반적 조직과 달리 인간의 도덕적 성장과 자아실현을 목적으로 하는 학교조직에서는 효과성 및 효율성만으로 이야기하기에는 한계점이 너무나도 많다.

이로 인해 앞서 1장에서 자세히 설명한 것처럼, 교육행정이 조직의 효율적 관리를 강조하는 과학적 관리론과 행정과정론(1900~1930), 인간의 심리적사회적 속성을 강조하는 인간관계론(1930~1950), 인간의 행동을 과학적으로 탐구하려는 행동과학론(1950~1970), 조직의 문제를 전체적인 입장에서 파악하려는 체제이론(1960 이후) 등 전통적 교육행정이론에 대한 새로운 패러다임이 형성되어 발전되었다. 그리고 그동안의 교육행정 관련 연구가 과학적이고 실증적은 방법으로 접근하여 가설이나 양적인 통계치에 의존하고 연역적 접근에 기반하고 있어 교육행정 현상을 이해하는 데 한계가 있음을 역설하면서 교육행정의 새로운 패러다임의 전환이 필요하다는 주장을 제기하며 새롭게 대두되기도 하였다. 이러한 교육행정 이론의 발전 과정의 의의를 살펴보면 다음과 같다.

전통적으로 교육행정에서는 객관적인 것만이 이론적으로 설득력이 있으며, 가설 연역적 연구만이 타당하고 신뢰할 수 있다는 믿음이 강했다. 그러나 대안적 교육행정의 대두로 인해 그러한 믿음이 그릇될 수 있음을 알려 주었으며, 의심의 여지없이 믿어왔던 것에 대해 다양한 의문을 던지게 되었다. 이로 인해 교육행정에 대한 새로운 인식의 전환이 가능할 수 있는 계기가 마련되었다. 그리고 인식의 전환의 대상으로 인간의 주관성, 사회나 문화의 요소 등을 제시하게 되었고, 개인, 사회, 문화 등 가시적으로 드러나지는 않지만 교육행정에 영향을 미칠 수 있는 다양한 요소들을 발견하게 되었다.

이로 인해 교육행정에 대해 보다 실제적이고 현실적으로 설명할 수 있게 되었다. 급속도로 변화하고 우리 사회에서 교육행정을 보다 세밀하고 생생하게 관찰하고 설명하고자 노력하였으며, 현실적 상황을 고려하여 현실에 더 잘 적용할 수 있는 교육행정 이론을 정립시키고자 노력하였다.

이러한 이론적 관점에서 학교의 모습을 살펴보면, 어쩌면 우리 학교는 그동안 과학적 방법에 따라 학교라는 조직을 바라보고 행정을 해 왔던 것은 아니었는지 반문하게 된다. 다른 조직과 그러하겠지만, 학교라는 조직은 학생의 성장과 발전을 목적으로 하는 사람만을 위한 조직이라 할 수 있다.

앞서 언급했듯이, 아이들의 성장과 발전을 인성적인 측면, 핵심역량적인 측면을 함께 고려했을 경우에는 그 성과에 대한 측정이 더욱더 불가능해진다. 인성과 역량은 점수로 환산될 수도 없을 뿐더러, 시험을 통해서 길러질 수 있는 것들이 아니기 때문이다. 즉, 측정이 절대 불가능한 영역일 뿐 아니라, 1년이라는 단기간의 성장만을 살펴보는 것으로는 절대 그 효과성에 대한 평가가 불가능한 것이다. 이에 우리 필자들은 학교조직 효과성에 대한 연구를 함께 진행하면서 학교조직 문화 유형으로 관계지향 문화와 과업지향 문화가 유의하다는 것을 규명하였다. 또한 학교조직 효과성을 높이는 데 교사의 긍정심리자본과 임파워먼트가 중요한 매개 역할을 하고 있었으며, 관계지향 및 과업지향 학교조직 문화에서 긍정심리자본이 학교조직몰입과 다중 매개로 하여 학교조직 효과성에 정(+)적인 영향력을 미치고 있음을 규명하였다. 그리고 관계지향 학교조직 문화에서 초등교사의 임파워먼트가 긍정심리자본, 학교조직몰입과 다중 매개로 하여 학교조직 효과성에 정(+)적인 영향력을 미치고 있음을 규명하였다. 이러한 연구 결과는 학교조직 효과성을 확보하기 위해서 교사들의 공감 없이 하향식의 통제와 지시적 방법으로 실천되는 다양한 교육 정책은 실효성을 거두기 어려우며, 교육정책을 추진하기에 앞서 교사들의 긍정적 심리를 고취하고, 그들의 의견을 존중하며, 함께 정책을 추진해 나가는 동반자로 인식할 수 있는 학교조직 문화 형성이 필요하다는 점을 시사한다.

그동안 교사들은 교육부와 교육청이 시행하는 여러 교원평가, 성과급 차등 지급 등 전문성 신장 관련 평가 제도들을 의구심 없이 받아들이는 경향이 높았다(송경오, 2013). 하지만 본 연구결과를 통해 교사는 교육부와 교육청의 정책 결정에 따르는 수동적 · 피동적인 존재라기보다는 학교조직 문화를 변화시킴에 있어서 주체로서 인식되어야 한다는 점을 확인하였다. 즉, 교사를 진정한 리더로 인정하면서 그에 맞는 임무를 수행할 수 있는 학교문화가 형성되면, 교사 상호 간의 신뢰를 바탕으로 상호 소통하며 실천적 문제를 공동으로 해결해 나가는 전문적 학습공동체 형성이 조직 효과성 제고에 기여한다는 점을 확인하였다.

이석열, 김규태, 주영효(2011)은 교사들이 적극적으로 학교경영에 참여하고 배움의 공동체를 구축하여 상호 간 지식 및 정보를 공유하고 확산할 때 학교조직 효과성은 증진될 수 있다고 지적했다. 그러나 우리 교사들은 교육정책에 대한 적극적 참여 주체라기보다는 교육개혁의 대상이 되어 왔고, 정책 당국에 의해 사전에 결정된 정책들을 성실하게 수행할 것을 요청받아 왔다(김규태, 2012). 그래서 교사들은 자신의 업무를 자율적 · 전문적으로 수행하지 못하여 낮은 수준의 사기와 만족도를 보이게 되었다(김규태, 이석열, 2011; 한국교육개발원, 2014, 2015). 이러한 이유로 혁신지향 학교조직 문화와 위계지향 학교조직 문화가 학교조직 효과성에 유의한 영향을 주지 못한다는 본 연구결과가 나왔다고 사료된다.

초등학교 조직문화는 교직원 모두가 함께 노력하는 전문적 학습공동체를 형성하면서 교사들 개인의 긍정심리자본을 자극함으로써 학업 및 생활지도, 그리고 본질적인 과업에 보다 몰입할 수 있는 교육정책의 실현을 필요로 한다. 또한 학교조직 효과성을 높이기 위한 교육정책을 계획 · 추진함에 있어서 교사들의 적극적인 참여와 전문성 발휘를 할 수 있는 학교조직 문화로의 변화를 전제로 해야 할 것이다. 이를 위하여 교육정책 당국은 교사들에게 이에 관한 연수를 강화하고, 단위학교별로 학습 공동체가 활발하게 구성될 수 있도록 예산을 확보 · 편성하여 전략적으로 추진해야 할 필요가 있을 것이다. 이렇게 될 때 학교조직의 모든 참여 주체들 간의 상호 신뢰가 형성되며, 참된 의미의 교육 실현이 가능할 것이다(김규태, 이석열, 2011).

종합하면, 교육행정은 본 연구결과와 같이 관계지향적인 학교조직 문화 형성과 함께 학교조직에 대한 긍정적 믿음 · 신념 · 비전에 대한 공유와 참여적 의사결정 확대를 통하여 교사들이 본연의 과업에 충실하도록 하여 학교조직의 몰입을 유도함으로써 학교조직 효과성을 제고해야 할 것이다. 다시 말해, 초등 교사들이 수업 및 생활지도를 포함한 과업을 자율적이고 전문적으로 책임을 가지고 수행할 수 있는, 그리고 초등 교사간 전문적 학습공동체를 구축하여 상호 정보 및 지식 공유와 확산을 통해 함께 성장해 나갈 수 있는 학교조직 문화를 형성할 필요가 있을 것이다.

5. 지역 특색 연구학교 운영을 통한 교육행정 개혁

같은 지역 내에서 어떤 주제의 연구학교가 운영되고 있는지 아시나요?

아마 이 질문에 정확한 학교 이름과 주제를 답할 수 있는 교사는 극히 드물 것이다. 지역별로 다양한 연구학교가 운영 중에 있지만, 정작 같은 지역에 있는 학교들은 그 지역에 어떠한 연구학교가 지정 · 운영되고 있는지 알 수 없으며, 어떠한 교육적 효과가 있는지, 그리고 어떠한 자료가 학생들에게 투입되어 긍정적인 효과를 드러내고 있는지에 대하여 알 수도 없다. 알 수 없는 것은 어쩔 수 없다고 하더라도, 어떠한 관심조차도 없는 것이 우리들의 불편한 진실이자 사실이며, 우리들의 실제 모습이다.

새로운 교육 정책을 도입하거나, 연구 · 개발된 새로운 정책을 학교 현장에 일반화하여 전파시키기 위한 목적으로 연구학교 제도가 만들어져서 시행 중에 있다. 연구학교는 흔히 정책연구학교, 시범학교, 실험학교 등으로 구분되어 운영되어 왔으며, 2008년 연구학교에 관한 규칙이 제정되면서 실험학교[4]가 사라지고 정책 연구학교와 시범학교로 이원화되었다(신철균, 장용석, 2010).

4) 교과용 도서 등의 검증을 목적으로 하는 연구학교

정책연구학교는 교육과정, 교육방법, 교육자료, 교과용 도서 등에 대한 연구, 개발, 검증을 목적으로 운영되는 연구학교를 의미한다. 학교현장에는 해결해야 할 교육적 문제가 존재한다. 이러한 교육적 문제들은 학교현장에서 해결되어야 하는 문제들이며, 이에 대한 해결방안을 마련하기 위하여 지정 · 운영되는 학교가 바로 정책연구학교이다.

반면에 시범학교는 교육과 관련된 새로운 교육 정책에 대한 연구결과를 개발 · 확산시키기 위한 목적으로 운영되는 연구학교를 의미한다. 교육현장이 발전되고 향상되기 위해 연구 개발된 교육문제 해결방안을 시범학교에서 시범적으로 실천하고, 일반학교에 널리 보급하는 것을 목적으로 지정 · 운영되는 학교가 바로 시범학교이다.

특히, 지식정보화 시대의 21세기는 지식이 기반이 되는 사회적 변화로 인해 학교교육에 대한 연구 및 개발의 중요성이 날로 증대되어 가고 있으며, 이에 국가적 · 제도적 차원의 교육정책 연구 및 개발이 날로 강화되어 가고 있는 추세이다. 이에 편승하여 우리나라에는 손으로 다 셀 수 없을 만큼 다양한 영역의 연구학교가 전국적으로 총 1,474개에 달하고 있다.

물론 그동안의 연구학교 지정 · 운영으로 인해 교수 · 학습 지도 방법, 교육환경 개선, 연구의욕 고취, 다양한 연구기회 제공 등 긍정적인 영향을 주었다는 점에는 어느 정도 동감한다. 그러나 이렇게 많은 연구학교가 지정 · 운영되기 위해 투입되었던 시간, 예산, 인력에 비해서 아이들을 위한 교육, 학습 그리고 배움적인 측면에서의 질적 개선이 터무니없이 부족하지는 않았는지 걱정이 된다. 연구학교로 지정되어 운영하는 단위 학교들은 연구학교 지정 · 운영의 근본적인 목표라고 할 수 있는 교육적인 측면에서의 질적 개선보다는 건물이나 환경 정비, 행사 및 실적 위주의 전시, 승진의 발판으로 연구학교를 주로 운영하였다. 또한 연구학교 운영의 또 다른 목적이라고 할 수 있는 긍정적 교육 결과에 대한 일반화에 대한 방안 역시, 대부분의 연구학교들은 이에 대한 방안 마련에 대한 관심이 부족하며, 일반화 가능성 불가능이라는 측면에 치중하려 한다는 부정적인 측면이 더욱 많은 것이 사실이다.

그런데 연구학교에 대한 자료를 정리하면서 한 가지 특이한 사실을 발견하였다. 세종교육청을 제외한 16개의 시도 교육청에서는 다양한 종류의 연구 영역에 산재되어 있던 반면에, 세종교육청에서는 "교육과정"이라는 하나의 연구 영역만을 집중 선정하여 연구학교를 지역의 특색을 살려서 운영하고 있음을 발견하게 되었다. 이러한 면이 필자가 지역 내 연구학교 운영에 대해 더욱 많은 교사들의 관심을 높이고, 연구 효과의 일반화를 조금 더 높이고자 본 저서를 통해 새롭게 제안하려는 연구학교 운영 방법과 유사하다는 것을 알게 되었다.

이에 이제는 교육행정 개혁의 측면에서 연구학교가 어떠한 방향으로 나아가야 할지 고민을 해야 하는 시점이라고 생각한다. 연구학교에서 운영 중인 주제들은 단위 학교에서 연구하고 싶은 주제라기보다는 교육부 혹은 교육청에서 매 학년도 말 하향식으로 전달되어져 내려오는 주제 중에서 선택하여 신청하고, 그 결과에 따라 운영된다. 학교 현장이 이러하다 보니 선택한 주제 역시 순수한 연구를 목적으로 하였다기보다는 일부 교사들의 승진 가산점 획득이라는 의도가 개입되어, 연구 주제보다는 그 이외의 것에 더 많은 관심을 가지게 되는 불손한 공모 동기가 숨겨져 있음을 부정할 수는 없다. 이렇다 보니, 운영 체계 및 업무 분담에서도 교무 행정 중심의 운영 체계를 조장하게 되고, 자신의 업무 이외에 또 다른 업무가 하나 더 만들어지게 되면서 업무 과중 현상이 생겨나게 되었다. 또한 승진 가산점 획득을 원하는 몇몇 교사들이 중심이 되는 바람에 교사들의 참여도에도 상당한 차이를 보이게 되었으며, 대부분의 연구학교에 근무하는 교사들은 스스로 나의 연구, 우리의 연구라는 인식을 가지기보다는 너희들만의 잔치라는 의식이 지배적으로 나타나게 되었다. 연구학교의 지정과 운영에 대한 이러한 인식이 퍼져 있다 보니 그 성과적인 측면에서도 지속적보다는 일시적인 성격이 많이 나타나게 되었다(김은영, 장덕호, 2014).

이러한 부정적인 연구학교의 모습으로 인해 기존의 다양한 선행연구들(김은영, 장덕호, 2014; 신철균, 장용석, 2010; 오형문, 2010)은 다음과 같은 정책적 개혁안을 제시하기도 하였다.

연구학교는 주제의 선정 단계부터 운영, 지도, 성과 관리의 전 단계에 걸쳐서 체계적인 준비가 필요하다고 할 수 있다. 연구학교가 본연의 목적을 달성하기 위해서는 의례적인 정책 과제를 축소하고, 교육의 본질, 학교의 핵심을 강화할 수 있는 주제를 선정하는 것이 중요하다. 또한 연구학교 주제 역시 교육부 및 교육청, 혹은 산하 기관의 요구에 의한 주제가 아니라 학교에서 직접 아이들과 함께 살아가고 있는 교사들의 필요에 의한 주제가 만들어져서 포함되어야 할 것이다. 그리고 주제 선정에 있어서도 지금까지처럼 관주도, 관리자와 일부 교사의 주도하에 결정되는 것이 아니라 연구학교 신청과 운영 전 과정에서 전 교직원이 함께 참여하는 협의회 확대 및 공동성 확립이 우선되어서 전 교사의 의견이 함께 모여지는 주제가 선정되도록 해야 한다.

또한 연구학교에 대한 규정이나 지침에 의한 형식적 관리에서 벗어날 필요가 있다. 대부분의 연구학교 보고회를 참석해 보면 거의 비슷한 모습의 보고회, 형식적인 일회적인 행사 중심의 보고회로 이루어짐을 발견하게 된다. 물론 최근에는 이러한 비판에 의해 토론 형식, 콘서트 형식의 보고회가 일반화되어 가고 있는 추세이기는 하지만 이 역시 형식적, 일회적인 측면을 크게 벗어나지 못하고 있는 것이 사실이다. 이렇게 비슷한 형태의 보고회가 이루어지는 이유에는 상위기관의 지원방식을 무시할 수 없다.

연구학교의 연구 결과가 실효성을 거두고 더욱 많은 학교에 보편화가 이루어지기 위해서는 형식적인 간섭과 보고서 중심의 결과 제출을 지양해야 할 것이다. 소집단 단위의 토론 중심의 보고회, 연구 주제의 특성에 맞는 다양한 형태의 보고회가 운영이 되도록 해야 한다. 또한 전국 단위, 지역 단위의 다양한 워크숍을 통해 연구 결과에 대한 구체적인 전달이 이루어지는 단계도 필요할 것으로 생각된다.

연구학교의 개선방안에 대한 다양한 선행연구를 분석하고 내용을 정리하면서 본 필자는 이러한 생각을 하게 되었다. 바로 총합학습[5]을 접목한 연구학교 운영이었다. 연구학교의 연구 주제 선정에서부터 시작하여 우리나라의 연구학교는 첫 단추를 잘못 꿰고 있었는지도 모른다. 교육 현장의 문제를 해결하고, 교육 수준을 향상시키기 위한 목적으로 연구학교를 지정하여 운영되고 있다고 하지만, 정작 학교 현장에서는 그러한 문제를 해결해 달라고, 혹은 그러한 주제를 선정해 달라고 요구한 적이 없다는 것이다.

단위 학교에서 선택할 수 있는 연구주제는 상부기관 혹은 산하기관에서 필요하다고

5) 일본에서 최근에 많은 관심을 두고 있는 교육과정으로, 교과의 틀을 넘어 주체적으로 각 영역을 넘나드는 시민의 한 사람으로서 아이들과 추구해야 할 주제를 설정하고 교실의 배움을 변혁할 의지를 지니며 함께 탐구하는 것으로 실제 사회에서 활용 가능한 능력, 타인과 사회와의 관계, 자기 자신에 관한 능력을 육성하는 학습을 의미한다.

판단되어지는 것들을 선정하여, 단위 학교에 하향식으로 전달되어지고 있는 것이다. 학교현장에서는 관심도 없는 연구 주제이지만, 몇몇 교사의 필요에 의해 연구학교가 운영되고 있었을지도 모른다. 아니 아마도 그러했을 것이다. 이러한 의미에서 연구학교 주제는 학교의 요구에 따라야 한다고 생각을 한다.

물론 이러한 이야기를 하기 앞서서, 학교 문화 측면에서 교원이 함께 협력할 수 있는 공동성이 회복되고 필연적으로 공동체가 형성되어 있어야 한다는 전제가 있어야 하기는 하다. 학교 교사들의 공동성이 회복되고, 단위 학교가 하나의 공동체가 형성이 된다면 함께 교육에 대한 이야기도 많이 나누게 되며, 아이들의 배움과 학습을 위해 우리에게 필요한 것이 무엇일지에 대한 다양한 이야깃거리가 생겨나게 될 것이다. 이러한 이야깃거리를 모아서 연구 주제로 선정해야 할 것이다.

학교의 필요, 교사의 필요, 그리고 나아가서는
학생들의 필요에 의해 만들어지고 정해진 연구 주제라면
단위 학교의 교사들이 모두 관심을 가지고 협력하여
연구 운영에 참여하게 될 것은 불을 보듯 뻔한 일이 아닐까?

연구 주제 및 영역의 지역별 분배적인 측면에서도 현재는 동일한 연구 주제가 전국적으로 퍼져서 운영이 되고 있다. 이것으로 인해 일반화가 더욱 어렵지 않았을까 생각을 해 보게 되었다. 지역별로 너무 많은 다양한 종류의 연구학교가 운영이 되고 있다 보니 집중적인 운영, 그 효과적인 측면에서 어떠한 연구 주제에 관심을 가지고 우리 학교에 보편화시켜야 할지에 대한 선택이 어려웠다. 그리고 너무 다양한 종류의 연구학교가 한 지역에서 운영이 되다 보니 그 관심도가 떨어질 수밖에 없었으며, 이로 인해 지역 내 다른 학교들은 연구학교에 대한 관심이 사라질 수밖에 없었는지도 모른다. 그저 발표회 기간이 되면 아무 생각 없이 공문에 의해 발표회에 참석하고, '아, 이런 것이 있구나'라는 생각에서 그치게 되었던 것이다.

이에 필자는 지역별로 집중적으로 동일한 연구 주제를 운영하면 어떨까라는 제안을 해 본다. 지역별로 유사한 연구 주제를 가지고 많은 학교들이 연구를 하게 된다면, 그 지역의 특색 있는 교육과정이 만들어지게 될 수 있으며, 그 지역에서 필요한 주제를 가지고 연구학교로 운영이 되기 때문에 주변 학교에서 더 큰 관심과 흥미를 가지게 될 것이다. 이러할 경우 그 지역 내 일반화가 지금보다는 훨씬 더 잘 되지 않을까 생각해 본다.

이렇게 그 지역에서 필요한 연구 주제를 지역별로 정할 수 있도록 한 후 일정한 학교를 선정하여 연구학교를 운영하게 한다면 총합교육과 함께하는 연구학교 운영이 가능할 것으로 여겨진다.

그리고 학기별 1회, 혹은 1년에 1번 정도 전국적으로 대표 교사들이 한자리에 모여서 워크숍이 진행이 된다면 지역별 특색에 따른 연구학교 운영으로 더 많은 것을 함께 배우고 토론할 수 있는 자리가 마련될 것으로 생각된다. 우리 지역의 주제 혹은 문제가 다른 지역에서도 비슷하게 일어날 수 있기 때문이다.

지역 특색 연구학교

이러한 연구학교를 본 필자는 지역 특색 연구학교라고 칭하고자 한다. 이러한 연구학교가 운영이 될 수 있다면 그 지역의 필요와 요구에 의한 연구 주제가 만들어지고 지정될 수 있으며, 이로 인해 연구학교 내 모든 교사가 관심을 가지고 협력하여 연구학교를 운영하게 될 것이다. 그리고 일반화 방안에 대해서도 큰 고민거리가 사라지게 된다. 우선 그 지역의 많은 학교가 동일한 주제로 연구학교가 운영이 되기 때문에 지역 내 보편화에 대한 고민거리가 사라지게 될 것이다. 또한 지역별로 특성화된 연구학교 및 교육과정이 생겨나게 되기 때문에 지역별로 대표자들이 한자리에 모이는 워크숍을 통해 서로의 이야기를 함께 나눌 수 있는 뜻깊은 연수가 가능할 것이다. 또한 학교별 혹은 지역별로 어느 한 주제 혹은 교육적 문제에 대해 관심이 있을 경우 그와 관련된 특성화된 지역의 교사와 함께하는 워크숍을 마련하여 연수가 진행이 된다면 지역별 연구학교의 연구 결과가 더욱 일반화되고 더 많은 지역에서 보편화될 수 있을 것으로 생각한다.

연구학교의 효율성, 필요성에 대해서 몇몇 교사는 비판적인 시각으로 말을 많이 한다. 필자 역시 현재와 같은 연구학교의 효과성에 대해서는 부정적인 시각을 가지고 있다. 그러나 연구학교의 필요성에 대해서는 동감한다. 다만 연구학교의 필요성이 학교의 필요성과 맞아떨어져야 한다. 그것이 시작이 되어야 하고 출발점이 되어야 하기 때문이다. 그러하기에 함께 학교의 문제점, 혹은 학교교육철학을 함께 실천하고자 연구학교의 필요성에 대해 이야기를 나누고, 그러한 이야기를 통해 연구학교 주제를 선정하고, 그에 따라 연구학교가 지정 · 운영될 수 있는 교육행정 개혁이 이루어지면 좋겠다는 바람을 가져 본다.

새로운 교육적 요구, 사회적 변화로 인해 더 많은 더 다양한 연구학교만을 만들기보다는 연구학교의 목적이 무엇이며, 그 시작점이 무엇이 되어야 하는지에 대한 근본적인 질문에 대한 답을 먼저 찾는 것이 연구학교의 효과성을 높일 수 있는 방법이 되지 않을까?

CHAPTER

03

포스트 교육행정, 질문과 함께 교사의 성장을 이야기하다[1]

1. 교사 신분과 유형

교사는 교육을 통하여 국민 전체에 봉사하는 직무와 책임, 특히 수업 및 학생지도를 담당하는 교육공무원을 말하며 자격, 임용, 보수, 연수 및 신분보장 등에 관하여 「교육공무원법」 등에 따라 특례를 적용받는다. 교사는 수업활동과 학생지도에 필요한 소양과 지식을 갖추고 고도의 자율성과 사회적 · 윤리적 책임을 담당해야 한다는 점에서 경력직공무원 중 특수한 지식과 기술을 담당하는 특정직으로 분류된다.

교사는 각 학교에서 학생을 직접 지도 · 교육하는 자를 말하므로 각 학교에서 근무하더라도 학교의 관리 운영에 관한 사무를 담당하는 사무직원은 교원이 아니다. 또한 우리나라는 교원의 법정자격제도를 채택하고 있으므로 자격을 갖추지 못한 무자격자는 교사가 될 수 없으며, 교원자격증을 가진 자라도 임명절차를 거치지 아니한 자는 교사라 할 수 없다.

1) 이 장의 1절부터 5절까지는 김규태(2020)의 제1장과 제3장을 요약 재구성한 것임을 밝힌다.

교사는 법령에서 정하는 바에 따라 학생을 교육한다. 교사의 자격 종류는 정교사(1급, 2급), 준교사, 전문상담교사, 사서교사, 보건교사, 영양교사, 진로진학상담교사 등으로 구분된다. 또한 교육과정을 운영하기 위하여 필요하면 학교에 이들 교사 이외에도 산학겸임교사 · 명예교사 또는 강사 등을 두어 학생 교육을 담당하게 할 수 있다.

교사는 고용자인 학교 설립 주체가 누구인가에 따라 국 · 공립학교 교사와 사립학교 교사로 구분된다. 국 · 공립학교 교사는 국가와 지방자치단체가 설립한 국 · 공립학교에서 근무하고 있는 교사를 말하며, 사립학교 교사는 개인 또는 법인이 설립한 사립학교에서 근무하고 있는 교사를 말한다.

국 · 공립학교 교사는 「교육공무원법」에 적용을 받으며 사립학교 교사는 「사립학교법」에 적용을 받는 것을 원칙으로 하고 있다. 하지만 우리나라는 설립 주체별 교사의 구분에도 불구하고 사립학교 교사에게도 국 · 공립학교 교사와 동일한 수준의 권리와 의무를 부여하고 있다. 그 이유는 사립학교를 공익을 추구하는 공교육기관으로 보고 사립학교에 대해 인건비 및 운영비 등을 국고로서 지원하고 있기 때문이다.

사립학교 교사의 근무관계에 관한 규정하는 「사립학교법」은 임용권자가 서로 다름에 따른 교원 임용 절차에 대한 규정만을 달리할 뿐, 그 밖의 자격요건 · 복무 · 연수의무 · 신분보장 및 사회보장 등에 있어서 교육공무원과 동일하게 처우하고 있다. 이에 따라 사립학교 교사는 「교육공무원법」에 따른 국 · 공립학교 교사와 같이 정년이 62세까지 보장되고 있으며 보수 및 복무사항도 비슷하다.

<table>
<tr><td rowspan="7">국 · 공립</td><td rowspan="4">교육공무원
(특정직)</td><td rowspan="3">교원</td><td>유치원</td><td>원장, 원감, 교사</td></tr>
<tr><td>초 · 중등</td><td>교장, 교감, 교사</td></tr>
<tr><td>대학</td><td>교수, 부교수, 조교수, 강사</td></tr>
<tr><td colspan="2">교육전문직</td><td>장학관, 장학사, 교육연구관, 교육연구사</td></tr>
<tr><td rowspan="2">일반직공무원</td><td colspan="2">사무계(행정)</td><td>교육행정직</td></tr>
<tr><td colspan="2">기술직</td><td>직군, 직렬, 직급으로 세분</td></tr>
<tr><td>기타 별정직</td><td colspan="3">비서관, 비서, 기능직, 고용직</td></tr>
<tr><td colspan="2">사립</td><td colspan="3">국 · 공립 계통에 준함</td></tr>
</table>

2. 교사란 누구인가

1) 교직관

교직을 이해하려면 그 수행 주체인 교사는 누구이며 어떠한 역할을 수행하는가를 이해할 필요가 있다. 교사는 수업활동과 학생지도에 필요한 소양과 지식을 갖추고 고도의 자율성과 사회적 책임성을 실천하는 교육공무원이다. 교사는 법령에서 정하는 바에 따라 학생을 교육한다. 또한 교사는 임용주체에 따라 국공립 교사와 사립교사로 구분된다. 국가와 지방자치단체에서 임용한 교사는 국공립교사이며 교육공무원 신분을 지닌다. 그러나 학교법인에서 임용한 교사는 사립교사로 불리며, 교육공무원은 아니지만 「교육공무원법」상 적용을 받음으로 준교육공무원이라 볼 수 있다.

교직관은 교사가 자신이 수행하는 교직활동을 어떻게 바라보는가에 관한 것이다. 일반적으로 교직은 성직자관, 노동직관, 전문직관 등 세 가지로 구분된다. 성직자관은 교사를 성직자와 같이 소명의식을 가진 직분을 수행하는 사람으로 본다. 이는 교사는 언제나 교육의 중심에 있게 되었으며, 지적으로나 도덕적으로 학생들이 본받아야 할 모델로서 수행해야 한다는 측면을 강조한다. 노동직관은 교사를 근로자로 보는 관점이며, 정신적 노동을 주로 하는 것이며, 계약에 의해 고용된 상태이므로 교사 또한 「노동법」에 규정하는 권리와 의무를 강조한다. 전문직관은 고도의 지적·정신적 전문성을 실천하는 봉사자로서 교과내용에 관한 지식과 함께 교과를 가르치는 방법에도 정통해야 하며, 개별 학생에 대한 이해를 바탕으로 최상의 학습 및 생활지도를 실천하는 사람이다.

2) 교사의 역할

교사는 학교교육에서 이루어지는 수업, 생활지도, 학급경영, 교직실무 등에 대한 주어진 분야에서 뛰어난 기술을 지닌 교육전문가이다. 교사는 학생, 학부모 및 교사와의 상호작용을 통해서 교육과정 구현을 위한 수업 및 생활지도를 담당하는 전문가이다. 교사는 교육행위를 통하여 복잡하고 애매모호하고 불확실하며, 개별적이고 주체적인 인간의 경험을 풍부하고 충실하게 이해하고 바람직한 방향으로 변화시키는 행위를 수행한다. 또한 교사는 자신의 지식과 기술에 따라 스스로 결정하고 실천하는 재량권을 행사한다. 그리고 교사는 교육 실천 속에서 끊임없이 도덕적 판단력과 심성을 지니면서 학생들을 지도한다. 아래에서는 주요 사회학 이론인 기능주의, 갈등론, 상징적 상호주의 관점에서 교사의 기능과 역할을 어떻게 보고 있는지를 개괄적으로 살펴보고자 한다.

기능주의적 관점에서 보는 교사의 역할은, 첫째, 교사는 학교교육을 통해 학생들을 기존 사회의 유지와 적응을 위한 사회화를 담당한다. 둘째, 교사는 사회에 적합한 인재를 양성하고 배출한다. 셋째, 교사는 학생들의 재능과 능력을 평가 분류한다. 넷째, 교사는 기존 사회의 유지나 통합과 변화를 촉진한다.

이러한 교사의 기능과 역할은 갈등주의적 관점에서는 비판의 대상이 될 수 있다. 갈등주의자들은 교사의 기능과 역할을 다음과 같이 보는 경향이 있다. 첫째, 교사는 기존의 질서를 재생산함으로써 사회 불평등을 지속시킨다. 둘째, 교사는 자본주의의 이데올로기를 학생들에게 전달하고 통제하며, 위계적 교육제도와 계층적 불평등을 합리화한다. 셋째, 교사는 시험이나 평가를 통해 능력별 집단 편성을 통해 계층의 선발과 분배과정을 정당화한다. 넷째, 교사는 교직 업무를 단순 사무직화하고 자신의 일로부터 소외시키고 있다. 이것은 애플(Apple)의 탈기술화(deskilling)와 기술재학습(reskilling)의 현상으로 설명이 가능하다. 탈기술화는 국가에서 표준화된 교육계획 아래 다양한 교육자료, 구체적 학습 안내, 정형화된 학습 기자재 등을 제공함으로써 교사는 단지 컴퓨터 마우스의 클릭만 하는 존재로 떨어진다. 기술재학습은 이런 기술퇴화의 상황에 적응된 교사들이 국가에서 새로운 교육과정이나 내용이 제시되면 그것을 재학습하지만, 교사가 점점 단순한 작업의 반복으로 인해서 자신의 역할과 기능을 상실하게 되는 것이다.

하지만 갈등주의적 접근에서도 교사가 수행하는 적극적 역할과 기능을 언급하기도 한다. 우선, 교사들은 그들의 전문성 행위의 목표가 자신의 전문성주의와 이해를 옹호하는 것이 아니라 진정한 수업과 학습(authentic pedagogy)을 옹호할 수 있다. 이는 앤더슨이 제창한 옹호 리더십(advocacy leadership)과 참된 리더십(authentic leadership)을 통해 살펴볼 수 있다. 이것들은 교사들이 학생의 전인적 성장과 학습을 위해 실천적, 변혁적 역할과 기능을 수행할 것을 강조한다. 교사의 옹호 및 참된 리더십은 상징적 상호주의 관점에서 보면 반성하는 실천가(reflective practitioners)로도 볼 수 있다. 반성하는 실천가들은 교직 수행 과정에서 상황맥락 지식에 따라 전문적 판단과 실천 방법을 강구하는 전문가이다. 그들은 자신의 전문적 활동과 결과를 냉정하게 평가하는 교육비평가다. 게다가 교사는 공식적인 위계와 구조 속에서 주어진 과업과 역할만을 수행하는 수동적 실천가가 아닌 능동적인 리더로서 역할을 수행해야 할 것이다. 전문가들은 멘토, 교육과정 개발자, 의사결정자, 문제해결자, 변화촉진자, 그리고 현장연구자로서 그 역할을 수행할 수 있다(김규태, 2012).

3) 교사전문성의 개념과 특성

교사는 학생, 학부모 및 교사와의 상호작용을 통해서 교육과정 구현을 위한 수업 및 생활지도를 담당하는 전문가이다. 교사는 인격의 주체로서 교육적 신념과 가치를 바탕으로 학교교육을 수행하며 전문적 지식과 경험에 더해 정해진 교육과정을 실현하기 위한 전문적인 수업과 학생지도를 담당한다. 이처럼 교사는 학교교육에서 이루어지는 수업, 생활지도, 학급경영, 교직실무 등에 대한 주어진 분야에서 뛰어난 기술을 지닌 장인, 학문이나 기예에 통달하여 교육연구의 원리와 이치를 깨달은 달인, 전공 분야의 지식과 기술에 능하고 새로운 원리와 방법을 개발할 수 있는 명인이다.

교직은 전문직과 같은 특성을 지니고 있으며 교사 역시 전문가라고 할 수 있다. 전문직으로서의 교직 특성을 전제로 교사가 전문가인 이유를 살펴보면 다음과 같다. 첫째, 교사는 장기간의 전문적 지식체계인 교수 실천에 대한 지식, 내용지식, 교육과정 실행지식 등에 정통(精通)하다. 둘째, 교사는 복잡하고 모호하며, 불확실하고 개별적이며 주체적인 인간의 경험을 풍부하고 충실하게 이해하며 교육행위를 실천한다. 셋째, 교사는 자신의 지식과 기술에 따라 스스로 결정할 수 있는 자유 재량권을 행사한다. 넷째, 교사는 자신의 동료에 의한 통제와 자신의 업무 수행을 판단할 전문적 식견과 기술을 지닌 외부 전문가들에 의한 통제를 받는다. 다섯째, 교사는 교육 실천 과정에서 자신들의 도덕적 판단과 결정을 한다. 즉, 교육행위를 하는 과정에서 외부의 압력, 법규 및 규칙보다는 자신의 양심, 신념과 동기에 의해 직무를 수행한다. 여섯째, 교사는 고객의 필요와 요구에 맞는 교육 프로그램을 개발 제공하여 고객의 만족도를 높인다.

전문가로서의 교사는 교수·학습에 관한 이론적 이해를 바탕으로 교수방법 및 수업기술 등과 관련된 전문 지식을 체계적으로 습득해야 하며, 이를 통해 교사는 스스로 수업 전문성을 향상시키기 위해 노력한다. 또한 교사전문성 향상을 위해서는 학생 수준에 적절한 교육내용, 교수·학습방법, 교육환경 등의 준비와 수업전문성 개발이 필요하다.

3. 새로운 전문성주의

교직에 몸담고 있는 전문가들은 오랫동안 관성과 습관이 되어 버린 고전적 전문성주의(old professionalism)라는 울타리를 넘어서 성과중심의 새로운 전문성주의(new professoinalism)로 수용할 필요가 있다. 새로운 전문성주의는 상호조언과 협동에 기반한 전문적 공동체 형성과 평가 데이터의 공유와 공동 학습을 통해 개인적 집단적 교직 실천행위를 반성하는 것이다.

하그리브스는 '새로운 전문성주의'(new professionalism)를 주장하면서 전문가의 삶과 역할이 개인주의, 위계, 감독, 현직교육, 권위, 독립에서 협동, 팀, 멘토링, 전문성계발, 파트너십, 계약, 성과주의 그리고 권한위임으로 변화하고 있다고 지적했다. 또한 삭스는 실천적 전문성주의(activist professionalism)를 주장하면서 집단적이고 협동적인 행위, 효과적인 의사소통, 전문적 기술의 존경과 책임 및 열정을 촉진하기 위한 파트너십과 현장 실천연구와 네트워크 촉진을 가져올 것이라고 했다. 그래서 전문적 성과는 보다

명시적이고 가시적이며 협동적으로 제시될 것이라고 하였다. 하그리브스가 주장한 대로 전문가는 스스로 또는 혼자 힘으로 교직 개인주의를 극복하고 상호 협력과 학습을 위한 새로운 전문성주의를 수용하여 지속적으로 교수실천 과정에 피드백과 성찰을 함으로써 참된 의미의 교육을 실현해야 할 것으로 주장했다.

교사들은 교육 책무성의 취지, 즉 교육 결과의 평등을 실현하도록 가난하고 뒤처진 학생들을 돌보는 것에 대한 사명감을 가져야 할 것이다. 학생들을 위해 옹호하기 위하여, 전문가들은 반성하는 실천가(reflective practitioners)의 의미를 되새길 필요가 있다. 반성하는 실천가는 끊임없이 업그레이드되는 상황맥락 지식에 따라 전문적 판단과 실천방법을 강구하는 전문가이다. 이들은 그들 자신의 전문적 활동과 결과를 냉정하게 평가하는 교육비평가이다. 게다가 전문가들은 교육당사자들에게 적절한 정보와 자료를 제공하기 위한 데이터 기반 의사결정자가 될 필요가 있다. 전문가들은 일반적으로 학교 운영 및 평가 데이터와 정보를 습득하거나 활용하는 데 익숙하지 못하다. 그들은 점점 더 책무성 관련 자료를 생성하고 수집하고 해석하기 위하여 그리고 자신의 학교와 학생의 학업성적 향상과 좋은 실행들을 검토하는 데 다른 전문가들과 협력해야 할 것이다. 이러한 과정은 전문가와 행정가 사이의 생산적이고 반성적인 데이터 의사소통을 촉진할 것이다. 그래서 전문가들은 학교의 프로그램 효과와 학생의 학업 개선을 점검하고 기술하는 데 필요한 다각적인 정보를 생성하고 해석하고 활용함으로써 옹호하는 리더로서 활약할 것이다.

교사들은 공식적인 위계와 구조 속에서 주어진 과업과 역할만을 수행하는 수동적 실천가가 아닌 능동적인 리더로서 역할을 수행해야 할 것이다. 전문가들은 멘토, 교육과정 개발자, 의사결정자, 문제해결자, 변화촉진자, 수업 전문가, 교육과정 전문가, 학습촉진자, 멘토, 데이터코치 등의 다양한 역할을 수행할 수 있다.

교사들은 교육 실천 과정에서 전문가의 전문적 지식과 기술 및 경험을 기반으로 하여 전문가 간의 상호평가, 상호지도 및 조언 등의 활동을 통해 집단적으로 책무를 공유하고 이행하는 풍토와 문화를 조장할 것이다. 이러한 평가가 교육 현장에 정착되기 위해서는 무엇보다도 전문가들이 교육 실천 과정에서 자신의 전문적 지식과 기술을 활용하여 자신의 책무를 이행할 수 있다는 역량을 지니고 있다는 것에 대한 강한 확신과 신뢰가 필요하다고 본다. 그리고 전문가들이 전문적 표준과 질적 수준을 제시할 때 교사들의 적극적인 참여를 적극적으로 보장해 주어야 할 것이다. 왜냐하면 전문가들은 교육 실천 과정과 맥락을 바탕으로 전문적 표준과 질적 수준의 타당성 및 적용가능성을 탐색하고 새로운 대안을 제시하는 역할을 수행할 수 있기 때문이다.

4. 변화하는 교직 환경에 따른 교사전문성

교사전문성은 굴뚝경제, 9-to-5, 오프라인, 비동시성, 세포조직(Cell) 등 2차 산업혁명 기반이라고 할 수 있다. 그런데 변화하는 교직 환경은 디지털 및 지식경제, 24/7, 동시성, 스마트워크, 집단지성, SNS 소통 등 여러 방면을 들 수 있다. 이러한 점에서 교사전문성은 디지털 경제학적 관점을 반영한 디지털, 지식정보 기반 전문성으로의 전환이 필요하다.

교사전문성 관련 정책이나 접근은 굴뚝경제 포디즘 시스템을 표방하는 표준화, 전문화, 동시화, 집중화, 극대화, 중앙집권화, 소품종 대량생산 등을 지향하였다. 이로 인해 굴뚝경제 기반 교사전문성(20세기 모델링)은 맥도날드화 및 탈숙련 전문성으로, 교사의 역할은 교육전문가에서 교육기술자로 전락되었다고 할 수 있다. 이에 더해 Cell 교실, aloneness, independence 기반 전문성에서 협력와 공유 및 성찰을 강조하는 전문적 학습공동체 기반 전문성으로 전환될 필요가 있다.

4차 산업혁명 시대에 따른 교사전문성은 교육공학 분야에서 제시된 교과내용지식을 넘어서 테크놀로지 교수내용지식을 적극 고려해 볼 필요가 있다. 교사 주도의 교실 수업에서 교과내용지식(PCK: Pedagogical Content Knowledg)인 교과 지식과 전달 방식에 대한 지식이 강조되었다면, 앞으로 테크놀로지 교수내용 지식(TPACK: Technological Pedagogical Content Knowledge; 테크놀로지 도구를 활용하여 적절한 교수학습 방법과 전략을 구사할 수 있는 교과내용지식)이 강조될 필요가 있다. 이에 더해 테크놀로지(소프트웨어), 사물인터넷, 빅데이터, 인공지능

등 4차 산업혁명 시대(초지능화, 초연결화, 로봇화, 융복합)에는 기반 도구와 스킬을 활용하여 교육과정, 교수학습, 생활지도, 학급경영, 자기관리, 학습공동체 등을 성공적으로 이행할 수 있는 새로운 교사전문성을 적극 고민할 필요가 있다.

핑크(Pink, 2011)는 21세기 우리 사회는 농부의 사회에서 공장근로자의 사회와 지식근로자의 사회를 거쳐 하이컨셉(high-concept)과 하이터치(high-touch)가 강조되는 사회로 접어들었다고 하였다. 하이컨셉은 패턴과 기회를 감지하고, 언뜻 관계가 없어 보이는 아이디어를 결합해 뭔가 새로운 것을 창조해 내는 능력을 말한다. 하이터치는 다른 사람과 공감하고, 미묘한 인간관계를 잘 다루며, 자신과 다른 사람의 즐거움을 잘 유도해내고, 목적과 의미를 발견해 이를 추구하는 능력을 말한다. 다니엘 핑크는 하이컨셉과 하이터치는 조화롭게 갖춘 인재가 갖추어야 할 조건으로 디자인, 스토리, 조화, 공감, 유희, 의미 등을 제시하였다.

① **디자인**(design): 단순히 기능을 갖는 제품, 서비스, 경험, 라이프 스타일을 넘어서 시각적으로 아름답거나 좋은 감정을 선사할 수 있는 가치를 만들 수 있는 능력

② **스토리**(story): 정보와 데이터로 넘쳐 나고 있는 시대에서 훌륭한 스토리를 만들어 사람들을 설득, 의사소통, 이해를 이끌 수 있는 능력

③ **조화**(symphony): 현 시대가 요구하는 것은 전문적 지식에 대한 '분석'일 뿐만 아니라 큰 그름을 볼 수 있고 새로운 전체를 구성하기 위해 이질적인 조각들을 서로 연계, 통합, 융합할 수 있는 능력

④ **공감**(empathy): 복잡하고 가변적인 사회일수록 분석적, 논리적 사고로는 부족하며, 다른 사람의 마음을 이해하고, 유대를 강화하며, 배려하는 마음을 지니는 능력

⑤ **유희**(play): 웃음, 명랑한 마음, 게임, 유머 등을 통해 개인적 여유와 재미를 향유할 수 있는 능력

⑥ **의미**(meaning): 풍요, 생존 경쟁을 강조하는 시대에는 물질적 풍요보다는 목적의식, 초월적인 가치, 그리고 정신적 만족감을 줄 수 있도록 의미를 부여하는 능력

유럽위원회(European Commission, 2018)는 디지털 경제와 사회를 살아가는 유럽 시민에게 필요한 핵심역량으로 디지털 역량을 주창하였다. 이것은 일, 여가, 참여, 학습, 사회활동, 소비활동 등에서 과업을 수행하고, 문제를 해결하고, 의사소통하고, 정보를 관리하고, 협업하고, 콘텐츠를 창조하고 공유하며, 지식을 효과적으로, 효율적으로, 적절하게, 비판적으로, 창조적으로, 자율적으로, 신축적으로, 윤리적으로, 반성적으로 구축하기 위해 ICT와 디지털 미디어를 활용할 때 요구되는 일련의 지식, 기술 및 태도를 말한다. 제4차 산업혁명을 맞이하는 우리 시대에 있어서 교사들은 교실 내에서 갖추어야 할 역량과 함께 디지털 역량을 갖추어야 하는데, 우리 교실, 우리 학생 모두 디지털 도구와 정보 및 자료를 통해서 학습하는 시대가 조만간 접어들기 때문이다.

5. 교사전문성 신장 활동

교사들의 학습공동체는 전문성을 신장하며 그로 인해 학교교육의 질 개선을 도모할 수 있다. 그렇다면 교직에서 학습공동체는 어떠한 방식으로 운영되고 있는가? 그 방식들은 수업, 생활지도, 학급관리 등에서 여러 형태로 운영될 수 있지만, 여기서는 교사들의 핵심 직무인 수업과 관련한 학습공동체 유형들인 수업친구(또는 수업멘토), 학년협의회 및 교과협의회, 수업동아리 등을 소개하고자 한다(김규태, 강유정, 권민석, 최경민, 2017).

① **수업친구 또는 수업멘토:** 학교 안에서 동료교사, 선배교사, 수석교사 등 수시로 수업 고민을 나눌 수 있는 수업친구 또는 수업멘토를 정하여 한 달에 한 번, 또는 정해진 일정에 따라 지속적으로 수업 관련 조언이나 상담을 하는 활동을 말한다. 이는 동료장학, 수업멘토링 등이라고도 할 수 있다.

② **학년협의회 및 교과협의회:** 학년별로 수업과 평가 등에 대해 대화와 토론을 하거나, 공동 수업지도안을 마련하거나, 수업발표 및 성찰회 등을 통해 전문성을 신장하는 활동을 말한다.

③ **수업동아리:** 학년이나 과목에 상관 없이 수업에 대한 개선과 학생의 학습성과 극대화 등의 뜻을 지니고 있는 교사들이 함께 고민을 나누며 연구하는 모임이다.

이러한 공동체가 성공을 이루기 위해서는 무엇보다도 교사들의 자발성이 요청된다. 자발성이 있어야 형식적으로 흐르지 않고 지속적, 실질적 활동이 가능하기 때문이다. 또한, 교사들이 함께 모여서 성장을 도모할 수 있도록 모임의 성격과 목표를 분명히 설정할 필요가 있다. 즉, 비전공유를 명확하게 해야 한다. 그리고 함께 나누며 협력하기 위한 라포 형성과 신뢰 구축도 필요하다. 아울러 전문적 활동을 수행할 필요가 있다. 그 이유는 일반적인 모임과 다른 학습공동체의 존재 이유이기 때문이다. 이를 위해서는 교직 수행에 대한 전문적 실천 경험과 노하우를 나누며, 상호 성찰과 피드백을 함으로써 자기 및 집단 성장과 모임에 대한 만족감과 성취감을 높일 필요가 있다.

한편, 교사는 학습공동체를 통해 전문성 신장도 하지만, 교내에서 수행되는 능력개발을 위한 현직연수나 장학 활동을 한다. 현직연수는 교사가 교직에 재직 중에 전문적 능력을 배양하기 위한 자발적 또는 의무적으로 이루어지는 교육훈련 활동이라고 할 수 있다. 교원능력개발을 위한 활동은 기관 중심 연수, 단위학교 중심 연수, 개인 중심 연수로 구분된다.

① **기관 중심 연수:** 교사들이 중앙 및 시도 교육연수원이나 대학 및 민간 교원연수기관에서 실시하는 연수로, 자격연수, 직무연수 등이 있다. 자격연수는 상위자격 취득을 위해 실시하는 것으로 신규교사연수, 1급 정교사 자격 연수 등으로 15일 이상 90시간 이상으로 한다. 직무연수는 교직 직무수행 능력 향상을 위한 교과, 생활지도, 정보화, 교양 및 취미 등과 관련된 연수를 말한다.

② **단위학교 중심 연수:** 학교 내 혹은 학교 간 자율적으로 실시하는 연수로, 일반적인 교육발전을 위한 자체연수와 교과 수업 발전을 위한 교과협의회로 구분할 수 있다. 컨설팅 수업 장학, 연구수업, 교과교육연구회, 교내 자율장학 등이 있다.

③ **개인 중심 연수:** 교원 스스로 전문적 지식과 스킬을 습득하기 위해 교육을 받는 것으로 국내외 교육기관에서의 학위취득, 학회활동, 교과교육연구회, 교내 학습

공동체 등에 가입하거나, 교직 현장에서의 실천연구(action research)를 수행하는 것을 말한다.

교사들의 핵심 직무는 무엇보다도 수업이다. 장학은 수업 활동을 위한 지도 및 조언 활동이다. 교직에서 이루어지고 있는 장학 유형은 〈표 3-1〉과 같다.

교수-학습 방법 개선, 교실수업 개선, 교실수업 혁신을 위해 교육 현장에서 주로 활용하고 있는 전략은 수업 코칭과 수업 장학이라고 할 수 있다. 수업 코칭은 수업 문제를 귀납적으로 접근하게 되며, 자기 수업 성찰을 통해 스스로 수업에 대한 자신만의 답을 찾아가게 된다. 반면, 수업 장학은 교사의 교수학습 행위 개선이 목적이며, 수업에 대한 정답을 제시하려 하며, 그 기준에 따라 수업을 평가하고, 피드백을 한다.

〈표 3-1〉 현장에서 이루어지는 장학 형태들

구분	내용
컨설팅장학	• 교사가 자발적으로 다른 교사 · 전문가에게 도움을 요청하여 교육 문제를 해결할 수 있는 전문적인 자문 활동 • 자발적 의지가 중요, 교내 · 외의 유능한 전문가에게 의뢰하고 체계적인 도움을 받음
임상장학	• 교수-학습과정을 장학사가 관찰, 이를 토대로 함께 교수계획, 전략을 수립 · 실행, 평가해 교수-학습과정에 재반영 → 교사의 교실활동을 개선하고 학생들의 학습효과를 제고 • 전문성을 갖춘 교내 교원의 도움으로 수업을 함께 계획하고, 실제 수업을 관찰, 분석, 피드백
동료장학	• 교사 상호 간 교실수업을 관찰, 피드백을 주며 공통된 전문적 관심사를 토론, 전문적 성장을 위해 협동
자기장학	• 교사 개인이 전문적 발달을 위하여 스스로 계획을 세우고 실천 • 자기수업 분석 · 연구, 자기평가, 학생을 통한 수업분석, 교과연구회 · 학술회 참여, 스스로 대학원 다니고, 연수 적극 참여
약식장학	• 단위학교의 교장 · 교감이 간헐적으로 짧은 시간 동안 학급순시 · 수업참관을 통해 수업 및 학급경영활동을 관찰하고, 지도 · 조언
멘토링 장학	• 신규교사와 경력교사의 역할분담을 통해 교직 생활 전반에 걸쳐 교사의 전문성 개발과 교직생활의 안정성을 구축

6. 교육과정 재구성, 그리고 전문성 신장

'계속해서 교과서를 버려라, 교육과정을 재구성해라, 프로젝트 학습을 실천해라'라고 주장을 하고 있지만, 그렇다고 하여 교과서 위주로 수업을 하는 것에 대해 비난을 하거나 잘못되었다고 말을 하고자 하는 것은 아니다. 다만 교과서의 경우 편찬의 편의상 대체로 한 가지 방식으로 구성이 되어 있으며, 모든 학습자들의 학습 수준을 고려하지 못한다는 단점을 가지고 있다. 상황이 그러하다 보니 교실에서 실제로 교과서를 활용하려 하다 보면 주변의 여러 상황에 따라 변인들을 고려하지 않고 설명이 중심이 된 단편화된 지식 암기식의 강의식 수업을 하지 않을 수 없게 된다. 또한 교육과정에서 강조하고 있는 창의 · 인성교육, 학생 중심의 맞춤형 교육, 그리고 학생 중심의 다양한 교수 · 학습 방법 적용 등을 실천하기 위해서도 기존의 교과서만으로 수업을 하기에는 부족한 것이 너무나도 많다. 그러기에 결국 교육과정 재구성이 교실 수업의 핵심이 될 수밖에 없을 것이라는 말을 하고자 하는 것이다.

그렇다면 교육과정 재구성이란 무엇일까?

교육과정을 재구성할 때는 교육과정을 어떻게 바라보느냐 하는 관점에 따라 재구성 시 고려되어야 할 사항이 달라질 수 있으며, 교과 교육과정을 어떻게 바라보느냐에 따라서도 교육과정 재구성 형태가 달라질 수 있을 것이다.

우선 교육과정의 개념 정의에 따른 교육과정 재구성 시 고려되어야 할 내용을 살펴보면 아래의 표와 같다.

〈표 3-2〉 교육과정의 개념 정의에 따른 교육과정 재구성 고려 내용

교육과정 개념	설명	재구성이 담아야 할 내용	2015 개정 교육과정 관련
교육내용으로서의 교육과정	가르칠 내용이 곧 교육과정	• 가르칠 교과내용의 재구성	• 교과 · 창체융합 • STEAM운영 • 창체운영 • 진로교육 등 교과내용 재구성 필요
경험으로서의 교육과정	학교에서 통제하에 이루어지는 일련의 경험이 교육과정	• 학생이 하게 되는 학습 경험 재구성 • 교사가 제공하는 일련의 교수사태(매체, 방법, 전략, 사례 등)의 재구성 • 각종 프로그램(학습지 등 포함)의 재구성	• 학년군 · 교과군이나 창의 · 인성, 성취기준 도입에 따른 재구성 필요
목표로서의 교육과정	학생이 가지게 될 능력이 교육과정	• 학생들이 가지게 될 새로운 능력의 재구성(창의성, 인성 등)	• 창의, 인성 중심의 목표 재구성 필요 • 핵심역량중심의 목표 재구성
계획된 문서로서의 교육과정	국가 수준의 교육과정 문서가 교육과정	• 성격의 재구성, 목표의 재구성 • 내용의 재구성, 방법의 재구성 • 평가의 재구성	• 교과목 및 교과목별 성격, 평가에 대한 재구성 필요(학교교육과정 운영 계획서로 문서화)
교과 또는 교과목으로서의 교육과정	가르칠 교과(목)이 곧 교육과정	• 교과목의 재구성	• 집중이수제, 블록타임제, STEAM 교과군, 학년군 등을 위한 교과(목) 재구성 필요

출처: 윤성한(2016: 132-133).

필자는 위의 교육과정 개념 중 목표로서의 교육과정 관점을 가지고 있으며, 이에 창의 · 인성을 목표로 하는 동시에 핵심 역량 함양을 부 목표로 하여 주제를 정한 뒤 프로젝트 학습을 실천하였다. 이에 대해서는 후에 안내하도록 하겠다.

그리고 교과 교육과정을 어떻게 바라보느냐에 대한 관점에 따라서는 아래의 표와 같은 형태로 교육과정 재구성 방법이 다르게 나타날 수 있다.

구분	재구성 영역	재구성 형태	재구성 내용
교과 내 교육과정 재구성	단원 내 재구성	학습 수준을 고려한 학습목표 조정	성취기준 조정 및 단원 지도 시수 증감 운영
		핵심역량 강화	핵심역량이 강화되도록 성취기준 재설정
		창의·인성교육 강화	창의·인성 능력이 신장되도록 성취기준 재설정
교과 간 교육과정 재구성	교과 간 통합	STEAM 교육	과학, 수학, 미술 중심 운영
		주제 중심 통합	특정 주제를 중심으로 재구성
		교과군 통합	사회/도덕, 과학/실과 교과군
	교과목 수 축소	집중이수제 운영	예술 교과군 집중 이수
	교과 간 병합	학습 내용 연계 운영	둘 이상의 교과를 학습 내용 중심으로 수업 시간 전후 배치
교과와 비교과 간 교육과정 재구성	교과·비교과 통합	STEAM교육 운영	특정 주제를 중심으로 재구성
		주제 중심 통합	특정 주제를 중심으로 재구성
		기타 통합 운영	창의·인성교육, 핵심역량 등 특정 이슈 중심
	교과·비교과 병합	학습 시간 연계 운영	교과와 비교과 시간 전후 배치
지도 시기 중심 교육과정 재구성	특별실 운영	특별실 운영	음악실, 과학실, 미술실, 기타 특별실 활용
	학교 행사 운영	학예회 운영	행사 직전 시수 집중 배치
		체육대회 운영	

출처: 윤성한(2016: 134-135).

필자는 위의 교과 교육과정 구분 및 재구성 영역에 따라서 재구성의 형태를 교과 간 통합의 주제 중심 통합, 교과·비교과 통합의 주제 중심 통합과 기타 통합 운영, 그리고 각종 학교 행사의 단편성과 일회성을 지양하고 프로젝트 학습의 결과물로써 학교 행사를 치르고자 지도 시기 중심 교육과정 재구성을 병행하여 프로젝트 학습을 계획·실천하였다.

교육과정 재구성은 교과별 시수 운영과 불가분의 관계를 맺을 수밖에 없다. 이는 국가 수준 교육과정에서 학년 군별로 이수해야 할 교과 및 비교과에 대한 연간 최소

운영 기준 시수를 설정해 놓았기 때문이다. 여기서 예체능 교과(군)을 제외하고 교과별 연간 총 시수의 20% 범위 내에서 증감 운영이 가능한데, 교육과정 재구성을 어려워하는 문제가 바로 이 시수 운영과 매우 밀접한 관련이 있기도 하다.

그렇다면 교육과정 재구성은 어떠한 절차를 거치면 될까?

교육과정 재구성은 교사, 특히 동 학년 교사 공동체의 공동된 철학과 목표에 적합한 방법을 고민하고 선택과 집중을 하면 된다. 물론 그러한 과정 중에 상황이 변화하고 무엇인가를 추가하거나 제외시켜야 한다면 유연하게 다양한 방법을 적용하는 다양성도 함께 가지면 될 것 같다. 그러니 프로젝트 학습 계획 및 실천의 절차는 다양한 종류가 있을 듯하다. 여기서는 교육과정 재구성 접근의 용이성을 염두에 두고 구안된 절차 2가지를 소개하고자 한다. 하나는 서울대학교에서 제안한 교육과정 재구성 절차, 또 하나는 충청남도 교육청에서 제안한 교육과정 재구성 절차 모형이다.

〈표 3-3〉 서울대학교 제안 교육과정 재구성 절차 모형

단계	내 용
교육과정 분석	• 교육과정 해설서, 교과서, 교사용 지도서 분석 • 교과 교육과정의 성격, 성취기준 내용, 방법, 평가 분석 • 학생 수준, 학교 및 지역 사회 수준의 요구 분석
재구성 유형 결정	• 재구성 필요도를 고려한 유형 선택 –전개 순서 변경, 내용 추가, 내용 대체 등 –이슈 중심 재구성, 핵심역량 증진 재구성 등 • 교육과정의 학습자 적절성 고려 재구성 유형 결정 • 교과 내 재구성, 교과 간 재구성, 교과와 비교과 연계 재구성
내용 재구성	• 재구성할 학습요소 선정 및 지도 계획 수립 • 교과 수준의 1차 재구성, 학생 중심의 2차 재구성 • 내용 재구성 결과 점검 • 타 교과 학습내용과 통합 • 교수–학습 방안 구안
교수방법 계획	• 교수전략 구안, 교수 설계, 학생 참여 계획 등 수립 • 교수–학습 과정안 작성 및 지도상 유의점 설정
평가계획	• 형성평가, 수행평가, 자기평가 및 모둠평가 계획 수립

출처: 윤성한(2016: 136-137).

〈표 3-4〉 충청남도 교육청 제안 교육과정 재구성 절차

단계		내용
1	교육과정 분석	• 교육과정 해설서, 교과서, 교사용 지도서 분석 • 국가 수준, 지역수준, 학교 수준 교육과정 분석 • 교육과정의 성격, 핵심 목표, 내용, 방법, 평가 분석(성취기준 분석) • 학생 수준, 학교 및 지역사회 수준의 요구 분석
2	재구성 유형 결정	• 교육과정의 학습자 적절성 고려 재구성 유형 결정(성취기준 및 핵심성취기준 중심) • 유형 선택 –이슈단위 조절, 교과 내, 교과 간 등 –내용 추가, 내용 대체, 내용 생략, 내용 축약, 타 교과의 융합 등 –프로젝트 학습, 수준별 수업을 위한 재구성 등 –창의적 체험활동과 교과를 연계한 재구성 등
3	교과 내용 재구성	• 교수–학습 방법 구안 • 재구성할 학습 요소 선정 • 교과 지도 계획 수립 • 교사 수준의 1차 재구성, 학생 수준의 2차 재구성 • 단원 학습 나열 후 분류 및 배열 • 내용 재구성 결과 점검 • 타 교과 간 학습내용과 통합지도
4	교수방법 개발·적용 및 평가 계획 수립	• 수업 개선 방법 개발, 교수 설계, 학생 참여 계획 수립 • 교수–학습 과정안 작성 및 지도상의 유의점 설정 • 교수–학습 과정안에 의한 수업 적용 • 형성평가, 수행평가, 자기평가 및 모둠평가 계획 수립
5	피드백 및 수정	• 수업 적용 후 수정 사항 반영 • 재구성 전반에 대한 피드백

출처: 윤성한(2016: 137).

이 둘의 모형을 비교해 보면 별다른 차이점이 크게 보이지 않으며, 서울대학교에서 제안한 절차를 충청남도 교육청에서는 조금 더 세분화하여 제시하고 있음을 알 수 있다. 이에 프로젝트 학습을 처음 실천하는 교사, 혹은 처음으로 동학년 공동체를 꾸리고 프로젝트 학습을 실천하려는 교사들은 위의 단계에 따라 우선은 따라 해 보는 것도 프로젝트 학습에 적응하고 익숙해질 수 있는 하나의 방법이 될 것 같다.

물론 생각보다 제시하고 있는 절차가 조금은 번거롭게 느껴지기도 하고 복잡하게

여겨질 수도 있을 것 같다. 실제 우리 학년 공동체 교사들도 그렇게 느꼈다고 말을 하였으니 말이다. 그래서 우리는 성취기준에 대한 교육과정을 분석하기 전에 교사로서 어떠한 아이들로 기르고 싶은지, 어떠한 모습의 아이들로 자라게 하고 싶은지 이야기를 나누고, 그것을 바탕으로 아이들과 함께하고 싶은 프로젝트 학습 주제가 무엇인지에 대해 이야기를 나누었다.

그리고서 관련 성취기준을 엮은 뒤에 어떻게 교육과정을 재구성할 것인지 유형을 선정했던 것 같다. 그래서인지 미리 프로젝트 학습에 대한 대략적인 얼개가 잡혀 있어서 교과 내용을 재구성하고 어떠한 교수학습 방법을 적용하면 좋을지에 대한 이야기가 조금은 수월하게 진행이 될 수 있었던 것 같다. 물론 제일 처음 어떠한 아이들로 자라게 하고 싶은지에 대한 서로의 이야기를 모아 보면서, 그 모든 것들이 인성과 관련된 것으로 엮이게 되었고, 이로 인해 공동된 교육철학 및 목표를 선정함에 있어서도 큰 무리가 없었기에 가능했던 것 같다.

7. 질문과 함께하는 교사전문성 신장

1) 첫 번째 우리들의 성장 이야기

인성중심프로젝트 학습으로 바른 인성을 지닌 건강한 나로 성장해요[2]

질문 1. 우리는 어떠한 아이로 성장하기를 바라나요?

이 질문이 우리가 우리들 스스로에게 던진 가장 첫 질문이었다. 이전 공동체의 경우에는 가장 먼저 함께 나눈 질문이 '교육이란 무엇이라고 생각하나?'라는 질문이었다.

2) 이 프로젝튼 2016년 인성교육 중심 수업 우수사례 공모전에서 전국 대상을 수상한 본 필자가 운영했던 학년 중심 교사 공동체의 이야기이다.

하지만 교육이란 무엇인가에 대해 고민하기 시작하면서 그 속에서 우리가 직접적으로 함께 생활을 해야 하고 수업의 주체라고 여겨야 하는 존재인 아이들이 이야기 속에서 점차 사라지고 교사들이 생각하는 좋은 수업이란 무엇인지에 대해서만 이야기를 하게 되고, 그러한 이야기로 우리 공동체의 고민과 이야기를 끝내게 되는 우리들 스스로의 모습을 바라보고 성찰하면서, 첫 번째 질문을 바꾸어 보았다.

그 질문이 바로

"우리는 1년이 지나고 난 뒤, 우리 아이들이 어떠한 아이들로 성장하기를 바라는가?",

"나는 어린 시절 어떠한 아이가 되고 싶었나요?"

라는 질문이었다.

다만, 이 질문에 대한 답은 광범위하게 답변하지 않기로 하였다. 우리들의 답변을 함께 살펴보면서 서로 말없이 웃음을 띠기도 하였다. 우리가 바라는 우리 아이들의 모습은 거창한 것이 아니었기 때문이다.

"눈에 보이는 쓰레기를 주을 수 있는 아이"

"준비물을 가지고 오지 않은 친구에게 준비물을 웃으면서 빌려줄 수 있는 아이"

"책상이 더러운 친구의 자리를 보고서 선생님에게 고자질을 하기보다는 먼저 가서 치워 줄 수 있는 아이"

"싸우고 난 뒤, 먼저 사과의 말을 할 줄 아는 아이"

"선생님에게 다가와서 먼저 인사를 하는 아이"

"친구에게 미안해, 감사해, 사랑해라는 말을 자주 하는 아이"

"체육시간에 웃으면서 아이들과 함께 뛰어놀 줄 아는 아이"

"모둠 활동 시 주제에 맞는 자료를 스스로 찾아오는 아이"

"자신의 생각을 말과 글로 표현할 줄 아는 아이"

우리가 바라는 아이들의 모습을 말로 표현하고, 글로 기록하고, 함께 이야기를 나누기 전에는 매우 거창할 거라고만 생각했던 것 같다. 하지만 함께 이야기를 나눠 보면서 알게 된 사실은 우리가 바라는 아이들의 성장과 발전된 모습은 거창한 것이 아니라 사소한 행동 하나하나였으며, 실제적인 실천을 강조하고 있다는 사실을 발견하게 되었다. 이러한 이야기들을 모아서 우리는 하나의 공통된 프로젝트 학습의 핵심 키워드를 정할 수 있었다.

그것이 바로 "인성"이었다.

여기서 잠깐!

이렇게 함께 이야기를 나누면서 우리 공동체가 사용한 기법은 브레인 라이팅[3] 기법이었다. 먼저 우리가 바라는 아이들은 어떠한 모습인지에 대해 주제를 던지고, 브레인 라이팅을 하기 시작하였다. 브레인 라이팅 기법에 대해서는 다들 잘 알고 있으리라 여겨지므로 자세한 설명은 생략을 하고, 우리는 아래의 그림처럼 서로의 다른 생각들을 확장해 나갔다.

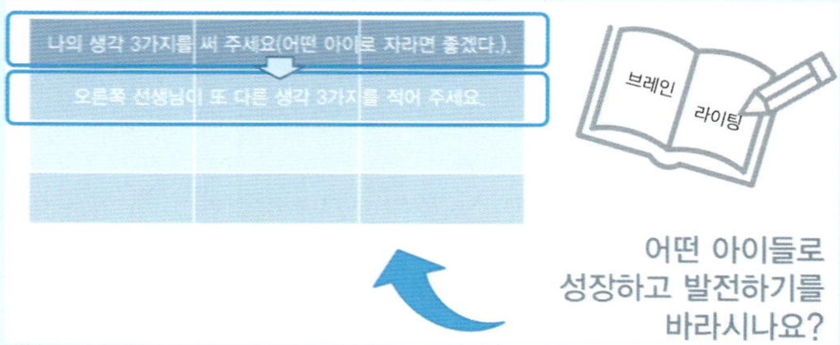

그리고서 아래의 그림처럼 범주화하고 각각의 소주제에 대해서 각자 하고 싶은 활동 혹은 프로젝트가 있는지 서로의 생각을 모아서 전체적인 프로젝트 얼개를 만들어 보았다.

3) 독일의 'Battelle Institute'에서 개발한 사고 프레임워크로, '침묵의 브레인스토밍'이라고도 함

<table>
<tr><th>목표</th><th>인성요소</th><th>관련 인성</th><th colspan="3">하고 싶은 프로젝트</th></tr>
<tr><td rowspan="6">인성</td><td rowspan="3">범주 1</td><td>관련 1-1</td><td>활동 1-1-1</td><td>활동 1-1-2</td><td>등등</td></tr>
<tr><td>관련 1-2</td><td>활동 1-2-1</td><td>활동 1-2-2</td><td>등등</td></tr>
<tr><td>관련 1-3</td><td>활동 1-3-1</td><td>활동 1-3-2</td><td>등등</td></tr>
<tr><td>범주 2</td><td colspan="4" rowspan="3">• 학생의 요구에 의한 계획과 실천으로 이루어지는 프로젝트도 중요합니다.
그러나!
교사의 삶의 이야기도 중요합니다!</td></tr>
<tr><td>범주 3</td></tr>
<tr><td>범주 4</td></tr>
</table>

앞의 그림에 대해 잠시 설명을 하자면 다음과 같다.

① 목표: 최종적으로 달성하고자 하는 목표로써 교육과정 인간상을 참고하였으며, 우리 공동체의 최종적 목표는 바른 인성 함양이었다.

② 인성요소: 우리들이 바라는 아이들의 모습들 중 비슷한 것들끼리 범주화를 하고서, 각각의 범주에 해당하는 인성요소를 찾아보았다. 그렇게 찾은 인성요소는 책임감, 배려심, 협력심, 공감력, 효능감 등 5가지였다.

③ 관련 인성: 이는 교사들이 바라는 아이들의 모습에 해당하는 교사가 바라는 학생들의 모습이라고 할 수 있다.

④ 하고 싶은 프로젝트: 각자가 생각하는, 그리고 바라는 아이의 모습을 가진 아이들로 발전하고 성장할 수 있도록 돕기 위해 어떠한 프로젝트 활동을 하면 좋을지 관련된 교과 및 교과서 내 내용 등을 엮어서 미리 하고 싶은 활동이나 프로젝트에 대해 계획을 세우고 함께 이야기를 나누면서 변경하고 수정하는 작업을 하였다.

함께 프로젝트 학습을 계획하면서 느꼈던 가장 중요한 것은 교사의 이야기에서 시작을 해야 한다는 사실이었다. 프로젝트 학습에서 중요한 것은 아이들이 실제로 겪고 있는 학습 과제, 혹은 문제를 제시하는 것이라고 한다. 물론 이러한 실제 문제를 제시하는 것도 중요하고, 교육과정도 중요하고, 성취기준도 중요하고, 아이들의 배움과 성장도 중요하지만, 우리 공동체에서 이야기를 내린 결론은 우선은 교사가 재미있고 행복하며 항상 꿈꾸던 바라고 있던 수업을 먼저 해야 한다는 것이었다. 교사가 재미가 없으니 교과서만 바라보게 되고, 교사가 행복하지 않으니 웃음이 없는 강의식 수업이 되는 것 같다고 이야기를 나누었다. 그래서 우리는 교사들이 바라는 솔직한 아이들의 모습이라는 이야기를 통해 교사의 삶의 이야기를 먼저 학습에서 묻어 내려고 노력하였다.

질문 2. 인성중심교육, 과연 가능할까?

그리고서 우리들이 가진 질문은 과연 인성중심교육이 가능할까라는 우리들 스스로에 대한 성찰에 대한 질문이었다. 우리에게 익숙한 수업, 그리고 우리가 그동안 받아왔던 수십 년간의 수업은 모두 암기하고, 기억하고, 시험을 쳐서 등수를 매기는 것이었다. 이러한 환경 속에서 우리는 과연 인성중심교육을 할 수 있을까?[4)]

앞서 언급을 했던 4차 산업혁명시대의 대표라고 할 수 있는 인공지능 발달에 대해서는 지식정보 분야에 걸친 눈부신 속도의 발전에 따라 생활환경이 편리해질 것이라는 장밋빛 기대와 인공지능 발달에 따른 인간성 상실이라는 문제에 대한 우려가 혼재되어 있다. 교사로서 우리가 눈여겨보아야 할 부분은 장밋빛 미래가 아니라 인간성 상실에 대한 문제라고 할 수 있다. 그동안의 산업혁명 시대에는 기계에 의한 인간 소외가 문제였다면, 4차 산업혁명 사회에서는 아예 인간 존재가 상실될 위기에 처할지도 모르기 때문이다. 인간성의 회복, 인간의 존엄한 가치 회복은 교육을 통해서만 이룰 수 있는 성질의 것이라 할 수 있다.

이러한 이유로 세계경제포럼(2015)에서는 인공지능시대에 필수적으로 요구되는 3가지 핵심 역량으로 인성, 기초 문해능력, 문제해결역량을 제시하면서 인성교육의 필요성을 재차 강조했다. 세계경제포럼에서 강조한 인성역량은 주도성, 일관성, 도전정신, 적응력, 리더십 등이며 이러한 인성역량을 기르기 위한 인재상은 '로봇으로 대체 불가능하고 문제 해결력을 겸비한 감성적 지능을 가진 사람'이라고 제시하였다(지현아, 2017). 이는 바람직한 인성이 갖추어지지 않는다면 인간적 가치가 결여된 기계의 세상이 될 것이기 때문으로 해석되며, 이에 인간이 주체가 되어 인공지능을 사용할 수 있도록, 인간의 존엄성에 대한 올바른 가치 판단을 이끌 수 있도록 윤리적 판단력 및 성찰력을 기를 수 있는 인성교육이 필수적이라고 할 수 있다. 그래서 우리는 가능성을 따지기보다는 필요성에 집중을 하고 인성중심교육이 실천될 수 있는 방안으로 프로젝트 학습을 함께 실천하자고 이야기를 모으게 되었다.

---

4) 할 수 있을지에 대한 가능성에 대해서는 솔직히 본 필자도 확실하게 답을 못한다. 다만 가능하다는 말을 먼저 하고서 이야기를 시작하고자 한다.

질문3. 그렇다면, 인성중심교육 어떻게 실천할 수 있을까?

이에 우리들은 다른 여러 자료들을 함께 분석하면 어떨까라는 의견을 모으고, 우선은 해외 선진국의 인성교육의 흐름을 다음의 표와 같이 살펴보게 되었다.

〈표 3-5〉 해외 선진국의 인성교육 흐름

나라	나라별 인성교육 핵심	인성교육 중점 내용
미국	No Child Left Behind	법에 주요 덕목으로 배려, 시민의 덕 및 시민성, 정의 및 공정, 존중, 책임, 진정성 혹은 신뢰성, 봉사 등의 덕목을 학교가 선정하여 교육할 수 있음을 명시
독일	전통적으로 인성교육을 중요한 교육목표로 지향	저경쟁 교육, 절대평가와 논술형 시험, 유년기의 훈육 등을 통해 일상적으로 추진
프랑스	'평등 교육' 실현을 위해 개별화 수업 활성화	교과 교육의 주제별, 체험활동 프로그램을 통해 학교 활동 전체에서 다양하게 실천
핀란드	학생 개개인별 종합 평가 실시(하비에르 국제학교)	교과교육, 특별활동, 휴식시간, 가정, 지역사회에서 지속적이고 입체적으로 인성교육 시행

해외 선진국의 인성교육 흐름을 살펴보면서, 국가적 교육목표로 인성교육을 중시하고 있으며 학교교육 활동 전반에 걸쳐서 일상적인 인성교육 추진을 강조하고 있음을 알 수 있었다. 이를 통해 인성교육의 방향은 교과에서의 다양한 수업 · 평가 방법을 통해 친구들의 감정과 생각에 공감하고, 협력하며 소통할 수 있는 능력을 함양시켜 주도록 해야 하며, 이를 위해 체험 · 참여중심의 교육 활동 및 프로그램이 필요함을 알 수 있었다.

그리고서 인성교육과 관련된 선행연구들에 대한 분석을 통해 현재 교육과정에서의 인성교육을 다루는 데 있어서 가장 큰 문제는 교과교육, 인성교육, 교과 외 활동의 교육과정 영역이 별개의 것처럼 다루어지고 있으며, 교육내용, 방법, 문화 역시 인성교육과 분리되어 있다는 사실을 발견하게 되었다.

이에 인성교육을 위한 별도의 활동이나 프로그램 개발이 중요한 것이 아니라, 아이들의 생활, 삶의 이야기를 담아낼 수 있는 교과 수업 속에서 실천되어지는 인성교육이 필요함을 알 수 있었다. 또한 인성교육과 창의성 교육이 점차 상호의 내용을 인정하면서 모든 학생의 잠재력과 바람직한 가치관을 찾고 키워 주는 창의인성교육을 강조하게 되었으며, 이것이 곧 미래사회에 살아가기 위해 필요한 핵심역량이라고 할 수 있었다. 이는 사회 발전의 원동력은 나와 다른 생각을 가진 사람과의 협력, 경쟁 구도 속에서의 조화이며, 이는 다양함의 세상, 다원화 사회가 될 미래사회에 더욱 중요해지기 때문이다. 이상의 선행연구 분석을 통해 교과수업과 연계된 아이들의 삶의 모습이 함께하는 프로젝트형 인성수업과 미래사회를 살아가는 데 필요한 핵심인성 함양이 필요함을 알 수 있었다.

그래서 우리는!

인성교육이라고 하여 별도의 프로그램이나 활동이 필요한 것이 아니라 교과 수업 속에서 아이들의 삶의 이야기가 녹아들 수 있는 인성수업이 필요하다는 사실을 깨닫게 되었다. 그리고 이를 위해서는 교실 속 아이들 모습 속에서 발견한 우리 반 아이들에게 필요한 인성덕목을 함양시켜 주기 위한 교과 연계형 인성중심 프로젝트 학습과 이를 통한 미래사회에 필요한 핵심역량 함양을 위한 교육도 함께 실천하면 좋겠구나라는 의견을 모으게 되었다.

질문4. 그럼 우리들의 1년 동안의 프로젝트 주제는 무엇이 되면 좋을까?

함께 모은 이야기를 기반으로 하여 우리들이 함께 지향하고자 하는 교육철학을 하나의 문장으로 정리하여 프로젝트 학습의 가장 큰 주제를 함께 정하고자 하였다.

그것은 바로!

바른 인성을 지닌 건강한 나!

이러한 대주제를 선정하게 된 경위는 다음과 같았다.

아이들의 삶을 위한 교육은 결과로서의 교육이 아니라 과정으로서의 교육을 강조해야 한다. 그리고 학습의 결과가 아니라 학습이 일어나는 과정 중에 아이들이 스스로 깨닫고 체득하게 될 다양한 학습 능력을 강조해야 한다. 이러한 과정 중에 깨닫게 되는 다양한 학습 능력과 인성들이 앞으로 우리 아이들이 길러 나가야 할 핵심역량이라고 우리들은 함께 이야기 나누었다. 이렇게 학습 과정을 중요시 여기고, 다양한 활동을 경험하게 해 주는 방법이 바로 프로젝트 학습이라는 사실을 발견하게 되었고, 이를 위해 교육과정 재구성 및 통합 교육과정을 꾸려 나가기로 함께 이야기하였다.

프로젝트 학습을 일 년 동안 계획하고 아이들과 함께 만들어 가기 위해 우선적으로 대주제를 선정하기로 하였다. 대주제를 선정함에 있어서 우리는 협동적 문제해결능력을 길러 주기 위해 필요한 인성요소를 중요시 여기기로 하였다. 그렇게 공통된 우리들의 의견을 모은 결과 초등학교 2학년 아이들에게 가장 중요한 것은 바로 내가 누구인지 알고, 자존감을 가지도록 하는 것이며, 바른 인성 함양을 통해 친구들과의 관계를 바르게 형성하도록 도와주어야 한다는 것이었다. 또한 친구들과의 바른 관계를 형성하고 내가 누구인지를 깨닫도록 해 주는 자존감을 가지기 위해서 우선적으로 바른 인성이 필요함에 함께 동의하였다. 이는 2015 개정교육과정의 초등학교 교육목표에서도 잘 드러남을 알게 되었다. 초등학교 교육목표에서는 자신의 소중함을 아는 것, 건강한 생활 습관을 기르는 것, 서로 돕고 배려하는 태도를 기르는 것, 그리고 협동정신 함양 등을 제시하고 있었다. 그래서 우리는 미래사회를 살아가야 하는 우리 아이들에게 창의성과 함께 중요하게 길러 주어야 하는 것이 바로 바른 인성이라는 것에 모두가 동의하였다.

그래서 우리는 "바른 인성을 지닌 건강한 나로 성장해요"로 대주제를 정하게 되었고, 건강한 나라는 개념 안에 '신체적인 건강뿐 아니라, 건강한 신체에 건전한 정신이 깃든다'는 말이 있듯이 마음(정신)적인 면도 함께 포함하기로 하였다. 또한, 건강한 언어 사용 및 친구를 배려하고 공감하는 건강한 마음을 통한 바른 인간관계 형성도 포함하였다. 마지막으로 건강한 나라는 개념 안에는 이러한 건강한 신체, 마음, 관계 형성을 통해 함께 행복한 추억을 만들어 갈 수 있는 의미까지도 내포하는 개념으로 우리들은 함께 정의 내렸다.

대주제에 대해 고민하며 교과서와 교육과정을 함께 살펴본 결과 위와 같은 4개의 큰 꼭지를 찾게 되었고, 그 속에서 우리 아이들에게 필요한 인성을 발견하게 되었다.

첫 번째, 행복은 스스로 노력해 만들어 갈 수 있다. 행복을 머리로 정확히 이해하고, 가슴으로 무엇인지 느끼고 행동한다면 누구나 행복을 만들어 갈 수 있다. 하지만 어느 순간부터 아이들의 꿈은 공무원이 1위를 차지하고 있다. 이런 아이들에게 행복이 중요하며, 행복한 삶을 위해서는 자신의 강점을 찾고, 잠재력을 끌어내어 나의 삶에 대한 책임감을 경험하게 해야 한다고 이야기하였다. 이를 통해 책임감이라는 인성을 발견하였다.

두 번째, 건강한 신체에 건전한 정신이 깃든다는 말에서 알 수 있듯이, 과거 현자들은 신체와 정신의 완전한 발전과 조화로운 결합을 강조하였다. 행복한 꿈을 꾸고, 꿈을 실현하기 위해서는 스스로의 건강과 신체 발달에 대한 책임감뿐 아니라 주변 친구들에 대한 깊은 관심을 바탕으로 한 건전한 정신과 마음도 필요했다. 그리고 이러한 건전한 정신과 마음이 무엇인지 이야기한 결과, 배려심, 협력심이라는 인성을 발견하였다.

세 번째, 학교에서의 도덕교육을 위한 노력이 무색할 정도로 여전히 도덕적 냉담함과 잔인함을 보여 주는 학교 폭력과 따돌림 현상이 지속되고 있으며 사회적으로 더욱 큰 문제를 일으키고 있다. 이는 학교 도덕교육에서 타인의 고통에 관심을 기울이는 태도와 친구의 감정과 생각에 공감하려는 능력을 소홀히 다룬 결과라고 할 수 있다. 친구들의 감정을 무시하고 공감하지 못한다면 그들이 원하는 행복한 꿈도 사라지게 될 것이다. 이를 통해 바른 관계 형성을 위해 기본이 되는 공감이라는 인성을 발견하였다.

네 번째, 사람들은 기억은 잊어버리지만, 추억은 오래도록 기억하게 된다. 그리고 행복한 추억은 행복한 삶을 만들어 줄 수 있는 힘을 가지게 된다. 아이들의 행복하고 건강한 기억들을 행복한 추억으로 만들어 줌으로써 앞으로 아이들이 스스로 행복한 삶의 이야기를 만들어 갈 수 있도록 아이들에게 힘을 주고 싶었다. 미래를 결정하는 것은 과거의 경험이 아니라, 과거의 경험을 어떻게 해석하고 기억하고 추억하는가에 미래가 달려 있다고 하였다. 이를 통해 자신감을 포함하는 자기 효능감이라는 인성을 발견하였다.

이러한 과정을 거쳐서 우리가 함께 만든 프로젝트 학습의 큰 얼개는 아래의 그림과 같다.

바른 인성을 지닌 건강한 나

주제: 건강한 신체 인성: 책임감	주제: 건강한 마음 인성: 배려심, 협력심	주제: 건강한 관계 인성: 공감	주제: 건강한 추억 인성: 효능감

질문 5. 그런데 우리들은 어떻게 교육과정 재구성을 해야 할까요?

아무래도 처음으로 교육과정 재구성이라는 것, 그리고 프로젝트 학습이라는 것을 경험하고 실천하려는 교사들이 대다수이다 보니 다섯 번째 질문에 있어서 조금은 많이 난감해하는 표정을 짓게 되었다. 그래서 이런저런 자료들을 찾고, 우리들에게 맞는 재구성 과정 절차를 만들어서 운영하면 어떨까 하고 의견을 모으고 서로 자료를 찾아서 발표하고, 서로의 생각에 대해 이야기를 나누면서 우리들만의 절차를 만들게 되었다. 그 절차는 아래의 그림과 같다.

단계	단계별 우리들의 이야기
자료 수집	**교육과정/성취기준/교과서/지도서 수집** • 2월 22일, 처음으로 함께 모여서 교육과정, 지도서, 지도서를 함께 살펴보면서 일 년 동안 아이들과 함께 어떠한 이야기를 만들어 갈지에 대한 대략적인 계획을 세웠다. • 첫날, 일 년 동안 아이들과 함께 지내기 위해 꼭 한 번쯤은 해 보고 싶은 프로젝트를 하나씩 선정 · 계획해 오기로 하였다.
↓	
오픈 코딩 (open coding)	**대주제/중주제/소주제/활동흐름 추출** • 둘째 날부터 일주일 동안 함께 모여서 주제를 선정하였다. • 함께 이야기를 나누면서 나온 공통적인 부분은 건강, 인성, 나 등 3개의 큰 주제였다. 이를 통해 대주제를 바른 인성을 지닌, 건강한 나로 선정하게 되었다. • 우리가 함께 이야기를 나누면서 건강이라는 것은 신체적인 건강뿐 아니라, 마음과 정신적인 면, 친구와 주변 사람들과의 건강한 관계를 모두 포함하는 내용으로 정의 내렸다. • 이에 중주제는 건강한 마음과 정신, 건강한 신체, 건강한 관계, 그리고 이러한 것을 바탕으로 한 건강한 추억이었다.
↓	

축 코딩 (axial coding)	**교수-학습자료 & 개발 원리 도출** • 수업이나 지도가 아니라 아이들의 배움에 초점을 맞춘 자료를 개발하는 것을 중시하였다. • 그리고 각자의 자료를 함께 공유하고, 이야기를 나누면서 아이들의 배움에 더욱 적합한 자료로 수정하고 공동의 과정안을 만들어 어느 반에서나 같은 활동이 될 수 있도록 하였다.
↓	
교육 과정 재구성	**학습실천/학습결과/과정중심의 다양한 평가** • 매주 월요일과 금요일, 오후 시간을 이용하여 함께 모여서 일주일간 하게 될 활동 및 결과를 가지고 함께 이야기를 나누는 시간을 가졌다. • 함께 모여서 배움 과정안을 가지고 함께 이야기를 나누고, 어떻게 활동을 하고, 활동자료는 어떠한 것을 제작하거나 활용하면 좋을지 이야기 나누고, 공동 과정안을 작성하여 수업하였다.

이러한 과정을 통해 드디어 우리는 프로젝트 학습을 위해 아래의 그림과 같이 큰 흐름을 완성할 수 있었다.

	건강한 마음을 가져요 & 건강한 신체를 길러요 ➡	건강한 관계를 맺어요 ➡	건강한 추억을 쌓아요
TRACK 1 (3월 1주 ~ 5월 2주)	**프로젝트 1: 소중한 나의 꿈** ❶ 관련 인성요소: 책임감, 협력심, 효능감 ❷ 재구성 이유: 나에 대하여 알아보고, 나를 소중히 여기는 마음을 가지는 것이 가장 기본이 되기 때문이다. ❸ 프로젝트 흐름도 나는 누구인가? ➡ 내 꿈을 소개해요 ➡ 미래의 나 ➡ 내 꿈을 향해 **프로젝트 2: 소중한 나의 몸(봄철 건강 포함)** ❶ 관련 인성요소: 책임감, 배려심, 협력심, 효능감 ❷ 재구성 이유: 바른 인성은 건강한 신체에서 시작해야 한다. 나의 몸을 소중히 여기고 건강한 신체의 소중함을 알 필요가 있다. ❸ 프로젝트 흐름도 내 몸이 무럭무럭 ➡ 나의 몸 그리기 ➡ 내가 자랐어요 나의 봄 이야기 ➡ 아프지 말아요 ➡ 건강한 나의 봄	**프로젝트 3: 고운 나의 말** ❶ 관련 인성요소: 책임감, 배려심, 협력심, 공감 ❷ 재구성 이유: 친구들과의 건강한 관계 형성은 고운말이 첫 시작이라고 할 수 있다. 교내 행복학교와 연계한 고운말 프로젝트를 실시한다. ❸ 프로젝트 흐름도 Go! 고운말 ➡ 고운말 연습 ➡ 고운말 실천	**프로젝트 4: 즐거운 봄 나들이** ❶ 관련 인성요소: 책임감, 배려심, 협력심, 공감, 효능감 ❷ 재구성 이유: 건강한 마음, 신체, 관계를 통해 건강한 추억을 쌓게 하기 위함이다. ❸ 프로젝트 흐름도 함께하는 나의 봄 ➡ 신나는 나의 봄 ➡ 깨끗한 나의 봄
TRACK 2 (5월 3주 ~ 7월 4주)	**프로젝트 5: 나와 가족** ❶ 관련 인성요소: 배려심, 협력심, 공감, 효능감 ❷ 재구성 이유: 가족과 함께하는 건강한 나, 가족의 범위를 확대하여 배려하는 건강한 마음을 가진 나로 만들기 위함이다. ❸ 프로젝트 흐름도 친척 만들기 ➡ 친척 이야기 꾸미기 ➡ 가족 만들기 ➡ 즐거운 가족 **프로젝트 6: 여름철 건강** ❶ 관련 인성요소: 책임감, 협력심, 공감, 효능감 ❷ 재구성 이유: 안전사고가 빈번하게 일어나는 여름철, 건강하고 안전하게 보내기 위한 여름철 건강 학습은 필수적이다. ❸ 프로젝트 흐름도 나의 여름 이야기 ➡ 안전한 나의 여름 ➡ 맛있는 나의 여름	**프로젝트 7: 나와 환경** ❶ 관련 인성요소: 책임감, 배려심, 효능감 ❷ 재구성 이유: 사라져 가는 곤충과 식물의 소중함을 알고서, 환경에 대한 책임감을 느끼고 건강한 관계를 형성하기 위함이다. ❸ 프로젝트 흐름도 여름에 찾은 보물들 ➡ 녹색마을 만들기	**프로젝트 8: 즐거운 여름** ❶ 관련 인성요소: 책임감, 배려심, 협력심, 공감, 효능감 ❷ 재구성 이유: 건강 한 마음, 신체, 관계를 통해 건강한 추억을 쌓게 하기 위함이다. ❸ 프로젝트 흐름도 신나는 나의 여름 방학 ➡ 즐거운 나의 여름 방학

참고로 위의 얼개는 학기가 종료되는 시점에 완성이 된 그림임을 다시 한번 더 상기시키고자 한다. 우리 공동체는 학교에 양해를 구하고, 우리 학년만 학기말에 학기별 교육과정을 결재받을 수 있도록 구두로 미리 결재를 받아 놓은 상황이었다. 프로젝트 학습을 계획하고 실천을 하다 보면 어쩔 수 없이 계획되었던 것들 중 많은 부분이 수정되고 변경되어서 운영이 된다. 그러므로 실천하고 싶은 교사들은 이에 대해서 지금의 학교에 미리 양해를 구하는 편이 좋을 것 같다. 아니면 일을 두 번, 세 번 더 해야 할지도 모른다. 그리고 이러한 이유 때문이더라도 학년 공동체를 꾸리는 것이 더욱 필요하게 된다.

그리고 만들어 가는 교육과정이라고 하지 않았나? 이러한 의미라면 교육과정은 학기말, 혹은 학년말에 제출하는 것이 더욱 올바른 것이 아닐까 생각하기도 한다. 어렵게 시수를 맞추느라 힘들게 시수 맞춤 놀이를 하는 것보다는 훨씬 더 교사다운 행동이고 실천이지 않을까 조심스럽게 말을 꺼내 본다.

또한 프로젝트 학습을 실천함에 있어서 주제를 정하는 데 시간을 많이 할애하였다. 제목을 통해 그 학습의 전반적인 내용이 함축되어서 학생들이 주제만 보더라도 어떠한 수업을 하게 될 것인지 미리 예상하게 함으로써 학생들 스스로 학습을 계획 · 실천하거나 주제망을 작성함에 있어서 도움을 주고자 하였다.

질문 6. 어떻게 실천하면 좋을까?

이제 프로젝트 학습의 큰 얼개도 계획하게 되었으니 프로젝트 학습을 함께 어떻게 실천하면 좋을지 세부 프로젝트별 교육 내용 및 방법 선정, 그리고 활동 내용을 선정하고 최종 프로젝트 학습 디자인을 완성한 후 실천하는 단계에 오게 되었다. 여기까지 오기가 참으로 힘이 들었지만, 어찌어찌 함께 버티고 버티면서 꾸역꾸역 오게 된 것 같다. 그래도 이쯤 되니 서로가 서로에게 의지가 되고 버팀목이 되어 주는 관계가 어느 정도는 형성된 것 같았다.

우리 공동체는 함께 모여서 이런저런 이야기를 나누면서 인성이라는 큰 주제를 함께 정하게 되었다. 인성이라는 뿌리가 되는 주제를 정하고 나서 우리 아이들에게 필요하다고 판단되어졌던 인성 덕목을 5가지로 선정을 하였으며, 이를 바탕으로 인성 덕목과 연관되도록 프로젝트를 구성해 보았다. 이렇게 주제를 뽑아 내고 나서 관련된 내용과 차시를 선정하고, 주제에 맞는 스토리 보드를 짜고서 하나의 주제가 자연스럽게 연결되도록 다시 재구성을 하는 과정을 거치게 되었다.

우리는 함께 프로젝트를 계획하고 실제 인성 중심 프로젝트를 실천하기에 앞서서 수업 과정안과 관련해서 추가적으로 이야기를 나누었다.

흔히 가르치는 행위는 예술에 비유하는데, 이는 전통과 관습에 얽매이지 않고 창의적인 수업을 실천하라는 의미와 목적과 수단이 분리되어서는 안 된다는 의미가 함께 내포되어 있는 말이라고 할 수 있다. 그러나 그럼에도 불구하고 우리는 수업을 시작하기 전에 이미 수업의 방향과 목적을 설정하고 있다. 그것도 교사의 의도에 따라서, 아니 교과서 혹은 지도서가 제시하는 의도와 방향에 따라서 말이다. 그 어떠한 예술 작품도 방향과 목적을 미리 설정하고 시작하지 않는다. 최종 작품을 완성하기까지 무엇을 만들려고 하는지 알지 못한다. 수업도 그래야 한다. 교사와 학생의 만남에서 시작을 하고 함께 구성해 나가야 한다고 우리들은 함께 동의하였다.

그리고 우리들은 함께 모여서 '배움 중심, 학습 중심 수업에서 그 결과를 가시적으로 아는 것이 가능한가? 행동적 언어로 표현될 수 있는가?' 라는 질문을 던져 보았다. 배움이라는 것은 눈으로 보이지 않기 때문에 수많은 선생님들이 고민하고 걱정하는 것이다.

과연 우리 아이들이 배우고 있는지?
내가 원하는 배움이 일어나고 있는지?

그래서 우리는 행동적 목표 진술을 버리고, 맥락 지향적인 수업목표를 설정하기로 하였고, 이러한 관점에서 기존의 수업 지도안에 대해서도 다시 한번 꼼꼼하게 살펴보면서 비판하고 성찰하는 시간을 가져 보았다. 그동안 우리 학교에서는 지도안을 작성할 때 세세하게 작성할 것을 요구받아 왔고, 계획을 치밀하게 세우도록 요구받아 왔다. 그 지도안을 보고서 어느 선생님이라도 지도안에 해당하는 수업을 할 수 있도록 말이다.

그런데 수업의 성공을 어떻게 발견할 것인가? 행동적 목표도 사용하지 않기로 결정한 우리 동 학년인데, 수업의 성공을 어떻게 무엇으로 발견하겠는가? 그래서 우리는 수업 지도안을 버리고자 하였다. 단, 수업 지도안을 버리기 위해서 우리는 수업 아이디어를 서로 공유하고 서로에게 도움이 될 수 있는 방향으로 만들어 가기로 하였고, 수업 지도안 대신에 배움 과정안으로 용어를 바꾸었다.

그래서 우리는 행동적 목표 진술 대신에 배움을 강조하는 맥락 지향적 수업 목표를 설정하기로 하였다. 그리고 프로젝트별로 공동으로 배움 과정안을 작성하기로 하고, 큰 틀 아래에서 교실 상황에 맞게 수업을 자유롭게 변형하여 실천하기로 하였다.

우리는 함께 이야기를 나누면서 배움 과정안을 어떤 선생님이 보더라도 프로젝트의 큰 흐름을 알고, 그 흐름 속에서 각자의 상황에 맞게 수정이 가능하도록 간단하게 만들기로 하였다. 그래서 계획하는 프로젝트 주제가 교육과정에서 제시하는 어떠한 성취기준에 의해서 출발한 것인지 설명을 하고, 그렇게 재구성을 한 이유도 함께 작성하기로 하였다. 이와 함께 어떠한 인성 요소를 길러 주기 위함인지 알아보고, 주제 재구성에 대한 개요, 그리고 차시별 활동 내용과 관련된 교과, 단원, 차시별 주제 및 활용한 교수·학습 방법을 제시하기로 하였다. 마지막으로 이러한 실천을 통해 어떠한 것을 느끼고 반성을 하였는지에 대한 우리들의 성찰 이야기도 함께 기록하여 넣기로 하였다. 우리들이 함께 배움 과정안을 계획하고, 함께 실천함에 있어서 가장 중요하게 생각한 부분이 바로 우리들의 성찰이었기 때문이다. 우리는 함께 모여서 반성하고 성찰하는 것이 배움 과정안을 함께 만들어 가는 과정 중에서 가장 중요한 활동이라고 생각을 하였다.

이에 우리는 함께 계획을 하지만, 각각의 교사들이 가지고 있는 장점을 최대한 살리고자 교실에서의 실천은 따로 하였고, 실천 후 함께 성찰하는 과정을 통해 서로가 서로에게 멘토와 멘티가 될 수 있었다.

우리가 기르고 싶었던 아이들은 어떤 모습일까?

2월 말, 우리가 함께 모여서 제일 처음 질문하고 이야기를 나눈 이 말이 지금도 귓가에 맴돌고 있다. 이 질문에 함께 이야기를 나누고 의견을 모아 보면서 프로젝트 학습이 필요함을 알게 되었고, 우리 아이들과의 실제 교실 생활과 삶을 만들어 가는 과정을 통해 우리 아이들에게 진짜로 필요한 바른 인성이 책임감, 배려심, 협력심, 공감력, 효능감임을 알게 되었고, 이를 함양시켜 주고자 노력하였다.

그동안의 교사 중심의 설명식, 암기식 수업이 되어서는 안 됨을 알게 되었고, 미래사회를 살아가야 하는 우리 아이들에게 필요한 역량은, 교과서 속 표준화된 지식이 아니라, 그들이 삶을 살아감에 있어서 진정으로 필요한 인성요소가 바로 우리 아이들에게 필요한 핵심역량임을 알게 되었다.

1년이라는 짧은 기간 동안 우리 아이들에게 큰 변화는 없었을지 몰라도, 그 속에서의 소소한 변화된 모습을 보면서 우리 아이들이 1년 전보다 옆의 친구들의 감정과 생각에 더 많이 공감하며 배려하고, 협력하게 되면서 책임감과 효능감이 무엇인지 알게 되고, 이를 스스로 깨닫고 체득하고 있음을 알 수 있었다.

미래사회는 혼자서는 살아가기 힘든 사회가 될 것이며, 이러한 사회에 살아가게 될 우리 아이들에게는 핵심역량이 중요하다. 핵심역량은 모두 인성과 직결됨을 알 수 있었다. 창의력이란 아이들의 상상력을 실천하는 힘이며, 이러한 실천은 함께 생각하고 함께해 나갈 때 진정한 의미의 힘을 가지게 된다. 함께하기 위해서 필요한 것이 바로 인성이며, 우리가 생각하는 5가지 바른 인성요소라고 할 수 있었다. 우리 아이들은 이제 어떠한 학습 활동이나 배움 활동, 문제 해결을 함께 있어서 친구를 먼저 찾게 되고, 더 많은 것을 함께하려고 한다. 이제 바른 인성이 자라나고 있다. 지금의 우리 아이들이 경험하게 될 내년도 수업과 학습은 또다시 교사 중심의 암기식 수업으로 되돌아갈지도 모른다. 아니 되돌아갈 것이다. 그래서 우리는 더 많은 교사들에게 우리들의 수업 방법과 효과를 안내하고, 우리의 교육에 함께함으로써 지속적인 인성중심 교육이 실천되기를 오늘도 함께 모여서 희망한다.

일 년 동안의 기존 수업 방식과는 다른 프로젝트 학습 기반의 학생 중심 교실 수업을

그렇다면 이러한 인공지능을 발명하고 관리하는 인간을
만들어 내기 위해 교육은 어떠한 변화를 꾀해야 할까?

흔히 우리나라 교육을 비판함에 있어서 그동안 학력 중심의 교육이었음을 반성하며, 인성 중심 교육으로 변화되어야 한다는 주장을 많이 한다. 그러나 인공지능 시대에는 학력과 인성이 모두 필요하며, 인공지능 시대의 역량 역시 학력과 인성으로 나눠진다고 할 수 있다. 여기서 의미하는 학력이란 기존의 주입식 교육을 넘어선 감성과 인성이 결합된 학력으로, 아이들이 생각할 수 있는 힘을 키울 수 있는 교육이 필요함을 역설한다. 그리고 인성은 다양한 구성원들이 함께 집단지성을 만들어 낼 수 있는 협력적 인성, 공감적 인성이 중요하다고 할 수 있다. 현대사회는 한 명의 지식인이 몇 백 명의 사람을 먹여 살리는 산업사회가 아니라, 공유의 원리 위에서 영리 추구의 원리가 작동하는 시대라고 할 수 있기 때문이다. 이러한 측면에서 함께 서로의 다양성을 인정하고, 그러한 다양성의 바탕 위에 다름을 만들어 낼 수 있는 공감적인 인성과 협력적 인성이 필요한 것이다.

이에 교육부에서는 인성교육 강화 기본계획을 통해 아래 그림과 같은 7대 핵심 덕목을 제시하였다.

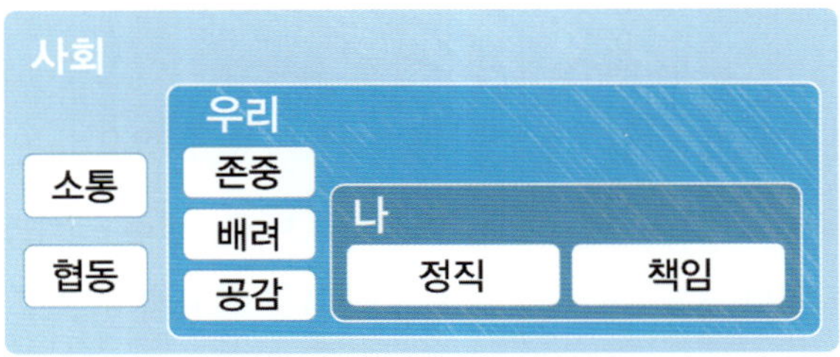

그리고 2015 개정 교육과정을 통해서도 인성교육의 강조를 재차 확인할 수 있었으며, 이에 추가적으로 핵심역량의 강조를 발견할 수 있었다. 바른 인성을 함양시켜 줄 수 있는 체험 · 참여 중심의 수업과 이를 통한 핵심역량 함양을 교육과정에서 강조함을 알 수 있었다.

그러나 현재 교육과정에서의 인성교육을 다루는 데 있어서 가장 큰 문제는 교과교육, 인성교육, 교과 외 활동의 교육과정 영역이 별개의 것처럼 다루어지고 있으며, 교육 내용, 방법, 문화 역시 인성교육과 분리되어 있다는 점이었다. 이에 인성교육을 위한 별도의 활동이나 프로그램 개발이 중요한 것이 아니라, 아이들의 생활, 삶의 이야기를 담아낼 수 있는 교과 수업 속에서 실천되어지는 인성교육이 필요함을 알 수 있었다. 또한 인성교육과 창의성 교육이 점차 상호의 내용을 인정하면서 모든 학생의 잠재력과 바람직한 가치관을 찾고 키워 주는 창의인성교육을 강조하게 되었으며, 이것이 곧 미래사회에 살아가기 위해 필요한 핵심역량이라고 할 수 있다. 사회 발전의 원동력은 나와 다른 생각을 가진 사람과의 협력, 경쟁 구도 속에서의 조화이며, 이는 다양함의 세상, 다원화 사회가 될 미래사회에 더욱 중요해지기 때문이다. 이상의 선행연구 분석을 통해 교과수업과 연계된 아이들의 삶의 모습이 함께하는 프로젝트형 인성수업과 미래사회를 살아가는 데 필요한 핵심인성 함양이 필요함을 알 수 있었다.

질문 2. 올해는 어떠한 인성 덕목이 우리 아이들에게 필요할까?

우리 공동체는 새로운 한해를 맞이하여 인사이동으로 인해 서로 다른 학교로 흩어지게 되었다. 그래서 우리는 서로의 교실에서 아이들을 3월 첫 주, 1주일간 지켜보면서 어떠한 인성 덕목이 우리 아이들에게 필요한지 서로의 이야기를 모아 보기로 하였다.

우리는 3월 첫 1주일간의 아이들 관찰과 여러 자료를 활용한 연구 활동으로 우리 반 아이들에게 필요한 인성 덕목으로 정직, 책임, 배려, 공감, 소통, 협동 등 6대 핵심역량을 발견하게 되었다. 그리고 인성교육은 창의성 교육과 불가분의 관계에 있는 것으로, 이를 통해 미래사회를 살아가는 데 필요한 핵심역량 함양이 함께 필요함을 알게 되었다.

책임은 존중과 더불어 도덕적인 학교와 사회를 만들기 위한 기본 핵심가치로써, 친구들에게 활동을 미루기만 하려는 우리 반 친구들에게는 스스로 활동에 대한 책임감을 가지고 팀별 활동에 적극 참여하는 자세, 그리고 나의 삶과 꿈을 이루기 위해서 스스로에 대한 책임감을 가지고 생활하려는 규칙 형성이 중요하다고 할 수 있다.

배려는 인성교육의 가장 기본적 · 핵심적 요소인 동시에 2015 개정 교육과정에서 추구하는 교육적 인간의 핵심덕목이라 할 수 있으며, 주변 사람 혹은 친구들의 감정이나 생각은 고려하지 않고서 자신의 주장만 펼치면서 내 말만 하려는 '나' 중심적인 우리 반 친구들에게 꼭 필요한 인성요소라고 할 수 있다.

정직은 동서고금을 막론하고 개인생활영역에서 있어서 친밀하고 깊이 있는 인간관계를 맺기 위해서 가장 기본 · 기반이 되는 대표적인 도덕적 덕목으로, 자신이 잘못한 상황에서조차도 그러한 상황만을 우선 모면하기 위해 거짓말부터 하려 하고, 그러한 거짓말로 인해 계속해서 거짓말만 되풀이하고 있는 우리 반 친구들, 그리고 스스로 정한 규칙과 약속을 정직하게 이행하지 못하고 매번 약속을 어기고 규칙을 어기게 되는 우리 반 친구들에게 꼭 필요한 인성 덕목이라 할 수 있다.

공감은 상대방의 마음과 생각이 어떠한지 살펴보면서 서로를 연결해 주는 감정적 연결고리로써 건전한 인격의 중요한 정서적 토대가 되는 인성 덕목으로, 팀 활동 시 친구들의 감정과 생각에 아랑곳하지 않고 자신이 하고 싶은 말과 행동을 하는 우리 반 친구들, 친구들의 주장이나 생각, 감정에 동의하기보다는 어떡하든 경쟁을 통해 친구보다 나의 주장이 더욱 옳다는 것을 알려 주고 싶어 하는 우리 반 친구들에게 꼭 필요한 인성 덕목이라고 할 수 있다.

소통은 공동의 문제를 해결하는 데 적극적으로 참여하는 사회적 역량으로 사회적 자본의 주요 지표가 되는 덕목으로, 친구들과 어떻게 대화를 해야 할지 모르고, 친구의 의견을 귀담아 듣지 않으려는 우리 반 친구들, 그리고 자신의 말만 하려고 서로 다투고 싸우게 되는 우리 반 친구들에게 반드시 필요한 인성요소라고 할 수 있다.

협력은 학교를 민주적 배움의 공동체로 만들기 위한 핵심 가치 · 덕목으로써, 팀별로 함께하는 것보다는 혼자서 공부하는 나 혼자가 익숙한 우리 반 친구들, 친구들보다 더 많은 것, 더 좋은 것을 차지하기 위해 경쟁하듯이 내가 하고 싶은 것만 하려고 하는 우리 반 친구들에게 꼭 필요한 인성요소라 할 수 있다.

질문 3. 그렇다면 이러한 인성 덕목들은 역량과 어떠한 관계가 있을까?

자기관리역량은 자아정체성과 자신감을 가지고 자신의 삶과 진로에 필요한 자질을 갖추어 자기 주도적으로 살아가는 역량으로, 우리 반 아이들에게는 꿈을 실현하기 위해, 그리고 팀 활동에 더욱 적극 참여하기 위해서 책임감을 가지고 스스로 실천·행동할 수 있는 다양한 기회를 통해 자기관리역량을 함양시켜 주고자 하였다.

창의적 역량은 폭넓은 기초 지식을 바탕으로 다양한 지식, 기술, 경험을 융합적으로 활용하여 새로운 것을 창출하는 역량으로, 서로에 대한 다양한 배려 활동으로 각자의 지식과 기술, 경험을 함께 나누면서 더욱 새로운 것, 다양한 것을 창출하는 경험을 제공함으로써 창의적 역량을 높여 주고자 하였다.

지식정보처리역량은 문제를 합리적으로 해결하기 위해 다양한 영역의 지식과 정보를 처리하고 활용하는 역량으로, 우리 반 아이들의 정직한 실천이 필요한 규칙, 약속, 덕목을 다양하게 찾아내고, 함께 꼭 지켜야 할 것을 결정하기 위해서 서로의 지식과 정보를 다양하게 활용하는 경험을 제공함으로써 지식정보처리역량을 높여 주고자 하였다.

의사소통역량은 다양한 상황에서 자신의 생각과 감정을 효과적으로 표현하고 다른 사람의 의견을 경청하며 존중하는 역량으로, 우리 반 아이들에게 친구의 마음과 감정에 공감하며 직접 소통할 수 있는 다양한 경험을 제공함으로써 높여 주고자 하였다.

공동체역량은 지역·국가·세계 공동체의 구성원에게 요구되는 가치와 태도를 가지고 공동체 발전에 적극 참여하는 역량으로, 우리 반 친구들에게는 다양한 팀별 활동뿐 아니라 팀이 하나의 가족이 되어서 함께하는 다양한 활동을 통해 팀이 하나가 될 때 더욱 행복하고 즐거울 수 있다는 경험을 제공함으로써 높여 주고자 하였다.

심미적 감성역량은 인간에 대한 공감적 이해와 문화적 감수성을 바탕으로 삶의 의미와 가치를 발견하고 향유할 수 있는 역량으로, 팀이 함께 협력하여 꾸미고 만들어 보는 다양한 활동을 통해 아름다움을 직접 표현하고 체험해 보는 다양한 경험을 제공하여 높여주고자 하였다.

질문 4. 우리는 어떻게 설계하고 실천하고 성찰할까?

지난 한 해, 우리들은 함께했던 경험들에 대한 반성과 성찰을 기반으로 우리들의 프로젝트 학습 계획, 실천, 성찰의 과정들이 조금 더 체계성을 가질 수 있도록 앞서 언급했던 서울대학교 및 충청남도 교육청에서 제시했던 프로젝트 학습 계획 단계 및 우리들의 경험들을 비교하면서 단계별로 요약을 해 보았으며, 그 단계는 아래의 표와 같았다.

단계	중점사항	논의 내용
STEP1	사전 수업 협의회	수업 연구주제, 활동중심 수업의 교수학습 전략에 대해 각각의 프로젝트가 시작되기 전에 함께 논의함
STEP 2	우리들의 수업 컨설팅	수업 방법과 해당 차시 내용에 대한 접근 방법에 대해 함께 논의함
STEP 3	보완점 찾기	사전 수업 협의회 및 수업 컨설팅을 통해 프로젝트별 보완점을 찾아 계획된 프로젝트 학습 개선함
STEP 4	제일 행복한 수업 실천하기	❶ 학생들이 알고 있는 것, 더 알고 싶은 것, 실천하고 싶은 것에 대해 스스로 분석할 수 있는 질문도구 개발 ❷ 학생들의 관점에서 이번 프로젝트를 통해 무엇을 할 수 있게 될 것인지 학생 스스로의 나의 목표 설정하기 ❸ 성취기분 분석 및 활동 내용 및 방법 설정하기 ❹ 프로젝트 학습 내 관련 핵심역량별 평가 내용, 유형, 시기 수립 ❺ 성취기준에 따른 평가 내용 및 기준 수립
STEP 5	핵심 수업에 대한 교수학습 과정안 작성	❶ 본시학습 주제, 관련 성취기준, 수업 목표, 교수학습 자료, 그리고 활동 단계별 교수학습활동에 대한 개괄적인 교수학습 과정안 작성(교사들마다의 성향을 고려하여 개괄적인 과정안을 작성하며, 실제 수업 적용 시에는 각 교사들의 특색을 반영한 다양한 교수학습 방법 적용) ❷ 수업에 필요한 학습 자료 함께 개발
STEP 6	우리들의 성찰시간	각각의 프로젝트와 관련된 핵심 인성 덕목과 역량을 고려하여 우리들의 성찰 질문을 수업을 하면서 느꼈던 점을 함께 반영하여 협의 후 결정하기 성찰 질문에 따라 함께 성찰하고 반성하기
STEP 7	더 나은 내일을 위해	함께 성찰한 내용을 바탕으로 기존에 계획되었던 프로젝트 학습 및 교수학습 과정안을 수정하여 최종 완성하기

초등학교 저학년 학생을 대상으로 프로젝트 학습을 실천함에 있어서 많은 걱정이 있었다. 천장지축 뛰어다니는 아이들을 데리고 다양한 활동을 하는 것이 가능할까. 안전하기는 할까, 다치지는 않을까, 아이들 스스로 무엇인가를 구성하고 짜낼 수 있을까 등등 많은 고민과 걱정이 앞섰던 것이 사실이었다. 그래서 우리들은 1학기에는 교사가 중심이 되어서 수업을 이끌어 가고 학생들에게 즐겁고 재미있는 활동을 통해 적극 참여하는 방식으로 프로젝트 학습을 무리 없이 진행해 가기로 하였다. 그리고 1학기가 지나가는 시점이 되면, 아이들이 프로젝트 학습에 적응이 되었다고 판단이 될 경우 아이들의 이야기를 조금 더 담아서 아이들이 무엇인가를 구성하고 짜내어서 프로젝트 학습을 계획하고 실천하는 경험을 제공해 주어야겠다고 생각을 하였다.

기초 지식과 학습능력이 부족한 저학년 아이들을 위해 함께 학교 도서관을 이용해 학습 주제에 맞는 다양한 책들을 찾아보고, 함께 읽어 보고 살펴보면서 어떠한 것을 배우면 좋을지, 그리고 어떠한 것을 알고 싶은지 함께 이야기를 나눠 보는 토의 · 토론 시간을 거치면서 저학년의 프로젝트 학습도 가능함을 알게 되었다.

질문 5. 우리들은 또 어떻게 마무리할까?

"교육은 사람을 위한 것이다."

그러나 그동안의 우리나라 교육은 사람을 위한 교육이라기보다는 국익 신장 또는 국가 발전을 위해 학생 개개인이 기여할 수 있는 가능성이 어느 정도인가에 초점이 맞춰져 있던 것이 사실이다. 이런 교육적 패러다임으로 인하여 학생들은 자신도 모르는 사이에 국가의 관리 자산으로 인식되어져 왔고, 그 자산 가치는 수량화되고 평가되어 왔으며, 이러한 행태의 정상성과 정당성에 대해서는 모든 이들이 결코 이상하거나 부당한 것이 아니라, 오히려 그것이 올바른 것이라는 인식을 가지게 되었다(최경민, 이규진, 김규태, 2017). 이러한 교육적 체제 속에서 죽어 나가는 것은 결국 우리 아이들이며, 나아가서는 우리 사회의 미래일지도 모른다. 그래서 우리는 사람을 위한 교육, 학생을 위한 교육을 위해 함께 모였던 것 같다.

이렇게 모인 우리는 새로운 아이들과 함께 행복한 일 년을 보낼 것 같다는 부푼 기대와 희망을 안고 시작하였다. 그리고 인성이 부족한 아이들, 무엇인가를 할 줄 모르는 역량이 부족한 아이들에 대한 고민과 걱정을 하게 되었고, 이를 통해 인공지능의 발달로 인한 4차 산업혁명 시대, 역량중심의 2015 개정 교육과정, 해외 선진국들의 인성중심 교육적 변화에 대한 연구를 시작하였으며, 인성중심 프로젝트 학습으로 역량을 함양시키고자 교육과정을 함께 재구성하게 되었다,

1년 동안 프로젝트 학습을 운영하는 동안 삶 속에서 배워 나가는 것은 비단 아이들만이 아니었으며, 재구성을 통해 프로젝트 학습을 만들어 운영하는 교수방법적 성장과 더불어 아이들과 함께하는 배움의 과정에서 교사들도 사고와 인식에 있어서 기존의 생각들에 대한 재구성이 필요하다는 사실을 느끼고 준비하는 가르침의 중요성을 깨닫게 되었다. 이번 해는 선생님들의 배정 학년이 달라서 학년 중심의 배움의 공동체를 형성하지는 못했다. 하지만 큰 주제를 정해 개별적으로 학년성에 맞는 프로젝트를 구성하기로 하였고 주기적으로 모여 서로의 교육과정과 수업을 나누었다. 이를 통해 교사 공동체 구성원 모두가 수업을 주체적으로 재구성하는 기회를 가질 수 있었고, 선생님 개개인 특성이 반영된 다양한 활동내용과 활동구조를 공유하며 발전해 나가고 있다.

이처럼 우리들은 프로젝트 학습으로 함께 성장하고 발전하는 경험을 주변 많은 사람들도 함께 경험할 수 있었으면 좋겠다는 자그마한 소망과 기도로 함께 교육과정을 마무리할 수 있었고, 협육의 정신으로 모두의 전문성 신장을 함께 경험할 수 있었다.

CHAPTER

04

포스트 교육행정, 교사의 정체성을 찾아보다[1]

1. 교사정체성의 개념

교직은 사람들이 가장 선호하는 직업 중 하나이다. 그런데 교직은 교실환경과 다양한 수업 상황에 대한 준비, 학생과의 관계, 문제행동의 교정, 여러 가지 행정적인 부담 등이 많은 곳이다. 그동안 교권침해, 감정노동, 우울, 직무스트레스, 소진 등에 대해 교사들의 경험 비율은 다른 전문직보다 높은 편이었으며, 이에 따라 교직에 대한 만족도는 점차 낮아지고 있다(권미경, 김천기, 2015). 더욱이 최근 코로나19 상황과 디지털 기술의 통합과 활용 등으로 온라인 또는 혼합 교육의 형태로의 변화가 가속화되면서 또 다른 어려움을 겪기도 한다. 이런 상황 속에서 교사들은 교직을 떠나려 하기도 하고, 교직 일탈 가능성도 과거에 비해 높아지고 있다(김지혜, 변수용, 전재은, 2020). 이러한 현실은 교사들로 하여금 그들의 역할과 자존감을 상실하게 할 뿐만 아니라 교사로서의 존재감

1) 이 장의 1절, 2절, 3절은 김규태, 이석열(2021)과 김규태(2020)의 내용을 요약 재구성한 것임을 밝힌다

이나 정체성 위축과 회의를 갖는 경험을 한다(김규태, 2018). 아울러 교사들은 가르치는 전문가에서 서비스 담당자, 고객 상담사, 보육사, 학원장 등과 같은 역할을 담당하고 있다고 인식하면서 정체성 혼미를 경험하고 있다(권미경, 김천기, 2015). 다음에서는 교사정체성의 개념과 구성요인 및 기능에 대해 살펴보고자 한다.

교사정체성의 개념은 학자들마다 다양하게 정의하고 있어 합의된 개념을 설정하기 어렵다. 리브스(Reeves, 2018)는 역동적, 다면적, 협상되어 구성되는 것, 개인 행위자(agency)와 사회구조(structure)가 연계되어 구성되는 것으로 보았다. 페닝턴(Pennington, 2002)은 교사가 교직에서 수행하는 일이 무엇이며, 자신의 사회적 지위가 어떠한지를 이해하고 인식하는 것으로 보았다. 리와 샬러트(Lee & Schallert, 2016)는 사회적 존재로서 지속적으로 자아의 타협(절충)을 통해 재념화하는 것이며, 특별히 전문적 기능을 다루고 교직에 헌신하도록 하는 역할, 능력과 가치를 포함하는 것으로 보았다. 모클러(Mockler, 2011)는 교사가 개인적으로 그리고 집단적으로 교사로서 자신을 어떻게 보고 이해하는 방식이자 내용이라고 보았다. 라스키(Lasky, 2005)는 교사들이 자신에 대해 정의하는 방식이며, 경력 단계에 걸쳐 변화되는 전문적 자아의 구성이며, 학교나 정책적 맥락에 따라 재구성될 수 있는 것으로 보았다. 베이자드, 마이어와 버루프(Beijaard, Meijer & Verloop, 2004)는 교사 되어 감에 대한 개인적이고 전문적 측면의 지속적인 해석, 재구성, 통합 과정으로 보았다. 한편, 국내 학자들의 정의를 보면, 조동근, 임세영(2017)은 교사정체성을 시간의 흐름에 따라 성장하는 교육에 대한 가치의 집합체이면서 동일성과 연속성을 지니는 교사로서의 자기정의로 보았다. 허난설(2016)은 개인적인 자기 이미지와 교사의 역할 사이에서 개개인이 구축한 복합적이고 역동적인 마음의 평형 상태로 보았다. 송경오(2015)는 교사가 자신의 가르침의 역할에 대해 스스로 돌아보고 성찰하는 과정을 통해 자신의 직업에 대한 본연적 가치와 의미를 깨닫는 것으로 보았다.

교사정체성 개념을 종합해 보면, 교사정체성은 〈표 4-1〉에서 제시된 네 가지 측면의 속성들로 구성된 개념이라고 볼 수 있다. 첫째, 교사정체성은 교사로서 나는 누구이며, 무엇을 하는 사람인지를 이해하는 것이다(교사로서의 자기이해). 둘째, 교사정체성은 교사로서 내재적 가치와 동기를 가지고 교직에 전념하고 헌신하는 정도이다(교사로서의 내재적 동기). 셋째, 교사정체성은 교사로서 역할과 과제(교수학습, 생활지도, 학급관리 등)에 대해 인식 및 평가하는 것이다(교사로서의 역할 인식). 넷째, 교사정체성은 교사로서 지식과 경험을 개발하고 실천하면서 경력 발전과 함께 자신의 전문성을 형성해 가는 것이다(교사로서의 전문적 성장). 이를 종합하면 교사정체성은 교사가 교직의 가치와 삶에 대한 자기이해를 바탕으로 자신에게 주어진 역할과 직무를 수행하며 전문적 성장을 추구하는 것이라 할 수 있다.

〈표 4-1〉 교사정체성의 개념

학자	정의
Reeves(2018)	역동적, 다면적, 협상되어 구성되는 것, 개인 행위자와 사회구조가 연계되어 구성되는 것이다.
Lee & Schallert(2015)	사회적 존재로서 지속적으로 자아의 타협을 통해 재념화하는 것이며, 특별히 전문적 기능을 다루고 교직에 헌신하도록 하는 역할, 능력과 가치를 포함한다.
Mockler(2011)	교사가 개인적으로 그리고 집단적으로 교사로서 자신을 어떻게 보고 이해하는 방식이자 내용이다.
Cohen(2010)	교사 자신과 그들이 수행하는 일을 이해하는 내외적 기대를 조정하는 지속적이고 역동적인 과정이다.
Sutherland, Howard, & Markauskatite(2010)	교사가 자신이 전문적인 교사라고 핵심적으로 인식하는 것에 대한 내러티브이다.
Lasky(2005)	교사들이 자신에 대해 정의하는 방식이며, 경력 단계에 걸쳐 변화되는 전문적 자아의 구성이며, 학교나 정책적 맥락에 따라 재구성되는 것이다.
Beijaard, Meijer & Verloop(2004)	교사 되어 감에 대한 개인적이고 전문적 측면의 지속적인 해석, 재구성, 통합 과정이다.
Pennington(2002)	교사가 교직에서 수행하는 일이 무엇이며, 자신의 사회적 지위가 어떠한지를 이해하고 인식하는 것이다.
Sachs(2001)	한 집단이 다른 집단과 차이를 갖게 하는 외부 귀속 요인이며, 교직 안팎에서 부여되거나 공유된 속성이나 가치를 제공한다.
Beijaard, Verloop & Vermunt(2000)	교사들이 자기에 대해 인식하고, 의미부여하며, 평가하는 방식이다.

학자	정의
조동근, 임세영(2017)	시간의 흐름에 따라 성장하는 교육에 대한 가치의 집합체이면서 동일성과 연속성을 지니는 교사로서의 자기정의이다.
송미경, 양난미, 이은경(2016)	자신의 일에 대해 지니고 있는 가치관이라 할 수 있으며, 그 자신의 삶뿐만 아니라 학생들의 교육과 삶에 직접적인 영향을 끼치게 된다.
허난설(2016)	개인적인 자기 이미지와 교사의 역할 사이에서 개개인이 구축한 복합적이고 역동적인 마음의 평형 상태이다.
채현순, 장유진(2016)	한 분야의 전문가가 해당 분야에 대한 정서적 동일시 상태에서 타 분야의 전문가와 구별되는 자신의 전문성 및 기타 특성에 대해 갖는 주관적인 인식을 의미한다.
한현우, 이병준(2015)	자신이 다른 사람에게 기대받는 역할과 자신이 인식하는 자아개념과 함께 일을 수행하는 과정에서 나타나는 전문성의 개념 모두를 포괄한다.
송경오(2015)	교사가 자신의 가르침의 역할에 대해 스스로 돌아보고 성찰하는 과정을 통해 자신의 직업에 대한 본연적 가치와 의미를 깨닫는 것이다.
유홍준 등(2014)	한 개인이 자신의 직업에 대하여 심리적 일체감을 가지고 있는 정도와 자아상에서 자신의 직업이 차지하는 중요도이다.
김효정, 정가윤, 이현주(2013)	교사모임의 참여방식과 동기, 참여를 통해 어떤 경험을 했는가, 경험으로부터 오는 다양한 자극에 대한 의미부여 양상, 실천공동체로서의 교사모임의 성격, 목적과 목표, 구조, 주요 업무, 개인적 성향, 과거의 경험, 종교적 경험 등 복잡한 기제 의해서 각자 다르게 형성된다.
정혜정, 남상준(2012)	개인적 자아와 전문적 자아, 내적 자아와 사회라는 이항대립적인 요소들의 상호작용을 통해서 형성됨을 의미한다.
김정숙, 유금란(2010)	전문직에 종사하는 사람이 스스로 전문직업인이라고 내리는 주관적인 평가를 말한다.
조홍식(2007)	직업생활 속에서 자기가 수행해야 하는 일과 관계하는 상황과 맥락 속에서 실제 경험을 통해 중요한 것을 알아 가고, 그 상황 속에서 자아를 발견하고 실현해 나가는 계속적인 과정으로, 개인의 가치, 행동, 사고, 기본적인 통합, 자아인식 등을 말한다.
오정란(2006)	교직의 전문적 지식, 전문적 지위, 권위가 교육이 실천되는 공적 영역에서 사회적, 교육적 이상에 적합한 형태로 구축되어야 함을 의미한다.

2. 교사정체성의 구성 요소

'교사들이 나는 누구인가?', 즉 교사정체성을 알기 위한 요인들은 무엇인가? 카라올리스와 필리포우(Karaolis & Philippou, 2019)는 교사의 전문적 정체성을 자기효능감, 구성주의 인식, 내재적 동기, 전문적 몰입 등으로 구분 측정하였다. 한눌라, 레더, 모셀리, 볼스테트와 장(Hannula, Leder, Morselli, Vollstedt & Zhang, 2019)은 기술적 측면(자기상), 평가적 측면(자존감), 인지적 측면(직무동기), 규범적 측면(과제인식)으로 측정했다. 한나, 우스트담, 세베리안스와 지엘스트라(Hanna, Oostdam, Severiens & Zijlstra, 2019)는 교사정체성에 대한 측정도구에 대한 20개 연구의 체계적 문헌 분석을 통해 자기 이미지, 자기 효과성, 헌신, 동기 부여, 업무 인식, 직무 만족도 등의 요인을 제시하였다. 레티용-케스트너, 구일렛-데카스, 마티넨토와 체이스(Lentillon-Kaestner, Guillet-Descas, Martinent & Cece, 2018)는 전문적 정체성에 대한 설문지를 타당화했는데, 교수적 전문성, 교과 전문성 등 요인으로 제시하였다. 이정표(2018)는 직무가치성, 판단자율성, 직무기대성, 책임인식성, 교육소명성, 조직동일성, 교육전문성, 관계인식성 등을 측정요인으로 측정하였다. 노이, 곽과 고(Noi, Kwok & Goh, 2016)는 the Post-Secondary Teachers' Professional Identity(PST-PI) Scale를 개발하였는데, 교수 신념, 전문적 사회화, 경력 개발 등 요인으로 제시하였다. 리(Li, 2016)는 교사정체성 척도로 교사 자기효능감, 조직몰입과 직무만족 등 세 개 요인으로 제시했다. 카오와 린(Kao & Lin, 2015)은 교사의 전문적 정체성을 자기기대, 교사직무(역할), 외부영향요인, 학생지도, 수업스킬, 교사시민행동 등 요인으로 제시하였다. 칸리누스, 헬름스-로렌즈, 베이자드, 뷰잉크와 호프만(Canrinus, Helms-Lorenz, Beijaard, Buitink & Hofman, 2011)은 전문적 정체성 관점에서 직무만족, 교직(조직)몰입, 자기효능감와 동기 수준에서의 변화 등 네 가지 변인으로 측정하였다. 홍(Hong, 2010)은 초임교사의 전문적 정체성은 가치, 효능감 몰입, 감정, 지식과 신념, 미시적 요소 등 6가지 요소로 세분하였다. 장(Cheung, 2008)은 홍콩 교사들의 전문적 정체성을 측정하기 위해 학생 필요, 학교 이슈, 개인적 성장과 발전 등 3개 요인을 제시하였다. 스타 등(Starr etl al., 2006)은 교사의 정체성을 보편적 교사정체성, 교직으로부터의 내재적 만족, 교수스킬, 소속감, 소명의식 등으로 측정하였다.

베이자드, 버루프와 버문트(Beijaard, Verloop & Vermunt, 2000)는 교사정체성을 묻는 설문지는 교과전문가, 교수법전문가, 교육적 전문가 등으로 측정하였다.

〈표 4-2〉 교사정체성의 측정 요인

학자	측정 요인
Karaolis & Philippou(2019)	자기효능감 구성주의 인식, 내재적 동기, 외재적 동기, 전통적 인식, 미래 시각, 전문적 몰입
Hannula, Leder, Morselli, Vollstedt & Zhang(2019)	기술적 측면(자기상), 평가적 측면(자존감), 인지적 측면(직무동기), 규범적 측면(과제인식)
Hanna, Oostdam, Severiens & Zijlstra(2019)	자기 이미지, 자기 효과성, 헌신, 동기 부여, 업무 인식, 직무 만족도
Lentillon-Kaestner, Guillet-Descas, Martinent & Cece(2018)	교수적 전문성, 교과 전문성
이정표(2018)	직무가치성, 판단자율성, 직무기대성, 책임인식성, 교육소명성, 조직동일성, 교육전문성, 관계인식성
Noi, Kwok & Goh(2016)	교수 신념, 전문적 사회화, 경력 개발
Li(2016)	자기효능감, 조직몰입, 직무만족
Kao & Lin(2015)	자기기대, 교사직무(역할), 외부영향요인, 학생지도, 수업 스킬, 교사시민행동
Canrinus, Helms-Lorenz, Beijaard, Buitink & Hofman(2011)	직무만족, 조직몰입, 자기효능감, 동기 수준에서의 변화
Hong(2010)	가치, 효능감, 몰입, 감정, 지식과 신념, 미시적 요소
Cheung(2008)	학생 필요, 학교 이슈, 개인적 성장과 발전
Starr, Haley, Mazor, Ferguson, Philbin & Quirk(2006)	보편적 교사정체성, 교직으로부터의 내재적 만족, 교수스킬, 소속감, 소명의식
Beijaard, Verloop & Vermunt(2000)	교과전문가, 교수법전문가, 교육적 전문가

이상에서 제시한 교사정체성 측정 요인에 대해 앞서 제시한 교사정체성 개념 속에 내재된 네 가지 속성들, 교사로서의 자기이해, 교사로서의 내재적 동기, 교사로서의

역할 인식, 교사로서의 전문적 성장으로 구분하여 재분류하면 다음과 같다. 교사로서의 자기이해는 자기상, 소명의식, 자존감, 소속감 등으로, 교사로서의 내재적 동기는 내재적 동기, 몰입, 헌신, 효능감, 직무만족, 조직시민행동 등으로, 교사로서의 역할인식은 과제인식, 직무기대성, 학생지도, 수업스킬, 교과 및 교수 전문성 등으로, 교사로서의 전문적 성장은 교육전문성, 전문적 사회화, 경력개발 등으로 제시할 수 있다.

〈표 4-3〉 **교사정체성 구성 요인**

개념적 속성	구성 요인
교사로서의 자기이해	자기상, 자기이미지, 자존감, 가치와 신념, 미래시각, 직무가치성, 판단자율성, 교육소명성, 보편적 교사정체성, 소속감, 소명의식
교사로서의 내재적 동기	내재적 동기, 몰입, 직무동기, 자기효능감, 헌신, 직무만족도, 조직동일성, 교사시민행동, 내재적 만족
교사로서의 역할 인식	과제인식, 업무인식, 직무기대성, 책임인식성, 교사직무(역할), 학생지도, 수업스킬, 교과 전문성, 교수 전문성
교사로서의 전문적 성장	교육전문성, 전문적 사회화, 경력개발

3. 교사정체성의 기능

앞에서 교사정체성의 형성이 사회적 인지와 학습 과정이나 권력 담론 과정에서의 재구성을 통해 이루어지며, 그 형성 과정에서 관련된 다양한 교직 상황과 맥락 및 교사의 개인 및 사회적 요인들의 영향을 받아서 교사정체성이 형성된다는 점을 살펴보았다. 그렇다면 교사가 개인 및 사회적 관계와 맥락에서 형성되는 정체성이 교사 개인 또는 집단에게 미치는 역할과 효과는 무엇인가? 이에 대한 질문을 규명하는데 있어서 수동적 정체성과 능동적 정체성 아이디어는 교사정체성의 순기능과 역기능을 이해하는 데 도움이 된다.

능동적 정체성은 자기 탐색과 구성을 통한 확립된 정체성을 보이는 상태이며, 그

기능은 다음과 같다.

첫째, 교사로서 자신이 누구인지 이해하는 인식 틀을 제공한다. 둘째, 교사 자신이 선택한 교직에 대한 의미, 가치 및 방향을 확인한다. 셋째, 교직에서의 능동적, 자율적 직무수행을 촉진한다. 넷째, 교직에 대한 가치, 신념에 대한 안정감과 일체성을 제공한다. 다섯째, 교직에서의 미래 발전성과 자기주도적 역량 수행에 대한 자신감을 보장한다.

교사정체성은 교사몰입 및 교직헌신을 촉진하는 역할을 한다. 그리고 교사효능감, 교사헌신(몰입), 직무동기, 전문성 지향성에 영향을 미친다. 아울러 교사의 전문적 정체성에 대한 긍정적 지각은 교육변화에 대한 대처능력이나 혁신 이행에도 긍정적으로 영향을 미친다. 이러한 경험은 교사들이 갖는 교사로서의 이미지와 정체성에 영향을 미친다. 교사의 내면에서 지각하는 자신의 이미지가 자신의 교직 수행 과정이 일치하거나, 교사의 소명의식이 강하면 자아존중감이 커지며 이로 인해 높은 수준의 정체성을 보일 가능성이 높다.

반면, 수동적 정체성은 동일시와 모방을 기반으로 하며 폐쇄되고 혼미한 정체성 상태로 나타나며, 주체적인 의사결정을 회피하고 외부의 사회적 협의체에 순응하는 상태를 말한다. 이러한 상태는 교사들로 하여금 교직 스트레스와 감정노동을 통한 소진과 직무이탈 현상을 보이도록 만들 수 있다. 교사들은 자신에 대한 소극적, 부정적 평가를 받는다면 스트레스와 소진은 물론 혼미한 정체성을 보이는 경향이 있다. 또한, 교사들은 타인이 바라보거나, 평가하거나 또는 기대하는 이미지로 보이기 위해서 자신의 실제 모습을 감추거나 변장하여 자신을 드러낸다. 이러한 자기인식에 대한 부조화 현상을 감정노동이라고 하는데, 이것이 심화되면 직무스트레스와 소진 등이 가중되며, 이로 인해 교사들은 소극적 정체성을 형성할 가능성이 높아진다.

4. 교사가 바라보는 교사 역할 혼미와 정체성[2)]

'교육의 질은 교사의 질을 넘지 못한다.'

이는 그 만큼이나 교육에 있어서 교사의 역할이 매우 중요하다는 의미를 담고 있는 말이다. 그래서인지, 본 필자의 프로젝트 수업을 참관했던 몇몇 교사들은 프로젝트 수업을 진행하는 데 있어서 선생님은 하는 것이 없는 것처럼 보이고, 교사의 역할이 그동안의 전통적인 수업에 비해서 많이 축소되는 것처럼 보인다고 말을 한다. 그러한 질문에 순간 욱하는 기분이 들기도 하였고, 그건 프로젝트 수업에 대해 잘 모르기 때문에 생길 수 있는 오해라고 솔직하면서도 공격적으로 말하고도 싶었지만, 그렇게 하지 못하고(교사들과의 관계에 있어서 문제가 생길 것 같기도 하였고, 수업을 나누기 위한 자리였기에 그러지 못했던 것 같다), 대신 다른 질문을 하게 되었다. 그 질문을 여기서 이 글을 읽고 있는 독자들에게 하고자 한다.

과연 교사의 역할이 무엇인가요?

예로부터 교사는 민중의 사표로서 그 사회적 역할이 매우 중시되었다. 전통시대에서 요구되는 교사의 역할은 자신의 전수, 사회의 교화, 봉건적인 유교질서를 유지하는 것이었다. 그러나 사회가 점차 분화되고 복잡해짐에 따라 현대사회에서 교사의 역할은 단지 가르치는 것에서 국한되지 않고, 생활지도를 비롯해 각종 지도를 통하여 학생의 인격 형성, 진로 선택, 지역사회에 대한 계몽 및 교육활동 전개, 국가의 교육정책 입안에 참여하여 교육발전에 공헌하는 일 등 그 범위가 점차 넓어지고 깊어지게 되었다(오희정, 김감성, 2017).

즉, 교육이 사회 안에서 이루어지는 만큼, 사회의 변화에 따라 교사에 요구되는 역할 또한 변화되어지고 다양해지고 있는 것이다. 사회는 지금 이 순간에도 끊임없이 변화

2) '최경민, 김율리, 이영기, 오상준, 이규진, 임윤혜(2020). 왁자지껄 배우는 재미 프로젝트 학습, 서울: 상상채널'에서 다수의 내용을 발췌하여 수록함.

하고 있으며, 그러한 변화에 따라 교육을 바라보는 사회적 시각도, 교육에 거는 기대 또한 달라지고 있으며 다양해지고 있다. 이 때문에 교사에 대한 인식과 교사들에게 바라고 원하는 사회적 역할기대 또한 큰 변화를 맞이하고 있다. 특히나 과거, 현재와는 그 모습과 변화양상에 큰 차이점을 두고 있는 4차 산업혁명 시대를 맞이하는 현 시점에서는 그러한 요구에 대한 변화가 더욱 클 수밖에 없다.

그렇다. 4차 산업혁명 사회를 맞이하고 있는 지금의 사회는 또 다른 새로운 사회적 요구에 부응하고자 교사의 역할에 있어서도 새로운 국면을 맞이하는 시대라고 할 수 있는 것이다. 이에 대해 여러 학자(리들과 바텐버그(Reedle & Watenberg)의 연구, 헉과 윌리엄스(Heck & Williams)의 교사 역할 제시론, 퓰리아스와 영(Pullias & Young)의 교사의 규범적 역할 등)들이 교사의 역할을 다양하게 제시하고 있는데, 이들 모두가 공통적으로 강조하고 있는 교사의 역할은 학습자의 이해자, 조력자, 안내자, 탐색자, 비전 제시자 등으로 정리될 수 있으며, 이러한 모습이 바로 미래사회가 필요로 하는 교사의 역할이라고 제시하고 있다. 즉, 변화의 정도가 크고 점차 분화 및 다원화되어 가고 있는 사회 변화 흐름 속에서 교사의 역할 또한 과거의 지식 전달자의 역할에서 벗어나 학습자를 이해하고, 학습자의 배움을 도울 수 있는 안내자와 조력자의 역할, 그리고 학생들과의 다양한 의사소통자로서의 역할을 기대하게 된 것이다.

그리고 이러한 교사로서의 새로운 역할 기대는 프로젝트 수업과 매우 밀접하게 맞닿아 있다고 할 수 있다. 프로젝트 수업에서는 교사 중심의 일방향적 수업과는 조금은 다른 변화된 교사의 역할과 노력을 요구하기 때문이다.

그렇기에 과거의 전통적인 교육 관점에서 교사의 역할을 바라보게 될 경우 프로젝트 수업은 흔히 학생들이 주도적으로 참여하고 활동을 하고 있기에 교사의 역할이 줄어들 것이라는 오해를 받기도 한다. 하지만 교사 중심의 수업은 교과서에 나오는 지식을 정확히 그리고 제대로 전달하여 이해시키고, 이해한 정도를 체크하는 정도에서 머물게 되는 반면, 프로젝트 수업에서는 수업이 진행되는 동안 학생들의 활동과 학습을 자세히 관찰 · 탐색해야 하고, 필요에 따라서 학생 개별에 따라 맞춤형 조언과 안내를 해야 하며, 프로젝트 수업이 본래의 교육목표(관련 성취기준)에 맞게 바른 방향으로 나아갈 수 있도록 교실에서 발생하는 복합적인 상황을 지속적으로 분석하고, 필요에 따라서 과제를 부여해 주는 역할도 함께 수행해야 한다. 또한 이를 위해서는 학생들과의 지속적인 의사소통자의 역할도 함께 이루어져야 한다. 프로젝트 수업의 성공 여부는 교사가 학생들의 학습 상황을 파악하고 각 단계 및 활동별로 어떠한 피드백을 제공해 주느냐에 따라 좌우된다고 할 수 있기 때문이다. 또한 교사의 피드백 제공 역시, 교사가 일방적으로 정답과 해설을 제시해 주는 방식에 머물던 전통적인 수업 방법과 달리, 프로젝트 수업에서는 교사들의 세심한 관찰을 통한 학생 맞춤형 피드백을 요구하게 된다. 이는 프로젝트 수업의 근본적인 목적이 과제와 문제를 함께 해결하는 과정 중에 학생들 스스로 체득하고 깨닫고 알게 되는 역량을 강조하고 있기에, 학생들이 스스로 활동에 참여하면서 학습과 배움이 일어날 수 있도록 조언하고 방향을 제시하는 수준을 넘어서는 안 되기 때문이다. 또한 피드백을 강조하고 조언과 방향 제시의 수준을 넘어설 경우에는 교사가 프로젝트 수업에 너무 깊숙이 개입하게 되고, 학생들의 학습 활동을 침범하게 되는 오류를 범하게 되며, 나아가서는 교사에 대한 의존성을 높여서 학생 중심의 자기 주도적 프로젝트 수업에 대한 모습이 점차 옅어지게 되어 본질적 의미의 프로젝트 수업에서 점차 멀어질 수도 있다.

이는 코로나19의 창궐로 인해 더 많은 부분에 있어서 교사 역할에 대해 다양하면서 새로운 역할을 강조하기도 하였다. 이에 대한 선행 연구 자료(한지희, 이동엽, 2021)[3]를 참고로 제시한 뒤, 다시 이야기를 이어 가고자 한다.

교사의 역할은 사회적 합의에 의해 결정되어지고, 사회, 문화, 역사 등에 따라 변화한다(차명진, 2018). 이처럼 기존과는 다른 일종의 '블렌디드 러닝'에서의 교사의 역할에 대한 학자들의 주장을 살펴보면 다음과 같다. 먼저, 코르누(Cornu, 2007)는 블렌디드 러닝에서 교사의 역할이 더 이상 사전에 정의된 지식을 일방적으로 전달하고 학습자의 숙지 정도를 평가하는 데 그쳐서는 안

3) 한지희, 이동엽(2021). 코로나19 학습 상황에서 교사 역할에 대한 초등학생의 인식 분석. 학습자중심교과교육연구, 21(4), 951-971 논문 중 pp.955-956의 자료를 발췌하여 제시함.

되며, 교사와 학생 사이에 새로운 관계를 구축하고 발전해야 하며, 기술의 놀라운 발전으로 다양한 교수법이 개발되어야 하고 교사의 다양한 역할이 필요함을 주장하였다. 구체적으로 온-오프라인 혼합수업에서 기대하는 교사의 역할은 '학습활동 조력자 · 상호작용 조력자 · 기술 지원자 · 수업설계자 · 온라인 사회자 · 상담자 · 평가 및 관리자' 등 기존의 전통적인 수업에서의 지식전달자로서의 교사의 역할을 훨씬 더 상회하는 역할을 맡게 된다고 하였다(Rinn & Bett, 2006; 유수연, 2020). 이러한 다양한 역할을 통해 적절한 수업설계와 수업방식 및 학습자의 조력자로서의 본인의 역할을 다해야 성공적인 온-오프라인 혼합수업이 될 수 있을 것이다. 또한, 온-오프라인 혼합수업에서의 교사의 역할을 초등 교사를 대상으로 분석한 김서령(2006), 최정혜(2007)의 연구가 있다. 먼저 김서령은 온-오프라인 혼합수업에서 교사가 수행해야 할 핵심적인 역할을 정의하고, 온-오프라인 혼합수업을 시행해 본 초등 교사들을 대상으로 교사 역할 50가지의 중요도와 수행도 인식을 연구하였다. 그 결과, 교사의 핵심 역할은 '교수자 및 내용전문가 · 평가 및 관리자 · 상호작용 촉진자 · 기술 지원자 · 교수 설계자 · 학습활동 조력자 · 사회적 관계 조직자'로 규명되었으며 이 순서로 초등 교사들은 중요도를 인식하였다. 다음으로 최정혜(2007)는 온-오프라인 혼합수업 유경험 초등 교사를 대상을 델파이 연구를 실시하여 교사의 역할의 중요도와 수행수준을 평가하였다. 분석 결과 교사의 역할을 '학습정보 제공자 · 학습 안내자 · 학습동기 유발 및 유지자 · 상호작용 촉진자 · 학습 내용 전달자 · 학습과정 및 학습결과 평가자 · 학습 프로그램교수 설계자 · 학습조력자 · 학습활동 관리자 · 학습 비용과 시간의 관리자'로 정의하였으며 이 순으로 초등 교사는 중요도를 인식하였다. 가장 중요한 역할로 '학습정보 제공자', 가장 중요도가 낮은 역할로 '학습 비용과 시간의 관리자'로 인식하는 것으로 나타났다. 코로나19 이후 교사의 역할을 세분화하여 규명한 연구들도 존재한다. 우선 정진우 등(2020)의 연구는 코로나19 이후 실시하는 원격수업에서 교사 역할의 중요도와 실행도를 초등 교사를 대상으로 분석하였다. 구체적으로 살펴보면 교사의 역할 중 지속 유지해야 하는 강점 역할은 '학습 환경 관리자 · 상호작용 촉진자'였으며, 개선 노력이 집중되어야 하는 역할은 '교수설계자'였다. 그리고 낮은 우선순위를 지닌 역할은 '학습 상담자 · 학습평가자'였고, 과잉노력이 지양되어야 하는 역할은 '학습정보 제공자'로 제시하였다. 그리고 경기도 교육연구원(2020)은 포스트코로나 시대에 요구되는 교사전문성과 교사상으로 '학습 전략의 안내자 · 학습자의 삶을 연결 짓는 맥락전문가 · 평가전문가 · 디지털 미디어 리터러시 · 생태적 전환을 위한 실천가 · 네트워킹 전문가 · 삶의 통찰을 제공하는 파수꾼으로서의 스승'으로 제시하였다.

즉, 시대적 · 사회적 요구에 따라 교사의 역할이 변화되었듯이, 프로젝트 수업에서도 기존의 교실 수업과 다른 새로운 교사의 역할이 기대되어진다. 그리고 프로젝트 수업에 있어서 새로운 교사의 역할 기대가 새로운 시대적 요구에 부응하는 교사의 역할과 맞닿아 있음을 알 수 있다.

그러니 프로젝트 수업에서 교사의 역할은 축소된 것이 아니라 변화된 것이며, 과거보다 교사의 역할 기대가 더욱 다양해진 것이라고 힘주어 말할 수 있다.

그래서인지 우리 필자들 또한 프로젝트 수업을 계획하는 단계에 앞서서 항상 이러한 질문에 대해 이야기를 먼저 나누었던 것 같다.

교사는 왜 필요할까?

이러한 이야기의 시작에서 우리들 역시 다른 교사들처럼 효과적으로 지식을 전달하는 것을 중요시 여기는 교사였고, 이로 인해 체계적인 교수법과 객관주의를 강조하던 교사였음을 발견하게 되었다. 그리고 공부를 잘하는 아이, 성적이 우수한 아이, 그리고 수업 시간에 열심히 듣고 필기하는 아이들이 모범적인 아이들이라고 여기고 있었고, 점수에 의해 서열화를 하고 있던 교사들이었다.

그러면서 우리 스스로 반성과 성찰을 해 보는 시간을 가지게 되었고, 과연 이러한 모습의 교사들이 우리 아이들에게 굳이 필요할까라는 궁금증이 생기게 되었다. 모르긴 몰라도 아마 이에 대한 대답은 "NO"가 될 것이라고 확신하였다.

지식적인 면에서 인공지능을 이길 수 없는 미래사회를 살아가야 하는 우리 아이들에게 진정으로 필요한 것은 교과서적 지식이 아니라 친구들과 함께할 수 있음이고, 함께함으로써 문제를 해결하는 역량, 그리고 기계가 할 수 없는 보다 인간적인 어떠한 것들이 될 것이라는 점은 자명한 사실이다. 그러한 인성과 인간적인 면이 기반이 되어 친구들, 동료들, 주변 사람들과 함께할 줄 알게 되는 것, 그리고 함께함에 있어서 내가 가지고 있는 특별한 역량이 발현될 수 있도록 기회를 제공해 주는 것, 그리고 이를 바탕으로 친구들과의 다름을 인정하고, 그러한 다름이 다양성이 되어 더욱 창의적인 모습을 띠게 할 수 있게 하는 것, 그리고 그러한 창의성이 각자의 삶을 살아가는 데 있어서 커다란 경쟁력이 될 수 있음을 알려 주기 위하여, 보다 역동적인 수업 문화를 만들어 줄 수 있는 교사가 필요한 것이다. 우리는 그렇게 생각하고 이야기를 나누었다.

이 글을 읽고 있는 여러분은 어떻게 생각을 하나요? 아래는 충북지역에서 연수를 진행하면서, 만나고 이야기를 나누었던 선생님들의 활동 결과물이다.

다른 선생님들 역시 우리들의 생각과 별반 다르지 않았다. 지식을 전달하는 존재가 교사가 아니라, 아이들과 함께 공감하고 소통하며 꿈을 심어 줄 수 있는 사람, 학생들의 학습에 도움을 줄 수 있는 조력자와 안내자가 될 수 있는 사람, 남과 함께 생활할 수 있는 바른 태도를 함양시켜 줄 수 있는 사람, 밝게 웃으며 소통할 줄 아는 사람, 귀를 기울여 들어줄 수 있는 사람, 학생의 가치를 알아봐 주는 사람, 기다려 주는 사람, 함께하는 사람, 이러한 사람이 바로 교사가 지향해야 할 역할이라고 말을 하고 있었다. 그리고 그러하기에 교사가 필요하다고 말을 하고 있었다.

교사 대상의 연수에서 항상 하는 첫 번째 질문이 이것이었고, 비단 충북지역 선생님들뿐 아니라 다른 지역 선생님들 역시 충북지역 선생님들과 유사한 이야기를 나누는 모습을 발견하게 된다. 교사로서의 역할이 무엇일지 다양하게 이야기를 나누는 모습을 살펴보게 된다.

그리고 그러한 모습들을 보면서 이러한 생각을 했던 것 같다. 어쩌면 우리는 이미 교사가 어떠한 역할을 해야 하는지 머릿속에, 혹은 가슴속에 알고 있고 깨닫고 있었음에도 불구하고, 그동안 깨닫지 못한 것처럼, 느끼지 못한 것처럼, 생각하지 못한 것처럼 행동하고 있었던 것은 아니었는지 말이다. 과거의 굴레에 얽매여서, 혹은 교사라는 직업인으로서 편하고자, 그동안 우리가 학교생활을 하면서 겪었던 것처럼, 그동안 선배 교사들이 해 왔던 것처럼, 교사로서 그저 편하기 위해서 교과서 속 지식을 전달하고 이해시키는 역할에 치중했던 것은 아니었을까?

단순히 지식을 전달하고 이해시키는 사람이 교사가 아니라고, 그보다 더욱 다양한 역할을 해야 하는 사람이 교사의 역할이라고, 그리고 과거와 다른 역할을 사회가 요구하고 있다고, 우리는 이미 머릿속에서 가슴속에서 깨닫고 있었던 것이다. 다만 그것을 표현하기 싫었을 뿐이고, 힘들고 어려울 것이기에, 혹은 불편할 것을 알기에, 그동안 우리는 그러한 교사로서의 역할을 모른 체해 왔거나, 무시해 왔던 것은 아니었을까?

어쩌면 우리들이 이미 깨닫고 있었고, 느끼고 있었던 사회가 요구하고 원하고 있는 교사로서의 다양한 역할을 프로젝트 수업은 이미 강조하고 있었던 것이다. 그렇기에 프로젝트 수업에서의 교사의 역할은 많은 교사들이 오해하는 것처럼 축소된 것이 아니다. 다만 변화되었고, 더욱 다양해진 것이다.

그렇다면 프로젝트 수업에서의 교사의 역할은 무엇일까?

프로젝트 수업은 교사의 기획력이 가장 중요한 요소이다. 프로젝트 수업은 프로젝트만 실행한다고 하여 이루어지는 것이 아니기 때문이다. 실제 그동안 주변의 많은 교실에서 이루어진 프로젝트 수업을 살펴보면, 상당수의 프로젝트 수업이 학생들이 배우고 학습해야 할 내용을 간과하거나, 학생 활동 위주의 수업으로만 진행이 되면서 학생들의 고차적 사고력 향상에 큰 도움이 되지 못하는 경우를 많이 보게 된다. 이로 인해 몇몇 교사, 혹은 학생들은 프로젝트 수업이 활동 위주의 수업으로 학생들의 흥미와 관심을 끌 수는 있지만 교과와는 별개인 수업처럼 인식하는 경향도 나타나게 되었다(이성대 외, 2015).

그러하기에 진정한 의미의 지식 탐구와 고차적 사고력을 길러 줄 수 있는 프로젝트 수업의 본래의 목적에 부합하는 프로젝트 수업을 설계하고 실천하는 일은 매우 어려운 일이다. 그러므로 프로젝트 수업을 계획하고 실천하기 위해서는 교사의 기획력이 매우 중요한 요소로 작용하며, 교사의 역할에 따라 프로젝트 수업의 성패가 결정된다고 해도 과언이 아닌 것이다.

이에 프로젝트 수업의 성패를 결정지을 수 있는 교사의 역할이 무엇인지 살펴보면서 이번 장의 이야기를 마무리 짓고자 한다.

프로젝트 수업의 분명한 목적 제시	프로젝트 수업이 추구하는 가치가 무엇인지에 대한 명확한 목표와 방향이 설정되어 있어야만 수업이 단순한 체험 및 활동에 그치지 않고 고차적 사고력 및 인성과 역량이 함양될 수 있는 수업으로 이어지게 된다. 그러므로 프로젝트 수업이 지향하고자 하는 목적이 무엇인지 분명하게 제시하는 것이 중요하다.
주제를 선정하는 적절한 방법과 명확한 근거 마련	프로젝트 수업은 단순히 학습자들이 스스로 탐구하고 협력하여 과제를 수행하는 것도 중요하지만, 이보다는 학생들이 주제에 대해 깊이 있게 지식을 탐구·이해함으로써 고차적 사고력을 높여 줄 수 있는 과정이 더욱 중요하다고 할 수 있다. 그렇기에 프로젝트 수업의 주제가 교육과정에서 제시하는 성취기준의 가치에 적합하도록 잘 선정되어져야 한다. 이를 위해 교육과정의 내용요소와 성취기준을 분석하고, 그와 관련된 내용요소나 성취기준을 묶어 내고 이들을 포괄할 수 있는 주제가 선정이 되어야 한다. 주제 선정에 대한 방법은 본 저서 123쪽에서 131쪽의 내용을 다시 한 번 더 읽어보기를 권한다.
프로젝트 수업 분량에 대한 사전 계획	프로젝트 수업을 하는데 있어서 가장 큰 제약 중의 하나는 수업 시수에 대한 문제이다. 프로젝트 수업은 그 성격상 학생들이 스스로 참여하고, 배우고 학습할 수 있도록 많은 시간을 믿고 기다려 주어야 한다. 그렇기에 충분한 시간을 가지고 학습자들이 프로젝트 수업 주제에 대해 이야기를 나누고 이해할 수 있도록, 그리고 바른 방향을 설정하고, 기획하여 탐구 및 활동을 하여, 주제에 적합한 결과물을 얻어 낼 수 있도록 학생들을 기다려 주어 하는 데 많은 시간을 필요로 하기에 수업 시수 확보에 대한 사전 계획이 중요하다. 이를 위해서는 교육과정 재구성이 필수적으로 요구되는데 이에 대해서는 본 저서 131쪽에서 134쪽의 내용을 참고하기를 바란다. 어쨌든 학생들의 학습과 배움을 기다려 주기 위해서 수업 시간 확보를 위한 사전 계획을 수립해야 한다.

출처: 이성대 외(2015: 37~40)의 내용을 재구성하여 표로 작성함.

그렇다면, 학생들이 바라는 선생님은 어떠한 선생님일까?

이 질문에 대한 이야기는 『올 에프 선생님』(미야모토 마사하루, 2014)의 이야기와 함께 하고자 한다.

미야모토 마사하루(宮本延春, 2014)는 오른쪽에서 제시된 자신의 삶의 이야기를 담은 책을 발간하게 되었다. 그는 흔한 교사들과는 전혀 다른 학창시절을 보낸 사람이다. 초등

학교 3학년때부터 공부와는 담을 쌓고 살았으며, 학창시절 내내 친구들로부터 괴롭힘과 따돌림을 받아 왔으며, 전 과목 모두 F, F, F 일생인 성적표를 받는 것이 당연한 학생이었다. 중학교를 졸업할 무렵 그가 아는 한자라고는 자신의 이름뿐이었고, 수학은 구구단 2단까지만 겨우 외우고 있었으며, 아는 영어 단어는 'book'이 전부였던 학생이었다. 고등학교에 진학을 하지 않고, 일찍 일을 시작하였으며, 힘들게 목공서에서 일을 하고 있던 그를 깨우쳐 준 것은 스물세 살 때 tv 다큐멘터리를 통해 알게 된 아인슈타인의 상대성 이론과의 만남이었다. 이 계기로 물리학에 흥미를 가지게 되고, 다시 초등학교 3학년 수학 문제집을 구입해서 독학으로 공부를 하기 시작하였다. 스물네 살에 야간고등학교에 입학을 하고, 주위 모든 사람이 불가능하다고 여겼던 국립대학교에 3년 후에 입학하게 된다. 그리고는 9년 동안 물리학에 빠져 지내게 되었으며, 서른여섯 살에 모교에 수학교사로 교단에 서게 되었다.

올 에프 선생님의 주인공 이야기를 천천히 읽어 가면서 이러한 생각이 들었다.

그래, 어쩌면 우리 아이들이 원하는 선생님은 이러한 선생님이 아닐까?

우리 주변의 교사들은 모두 학교가 인정하는, 사회가 인정하는 바람직한(?) 삶을 살아온 사람들이 대부분이다. 필자 주변의 선생님들을 살펴보면 대부분 학창 시절 모범생에 가까운(?) 생활을 하였으며, 성적 또한 우수한 편에 속한 사람들이 대부분이다. 학창시절 어느 정도의 높은 성적이 보장되어야만 교대(혹은 사대)에 진학이 가능하며, 그러한 높은 성적을 받은 친구들과 임용고시라는 경쟁(학교급별로 경쟁률에 큰 차이를 보이기는 하지만)을 통해서 합격한 자들만이 교사가 될 수 있다. 그래서인지 교사라는 직업 자체가 가지는 이미지는 그래도 학창 시절 열심히 공부하였고, 바람직(?)한 생활을 하였으며, 모범생에 가까운 학생이었을 거라는 인식을 많이 가지게 된다.

그래서 교사들은 공부를 못하는 학생, 공부에 취미가 없는 학생, 방황하는 학생, 은 동형 외톨이 학생, 항상 꼴찌만 하는 학생 등 사회에서 소외된 아이들을 이해하는 것에 어려움이 따르는 건지도 모르겠다.

흔히 교사들은 이러한 말을 많이 한다.

"공부를 잘하는 아이들은 그냥 놔 둬도 뭐든 다 잘한다"

그렇다면 우리 교사들이 더 많이 신경 쓰고 배려하고 이해하고 아껴 줘야 하는 아이들은 소외된 아이들은 아니었을까? 그런데도 교사들은 여전히 소외된 아이들보다는 모범적인 아이들을 더 많이 아껴 주고 있었던 것은 아니었을까?

실제 학부모와의 면담을 하면서 선생님에 대한 안 좋은 인식을 가지는 어머님을 몇 분을 알게 된 경우도 있었다. 이야기를 들어보면 학창시절 모범적인 아이들과의 차별적인 대우로 인해 선생님에 대한 좋지 않은 인식을 가지고 있음을 알 수 있었다.

그렇다면, 우리 사회에도 올 에프 선생님처럼 전교 꼴찌, 인생 낙오자 출신의 선생님이 한번쯤은 나와도 좋지 않을까? 이런 선생님은 사회에서 소외된 아이들의 마음을 누구보다 더 잘 이해할 테니 말이다.

수업시간에 집중하여 참여하고, 교사의 질문에 항상 정답만을 말하고, 이에 항상 우수한 성적표를 받아들고, 혼보다는 칭찬을 많이 들어 오고, 언제나 인정을 받으며 학창시절을 보내 왔으며, 경쟁이라는 학교 전쟁터에서 항상 승리만 하면서 교사라는 직업을 가지고 교단에 선 선생님들이 과연 수업에 참여를 하지 못하고, 모르는 것 투성이인 아이들의 삶을 제대로 이해할 수 있을까?

그리고 이렇게 교사가 된 우리들은 주변의 교사들과의 또 다른 경쟁에서 이기기 위해 항상 새로운 수업 기술과 방법에만 얽매였던 것은 아니었을까? 나 또한 그러하지 않았을까?

진정으로 아이들의 학습과 배움을 위해 새로운 수업 기술과 방법에 대한 다양한 연수도 듣고, 연구도 하고, 교실에 적용을 했던 것일까? 아니면 그저 다른 교사들보다 더 나은 수업을 보여 주기 위해서, 주변 교사들과의 보이지 않는 경쟁에서 승리하기 위해서 새로운 수업 기술과 방법을 적용했던 것은 아니었을까?

학생들이 원하고 바라는 선생님은 옆의 교실과는 다른 방식으로 수업하고, 활동중심의 참여식 수업을 잘하는 선생님이 아니라, 올 에프 선생님과 같이 아이들의 삶을 더 잘 이해해 줄 수 있는 선생님은 아니었을까?

아이들이 진정으로 바라고 원하던 선생님은 나의 마음을 꼭 자기의 마음처럼 이해하고 헤아려 줄 수 있는 선생님은 아니었을까? 학생들을 이해하고 배려하고, 내 마음같이 헤아려 줄 수 있는, 그러한 선생님의 진정한 삶의 이야기가 담긴 수업이 바로 아이들이 바라는 그리고 원하던 수업은 아니었을까? 아이들은 누구나 빛날 가능성을 가지고 있으며, 사소한 계기만 있으면 누구나 열심히 할 수 있고 빛이 날 수 있는 존재들이다. 그러한 사소한 계기는 교사의 진심 어린 헤아림, 교사의 삶의 이야기가 진심으로 담겨 있는 교사와 학생의 마음을 관통할 수 있는 수업을 통해서만 이루어질 수 있지 않을까?

방향을 찾아가는 나침반 바늘과 같은 아이들에게 필요한 것은 그렇게 방황하며 자신이 원하는 방향을 찾아갔던 교사의 삶의 이야기가 아니었을까?

그리고 그러한 이야기가 담겨진 수업을 통해 찾고자 했던 방향을 찾아갈 수 있도록 옆에서 지켜봐 주고, 기다려 주고, 필요로 할 때 조언도 아낌없이 해 줄 수 있는 그러한 교사를 학생들은 원하고, 바라고, 꿈꾸고 있었던 것은 아닐까?

올 에프 선생님은 이러한 말을 했다.

아무리 밑바닥 생활을 하더라도 꿈과 희망을 버리지 않으면, 행복을 거머쥘 기회가 온다. 그리고 그러한 행복의 기회에서 중요한 것은 사람과의 만남이다.

여기서 사람이란 학생들에게는 교사가 주된 대상이 아닐까?

따스한 사람들과 마음을 나누면 사람은 변할 수 있다고 한다. 그러한 따스한 사람이 바로 교사가 되어야 하지 않을까?

아이들에게 따뜻한 사람이 되고 싶다. 그들의 마음을 헤아려 주고 어루만져 줄 수 있는 따뜻한 선생님이 되고 싶다. 방황하는 아이들, 방향을 찾기 위해 이리저리 움직여

보는 아이들을 위해 어느 정도 거리를 두고서 지켜봐 주고, 격려해 주고, 마음을 헤아려 주면서 아이들에게 마음으로, 진정으로 따뜻한 선생님이 되고 싶다. 그리고 나의 삶의 이야기가 묻어 나와서 학생의 마음을 관통할 수 있는 그러한 따뜻한 수업을 하고 싶다.

그래서인지 몰라도 조금이나마 아이들이 선생님에 대한 부담을 줄여 주고, 모든 것을 알고 있을 것 같기만 한 선생님이 아니라 선생님도 우리들과 똑같은 학교생활을 해 온 사람이라는 것을 알려 주고자 노력했던 것 같다.

그래서 간혹 아이들이

"선생님은 학교 다닐 때 공부 잘했나요?"

라고 물어오면, 으레 이렇게 답을 했던 것 같다.

"아니! 선생님도 너희들처럼 공부를 무척이나 싫어했고,
공부하기 싫어서 맨날 반에서 꼴찌를 했단다."

그러면 아이들은 하나같이 모두가 이렇게 말한다.

"에이! 거짓말하지 마세요!
맨날 꼴찌만 했는데 어떻게 선생님이 되었어요?
우리 엄마가 선생님이 되려면 공부를 잘해야 된다고 말 했어요."

그러면 다시 이렇게 말을 한다.

"아니야. 진짜 선생님도 공부하기가 너무 싫었고,
공부도 무척이나 잘하지 못 했단다.
그런데 어떻게 선생님이 될 수 있었을까?"

초등학교 저학년이라서 그런지 몰라도, 아이들은 이런 나의 질문에 그거야 모르죠라고 말을 하면서도 무척이나 궁금해한다.

궁금해하는 아이들을 보면서, 더 이상 대화를 이어 가지는 않았다. 그냥 그저 이러한 대화로 아이들에게 사소한 계기를 제공해 주고 싶었던 것 같다. 이러한 사소한 계기들이 모이고 모여서 아이들이 원하는 목표를 이룰 수 있는 기회가 마련될 테니 말이다.

'어쩌면 새로운 도전을 꿈꾸는 이들은 모두 꼴찌가 아니었을까?'

올라갈 일밖에 남지 않은 꼴찌이기에, 꼴찌의 또 다른 이름은 바로 희망일 것이다. 그리고 선생님들은 자신의 삶의 이야기를 통해 이러한 희망을 아이들에게 전해 주어야 하는 존재가 아니었을까?

학생의 마음을 헤아릴 수 있는, 꼴찌의 마음까지도 자신의 마음처럼 깊이 이해할 수 있는 선생님이 필요하지 않을까?

교육이 점차 방향을 잃고, 방황하고 있으며, 선생님과 학생들 모두 힘들다고만 외치고 있는 지금의 학교교육에서 진정으로 필요한 것은 무엇일까? 새로운 수업 기술, 방법일까? 아닐 것이다.

그것은 바로!

학생의 마음을 진심으로 이해하고 헤아리며, 그동안 살아온 삶의 이야기를 통해 아이들의 마음을 어루만지는 수업으로 감동을 선사할 수 있는 선생님이 아닐까?

그리고 아이들의 마음을 진심으로 이해하고 헤아릴 줄 아는 선생님은 아이들을 위해 기다려 주고, 지켜봐 주고, 필요로 할 때 진심 어린 깊은 조언을 해 주지 않을까? 지금의 아이들은 잘못된 방향으로 나아가는 것이 아니라 그저 방향을 찾기 위해 이리저리 방황을 하고 있는 것임을 알고 있기에 올바른 방향을, 가고자 하는 방향을 스스로 찾을 수 있을 때까지 기다려 주고 지켜봐 주게 되지 않을까?

강금주(2013)는 『사춘기로 성장하는 아이 사춘기로 어긋나는 아이』라는 저서를 통해 이러한 말을 하였다.

사춘기 아이를 대하는 부모(본 필자는 교사라고 말을 바꾸어도 좋을 듯하였다)들은 아이들의 말에 마음과 귀를 열기보다는 부모(교사) 자신의 말을 하기에 급급하다고 한다. 그러는 동안 아이들은 자신은 지금 존중받고 있으며, 소중하게 대접을 받는다는 느낌보다는 지시를 받고 있다는 느낌을 더 많이 가지게 된다. 아이들에 필요한 것은 일방적인 지시와 판단과 명령이 아니라, 따뜻한 이해와 수용의 대화인 것이다. 아이를 존중하는 것, 그것이 바로 사춘기로 성장하는 아이의 해답인 것이다.

교사는 아이들이 어긋난 방향으로 나아가는 것에 대한 두려움을 가지게 되며, 이러한 두려움으로 인해 아이들을 몰아치게 되며, 더 많이 지시하고 판단하고 명령하게 된다. 말로 상처를 주고, 구구절절 잘못을 지적하게 된다. 이렇게 해야 한다고 지시를 하면 할수록 아이의 마음은 굳게 닫히게 될 것이다. 마치 조개를 열기 위해 칼로 조갯살을 파고들면, 더욱 굳게 입을 다무는 조개처럼 말이다.

이제는 아이들에게 대한 교사들의 그러한 두렴움을 떨쳐 버리고, 아이들 그 자체를 받아들이는 여유를 가져 보면 어떨까?

아이를 있는 그대로 존중하고, 인정해 주며, 기다려 주고, 지켜봐 주는 교사가 되어 보면 어떨까?

이것이 바로 학생이 그동안 진정으로 바라고, 원하던 선생님은 아니었을까?

그리고 그러한 모습의 선생님이 앞으로 교직 사회가, 학생들이 진정으로 바라고 필요로하는 선생님의 모습이 아닐까 조심스럽게 생각하고 이야기해 본다.

CHAPTER

05

포스트 교육행정, 팀워크 중심 교사 리더십을 강조하다

1. 성공하는 리더로서의 교사 특징

1) 효과적인 교사

교사는 교육에 관한 전문적 지식과 방법을 주어진 교육할 권한의 범위 안에서 학생을 효과적으로 지도하는 사람이다. 그러면 어떠한 교사가 능력 있고 효과적인 교사인가? 여기서는 휘태커(Whitaker, 2003)가 쓴 『What Great Teachers Do Differently(효과적인 교사는 무엇이 다른가)』에서 제시된 효과적인 교사의 특성을 요약 제시해 보고자 한다. 휘태커(2003)는 오랫동안 교직에서 훌륭한 교사들을 관찰한 결과 다음과 같은 14가지 특성을 제시하였다.

① 훌륭한 교사는 학교의 질을 결정하는 것은 프로그램이 아니라 사람이라고 믿는다.
② 훌륭한 교사는 학년 초에 희망찬 목표를 세우고 1년 내내 일관되게 추진한다.

③ 훌륭한 교사는 학생이 잘못된 행동을 할 때 처벌이 아닌 예방에 집중한다.
④ 훌륭한 교사는 학생에게 높은 기대치를 가지며, 스스로에게는 훨씬 더 높은 기대치를 갖는다.
⑤ 훌륭한 교사는 교실의 변수가 학생이 아니라 바로 교사 자신임을 안다. 외부의 환경보다 자신이 제어할 수 있는 요소에 초점을 맞추고 끊임없이 점검한다.
⑥ 훌륭한 교사는 교실과 학교에서 긍정적인 분위기를 만들려고 애쓴다. 존경심을 갖고 모든 구성원을 대하여 칭찬의 중요성을 이해한다.
⑦ 훌륭한 교사는 주변의 부정적인 요소들을 걸러 내고 긍정적인 태도를 공유한다.
⑧ 훌륭한 교사는 관계 개선에 늘 힘쓴다. 상대에게 상처를 주지 않도록 애쓰며 혹 실수가 있었더라도 '미안하다'고 먼저 말할 줄 안다.
⑨ 훌륭한 교사는 사소한 소란은 무시하면서, 부적절한 행동에 대응하고 그 상황을 악화시키지 않는 능력이 있다.
⑩ 훌륭한 교사는 매사에 계획과 목적을 갖는다. 일이 잘 수행되지 않을 때는 다르게 했더라면 어떻게 되었을까 생각하고 계획을 조절한다.
⑪ 훌륭한 교사는 어떤 결정을 내리기 전에 중간층 학생보다 우수한 학생들을 염두에 둔다. 또한 이들에 대한 고려가 편애로 비치지 않도록 신경 쓴다.
⑫ 훌륭한 교사는 어떤 결정을 내릴 때 누가 가장 편해지고 누가 가장 불편해질지를 먼저 고려한다. 노력하는 사람을 불편하게 만들 결정은 반드시 피한다.
⑬ 훌륭한 교사는 학력평가를 '학생의 학습'이라는 총체적 관점에서 바라보며, 학교교육 전체가 학력평가에 휘둘리는 것을 경계한다.
⑭ 훌륭한 교사는 학생을 배려한다. 훌륭한 교사는 행동과 믿음이 감정과 연계되어 있으며, 감정에는 변화에 불을 지피는 힘이 있음을 이해한다.

2) 회복탄력성을 지닌 교사

회복탄력성은 변화하는 환경에 적응하고 그 환경을 스스로에게 유리한 방향으로 이용하는 인간의 총체적 능력, 즉 역경을 이겨 내는 마음의 근력이라 할 수 있다. 이것은 학습되고 계발될 수 있다. 회복탄력성의 개념은 자기조절능력, 대인관계능력, 긍정성 등의 특성으로 구성된다. 자기조절능력은 감정조절력, 충동억제력, 원인분석력으로, 대인관계능력은 소통능력, 공감능력, 자아확장력으로, 긍정성은 자아낙관성, 생활만족도, 감사하기로 구성된다. 이러한 회복탄력성을 촉진하는 교사들의 특징은 [그림 5-1]과 같다(Henderson & Milstein, 2003).

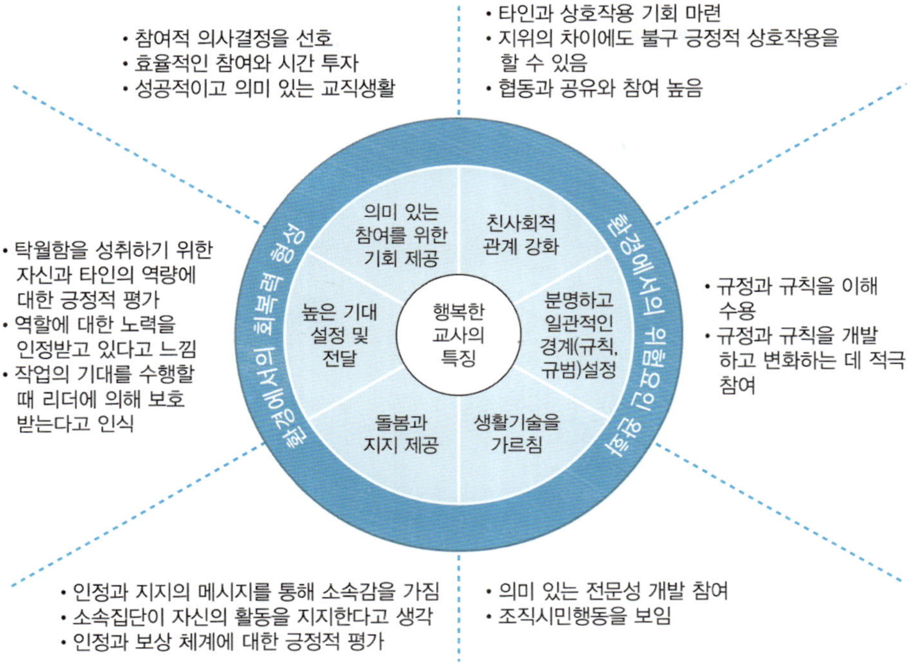

[그림 5-1] 회복탄력성을 지닌 교사의 특징

3) 마음을 잘 챙기는 교사

셜리와 맥도날드(Shirley & Macdonald, 2016)는 외부적 압력이나 갈등 상황, 심리적 스트레스 등 내면의 상처와 문제를 극복하고 일상의 교육활동을 충실히 수행할 수 있고 동료와의 협력적 관계를 유지하며 교육에 전념할 수 있는 교사를 마음을 잘 챙기는 교사(mindful teacher)라고 하였다. 다시 말해, 마음을 챙기는 교사는 내적인 평온과 현재의 나를 평가하며 교직에 대한 충실한 삶을 유지하는 사람을 말한다. 마음을 잘 챙기는 교사는 소외된 교사와 대비될 수 있다. 소외된 교사는 자신이 선택할 수 없는 외부 조건에 관여되어 조직의 일상과 부품처럼 살아가는 교사를 말한다. 셜리와 맥도날드(2016)는 마음을 잘 챙기는 교사의 특성으로 다음 일곱 가지를 제시하였다.

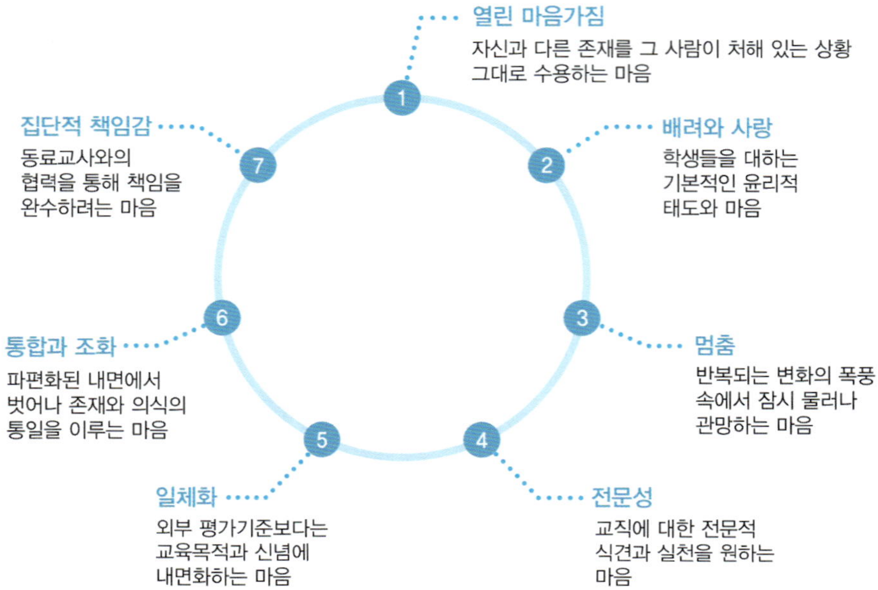

[그림 5-2] 마음을 잘 챙기는 교사 특징

출처: Shirely & Macclonald(2016).

4) 긍정적 리더십을 발휘하는 교사

긍정적 리더십을 지닌 교사들은 미덕과 행복에 초점을 맞춰 조직 내 긍정적 태도를 촉진하여 탁월한 성과를 창출하며, 이들이 보여 주는 특징은 다음과 같다(Cameron, 2012).

① 일상적이거나 기대한 성과를 훨씬 뛰어넘는 경이적인 결과인 긍정적 일탈 성과를 촉진한다.

② 취약점보다는 강점, 비관주의가 아닌 낙관주의, 비판적이 아닌 지지적 의사소통을 중시한다.

③ 미덕과 행복, 즉 최상의 인간특성과 사람들이 본원적으로 좋은 것으로 간주하는

것을 발현한다.

교사들이 긍정적 리더십을 발휘하는 전략은 다음과 같은 긍정적 분위기, 긍정적 관계, 긍정적 의사소통과 긍정적 의미 등이 있다.

긍정적 분위기 촉진 전략은 배려, 용서, 감사이다. 배려는 마음에 우러난 동정심 표현의 모범을 보이고 장려하는 것이다. 용서는 조직구성원들 간에 용서하기의 행동을 활성화하는 것이다. 감사는 감사의 표현을 장려하는 것으로 감사 표현의 방문하기, 편지보내기, 감사일기 등을 들 수 있다.

긍정적 관계 촉진 전략은 이타심, 에너자이너, 강점인식이다. 이타심은 다른 사람들로부터 이득을 얻는 관계보다 다른 사람들의 이익에 기여할 수 있게 만들어 주는 관계를 형성하는 것이다. 에너자이너는 조직 내에서 긍정적 에너지를 촉진하고, 긍정적 에너자이너들을 효과적으로 관리하는 것이다. 강점인식은 개인과 조직으로 하여금 각자의 강점을 인식하고 그것을 개발하고 활용하도록 돕는 것이다.

긍정적 의사소통 촉진 전략은 최상의 자기발현 피드백, 지지적 의사소통이다. 최상의 자기발현 피드백은 상대방의 강점, 특별한 기여, 그리고 최상의 자신의 모습이 발현되는 경우를 찾아 줌으로써 생기는 긍정적 피드백이다. 지지적 의사소통은 리더들의 지적이나 부정적인 피드백을 조직구성원들에게 격려나 도움을 주는 조언으로 인식하게 하고, 관계를 강화하는 의사소통이다.

긍정적 의미를 갖게 하는 전략은 일이 인간의 행복과 안녕에 중요하고 긍정적인 영향을 미치는 것, 일이 중요한 보편적 가치 혹은 개인적 가치와 연결되도록 하는 것, 일이 미치는 영향이 단기적인 시간 틀을 넘어 장기적인 영향을 가지거나 파급효과를 만들어 내는 것, 일이 지지적인 관계를 구축하거나 사람들에게 공동체 의식을 심어 주는 것이다.

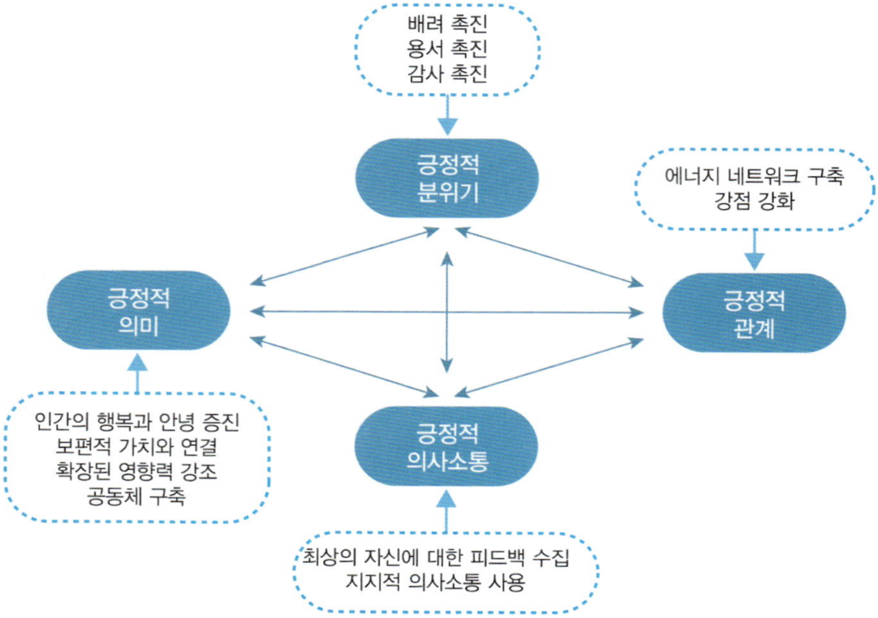

[그림 5-3] 긍정적 리더십의 구성요소와 그 관계

5) 성공하는 교사의 습관

턴불(Turnbull, 2013)은 자신의 저서인 『성공하는 교사의 9가지 습관(9 Habits of Highly Effective Teachers)』에서 교사들이 교직에서 직업적 전문성을 실현하기 위해서 개인적 발달과 대인관계 기술에 대한 반성적 실천이 필요하며, 이를 위해서는 9가지 효과적인 습관을 계발할 필요가 있다고 하였다. 9가지 습관은 자기관리, 타인과의 교류, 영향력의 확산 등 3가지 차원으로 구분된다.

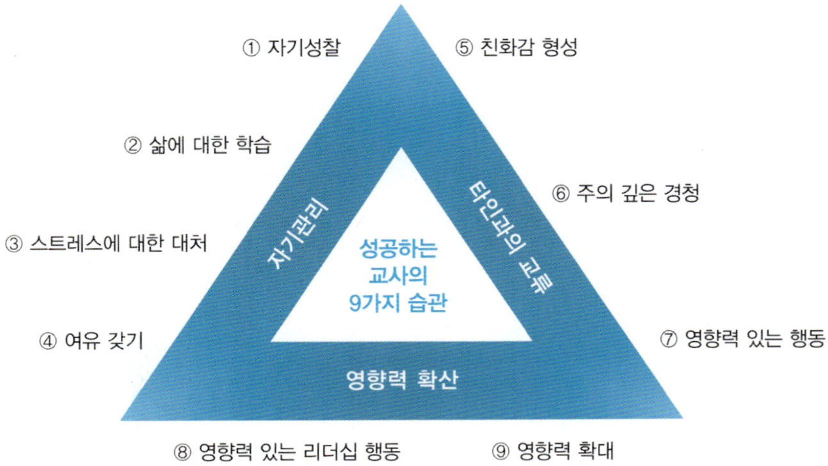

[그림 5-4] 성공하는 교사의 9가지 습관

첫 번째 차원인 자기관리 차원은 자기성찰, 삶에 대한 학습, 스트레스에 대한 대처, 여유 갖기 등 4가지 습관으로 구성된다. ① 자기성찰은 교직이 교사들에게 어떤 의미를 가지는지를 생각해 보고, 교사로서 자신에 대해 어떻게 생각하는지를 성찰해 보는 습관이다. ② 삶에 대한 학습은 교사인 자신에 대해 알기 위해서 열린 자세로 세상과 다른 사람에 대해 공부함으로써 빠르게 변화하는 세상에 보조를 맞출 뿐만 아니라 학생들의 학습 촉진을 위한 능력을 배양하는 습관이다. ③ 스트레스에 대한 대처는 스트레스나 내면의 상처와 긴장을 건설적으로 다루는 습관이다. ④ 여유 갖기는 시간적으로 과다한 업무를 효과적으로 관리하고 건강과 행복과 일의 균형을 도모하는 습관이다.

두 번째 차원인 타인과의 교류는 친화감 형성, 주의 깊은 경청과 영향력 있는 행동으로 구성된다. ⑤ 친화감 형성은 다른 사람들과 좋은 대인관계를 형성 및 유지하는 습관이다. ⑥ 주의 깊은 경청은 타인의 의견을 듣는 단순 기술이기보다는 다른 사람과의 적극적 소통과 이해 및 질 높은 질문을 하는 습관이다. ⑦ 영향력 있는 행동은 자신의 감정이나 태도를 솔직하게 표현하고 다른 사람들을 존중하고 따뜻하게 수용하는 태도를 갖는 습관이다.

세 번째 차원인 영향력 확산은 영향력 있는 리더십 행동과 영향력의 확대로 구성된다. ⑧ 영향력 있는 리더십 행동은 사람들이 집단 내에서 어떻게 행동하는가에 대한 집단역동에 대한 지식과 효과적인 팀을 만들며 영향력을 확대하는 습관이다. ⑨ 영향력의 확대는 교사로서 자신이 살고 있는 지역 및 국가 정책을 입안하는 커뮤니티와 자신이 속해 있는 교원단체의 맥락에서 직업적 역할에 대한 이해를 갖고 지역의 일원으로서 책임을 다하는 습관이다.

2. 교사리더십의 개념과 특성

교사리더십은 학생들의 학습이나 생활을 돕거나 동료 교사들에게 미치는 영향이라고 할 수 있다. 다니엘슨(Danielson, 2006)은 교사리더십을 교사의 전문성 활용, 재량권 부여 등을 통한 권한 위임과 확산을 통한 학생의 학업 향상과 학교 개선을 도모하는 활동으로 보았다. 윈(Wynne, 2002)은 교사리더십은 교사의 역할과 기능 수행에 대한 하향식 위계적 방식에서 탈피하여 공유적이고 참여적인 의사결정, 팀워크 강조, 전문 공동체 형성을 통해 교사 동료들과 전문성 개발, 수업 개선, 학생의 성공 등에 대한 최적의 아이디어와 실행을 공유하고 상호 조언 및 코칭하는 일로 보았다.

다니엘슨(2006)은 교사리더십의 특징을 다음과 같이 제시했다.

첫째, 다양한 조직리더십의 개념과 원리를 통해 설명되고 이해되어야 한다.

둘째, 학교 성과의 지속적인 유지를 위한 동료 교사들의 자발적인 협업 행위이다.

셋째, 교직의 거대한 변화보다는 일상에 대한 완만하고 지속적인 변화에 초점을 둔다.

넷째, 교사 개인의 전문성을 신뢰하고 존중하며 자율적 판단과 재량을 부여하는 권한 위임 과정에서 일어나는 리더십 확대 과정이다.

펠프스(Phelps, 2008)에 따르면 리더로서의 교사는 자신감이 있고 열린 마음을 가졌으며 열정적이고 긍정적이며 유동적인 정신의 소유자이다. 그들은 포기할 줄 모르고, 성실하고 현명하게 일한다. 이러한 특성들은 리더로서의 교사가 다른 교사들과 아이디어를 공유하여 더 나은 새로운 대안과 실행 방법을 도출하도록 영향력을 행사한다. 리더로서의 교사가 리더십을 발휘하는 데 필요한 핵심 지식, 기술과 성향은 다음과 같다.

〈표 5-1〉 **교사리더십의 핵심 지식, 기술, 성향**

구분	지식	기술	성향
특징	• 변화(과정과 실행) • 학교문화 • 교육 개혁 • 리더십(섬기는 리더십)	• 옹호 • 공감과 소통 • 전문적 탐구 • 비전 창출 • 협업과 네트워크	• 위험 감수와 지속성 • 도전 의식 • 봉사 의식 • 효능감 • 회복력(resiliency)

리버만과 밀러(Lieberman & Miller, 2011)는 교사리더십은 교직의 현실적 특성을 극복하고 변화하고 세계적 도전에 대응하기 위한 새로운 출구를 모색하는 노력의 일환으로 탐색하였다. 이들은 교사의 현실적 특성을 다음과 같이 제시했다.

첫째, 교사의 고립적인 생활은 규범이다. 자신만의 교수설계와 방법에 대한 공유나 공개를 꺼린다.

둘째, 교사의 보상 체계는 수업과 학생지도를 강조할 뿐 수업 발표나 공개 토론 등 동료 교사를 위한 책임을 강조하는 것은 미흡하다.

셋째, 교사의 수업과 지도는 학생들의 변화를 일으킬 것이라는 맹목적 신념이 팽배하다.

넷째, 교사들은 학교 개선과 학생의 학습 향상 등에 대한 공동 목표 공유보다는 개인주의 문화를 형성한다.

다섯째, 학생의 행동을 통제하는 방법으로 학습에 대한 책임을 적절하게 면할 수 있었다.

여섯째, 신임교사와 경력교사 간의 평등한 관계를 요구하는 수평적 구조로 되어 있고, 전문적 성장과 경력 변화에 따른 보상이 거의 없다.

일곱째, 가르치는 일은 감독을 받는 기술자의 일로 취급되고 이에 따라 교직은 평가받아야 하는 기능 행동 기술의 처방으로 생각되었다.

3. 리더로서의 교사 역할

교사는 발생하는 문제에 대해 그때그때 피동적으로 대응하기보다는 미리 앞을 내다보는 미래지향적이며 창조적인 사고를 통해 혁신적인 아이디어를 창안해 내야 한다. "지금도 괜찮은데, 뭣 하러 일을 만들어."라는 조직문화로는 변화나 혁신을 기대할 수 없다. 교사는 현실에 도전하고 변화를 선도하며, 혁신을 추구해야 하며 변화 촉진자로서의 역할을 수행하여야 한다.

교사는 학교의 특성에 맞추어 교육과정을 창의적으로 운영하고 새로운 교수방법을 고안·시행하도록 스스로 또는 서로 격려해야 한다. 또한 교사는 교육과정 운영, 교수방법, 학생지도, 학부모 관계 등 학교경영의 전 영역에 걸쳐서 다양성과 자율성을 허용해 줌으로써 고객만족을 높여 줄 수 있다. 교사는 동료교사, 학생, 학부모 등과 평등성을 기초로 한 동반자적 관계를 형성할 수 있다.

교사는 학급에서 학생들에게 지시적이고 통제적으로 상호작용해서는 안 되고, 중요한 학급 일에 적극적으로 참여시키고 학생들의 의견을 적극적으로 경청하고 반영하여야 하며, 무엇보다 학생들이 자율적으로 행동하고 책임질 수 있도록 하는 학급 분위기를 만들어야 한다. 교사는 자신의 교육행위가 구성원들에게 도덕적이고 윤리적으로 영향을 미침을 인식해야 한다.

해리슨과 킬리온(Harrison & Killion, 2007)은 리더로서의 교사 역할에 대해 다음의 열 가지를 제시하였다.

① 자원 공유자(resource provider): 수업 자료, 수업 계획서, 평가 문항, 유용한 웹사이트

및 읽기 자료 등을 공유한다.

② **수업 전문가**(instructional specialist): 동료 교사에 대한 효과적인 수업 전략과 방법에 대한 조언과 코칭을 한다.

③ **교육과정 전문가**(curriculum specialist): 학교교육과정 편성 운영, 성취기준 및 평가 등에 대해 동료 교사들을 지원한다.

④ **학급경영 지원자**(classroom supporter): 생활지도 및 학급관리 등에 대한 피드백과 컨설팅을 제공한다.

⑤ **학습 촉진자**(learning facilitator): 교사의 전문성을 신장하도록 돕고 학습 조직의 활성화를 도모한다.

⑥ **멘토**(mentor): 초임교사에 대한 역할 모델과 수업, 교육과정, 학교 규칙 등에 대한 안내자 역할을 한다.

⑦ **학교 리더**(school leader): 학년, 부서 및 위원회 등에서 책임을 수행하면서 학교 구성원과 함께 일하며 학교 비전을 공유하고 목표 수립 및 실천에 전력투구한다.

⑧ **데이터 코치**(data coach): 수업, 학생지도, 학교운영 관련 데이터 수집 및 활용을 통한 데이터 기반 의사결정을 장려한다.

⑨ **변화 촉진자**(catalyst for change): 현상 유지에 만족하지 않고 새로운 실천 전략에 헌신적으로 도전하고 위험을 감수한다.

⑩ **학습자**(learner): 지속적인 자기계발을 위한 학습을 통해 실천적 성찰을 수행한다.

리더로서의 교사: 카운슬러, 컨설턴트, 멘토, 코치

카운슬링(counselling)은 학생 개인의 개별적 · 상황적 정서 및 문제 행동을 인식하고 해결해 주는 데 초점을 둔다. 카운슬러는 학생들이 우울증, 불안, 내적 혼란, 타인과의 갈등과 같은 문제들에 대처하도록 돕는다. 즉, 학생들의 생활에서 무엇인가가 잘못되었고 결핍되어 바로잡아야 한다는 것을 의미한다.

컨설팅(consulting)은 조직이나 개인이 당면한 문제나 과업에 대한 상황을 분석하고 전문적인 안내와 조언을 해 주고 보수를 받는 것을 말한다. 일반적으로 컨설턴트는 분야별 내용 전문가가 프로세스와 결과에 대해 분석하여 고객에게 주로 가르쳐 주고 지시하는 것이고, 현존하는 문제들과 관행들을 분석하고, 학교의 효과성 개선을 위한 발전 전략과 계획을 제안하는 전문가이다. 그러나 전문가는 자신의 전문적 기술이나 경험을 고객에게 전수하지는 않으며 프로세스와 결과를 소유하고 관리하는 경향이 높다.

멘토링(mentoring)은 호머의 『오디세이』라는 책에서 유래하였다. 여기서 오디세우스 왕은 가정과 어린 아들 텔레마쿠스를 멘토르라는 지혜롭고 분별력 있는 교사에게 돌보도록 부탁하고 전쟁에 나갔다. 왕이 21년간 전쟁터에 나가 있었던 것을 보면, 그는 분명히 집으로 돌아오는 것을 서두르지 않았다. 그가 돌아왔을 때, 어린 왕자는 멘토르를 모범으로 삼고 그의 지도로 지혜를 배워 유능한 리더이자 고결한 인격을 갖춘 사람이 되어 있었다. 여러 세기에 걸쳐 도제 개념은 이와 유사하게 나이와 경험이 더 많은 사람이 대개 미숙하고 어린 사람에게 지식을 전수하고 기술을 가르치며 지도하는 것을 말한다.

멘토링은 지도적 역할이 가능한 위치에 있는 사람이 어떤 한 사람을 키워 주거나 전문가로 발전시키고자 할 때 이루어진다. 멘토링은 특정 분야에서 상당한 경험을 가진 사람(멘토)과 특정 분야에서 전문적으로 발전하길 바라는 사람(멘티) 간의 관계를 말한다. 멘토링은 특정 영역에서 숙련된 학식과 경험을 지니고 후배의 성장과 발전을 돕기 위해서 시간과 정력을 투자할 용의가 있는 멘토가 후배나 멘티에게 전문 지식을 나누고, 역할 모델을 제시하고, 특정한 전문적인 활동이나 직업에 대해서 도움을 주는 것이다.

코칭(coaching)은 개인이나 집단을 현재 있는 시점에서 그들이 원하는 지점으로 갈 수 있도록 인도하는 기술이자 행위다. 코칭의 본질적 특성은 파트너십 개발, 결과 도출과 비전 실현을 위한 헌신, 공감과 수용력, 실천으로 이어지는 의사소통, 개성 존중, 적극적인 상호관계, 민감성 등이다. 코치는 다른 사람을 안내하여 역량을 증대시키고, 더 깊이 헌신하게 하며, 자신을 키우도록 훈련받고 헌신한 사람이다. 코치는 사람들이 자신의 비전을 확장하고, 자신감을 갖고, 잠재력과 기술을 개발하고, 목표를 향해 실천할 수 있도록 돕는다. 코치는 타인을 도울 수 있는 기술과 경험과 관점을 지닌 파트너이다. 코치는 긍정적 정서와 행동, 사람이 갖고 있는 강점, 미래의 가능성에 초점을 맞추고 개인 또는 집단이 스스로 판단하고 결정하라고 자극한다. 코치는 진단과 충고보다는 경청하고, 이해하고, 통찰력 있는 질문을 하고, 들은 것을 요약하고, 코칭받는 이들이 자신의 상황을 둘러보고 무엇을 할지 결론 내리고 행동하려 할 때 가능한 한 비지시적으로 안내한다.

요약하면 카운슬러는 주로 과거와 정신적 충격을 다루어 치유하며, 컨설턴트는 주로 현재 당면한 문제를 다루고 정보, 전문 지식, 조언, 전략, 문제 해결 방법을 제공하며 보수를 받고, 멘토는 주로 전임자의 일을 계승하는 훈련을 다루고 멘토와 같은 일을 하는 사람을 도우며, 코치는 주로 현재를 다루고 더 바람직한 미래를 안내한다.

출처: Collins(2011)의 '코칭바이블'의 1장과 게리 매클린(2011)의 '조직 개발의 이해'의 6장 내용을 요약 재구성한 것임.

4. 교사가 바라보는 팀워크 중심의 교사리더십

팀워크는 공통의 이상을 위해 협력하는 능력이자, 평범한 사람들이 비범한 성과를 이룰 수 있게 해 주는 연료이다.

무작정 새로운 것을 트집 잡고 비난하기만 하면 변화는 불가능하다. 그동안 경험했듯이 소극적인 방식으로 적대감이나 공격심을 표출하는 것으로는 전통적인 관료주의적 교육행정에서 탈피하기란 정말로 힘이 든다.

한 학교에서 혁신을 일으키고, 교육행정에 있어서 개혁을 꿈꾸기 위해서는 괴짜 같은 한 명의 교육행정가나 교사보다는 많은 교사들이 함께 나서는 것이 훨씬 더 바람직하고 빠를 것이며, 지역사회 전체에서 교육행정의 개혁을 이루기 위해서는 몇몇 학교의 특출한 개혁보다는 여러 학교들이 함께 나서는 것이 훨씬 더 수월한 개혁 방법이 될 것이다.

그러하기에 교육행정 개혁을 이루이기 위해서는 학교교육 관계자 모두가 협력적 공동체를 구성하고, 함께 교육이 무엇인지, 학교가 지향해야 할 목표는 무엇인지 등에 대해 함께 철학하기가 중요한 출발점이라고 말하고자 한다.

물론 철학을 정의하는 것은 그리 쉬운 일이 아닐 것이다 하지만 철학의 어원인 philosophy가 '지혜에 대한 사랑이며 그를 위해서 세상과 삶의 의미나 가치에 대해 끊임없이 질문하고 음미하고 성찰하는 것'이라는 의미를 지니고 있기에 이러한 점에서 교육철학은 교육에 대한 의미나 가치에 대해 서로 질문하고 서로의 대답에 대해 성찰하며 함께 그 의미와 가치를 찾아가는 과정으로 여기면 될 것 같다.

철학에 대해 조금 더 자세히 알아보자. 한국 철학적 탐구공동체 연구회(2019)의 철학에 대한 정의를 교육철학에 맞게 바꾸어서 알아 보면 다음과 같다.

첫째, 교육철학은 질문한다. 보통 철학은 경이로움 내지는 경탄에서 시작하며, 이런 원인들은 결국 질문을 갖게 한다고 한다. '교육이란 무엇일까?', '교육은 왜 해야 할까?', '교육은 어떻게 해야 하는 거지?' 등의 질문들 말이다. 이런 질문과 질문에 대한 열정이 교육에 대한 생각을 열어 주고, 각자의 답을 찾기 위한 탐구로 이끌어 주는 것이다.

이런 점에서 질문은 교육철학의 바탕이 되는 것이며 그 시작이 되는 것이다.

둘째, 교육철학은 중요한 개념들에 대해 질문한다. '교육이 뭐지?', '교육행정은 무슨 의미지?'와 같은 일종의 존재론적 질문들 말이다. 이는 특히 기본적인 중요한 개념들에 대한 질문들이며, 학생, 학교, 교육, 배움, 학습 등에 대한 것들이 포함될 수 있을 것이다. 이러한 질문들에 대해서 각자가 가진 생각이나 신념이 다르기에, 각각의 개념에 대한 이해가 달라지게 되고, 그러한 다름으로 인해 교육에 대한 우리들의 선택과 행동도 달라지게 된다. 이로 인해 교육행정의 방향과 질이 달라지게 되는 것이다. 그러하기에 교육 관계자들이 서로 각각의 중요 개념에 대해 어떻게 정의를 내리고 있는지 상호 이해하고 공감하고 소통하는 것이 중요하다. 공유된 개념 없이 이루어지는 교육행정은 갈등을 낳게 되고, 오해의 불씨가 되어 다툼으로 이어지는 계기가 될지도 모르는 일이니 말이다.

셋째, 교육철학은 중요한 개념들이나 문제의 본질적인 의미에 대해서 질문한다. 이 또한 존재론적인 질문이다. 앞에서 예로 든 개념들이 가진 여러 의미들 중에서 좀 더 핵심적인, 좀 더 중요한 의미가 무엇인지를 질문하게 된다. 가령 '교육'에 대한 다양한 의미들 중에서 보다 본질적인 것이 무엇인지, 교육을 교육이 되게 하는 데 가장 중요한 점이 무엇인지를 질문한다. 진정한 교육이란 무엇인지, 교육을 함에 있어서 현재 교육행정의 문제의 근원이나 핵심이 무엇인지, 우리에게 교육이 가진 숨겨진 의미는 무엇인지, 우리가 생각하는 교육행정의 전제는 무엇인지에 대한 질문을 하게 된다. 교육철학은 수업, 학습 등과 같이 표피나 눈에 보이는 현상이 아닌 교육에 대한 그 근원을 찾으려는 노력이다. 그런 근원은 잘 드러나지 않지만 교육에 있어서, 그리고 교육행정에 있어서 매우 강력한 영향력을 지니고 있기 때문이다.

넷째, 교육철학은 가치에 대해 질문한다. 이는 가치론적이고 미학적인 질문이다. 교육자들의 가치관을 세워 주는 중요한 질문으로써, 어떠한 것이 더 나은지, 더 옳은 것인지도 함께 질문하게 된다. 현재 교육 사회에서는 하나의 해결, 하나의 답이 존재하는 것이 아니라 교육 문제를 해결함에 있어서 다양한 답들과 해결책이 공존하고 있다. 오랜 시간 교육, 학교에서는 절대적인 답이 존재하는 것 같았고, 이로 인해 전통적인 교육 방식이 학교교육, 그리고 교육행정을 실천함에 있어서 핵심적인 역할을 맡아 왔다. 하지만 교육철학은 이에 질문한다. '과거로 이어 오던 교육행정, 교육방식은 다 옳은 것이고 좋은 것인가?', '과거의 교육행정은 모두 가치가 있는 것이었는가? 혹은 현재에도 가치가 있는 것인가?' 등과 같은 질문을 하게 된다. 교육철학은 다양한 교육적 가치에 대해 분별성을 강조하고, 각각의 가치에 대해 나름대로 가치값을 묻게 된다.

다섯째, 교육철학은 앎을 갖게 된 생각의 과정에 대해 질문한다. 교육철학은 그동안의 존재론적, 가치론적 질문에 대해 숙고하고 얻은 대답에 안주하지 않고, 탐구와 숙고의 과정이 정당하였는지, 타당하였는지에 대해 추가적으로 질문함으로써 생각에 대한 생각을 하게 한다. 그러하기에 교육행정의 개혁을 이루기 위해 교육에 대한 올바른 사고와 철학을 세우고 키우는 데 필요한 모든 내용과 절차를 가지고 있다고 할 수 있다. 즉, 교육철학은 교육에 대해 우리가 가지고 있는 각자의 답에 대해 성찰하게 한다.

여섯째, 교육철학의 다양한 질문은 열린 질문들이며, 이에 대한 답 또한 열린 답들이다. 교육철학에 대한 질문 대부분이 논쟁적인 것으로 하나의 절대적인 답을 고집할 수 없다. 그럼에도 불구하고 우리사회는 그동안 하나의 절대적인 답을 두고서 교육행정을 논하게 되고, 다양한 것들을 실천하지 않았나 생각한다. 교육이 무엇인지, 바른 교육은 무엇인지, 하나의 답을 정해 보편화할 수는 없지만, 교육철학을 통해 우리는 '보다 더 나은 교육'이 무엇인지를 찾고, 그에 따라 '더 바람직한 교육행정'이 무엇인지를 알 수 있게 될 것이다.

이처럼 교육철학은 교육에 대한 본질적인 질문들, 그리고 그에 대한 우리들의 대답과 성찰이라 할 수 있으며, 교육이 무엇인지 본질적인 질문을 잘 하고 생각의 과정에 대해 잘 생각하는 것에서 그치지 않고, 더 바람직하고 올바른 교육을 실천하고자 하는 마음, 태도, 성향, 열정의 문제가 중요하며, 그러한 마음, 태도, 성향, 열정이 교육철학이 있는 교육행정의 기반이 될 것이다.

그렇다면 왜 협력을 해야 하는 것일까?

철학은 지극히 개인적인 것이 될 수 있고, 그러한 개인적인 성향으로 인해 편협한 철학으로 변모될 수 있다. 그럼에도 교육철학은 교육행정을 운영함에 있어서, 나아가 아이들의 삶의 방향을 결정지을 수 있는 교육을 실천함에 매우 큰 영향을 줄 수 있기에 제대로 이루어져야 한다. 그런데 교육철학에 대한 다양한 존재론적, 가치론적 질문에 대해 숙고하고 성찰하는 과정 속에서 개인의 인지적, 심리적 한계가 분명히 존재한다. 개인의 생각과 기억은 매우 한정되어 있고, 안정적이지 못하며, 관심과 사고 또한 매우 선택적으로 교육의 한 면에 주목하기 때문에 개개인의 판단은 불공정해질 가능성이 높아지게 된다. 그러하기에 개인의 한계와 편협함을 일깨우고 확장시켜 줄 수 있는 공동체가 필요한 것이다.

이러한 이유에서인지 최근에는 교사 공동체, 교육 공동체 등 교사들의 공동체의 중요성이 매우 높아지게 되었고, 그 시작점을 배움의 공동체에서 찾을 수 있을 것 같으며, 배움의 공동체는 21세기형 학교를 실현하기 위한 학교개혁운동이라 할 수 있다.

배움의 공동체 창시자인 사토 마나부(佐藤学)는 이렇게 말을 하고 있다.

> 배움의 공동체는 방법론도 아니고 처방전도 아니다. 배움의 공동체 학교개혁의 구상과 실천에 대해 탐구하는 것은 현대 학교개혁의 역사적, 사회적 배경을 알고, 학교라는 장소와 그 기능이 어떻게 변모되어 왔는지를 아는 것이다. 동시에 학교에서 학생, 교사들, 학부모들이 무엇을 추구하고 어떤 학교를 원하고 있는가를 아는 것이며, 동시에 오늘날 학교의 위기가 어디에 존재하며 개혁의 가능성은 어디에 잠재하고 있는지를 아는 것이라고 하였다.

즉, 배움의 공동체를 통한 학교개혁 또한 교육철학을 지닌 교육행정 운영과 그 지향점이 같다고 할 수 있다.

학교를 개혁하는 일, 조금 더 정확히는 학교행정을 개혁하는 일은 그리 쉬운 일이 아니다. 학교는 사회와 문화의 축소판이라고도 말을 하고 있기에, 학교만 이상향으로부터 해방되는 일은 없기 때문이다(佐藤学, 2016).

교육행정 개혁이라고 말을 하면 언제나 '시간이 없다', '사람이 없다', '자원이 없다'

의 경우에는 더욱 더 질 높은 인적자원 개발의 양성을 위해 교육을 중요시 여기고 있었으며, 이러한 교육의 핵심이 바로 교사의 전문성이라고 할 수 있다. 공교육에 대한 신뢰성 부족, 끊임없이 높아지는 비판의 목소리는 어쩌면 이러한 교사의 전문성과 자질에 대한 비판의 목소리는 아니었을까 생각하게 된다. 이제는 사회의 변화에 따라, 교사 스스로의 교직능력을 향상시킬 수 있는 전문적 자질이 요구된다고 할 수 있다.

앞서 언급했듯이 그동안 많은 교사들은 자신들의 전문성을 대학교 때의 학습, 혹은 대학원에서의 학습과 교육으로 완성이 되었다는 인식을 많이 하고 있었다. 이에 손우정 교수는 『배움의 공동체』라는 책을 통해서 교사는 교사가 되고 나서야 비로소 교사가 되며, 대학의 교사 교육은 완성 교육이 아니라 양성 단계의 교육으로 준비 교육이라고 하였다. 즉, 교사는 생애를 거쳐서 교사가 되는 과정의 길을 걸으며, 교직에 첫발을 내디딘 이후 퇴직할 때까지 현직 교육에 의해 성장한다고 할 수 있다.

이런 의미에서 교사는 가르치는 전문가이기도 하지만, 배우는 전문가가 되기도 해야 한다. 교사전문성 신장의 원동력은 바로 교실을 중심으로 하여 아이들, 동료 교사와의 다양한 만남을 통해 끊임없이 스스로 반성하고 성찰하며 배우는 것이다. 이러한 의미에서 학교교육 현장에서는 교육 공동체라는 말이 생겨나게 되었으며, 서로 배우는 관계를 형성하고 함께 다양한 수업 사례를 가지고 연구하고 성찰하며 함께 교학 상장하여 성장하며 전문성을 높여 가야 한다.

사토 마나부의 배움의 공동체론은 학교를 중심으로 하여 학교 개혁의 중심은 교실 개혁이라는 교실 개혁에 관한 구체적인 전망을 제시하는 이론이다. 이는 곧 수업 개혁의 열쇠는 교사에게 있으며, 교사 변화와 학교 변화를 통해 수업개혁을 추구하고자 하는 것이다.

사토 마나부는 학급붕괴와 같은 교실의 문제를 해결하는 방안으로 배움을 중심으로 한 수업 개혁을 제시하였으며, 그에 대한 실천 방법으로 배움의 공동체를 제시하고 있다. 여기서 배움이란 일반적으로 생각하는 주체적이고 능동적인 행위로서의 배움이라기보다는, 몸과 마음을 열고 다른 사람의 소리에 귀를 기울여서 들어주는 수동적인 감각에 뿌리를 둔 수동적 능동성의 성격이 짙다고 할 수 있다. 사토 마나부는 이러한 의미에서 배움의 공동체는 교실 커뮤니케이션의 변화라고 일컫고 있으며, 교사의 역할이 결정적이라고 말을 한다. 교실에서 서로 귀를 기울여 듣는 관계를 형성하는 것은 교사의 풍부한 지식과 끊임없는 노력이 필요한 과제이기 때문이다.

또한 사토 마나부는 여기에서 더 나아가『수업이 바뀌면 학교가 바뀐다』라는 저서를 통해 배움의 경험 자체를 교육과정이라고 정의하면서, 새로운 교육과정의 창조를 강조하였다. 즉, 배움의 경험을 창조하는 일이 바로 교육과정이며, 이러한 교육과정을 만드는 과정은 배움의 경험에 대한 디자인, 배움의 경험을 창조하는 교실 실천, 그리고 배움의 경험에 대한 성찰과 평가 등의 3단계 거치게 되며, 그중 교실 실천이 가장 중요하다고 강조하였다.

이처럼 배움의 공동체로서의 학교는 수업 창조를 기본 축으로 하여 학교 스스로의 성장이 전개된다. 서로 수업을 공개하고 전문가로서 서로에게서 배우면서 성장하는 연대를 중요시 여기는 것이다. 우리나라 학교에서 현재 가장 심각한 문제 상황 중 하나를 꼽으라고 하면 바로 동료성의 쇠퇴를 들 수 있다. 학교의 성장은 교사 공동체를 통해서 이뤄질 수 있음에도 불구하고 우리 내 학교문화를 살펴보면, 교사들의 동료성에 문제가 있음을 발견하게 된다. 이처럼 교사들의 동료성 구축을 방해하는 요인으로는 초등학교에서는 교실의 장벽, 중등학교에서는 교과 장벽을 들 수 있다. 이러한 각각의 장벽을 허물고 서로의 수업을 자유롭게 공개하고 서로 비평하며 교육 전문가로서 서로 배우면서 동반 성장을 실천할 때 비로소 학교 성장이 시작될 수 있으며, 진정한 의미에서의 배움의 공동체가 형성된다고 할 수 있다.

그러나 우리나라에 제대로 정착하기 위해서 공동성 회복만이 문제점인 것은 아니다. 배움의 공동체는 경청을 강조한다. 이는 일본의 문화에서 크게 벗어나지 않는 것이다. 일본은 어린 시절부터 다른 사람에게 피해를 주지 말 것을 철저하게 배우면서 자란다. 이 때문에 다른 사람의 이야기를 경청하는 자세가 몸에 배게 된다. 그러나 우리나라 아이들은 이에 비해 에너지가 넘치고 역동적인 면이 강하다. 또한 협력적 배움에 대한 이야기를 많이 하지만 이에 대한 구체적인 방법이나 기술을 충분하게 제시하지 못하고 있다.

그런데도 굳이 꼭 학교 공동체가 필요한 것일까?

사회의 변화적인 측면을 고려했을 때, 사회의 급격한 변화에 따라 학교교육의 질적 수준 향상 및 학교의 본질적인 기능인 공동체적 기능의 수행에 대한 사회적 요구가 매우 높아지고 있다(오찬숙, 2014). 이에 교사들은 자신의 전문성 및 역량을 높이기 위해 다양한 방법을 시도하고 있으며, 교사들 스스로 소속감을 느낄 수 있는 공동체로의 변화를 강조하고 있다.

또한, 김태현 선생님은 『교사, 삶에서 나를 만나다』라는 저서를 통해 개인의 행동이 많은 사람에게 노출되는 교사들은 각별히 조심을 기울이고 교육적인 의미를 담아 행동을 해야 한다고 하였다. 그런데 동료 교사, 관리자, 학생으로부터 자신의 이러한 노력을 이해받지 못하고 능력이 없다는 소리를 들으면 큰 낙담 속에 지내게 된다고 한다. 누군가로부터 이해받지 못할 때, 너무 억울하고 속상하게 된다. 그래서 교사들은 동료 교사와 마음으로 더 깊게 연결되기 위해서 삶을 나누어야 하며, 이를 넘어서 수업을 서로 이야기할 수 있어야 한다고 하였다. 그리고 수업 혁신, 학교 혁신, 교육 개혁 등도 어떤 특별한 프로그램과 시스템에 의해 이루어지기도 하지만, 결국 그러한 프로그램과 시스템이 성공하기 위해서는 교사 간에 마음과 마음으로 연결되는 유대감이 있어야 한다.

즉, 현재 우리가 직면하고 있는 많은 교육 문제의 대안적 방안으로 교육 공동체가 대두되고 있으며, 전문성 함양을 위한 학습조직으로서의 학교 공동체, 교사 학습 공동체가 큰 주목을 받고 있다. 교육의 진정한 변화는 교육 공동체 구성원들의 노력과 정성이 있을 때 가능하며, 이러한 개혁은 학교 구성원들의 자발적 참여와 협력, 헌신을 통해서 가능하다. 전문성 개발을 도모하는 학교 공동체는 아래로부터의 교육개혁이라는 측면에서 학교 성장을 위한 중요한 대안으로 주목받고 있으며, 진정한 의미에서의 교육개혁을 위해서는 자발적인 참여와 협력이 가능한 학교교육 공동체 중심의 학교문화를 만들어 가는 것이 중요하다.

교육 공동체의 강조로 현재 많은 학교에서는 교육 공동체로 변화하려는 움직임을 보이고 있다. 그럼에도 불구하고 여전히 학교 관련 문제, 나아가서는 학교 붕괴 현상이 여전히 지속되고 있다. 심지어는 학교 붕괴를 막기 위한 다양한 노력에도 불구하고, 이러한 학교문제가 완화되기보다는 교육적 현안에 대한 학교, 학생, 학부모와 교육당국 간의 갈등은 오히려 더욱 심화되고 있는 실정이다(대전일보, 2011.07.04.). 즉, 기존의 학교 교육 공동체는 교육 공동체라는 단어를 사용하고는 있지만, 실질적으로는 협력과 연대가 강조된 공동체라기보다는 기관이나 법규적 제도 중심으로 구성되어 있는 말뿐인 허울 좋은 교육 공동체였다는 것을 반증하는 듯하다. 또한 교육 공동체를 구현하는 과정에서 실현되어야 할 것으로 제시되는 많은 사항들이 그저 교사들의 인식 수준에 머물러 있을 뿐 아니라, 이를 실천하기 위한 공동체 정신도 아직 부족하다고도 할 수 있다(정영수, 2004).

그러면 교육 공동체 중심의 교육행정 개혁을 위해 우리는 무엇부터 시작해야 할까?

우선은 교육 공동체에 대한 개념부터 확실히 해야 할 것이다. 교육 공동체에 대한 개념은 학교를 어떻게 바라보느냐는 관점과도 매우 밀접한 관련이 있음을 알 수 있다. 관료적인 조직으로의 학교인지 공동체적인 조직으로의 학교인지를 가르는 이분법적인 사고보다는 모든 학교가 이 두 가지 성격을 모두 가지고 있는 이중적인 성격을 지니고 있음을 이해해야 한다. 물론 현재의 학교는 관료제적인 성격이 강한 학교가 많으므로, 의식적으로 공동체적인 성격을 강화함으로써 이 둘의 성격이 서로 조화를 이룰 수 있는 학교로의 성장이 필요한 것은 사실이다.

또한 학교 공동체에 대한 개념과 그 특성은 학자들마다 조금씩 다른 면을 보이고 있다. 그러나 공통적으로, 첫째, 구성원들 사이에 공동으로 공유하는 가치가 있어야 하고, 둘째, 가치와 신념, 감정을 통해 함께 결속해야 하고, 셋째, 소속감을 느끼게 하는 공동의 활동이 필요하고, 넷째, 상호 보살피고 지원하는 인간관계 형성이 필요하고, 다섯째, 구성원들의 헌신에 의해 목표 혹은 과업 달성에 모두가 몰입해야 하고, 여섯째, 형식이나 절차가 아니라 목표, 가치, 동료애와 같은 내부적인 방식에 의해 함께 통제가 되어야 하며, 마지막으로 리더십은 공동체적 연대를 통해 이루어져야 한다.

이러한 공통적인 특성을 바탕으로 학교 공동체는 교사들의 지속적인 능력 개발과 전문성 향상에 헌신하는 전문적 공동체로서의 학교, 교사들이 함께 사고, 성장, 탐구, 몰입하여 함께 배우는 학습 공동체로서의 학교, 그리고 공유된 목표를 달성하기 위해 봉사자로서의 합의된 리더가 존재하는 리더 공동체로서의 학교가 바로 흔히 말하는 학교교육 공동체라고 할 수 있다.

그렇다면, 공동체 형성에 무엇이 필요할까?

이러한 학교 공동체가 형성되기 위해서는 필요한 요건이 있다. 첫째, 좋은 교육이 무엇인지, 우리가 원하는 교육이 무엇인지에 대한 구성원들 간의 협의와 합의가 있어야 한다. 이렇게 되어야만 교사들은 자신들이 하는 교육의 방향이 무엇이고, 이러한 교육이 기여하는 바가 무엇인지 뚜렷하게 인식하게 됨으로써 학교에서도 이러한 공동체를 통해 교사들이 성취하려고 하는 것이 무엇인지 알게 된다. 둘째, 학교 구성원들이 함께 공동의 프로젝트를 추진해야 한다. 이로써 구성원들이 교육 목적과 가치를 공유할 뿐 아니라, 공동의 활동을 통해 이를 재생산하게 되는 과정을 거치게 된다. 이를 통해 학교 공동체는 교육 활동의 목적이 무엇인지 함께 분명하게 인식하고, 그러한 교육 활동의 목적의 가치에 대해 모두가 동의하고 공유할 때 의지가 발현되고, 이러한 의지를 통해 공동의 프로젝트를 추진함으로써 공동의 목표를 지향하는 학교 공동체가 형성될 수 있는 것이다.

물론 이러한 경우에도 한 가지 중요한 인식이 있다. 바로 서로의 의견 차이가 있음을 발견하더라도, 서로 다른 사고의 차이를 없애거나 누구의 의견이나 사고를 바꾸려고 해서는 안 된다는 것이다. 다만, 서로의 생각과 사고의 다름과 차이를 존중하고 배려하며, 협력함으로써 그 차이를 수용해 나가는 학교 문화의 생성이 함께 필요하다. 이러한 문화가 생성될 때 학교 구성원들은 서로 상호 의존하고 상호작용을 하게 된다. 이렇게 형성된 학교 공동체는 학교 구성원들로 하여금 소속감, 신뢰감, 안전성 등을 증진시키는 효과도 가져오게 될 것이다.

그렇다면 이러한 학교 공동체 형성을 위해
교육행정은 어떻게 개혁되어야 할까?

학교 공동체는 공동체를 형성하고자 하는 의지를 가진 사람들이 출현하다고 하여 간단하게 형성되는 것이 아니다(필자 역시 그러한 의지를 가지고 1년간 정말 열심히 공동체를 꾸려 나가고자 하였지만, 생각이 서로 다르고, 서로의 의견이 다름을 인정하고 받아들이지 못한 채 서로 다투고 비판하며 등을 돌리고서 1년을 살아갔던 경험을 실제로 겪었으니 말이다). 그래서 학교 공동체가 형성되기 위해서는 제도적 변화, 문화적 변화, 구성원의 변화가 모두 함께 이루어져야 하는 것 같다. 물론 다행스럽게도 요즘에는 학교경영방식의 변화와 더불어 학교 구성원들의 공동체적 문화에 대한 관심이 높아짐으로써 이에 대한 문화적, 그리고 구성원의 변화는 점차 이루어지고 있는 상황이기는 하다. 물론 이러한 변화의 추세에 따라 제도적인 변화도 뒤따르고 있지만, 기존의 관료적 조직으로의 학교경영과는 다른 경영 원리가 필요하다는 사실로 인해 제도적인 학교행정 측면에서의 변화가 더욱 요구되는 것 또한 사실이다.

이러한 측면에서 노종희(1996)는 학교 공동체 형성을 위한 교육행정 원리를 다음과 같이 제시하였다. 첫째, 평등과 협동의 원리에 입각하여 학교 구성원들의 의견을 존중하고 받아들이는 평등주의 사상이 필요하다. 둘째, 자율과 개방의 원리에 입각하여 중앙통제, 엄격한 상하관계, 하향식의 의사결정에서 벗어나서 교사들의 자율성을 보장해 주어야 한다. 셋째, 돌봄과 헌신의 원리에 입각하여 교사는 학생 개개인에 관심을 갖고 전인적 발달을 도와주어야 하며 교장은 이러한 교사의 전문적 성장을 위해 끊임없이 도와주어야 한다.

또한 학교 공동체 형성에 있어서 교사의 역할도 중요하지만, 학교 전반에 영향을 주며, 학교 구성원을 관리하게 되는 관리자의 역할 역시 매우 중요하다. 학교 공동체 형성을 위해 학교 구성원이 교육의 목적과 가치를 공유하더라도 이러한 의지를 발현할 수 있도록 학교 상황을 만들어 주지 못한다면 이러한 의지가 실제로 발현되지 못하기 때문이다. 이에 학교장은 교사들 간의 상호 협력을 위한 지원체제를 구축하고, 정보와 생각을 교환하며, 전문성 개발을 위해 새로운 정보를 획득할 수 있는 통로를 만들어 줌으로써 상호 신뢰하는 전문 공동체 형성에 노력해야 한다(Smylie & Hart, 1999). 그리고 이러한 측면에서 학교장의 역할은 교사들의 의지가 적극 발현될 수 있도록 제도적인 측면에서 그러한 상황을 만들어 주는 것이라고도 할 수 있다.

학교장의 이러한 역할과 더불어 학교 공동체에서 교사의 역할로는 학생성장지원, 교수-학습 지도 충실, 학생생활지도 헌신, 전문적 교육활동, 교육활동에 주도적 참여, 확고한 교육철학, 학교 공동체 형성 주도 등도 교육행정 개혁의 주요 요소라고 할 수 있다(허학도, 2005). 이에 학교교육행정 개혁에 있어서 교사에게 요구되는 가장 중요한 역할은 동료성 구축이다(Johnson, 2000). 동료성을 구축하는 것은 개인적 필요로서 교사들은 서로 사회적 상호작용, 의사소통을 통해 서로 협력할 필요가 있고, 학생 교육을 위한 필요로서 교육방법, 학생지도, 교육내용에 대한 조언을 서로 주고받을 필요가 있으며, 조직적인 필요로서 교사들 간 학습 진도를 조정하고, 평가에 대한 기준과 방법을 협의하고, 학교 변화와 개선을 위한 공동 노력을 위해 서로 협력할 필요가 있기 때문이다(주철안, 2007).

그러나 학교 공동체 형성에 있어서 교사들 간의 동료성 구축이 필요함에도 불구하고, 실제 학교 현장에서 교사들은 상호협력이 높지 않고 상호 고립되어 있으며, 이로 인해 학교교육행정 개혁이 더딘 것 또한 사실이다(Johnson, 2000). 한 예로 송연주, 이상수(2015)는 학교교육 붕괴 현상 아래에는 학교 구성원들 간의 뿌리 깊은 불신과 심각한 대립이 내재되어 있음을 확인하였다. 구성원들 간의 불신은 여러 가지 원인이 복합적으로 상호작용한 결과로써, 서로에게 불신이 쌓여 있는 상태에서는 협력적 노력을 아무리 하더라도 교육 공동체가 성공적으로 정착될 수 없을 것이다. 그 이유는 교사들은 매일의 생활에서 학생교육과 지도를 교실이라는 독립된 공간에서 단독적으로 수행하는 반면, 학교 전체적인 교육목표는 교사들 간의 교육활동이 상호의존적으로 일어날 때 성취되는 부분이 많기 때문이다. 이에 부장교사, 교감, 교장 등 핵심적 위치에 있는 인사들이 동료성 구축을 위해 적극적인 역할을 수행하는 것이 매우 중요하다(Johnson,

2000).

협력하여 학교교육행정 개혁을 이루기 위해서 학교장, 교사의 역할과 함께 중요한 것이 학부모의 역할이라고 할 수 있다. 학교는 아이들과 교사가 함께 배우면서 성장하는 곳인 동시에 학부모와 지역사회가 함께 협력하여 교육활동에 참여하는 곳이기 때문이다. 실제로 일본에서는 학부모의 교육활동에 대한 참여가 활성화될수록 여러 가지 긍정적 효과를 더 얻을 수 있는 것으로 확인되었다. 학교를 바라보는 학부모들의 관점이 소극적이고 비판적인 것에서 벗어나 서로 협력하는 관계로 변화하게 되며, 내 아이라는 개인적인 의식에서 벗어나 우리라는 공동체적 의식으로 변화하게 되며, 아이들과의 보다 친밀한 관계 형성의 기회를 얻게 된다고 한다. 즉, 공동체적 학교에서 학부모들은 학교 공동체 운영의 중요성을 인식하고 적극적으로 참여하고 지원하는 역할을 담당해야 한다.

실제로 우리나라의 남한산초등학교에서는 기존의 관료적이고 비민주적인 학교 운영의 관행을 극복하기 위해 민주적이고 적극적인 학부모의 참여 방안을 모색하였다. 학부모들은 총회, 운영위원회, 대표자 회의, 학부모회의, 연성 회의 등 다양한 통로를 통해 의사를 전달하며, 다양한 교육 프로그램에서 자원봉사활동으로 참여하고 있다. 이를 통해 갈등도 발생되기는 하였지만, 민주적인 공동체를 형성하게 되었다고 한다(서근원, 2004).

교사, 학교장, 학부모와 함께 교육행정 개혁을 위해 고려해야 하는 부분으로 학교조직의 환경적 요인을 들 수 있다. 여기서 말하는 단위학교에서의 환경적 요인이라 함은 유대관계를 맺고 있는 지역사회 내 각종 유관 기관 및 단체들을 들 수 있다. 단위학교에서는 이러한 지역사회 내 공공기관 및 단체들과 긴밀한 연대를 통해 다양한 교육적 자원으로 활용할 수 있어야 한다. 예를 들어, 경찰서 및 소방서와 같은 관공서에서는 학교에서는 실제로 접하지 못하는 체험 중심의 학습이 가능할 것이다. 특히, 대학의 경우에는 단위학교에서는 보유하지 못한 연구자, 기자재, 시설 등이 풍부하며, 현재 단위학교가 직면한 교육문제에 대한 진단과 해결책 강구에 있어서 다양한 방법으로 지원이 가능할 것이다. 그러나 아직도 단위학교와 지역의 공공기관 및 대학들은 서로 도움을 주고받는 관계라기보다는 소극적으로 교류하는 배타적인 관계를 지니고 있는 것이 사실이다.

실제 일본의 배움 공동체 사례를 살펴보면, 학교와 지역의 연대를 중시하여 '전쟁 중의 삶'이라는 단원을 지도하기 위해 지역 내 노인회의 협조를 구해서 노인회 회원들을 초청교사로 수업활동에 참여시켰다. 노인회 회원들이 학생들에게 전쟁 당시 학교의 모습, 음식, 복장 등을 생생하게 들려주었고, 이를 바탕으로 전시 음식 만들기 수업을 위해 다음에 한 차례 더 초정하여 함께 음식을 만들고 시식도 하는 시간을 가졌다. 이러한 학습 참가를 통해 학생, 학부모, 지역주민, 교사가 서로 배우는 시간을 함께 공유할 수 있었다고 한다(주철안, 손우정, 2005).

끝으로, 교육 공동체 중심의 학교를 통한 학교교육행정 개혁은 어떻게 하면 되는 걸까요?

본 필자가 직접 경험하고 실천하고 있는 학교 살이 이야기와 더불어 김현섭(2013)이 『수업을 바꾸다』라는 저서에서 제시하는 다양한 수업 공동체 유형을 비교하여 이야기를 나누면 좋을 것 같다.

① **수업 친구**: 학교 안에서 동료 교사 중에 수시로 수업 고민을 나눌 수 있는 친구 교사를 정하며 함께 수업 친구를 만들기를 하면 된다. 실제 경북 교육청에서는 이를 근거로 하여 심층수업 컨설팅이라는 이름하에 멘토와 멘티형, 동료장학형 등의 수업 친구 만들기 활동을 실천하고 있다. 본 필자 또한 우리 학교 선생님 한 분과 수업 친구를 만들었으며, 한 학기 1회씩 약 1달간의 기간을 두고서 함께 수업에 대한 진지한 나눔과 성찰을 실천하고 있다.
필자는 2년째 각 1명씩, 총 2명의 교사와 함께 수업 친구를 맺었으며, 1년이라는 긴 호흡을 함께 진행하였다. 교육 정책에 의해 어쩔 수 없이 시작을 한 것은 사실이지만, 생각보다 훨씬 더 깊이 있는 수업 나눔이 가능하였다. 서로의 교육에 대

한 이야기로 시작하여, 어떠한 과정과 이유로 지금의 수업 방식을 선택하여 아이들과 함께 교실 이야기를 꾸려 가고 있는지 등등 심도 있는 나눔으로 진정한 수업 친구를 만들어 갈 수 있었다. 아직 공동체를 구성하는 것이 힘든 독자의 경우, 곁에 있는 친한 사람 한 사람이라도 함께 수업에 대해 진지하게 이야기를 나누고, 교육에 대한 성찰을 함께 나누고, 서로의 힘듦과 어려움을 위로하고 위로 받으며 신뢰할 수 있는 관계를 먼저 형성해 보라.

② **학년 협의회 및 교과 협의회:** 초등학교의 경우에는 학년 협의회, 중 · 고등학교의 경우에는 교과 협의회를 활성화할 수 있다. 그동안의 협의회는 행사나 행정을 함께 협의하는 수준에서 그쳤지만, 이제는 행정 업무가 아니라 생활지도 및 수업의 영역으로 확대하여 활성화할 필요가 높아졌다. 필자 역시 앞에서 설명을 한 것처럼 학년 공동체를 구성하여 학년 협의회를 활성화하고자 매주 금요일 오후 시간을 함께 모여서 수업 이야기를 나누는 시간으로 정하고 운영하고 있다. 함께 모여서 수업 이야기를 나누고, 공동 수업 지도안을 작성하여 함께 수업을 진행하기도 하였다.

우리들의 이러한 협의회를 지켜보던 다른 학년 선생님께서 우리 동 학년의 이러한 분위기를 정말 부러워하시는 것을 알게 되었다. 흔히 동 학년이 모이면 솔직히 수업에 대한 이야기보다는 잡다한 신변잡기식 이야기로 시간을 허비하는 경우가 대부분이다. 그러나 이제는 바꿔 보자. 수업과 교육에 대한 이야기로 시작해 보자. 저절로 수업 이야기를 통한 학년 및 교과 협의회가 이뤄질 것이다.

③ **수업 동아리:** 학년이나 과목에 상관없이 수업에 대한 혁신 의지를 가지고 있는 교사들이 함께 모여서 고민을 나누고 연구를 하는 모임이다. 수업 공동체 중 가장 효과가 좋은 유형으로 형식적인 동호회와는 성격이 다르다. 나 역시 '학생활동 중심 수업을 독서에서 찾는 선생님들('학찾쌤')'이라고 이름을 짓고서, 수업에 대한 혁신 의지를 가지고 있는 교사들을 모아 동아리를 운영 중에 있다. 첫해에 시작

했을 때는 5명으로 시작하였으나, 3년째 동아리를 이어오면서 올해는 16명으로 인원이 증가하여 운영 중에 있다. 꼭 수업에 대한 도서뿐 아니라 교사들의 생각과 사고에 도움을 줄 수 있는 다양한 종류의 도서를 선정하고 함께 책을 읽어보고 이야기를 나눔으로써 수업과 아이들을 대한 교사들의 자세에 대해 진지한 나눔을 실천하게 되었다.

그리고 동아리의 경우 많은 수의 교사와 함께하게 됨으로써, 다른 종류의 공동체와 달리 성공적으로 안착시키기 위해서 몇 가지 원칙을 정해 놓은 것이 있다. 우선은 동아리 활동은 교사들의 자발성을 중시 여겨야 한다. 자발성이 있어야 형식적으로 흐르지 않고 내실을 다질 수 있다. 그리고 교사들이 모여서 함께 성장할 수 있도록 동아리 모임의 목적을 분명히 정해야 한다. 스스로의 성장을 위해 함께 모여서 이야기를 나누고 식사도 하고 회식을 해야 한다. 단지 수다를 떨기 위해서, 함께 식사도 하고 술자리를 가지기 위함이 아니라 관계를 형성하고 래포를 형성함으로써 공동체성을 함께 다질 수 있는 하나의 기회로 삼아야 하며, 이를 바탕으로 모두가 함께 성장하기 위한 목적을 분명히 가져야 한다. 물론 관계를 형성하기 전에는 사소한 이야기를 나누며 가지는 회식자리도 필요하다는 것에는 나 역시 매우 동의를 하고 있으며, 우리도 처음에는 그렇게 시작을 한 것 같다. 그리고 이를 위해서는 전문성을 갖춰야 한다. 수업 공동체가 다른 동아리와 차별성을 가질 수 있는 것은 바로 이 전문성이다. 전문성을 갖추기 위해서 함께 수업 노하우를 공유하고 상호 피드백 활동을 자유롭게 할 수 있는 공동체 문화를 형성해야 한다. 전문성 형성을 위해서는 함께 수업 고민을 나누고, 외부 전문가를 초빙할 수 있으며, 독서를 통해 전문성을 함께 형성할 수 있다.

CHAPTER

06

포스트 교육행정, 교직과 교직문화가 변화하다

1. 교직의 이해[1)]

1) 공식적, 비공식적 조직

교사가 일하는 학교조직을 교직이라고 한다. 교직은 공식조직과 비공식조직을 지니고 있다. 공식조직은 공식적인 조직표상에 나타난 조직으로서 공식화된 분업의 계통과 인원의 배치, 공식적인 의사소통의 경로와 권한의 배분 등을 강조하는 조직이다. 공식조직으로서의 학교조직은 학교운영계획서를 통해서 이해될 수 있다. 학교운영계획서에는 학교규칙, 교육목표, 교육과정 운영, 교무분장, 위임전결, 학교 각종 위원회 등에 대한 운영 규정과 계획이 담겨 있다.

또한 공식조직으로서의 교직은 계선조직(line organization)와 참모조직(staff organization)의 특성을 지니고 있다. 계선조직은 수직적인 지휘명령계통을 바탕으로 학교 업무를 직접

1) 이 절은 김규태(2020)의 8장의 내용을 요약 재구성한 것임을 밝힌다.

수행하는 제1차적인 조직이다(예: 교장-교감-교사). 참모조직은 계선조직의 기능을 원할하게 추진하도록 기획 · 자문 · 협의 · 경고 · 정보수집 · 연구 등의 기능을 수행하는 조직이다(예: 교무부, 연구부, 학생부 등).

한편, 비공식적 조직은 공식조직 내에 존재하면서 공식조직에 의해 충족되지 못하는 여러 가지 사회적 · 심리적 기능을 수행한다. 또한 그것은 공식조직 내부에서 자연발생적으로 생기는 조직이다. 그 예를 들면, 교과협의회, 교직원 상조회, 교사들 간의 각종 동호회 모임이 이에 속한다.

학교조직의 운영 원리는 계층의 원리, 명령통일의 원리, 기능적 분업의 원리, 조정의 원리, 적도집권의 원리 등이 있다.

첫째, 계층의 원리는 조직의 공동목표를 달성하기 위한 업무를 수행하는 데 있어서 권한과 책임의 정도에 따라 수직적으로 서열화 · 등급화 하는 것을 말한다.

둘째, 기능적 분업의 원리는 전문화 또는 분업화의 원리라고도 한다. 이는 조직의 전반적 업무를 직능 또는 성질별로 분담하는 것이다. 학교에서는 이를 교무분장이라고 한다.

셋째, 조정의 원리는 조직 내에서 업무의 수행 조절 및 조화로운 인간관계 유지를 통한 협동의 효과를 거두는 것이다. 이는 학교장이 교무부서 간 업무를 적정하게 배분하거나 업무 간 상충되거나 갈등을 일으키는 사안에 대해 적절하게 조정하는 활동에 해당된다.

넷째, 적도집권의 원리는 중앙집권(centralization, 조직의 권한이 상층부에 집중되어 있는 경향)와 분권(decentralization, 조직의 권한이 하부층로 위임되어 있는 경향) 사이에 적절한 균형을 유지하는 것이다. 학교조직에서는 학교장이 최종 의사결정권자로서 권한을 갖고 있지만, 교직업무의 전문적 책임을 강화하기 위하여 부장(교무부, 연구부, 학생부, 학년부 등)에 권한위임을 하는 위임전결을 두어 적도집권의 원리를 시행하고 있다.

학교조직은 학교교육의 목표를 달성하기 위해 필요한 여러 활동들을 수행한다. 이를 위하여 교직은 분업과 전문화의 원칙에 입각하여 다양한 업무를 수행하는데, 이를 교무분장이라고 한다. 교무분장에서 책임을 담당하는 교사는 부장교사라고 한다. 부장교사는 교장, 교감을 보좌하는 기능, 교직원 간의 횡적 · 종적 조정을 통한 효율적 · 능률적인 학교 업무를 추진하는 조정기능, 전문적 지도 조언을 통해 교사의 질 향상을 도모하는 장학 기능, 교사를 지도 · 통솔하여 능률적으로 업무 추진을 하는 지도 기능을 수행한다. 교무분장은 모든 학교에서 획일적으로 적용되는 것이 아니라 학교의 특성과 사정에 따라 융통성 있게 조직된다. 일반적으로 일선학교에서 구성운영되는 부서는 교무기획부, 교육연구부, 교육정보부, 생활지도부 등이다.

2) 사회체제로서의 교직

사회체제로서의 교직은 게젤과 쿠바(Getzels & Guba)에 의해 체계화되었다. 게젤과 쿠바는 사회체제를 규범적 차원과 개인적 차원의 상호작용으로 보았다. 규범적 차원은 제도, 역할, 역할기대로 구성된다. 제도는 목적하는 바를 달성하도록 사람들로 하여금 여러 가지 분화된 과업을 수행하기에 적합하도록 역할을 조직화한 것이다. 역할은 제도 속에서의 직위, 지위를 나타내며(학교에는 교장, 교사, 학생) 직위에 대한 권리와 의무에 의해서 규정된다. 예를 들면, 교사는 학생들을 위하여 학습경험을 계획할 권리를 가지며, 교육적으로 가장 효과적인 방법으로 가르쳐야 할 의무가 있다. 또한 역할은 기대를 수반한다. 역할 기대는 특정한 역할을 담당하는 개인에게 주어지는 일반적인 기대, 즉 역할에 따른 권리와 의무, 특전과 책임 등을 통칭한다.

반면, 개인적 차원은 개인, 인성, 욕구성향을 포함한다. 개인은 독특한 감정과 욕구, 사고를 가진 사람들을 말하며, 인성과 욕구성향에 의해 그 고유성이 표현된다. 인성은 내적 동기체제로써, 변화하고 자율규제하고 환경과 상호작용하는 역동적 동기체제이다. 욕구성향은 행동의 목적과 방향을 결정하는 내적 힘으로써, 성취, 안정, 수용, 표현에 대한 욕구는 강하게 행동에 영향을 준다.

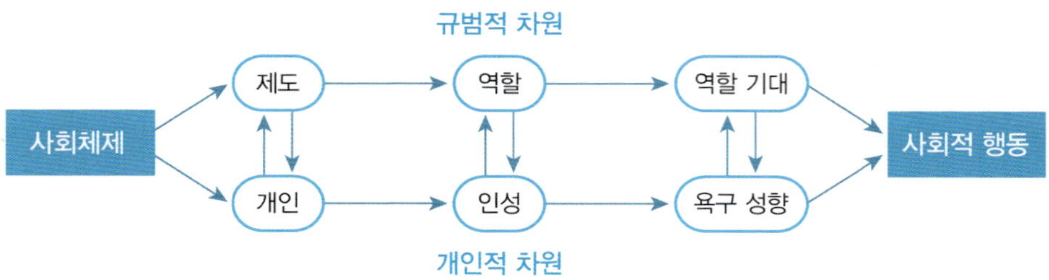

[그림 6-1] 게젤과 쿠바의 사회체제론

3) 관료제로서의 교직

관료제로서의 교직을 이해하려면 관료제의 특성을 이해할 필요가 있다. 관료제의 특징은 〈표 6-1〉과 같이 분업과 전문화, 몰인정성, 규칙과 규정, 권위의 위계, 경력지향성 등에 해당된다. 첫째, 분업과 전문화는 조직의 과업을 보다 효율적으로 수행하기 위하여 직위 간에 직무를 적정하게 배분하고, 전문화를 도모하는 것이다. 둘째, 몰인정지향성(impersonality)은 무사지향성(無私指向性)이라고도 하는데 개인적인 감정에 치우치지 않고 공명정대하게 원리원칙에 의해 조직을 운영하는 원리이다. 셋째, 권위의 계층은 조직 내에 위계가 있고, 그 위계에 따라 공식적 명령계통이 이루어지고, 그에 따라 업무와 일이 진행이 된다. 넷째, 규칙과 규정은 과업수행의 계속성과 일관성을 유지하도록 하고, 또 구성원들의 행동에 있어 통일성과 안정성을 확보하도록 한다. 다섯째, 경력지향성은 조직구성원들의 직무경력을 중요하게 여기는 것이다.

〈표 6-1〉 관료제의 순기능과 역기능

역기능	관료제의 특징	순기능
권태	분업과 전문화	전문성
사기의 저하	몰인정성	합리성
의사소통 저해	권위의 위계	엄격한 순응과 조정
경직성과 본말전도	규정과 규칙	계속성과 통일성
업적과 연공제 간의 갈등	경력지향성	유인체제

이러한 관료제의 특징은 학교조직에서도 적용되고 있다. 첫째, 학교는 전문화와 과업의 세분화가 분명하게 설정되어 있다. 즉, 초·중등학교의 분리, 교과목 및 지원활동의 구분, 수업과 행정의 분리 등은 그 예이다. 둘째, 학교조직은 조직기구표 내지 직제표상 명확하고도 엄격하게 규정되어 있는 권위의 계층을 가지고 있다. 셋째, 학교조직은 조직 구성원들의 행동을 통제하고 과업수행의 통일성을 기하기 위하여 규칙사용에 크게 의존한다. 넷째, 학교조직은 인화단결을 자주 내세우지만 조직관계에서 보면 몰인정성의 원리가 폭넓게 적용되고 있다. 다섯째, 교사들의 채용은 전문적 능력에 기초해서 이루어지며, 대부분의 경우 전문적 경력으로 이어진다. 승진은 연공서열과 업적에 의해 결정되고 고정된 급여를 받는다.

4) 교직의 특수성

교직은 사기업이나 공공기관과는 다른 다음과 같은 특수성을 지니고 있다

첫째, 교직은 여타의 조직에 비하여 학생에게 다음 사회를 위한 '사회화'와 '문화적 적응'을 수행하는 기관이며, 공개성과 공공성을 추구한다.

둘째, 교직은 교수-학습에 있어서 다양한 학습수준과 능력과 독특한 성격과 인성을 지닌 학생들을 대상으로 개별화되고 다양한 수업과 학생지도를 실시한다.

셋째, 교직은 교사와 학생, 학생과 학생, 교사와 교사, 교사와 학부모, 학생과 학부모의 관계 등 다양한 사적이고 비공식적 관계를 강조한다.

넷째, 학교조직은 사기업이나 정부기관보다는 조직의 성과를 측정하기가 어려운 특성이 있다.

이러한 교직의 특수성은 교직이 질서정연하게 구조화되어 있어서 합리적, 과학적, 논리적, 체제적 분석이 가능하다는 합리적 관점과는 다른 관점을 지닌다. 즉, 교직을 둘러싼 환경과 교직을 구성하는 하위요소들을 체계적으로 분석하여 그 효과성 및 효율성을 도모할 수 있다는 것과는 다른 관점이다. 교직의 특수성은 교직에 대한 전문성주

의 관점을 띠고 있다. 이것은 교육 구성원 각자의 가치관과 신념, 태도와 욕구가 복합적으로 상호작용하여 교직이 구성 운영되고, 그 과정에서 협력도 있지만 여러 긴장과 모순을 야기한다는 것을 강조한다. 또한 학교 목표와 과정 및 평가 등에 있어서 불확실성과 모호성 및 복잡성을 지니고 있어서 합리적이고 논리적으로 이해와 설명이 어렵다는 점을 강조한다. 이러한 교직의 특성을 제시한 학자들은 와익(Weick)과 마이어(Meyer)와 로완(Rowan)이 대표적이다.

와익은 이완결합체제(loosely-coupled system)를 주창하였다. 와익에 따르면 이완결합은 "연관된 사건들이 서로 영향을 주고 있으나, 각 사건들은 고유의 정체성을 가지고 있으며, 물리적으로도 또는 논리적으로 별개"를 뜻한다. 와익에 따르면 학교에서는 업무를 어떻게 잘 수행할 것인가에 관한 사항들이 이완된 형태로 통제되고 있다고 본다. 수업활동에 대한 통제는 매우 드물며, 교수활동에 평가가 이루어지더라도 보통 형식적으로 이루어진다. 또한 학교의 한 부서에서 발생한 일은 다른 부서에 영향을 미치지 않는다. 예를 들면, 상담실에서 일어난 상황과 사건은 교육정보부의 업무와 관련이 없어서 영향력이 적다. 그러나 누가 업무를 수행하고 이를 어떻게 처리해야 하는가에 대한 타이트한 조직 차원의 통제(시간표 작성, 봉급, 채용, 근무시간 준수 등)가 이루어진다.

한편, 마이어와 로완은 교육자들은 학교의 조직 구조를 수업활동 및 결과와 분리시키고 있으며 신뢰의 논리(logic of confidence)를 의지한다고 보았다. 또한 이들은 학교는 기본적으로 사람들에게 자격을 부여하는 사회기관으로 보았다. 표준화된 교육과정과 자격증을 가진 교사들은 표준화된 형태의 졸업생들을 배출하며, 이들 졸업생들은 자신이 획득한 배경에 따라 경제 및 사회계층 체제에서 적절한 위치를 차지하게 된다. 초등학교 교사, 영어 교사, 교장, 졸업반 학생 등과 같은 의례화된 분류는 엄격하게 구조화된 교육조직의 토대를 이룬다. 학교는 외부 사회의 법률적, 규범적 기준에 따름으로써 지역사회의 지원과 합법성을 얻게 된다. 철저한 감독 및 엄격한 평가를 통해 수업 프로그램의 문제점이 발견되고 불확실성을 초래할 수 있기 때문에 교수 활동에 대해서는 거의 통제가 이루어지지 않는다. 또한 교수·학습과정의 효과성을 평가하는 것보다 추상화된 의례적인 분류를 따르고 있음을 보여 준다. 따라서 학교는 의례화된 구조와 수업활동을 분리하고 있으며, 믿을 수 있다는 가정을 수용함으로써 이러한 분리를 정당화한다.

2. 교직문화[2)]

교직문화는 행동적 일상 규칙, 규범, 지배적 가치, 철학, 규정, 감정 등의 특징을 지닌다(. 관찰되어진 일상 규칙은 조직구성원들이 상호작용할 때 언어, 용어, 의식과 행사 등을 사용한다는 것을 말한다. 규범은 사람들에게 전형적인 것으로 고려되어진 행동 규범을 말한다. 지배적 가치는 조직 내 사람들이 공유하고 있는 가치이다. 철학은 조직의 핵심 사명, 경영철학 등과 같은 조직의 신념이다. 규칙은 조직의 규정이나 신입 직원이 학습해야 하는 조직의 불문율 같은 것이다. 감정은 조직에 지배하고 있는 분위기나 심리적 적응 방식 등이다.

교직문화는 사회적 체제 요소들과 밀접한 상호관련성을 갖는다. 호이와 미스켈(2013)은 조직들에서 공유하고 있는 7가지 공통요소를 다음과 같이 제시하였다.

① **혁신**: 종업원에게 창조적이고 위험을 감수하도록 기대하는 정도

② **안정성**: 활동들이 변화보다는 현상 유지에 초점을 두는 정도

③ **세부적인 것에 대한 주의**: 정확함과 세밀함에 대한 관심의 정도

④ **결과지향성**: 조직관리가 결과를 강조하는 정도

⑤ **인간지향성**: 관리적 의사결정이 개인들에게 민감한 정도

⑥ **팀 지향성**: 협동과 팀워크를 강조하는 정도

⑦ **공격성**: 종업원들이 안일하게 지내기보다는 경쟁적이 되도록 기대하는 정도

교직문화의 유형은 여러 학자들에 의해 여러 측면에서 제시되고 있는데, 여기서는

2) 이 절은 김규태(2020)의 8장과 9장의 내용을 요약 재구성한 것임을 밝힌다.

퀸(Quinn)이 리더의 권한과 책임의 분산과 조직운영의 가치 등을 기준으로 구분한 관계지향 문화, 혁신지향 문화, 위계지향 문화, 과업지향 문화를 소개하고자 한다. 첫째, 관계지향 문화는 구성원 간의 상호신뢰, 참여, 인간관계 유지, 화목, 우호적 관계와 같은 인화적 단결을 중시한다. 이러한 문화에서 교사들은 성과 위주의 경쟁보다는 협동이 우선이 되며, 리더들의 배려심, 팀워크, 장기적 발전, 응집력, 참여의식을 중요시한다. 둘째, 혁신지향 문화는 조직의 변화에 대한 유연성과 적응성, 도전성, 창의성, 진취성, 혁신성을 강조하며, 새로운 학습자료 개발을 높게 평가한다. 셋째, 위계 지향 문화는 명확한 공식 절차, 규정, 규제, 질서, 관습화된 업무처리 방법을 중요시하며, 안정지향적인 관리자의 역할을 중요시한다. 마지막으로 과업지향 문화는 조직 내 명확한 목표설정과 그에 따른 경쟁이 주요 자극제로 작용하며, 목표 지향적이고 성과독려적인 리더를 강조한다. 이상의 퀸이 제시한 조직문화 유형 특징을 요약하면 〈표 6-2〉와 같다.

〈표 6-2〉 퀸의 조직문화 유형 특징

문화	분 류	특 징
관계지향 문화	특성	가족과 같은 운명공동체
	조직풍토	참여, 안락, 충성심
	성공기준	팀워크, 구성원에 대한 배려
	관리스타일	협동과 합의
혁신지향 문화	특성	곤란을 겁내지 않고 위험 감수
	조직풍토	동적이고 도전적
	성공기준	차별성과 신제품 개발
	관리스타일	개인주도성, 혁신, 자유와 독특성
위계지향 문화	특성	공식적이고 경직
	조직풍토	영속적으로 예측 가능하고 기대치가 확실
	성공기준	효율성
	관리스타일	엄격한 절차나 규칙

문화	분 류	특 징
과업지향 문화	특성	경쟁과 생산
	조직풍토	경쟁에서의 승리 강조
	성공기준	시장 침투와 시장 점유율
	관리스타일	경쟁 능력과 생산성 및 업적 검토 강조

1) 교사와 교직문화

교직문화는 교사문화와 학교조직문화로 구분할 수 있다. 우선, 교사문화는 교사가 생활하는 학교의 실제 모습은 어떠하고, 그 속에서 교사는 무슨 생각을 하고 어떤 행위를 하며, 어떻게 사회적 관계를 형성하는지에 관심을 가진다. 로티는 교사에 대한 논의들이 학교 현실과 교사의 삶과 무관하게 실시됨으로써 그 실효성이 의심된다는 관점에서 연구를 실시하였다. 그는 이 연구에서 미국 교사들이 가지고 있는 문화를 크게 보수주의, 개인주의, 현재 지향성으로 규정하였다. 그리고 학교에서 교사들은 항상 이중적인 사고와 행동을 가지고 있는 것도 발견하였다. 즉, 교사들은 한편으로는 업무에 관한 많은 독립성과 강력한 통제력을 원하는 반면 또 한편으로는 자신이 속해 있는 학교체제의 기존 지배권을 인정하고 의존하려는 입장을 가지고 있었다.

2) 교직사회화

사회화란 개인이 소속된 사회집단의 습관이나 가치, 규범, 행동양식, 언어나 지식을 습득해 가며 한 사람의 성숙한 사회 구성원으로 형성되어 가는 과정을 말한다. 사회가 설정해 놓은 생활습성을 개인이 학습해 가는 과정이 곧 사회화이다. 환언하면, 점점 성인으로 성숙되어 가는 과정이요, 개인이 타인과 사회적 관계를 맺으면서 사회적 역할을 수행해 가는 과정이라 할 수 있다.

특정 직업과 관련하여 이루어지는 사회화는 직업사회화이며, 이에 비추어 교사와 관련된 사회화는 교직사회화 또는 교사사회화라고 할 수 있다. 교직사회화와 교사사회화는 다음과 같이 구분하기도 하고, 양자를 구분하지 않기도 한다. 교사사회화는 교사집단을 대상으로 하거나 타 직업집단과 비교할 때 사용된다. 교직사회화는 교사사회화보다 협의의 의미로 사용되며, 교사의 교직생활에서만 관련하여 사용되지만 사회화의 범주에 있어서는 별 차이가 없다고 할 수 있다. 즉, 교사사회화나 교직사회화 모두 교직생활에서 교육관, 교사관, 교육과정관, 수업지도관, 학생관 등에서의 변화과정을 다루기 때문이다.

교사들은 교직생활에서 생기는 여러 가지 문제에 부딪치게 되며, 그 문제를 해결해 가는 노력을 통하여 사회나 학교가 기대하는 역할을 하게 된다. 이와 같이 교직생활에 적응하는 과정에서 교직사회화가 이루어지게 된다. 교직사회화 과정을 통해서 교사들은 교직문화에 적응하게 되고 교직에 대한 묵시적인 가정, 공유된 가치와 규범이 형성되게 된다. 이러한 적응과정에서 교사들은 학교를 있는 그대로 받아들이고 자신을 맞추기 위해 노력하기도 하지만 자신의 의지와 신념에 따라 학교 상황의 범주에서 허용될 수 있는 행동의 범위를 가능한 넓히기도 한다. 따라서 교사들의 교직 적응과정에서 나타나는 교직의 사회화는 교직에서의 전반적인 생활에 영향을 준다.

또한 교직에서의 사회화의 영향력은 다른 직업들에서보다 상대적으로 높을 것으로 기대된다. 우리나라의 교직은 1차적으로 임용시험이라는 선발장치를 통해 임용 후보자를 선발하면서 강력한 사회화 과정을 겪도록 만들고 있으며 이러한 입문과정을 거쳐 교직에 들어와서는 학교 조직의 특성으로 인해 교직문화에 강한 영향을 받게 되기 때문이다.

교직사회화는 생존기, 강화기, 갱신기, 성숙기의 단계적인 발달과정을 거쳐 충분한 자질을 갖춘 유능한 교사로 성장해 간다. 물론 교사 개인에 따라 성장해 나가는 속도와 발달단계를 거치는 데 걸리는 시간은 다르다.

첫째, 생존기 단계는 신임교사가 교직세계라는 새로운 세계에 처음으로 발을 디디게 되면서 두려움과 걱정에 휩싸이게 된다. 이러한 경험은 신임교사라면 누구나 겪게 되는 것이다. 주위에 있는 선배교사의 지원, 이해, 격려, 위로, 지도 등은 신임교사들이 생존기 단계에서 겪는 어려움을 극복하는 데 큰 힘이 될 수 있다. 그러나 무엇보다 중요한 것은 교사 스스로 학생과 교육환경을 이해하려는 노력, 그리고 다양한 수업방식을 알아보고 적용하려는 노력이다.

둘째, 강화기 단계는 교사로서 내게 부족한 것은 무엇인지, 새로이 익혀야 할 것이 무엇인지를 찾게 된다. 교사들의 이러한 문제는 교사들 간의 상호 탐구를 통해서 가장 잘 해결될 수 있다. 예를 들면, 다른 교사가 비슷한 경우의 학생을 어떻게 다루고 있는지를 알아봄으로써 그리고 자신의 행동을 다른 교사에게 알림으로써 새로운 전략을 세울 수 있다. 특히 이 단계에서는 학생 일반이나 특별한 학생에 관한 정보를 수집하고 그러한 정보를 활용하는 훈련을 많이 해야 한다.

셋째, 갱신기 단계에서의 교사는 자신이 하는 똑같은 일에 대해서 회의와 싫증을 느끼기 시작한다. 그리하여 자신이 하고 있는 교수활동을 새롭게 갱신하려는 힘든 작업을 고려하기 시작한다. 이 단계의 교사들에게는 학교 안에서의 도움보다는 학교 밖에서 다른 교육 프로그램을 운영하는 사람들의 도움이 필요하다. 예컨대, 청소년 교육 프로그램이나 박물관 견학 프로그램, 캠핑이나 여행 프로그램 등을 관찰함으로써 교육활동과 관련된 새로운 아이디어를 얻을 수 있다. 또 교육을 위한 연구모임에 참여함으로써, 그리고 독서나 영화감상 등의 폭넓은 취미활동을 통해서도 이러한 노력의 결실을 얻을 수 있다.

넷째, 성숙기 단계는 교사로서 어느 정도 안정을 찾고 나름대로 자신을 갱신하려는 노력의 결실을 얻은 후에 교사는 비로소 자신을 스스로 교사로 인정하는 성숙한 단계에 이르게 된다. 이 단계의 교사들은 교육개선을 위한 회의나 세미나에 참가할 수 있는 기회나 학위 취득을 위한 기회를 필요로 하게 된다.

3. 교직과 교직문화의 변화

문화는 우리에게 친숙한 말이다. 그것이 우리에게 친숙한 말이긴 하지만, 그 의미를 뚜렷하게 밝히기는 쉽지 않다. 문화는 오늘날 다의미성을 갖는 대표적 용어 중 하나다. 정신적 능력의 계발이나 교양의 형성이라는 의미를 담고 있는 고전적 문화 개념을 뒤로 하고, 근대의 문화인류학의 발달로 이룩된 새로운 개념의 문화는 한 인간집단이 이룩한 모든 것 혹은 그들의 삶의 전체를 포괄하는 어떤 것으로 이해되기도 한다. 여기에 대중문화가 발흥하고, 자본주의의 상업성이 거기에 결부되는 등, 현대의 문화의 현상은 더욱 복잡하게 전개되고 있다. 이런 가운데, 인간의 실존의 문제에 중심을 두고 문화 개념의 탐구가 이뤄져야 하고 그러한 작업은 인간다운 문화의 실현과 연계되어야 한다는 주장이 제기되기도 한다(김용석, 2006).

오늘날 문화의 개념은 모호하고, 문화 현상과 문화담론은 다양하고 복잡하다. 이 글에서 말하는 문화의 개념은 후기 근대에 이르러 새롭게 발전한 문화론이 취한 "특정 민족이나 어떤 집단, 한 시대가 공유하는 특정한 삶의 방식이나 형태, 가치체계, 규범 등"으로서의 문화개념(신승환, 2006: 28)과 맥을 같이한다. 교육조직과 관련지어 이 글에서 말하는 문화는 하나의 조직문화로서, 앞의 문화개념을 조직의 차원에 반영한 것이다. 그래서 간단히 말하면, 특정 조직의 구성원들이 공유하는 의미의 체계 혹은 삶의 방식이라 할 수 있다.

이제 이 글에서 이야기하고자 주제로 삼고자 하는 것은, 이러한 문화가 교육조직에서 어떤 의의를 갖는가이다. 이에 관한 논의는, 다음에서 보게 되는 바와 같이, 문화가 왜 교육조직과 관련해서 특별한 탐구와 담론의 대상이 되어야 하는지 해명하는 일을 자연스럽게 대신하게 될 것이다.

교육조직에서 문화가 특별한 의의를 갖는 것은 무엇보다도 교육조직의 특성에 연유한다. 교육조직의 특성을 말할 때 '느슨한 결합', '조직된 무정부상태', '쓰레기통 모형' 같은 말들이 흔히 사용된다. 그런 말들은 교육조직이 추구하는 목표와 그 조직 안에서 이루어지는 일의 성격, 그리고 그 일의 수행 방식 등에 의해 초래된 조직의 구조적 특성을 말하고 있거나, 조직 내 활동의 전개 양상을 나타내고 있다. 그러나 그 말들은 어디까지나 교육조직의 특성 혹은 그 특성의 일부 측면을 비유적, 함축적으로 나타내고 있을 뿐이다.

따라서, 단순히 그 말들이 뜻하는 바를 설명하는 것으로는 교육조직의 특성에 깊숙이 가 닿을 수 없다. 교육조직에서 문화가 갖는 의의를 설득력 있게 말하기 위해서는 교육조직의 특성을 더 구체적으로, 더 깊이 있게 분석할 필요가 있다. 이를 위해서는 교육조직의 목표와 과업의 성격, 그리고 그 일을 옳게 실행하는 방식 등이 면밀히 분석되어야 한다.

교육조직의 특성을 결정짓는 근본적 연원은 그것이 '교육' 조직이라는 점, 즉 '교육'을 위한 조직이고, 그 안에서 '교육'이 행해지는 조직이라는 데 있다. 교육은 인간으로 하여금 자신의 현재의 존재 방식을 더 나은 수준으로 향상시키도록 하는 데 목적을 두고 있다. 인간으로 하여금 더 밝은 세계이해, 더 바른 행위, 더 세련된 감각과 정서, 더 능숙한 기능을 얻게 하는 것이 교육이 추구하는 목표다. 이렇게 교육이 추구하는 것은 가르치고 배우는 주제나 구체적인 교육적 필요에 따라 세분화될 수 있겠지만, 어느 경우이든 그것들은 불가해성과 복잡성을 다분히 갖는 인간의 존재방식과 연관된 것으로서 용이한 인식의 공유를 확보하기가 어렵다. 다의성을 갖게 되고, 교육에 대한 안목과 이해력의 수준에 따라 달리 해석될 수 있는 여지를 지니게 된다. 교육이 의도하는 바를 어떻게 받아들이느냐에 따라 교육을 실행하는 방식과 교육의 결과를 바라보는 시각이 달라지게 됨은 당연하다.

교육이 의도하는 바가 분명한 윤곽과 객관적인 지향점을 제시할 수 없는 만큼이나 교육이 전개되는 과정 또한 획일적 처방이나 정형성과 거리를 두고 있다. 교육의 과정은 교육활동에 참여하고 있는 사람과 그 활동이 당면한 상황의 변수에 따라 유연성을 보이며 최적의 상태를 조정하고 유지해 가야 하는 성격을 갖는다. 가르치는 사람은 배우는 사람을 의미 있는 경험으로 이끌어야 하는데, 거기에는 양자 간의 관계와 소통, 경험의 내용과 과정의 관리, 교육활동의 전개에 영향을 주는 요인들에 대한 민감한 파악과 대처 등과 관련하여 특별한 질적 수준과 규범이 요구된다.

이상의 논의와 관련된 것으로서, 허병기(2005)는 폴라니(Polanyi, 1962; 1967), 장상호(1994; 2002), 아이스너(Eisner, 1983; 1998), 부버(Buber, 1967; 1970) 등의 교육론을 검토하고 이를 종합함으로써 교육의 제 모습이라 할 수 있는 '교육의 전형'을 그려 내고 있다. 나아가, 그 교육의 전형에 내포되어 있는 것으로 보이는 '교육적 규범', 즉 교육이 따라야 할 주요 원리 혹은 규준을 추론해 내고 있다.

그런 작업의 결과로 그가 제시한 바에 따르면, 교육이란 무엇보다도 객체적 사물을 조형하거나 조작하는 일과는 근본적으로 다른 것이고, 참여자의 몰입과 헌신 속에서 가능해지는 것이다. 교육을 통해 전달하거나 형성해 내고자 하는 것이 지식이든, 기능이든, 혹은 감성적 요소든, 그것은 명백히 객관적으로 정량화하거나 기계적으로 조작할 수 있는 것이 아니다. 또한, 교육이 궁극적으로 추구하는 것은 개별 인간의 삶과 존재 차원의 변화이고 성장이기에, 거기에는 교육하는 자와 교육받는 자 모두의 내발적 동기에 의한 참여와 헌신이 요구된다. 교육에서는 객관화할 수 없고, 정형화할 수 없고, 말로 표현할 수 없는 측면들이 다분히 존재한다. 그것은 모두 사람의 실존적 특성에 기인하는 것이다. 또한, 사람과 사람 간의 긴밀한 소통 속에서 교육이 가능해진다는 데 연유하는 것이다.

교육은 지극히 인간성에 의존하는 것이고, 가치지향적인 것이며, 주체적 창조성을 존중해야만 하는 것이다. 교육이 이렇다고 할 때, 교육이 갖는 그와 같은 특성은 교육조직의 특성을 가장 강하게, 그리고 가장 광범위하게 결정짓는 것이 된다. 교육조직의 특성은 근본적으로 교육의 특성에 연유하고, 또 그것을 반영하는 것이다.

교육조직에서 문화가 갖는 의의는 무엇보다도 교육조직에서 이루어지는 이러한 교육의 특성과 깊이 관련되어 있다. 오늘날 문화에 주목하지 않는 조직은 찾아보기 어려울 정도로 문화는 거의 모든 유형의 조직에서 관심을 모으고 있다. 하지만, 조직에서 문화가 갖는 의의는 교육조직의 경우에 더욱 크다고 볼 수 있다. 교육조직에서는 문화에 의존해야 하는 바가 다른 조직에 비해 더 절실하기 때문이다. 교육조직에서 어떤 문화를 형성해 내고 그것을 어떻게 관리해 가느냐에 따라 그 안에서 이루어지는 모든 교육활동의 양상과 구성원들의 삶의 수준은 매우 큰 영향을 받게 된다.

교육조직은 내적인 힘을 필요로 한다. 교육조직을 움직이는 힘의 중심이 조직의 밖에 있을 때, 그 조직은 결코 참된 '교육조직'이 될 수 없다. 다시 말해, 그 안에서 교육이 제 본성대로 실현되고 그러한 상태가 안정적으로 유지되는 조직이 될 수 없다. 그것은 교육은 본질적으로 그 일을 행하고 거기에 참여하는 사람의 정신 혹은 마음에 의존하는 정도가 특별히 강하기 때문이다.

교육은, 앞에서 본 바와 같이, 기본적으로 과학주의적 합리성과 객관성으로부터 거리를 두고 있다. 교육은 그 목표에서부터 과정과 결과에 이르기까지 과학주의적 합리성과 객관성의 지배로부터 폭넓게 자유롭기를 요구한다. 거의 모든 크고 작은 교육의 목표는 교육 실천 당사자의 해석을 필요로 하며, 모든 교육의 구체적 실행과 결과는 거기에 참여하는 사람의 생각과 감정의 발로에 의해 작동된다. 이는 교육이란 기본적으로 교육 실천 당사자와 그들이 이룬 조직에 '내맡길 수밖에 없는' 성질을 다분히 지니고 있음을 말해 준다.

이렇다고 할 때, 교육조직을 움직이는 힘, 다시 말해, 교육조직에서 교육이 제대로 이루어지도록 하는 힘은 기본적으로 조직의 '안'에 있어야 한다. 교육은 그 실행 당사자와 그들의 조직 '밖'에 존재하는 힘에 의해 통제되고 조정되기가 어려운 성질을 그 본질적 속성으로 지니고 있다. 교육은 거기에 참여하는 사람의 '내적 이유'에 의해 추구되고 실행되는 속성을 가지고 있다.

교육조직에는 이렇게 그것을 스스로 굴러가게 하는 내적 힘이 있어야 하는데, 문화가 바로 그러한 힘과 관련하여 특별한 의미를 지니게 된다. 교육조직의 문화는 그 조직을 이루는 사람들의 의식과 가치체계를 말하는데, 그것이 다름 아닌 그들이 무엇인가를 추구하고 실행하는 '내적 이유'가 되기 때문이다. 교육의 수준과 성패를 결정짓는 근본적 요인이 교육을 임하는 사람이 누구냐, 다시 말해 그들이 어떠한 생각과 의지를 가진 사람들이냐에 있다면, 이는 곧 그들의 문화가 어떤 것이냐를 말하는 것이다. 이렇다고 할 때, 교육조직에 교육의 목적과 교육의 실천 원리에 부합하는 문화를 형성하는 일은 교육조직에 필요한 내적 힘을 구축하는 일이 된다. 교육의 목적과 교육의 실천 원리를 포괄하는 의미로서 '교육적 가치'라는 용어를 쓴다면, 그 '교육적 가치'에 부합하는 문화를 형성하는 일은 교육조직의 운영에 있어서 매우 큰 의의를 갖는 것이 된다.

조직에서 문화가 갖는 의의와 관련된 언급은 상당히 먼 과거에도 없지 않았지만, 근래에 이르러서는 그것이 빈번히 강조되고 있다. 문화가 강조되고 있는 경향은 교육조직에 있어서도 예외가 아니다. 한 예로, 세르조반니(2006: 128–130)의 경우, 질 높은 학교를 위해서는 반드시 바른 문화가 형성되어야 함을 말하면서, 학교를 범상한 수준을 넘어 탁월한 조직으로 만들기 위해서는 학교의 리더십이 상징적 힘과 문화적 힘을 발휘할 수 있어야 한다고 강조한다. 또 그는 스타라트와 함께 다른 곳(Sergiovanni & Starratt, 2007: 331–332)에서 학교의 개선을 위한 변화의 구조적인 측면과 규범적인 측면을 생각할 수 있는데, 구성원의 신념의 변화로 귀결되는 규범적인 변화 없이 구조적인 변화만으로는 학교의 실질적인 변화를 기대할 수 없다고 말한다. 이런 주장들에서도 거듭 확인할 수 있듯이, 교육조직에서 바람직한 문화의 형성이 갖는 비중은 실로 크다.

교육조직 구성원들의 행위가 외적 요구와 강제에 의할 경우 불편하고 가식적인 것이 되기 쉽지만, 문화로서 형성된 내적 힘에 의할 경우 그것은 자연스럽게 발로하는 것이 되고 진정한 것이 될 것이다. 그리고 그 내적 힘이 건전한 것일 때, 거기에서는 훌륭한 교육이 다른 어떤 곳에서보다도 성공적으로 실현될 것이다.

교육조직을 이해하고 관리하는 데에는 구조적 접근과 문화적(혹은 규범적) 접근이 함께 이루어져야 한다. 그러나, 그동안 구조적 접근에 치중했던 불균형을 인식하고 교육조직에서 문화가 갖는 특별한 기능에 주목한다면, 교육조직의 문화의 문제에 보다 집중된 관심을 보일 필요가 있다. 교육조직의 문화의 문제가 해결되지 않고는 학교의 문제는 해결될 수 없을 것이다. 문화적 측면의 장애는 보다 근원적인 차원의 장애가 된다. 이런 점에 비추어, 교육조직에서 구조적 접근도 중시되어야 하지만, 교육조직의 보다 완전한 상태로의 발전을 위해 앞으로 문화적 접근에 대한 관심이 한층 커져야 할 것이다. 교육조직의 문화적 리더십에 관한 탐구가 갖는 의의도 이러한 시각과 맞닿아 있다.

문화와 관련지어 리더 혹은 리더십을 논하는 경우들이 그리 많지는 않은 것 같다. 그런 가운데서도 특히 주목을 끄는 것은 샤인(Schein, 2004)의 저술과 딜과 피터슨(Deal & Peterson, 1999)의 저술이다. 샤인은 신중한 논의를 통해 문화의 개념 체계를 밝힌 다음,

문화를 만들고 변화시키는 데 필요한 리더의 역할을 많은 사례와 함께 설명하고 있다. 딜과 피터슨은 학교 문화 형성의 중요성을 남달리 강조하면서, 학교 문화의 요소와 리더십의 과제를 설득력 있는 언어로 세밀히 제시하고 있다. 양 저술 모두에서 문화를 만들고 관리하는 일은 리더십의 핵심으로 간주되고 있다.

CHAPTER

07 포스트 교육행정, 교육 중심으로 교육정책을 개혁하다

1. 교육정책의 개념과 특성

교육정책을 이해하려면 우선 정책이 무엇인가를 알 필요가 있다. 정정길 등(2012)은 정책을 바람직한 사회상태를 이룩하려는 정책목표와 이를 달성하기 위해 필요한 정책수단에 대하여 권위 있는 정부기관이 공식적으로 결정하는 기본방침으로 정의하였다. 여기서 정책목표는 최선의 정책수단 선정기준, 정책집행에 대한 지침이며, 정책 수단은 정책의 실질적 내용이다. 개념 속에 내재된 정책의 특성은, 첫째, 정책이란 목적지향적 활동이다. 둘째, 정부에 의해 이루어지는 체계적인 활동이다. 셋째, 공공성을 지향한다. 넷째, 공익을 위하여 국민의 동의하에 국가의 정치권력을 동원하여 강제적으로 집행한다.

이러한 점에서 교육정책은 국가 내지는 권력과 교육 간의 관계라는 작용으로 이루어짐을 알 수 있다. 교육정책은 정치적 과정을 통해 형성된 하나의 의사결정으로서 국민교육에 중대한 영향을 미치는 정부의 통치행위라는 특성을 갖는다.

2. 교육정책 결정 모형

교육정책 결정 모형은 정책목표 달성을 여러 대안들 중 최선으로 여겨지는 대안을 선택하고 결정하는 접근 관점과 절차 및 방식을 제시한다. 그것은 학자들마다 여러 가지로 제시되고 있지만, 여기서는 합리적 모형, 만족화 모형, 점증모형, 혼합관조모형, 최적모형, 쓰레기통 모형 등을 개괄적으로 소개할 것이다(김규태, 강유정, 권민석, 최경민, 2017).

① **합리적 모형**: 이 모형은 의사결정이 합리적이어야 한다고 가정하는 고전적 모형이다. 정책목표 달성을 극대화시키기 위한 최선의 대안을 추구함으로써 최적화 전략을 탐색하고자 하는 접근이다. 이 모형에서 제시한 교육정책 결정 과정은 문제확인, 목적과 세부목표 설정, 모든 가능한 대안 마련, 각 대안의 결과 고려, 최선의 대안 선택, 정책결정, 집행 및 평가 등으로 본다.

② **만족화 모형**: 이 모형은 제한적 합리적 모형이라고도 한다. 즉, 인간의 비합리성, 한계성, 상황의 제약 등으로 최적의 대안을 선택할 수 없음으로 일단 만족할 수 있는 정도의 일정 수준을 정해 두고 대안을 탐색해 가면서 결정한다는 입장이다.

③ **점증모형**: 이 모형은 각각 상황에 알맞게 정책결정을 하는 것이 중요하다고 보는 입장이다. 이것은 문제가 복잡하고 불확실하며 갈등이 많을 때 효과적이다. 또한 현재의 상황과 유사한 매우 제한된 몇 가지 대안에 대하여 의사결정자가 상당한 수준까지 동의를 하게 될 때까지 그 결과를 계속적으로 비교함으로 결정하는 입장이다.

④ **혼합관조모형**: 이 모형은 합리모형과 점증모형을 혼합한 절충 모형이다. 이것은 기본적인 방향설정과 같은 것은 합리성 모형에 의해, 기본방향이 설정된 후의 특정문제는 점증모형에 의해 결정하는 것을 강조한다.

⑤ **최적모형**: 이 모형은 정책결정이 합리적인 고려만으로 이루어지지 않고 초합리적인 것, 말하자면, 직관, 판단, 창의와 같은 잠재의식이 개입되어 결정된다는 입장이다. 여기서 '최적'이란 '모든 것이 고려되어 있다'는 뜻으로 어떤 주어진 목표에

도움이 되는 가장 적절한 상태를 뜻한다. 그래서 이 모형은 정책결정의 방법, 결정 후의 평가, 피드백 등에 의한 결정능력의 향상을 위하여 계속 노력하면 최적의 수준에 이를 수 있다고 본다.

⑥ **쓰레기통 모형:** 이 모형은 문제, 해결책, 참여자, 선택기회가 독립적으로 서로 다른 시간에 통 안으로 흘러 들어와서 하나의 산물로 될 때 결정된다는 입장이다. 즉, 문제와 해결책이 섞여 있다가 우연히 하나의 해결책이 선택되어 결정이 이루어지는 것을 강조하는 입장이다.

3. 교육정책 결정의 과정

교육정책의 결정 과정은 일반적으로 정책의제설정, 정책결정, 정책집행, 정책평가 등으로 이루어진다(정정길 외, 2012).

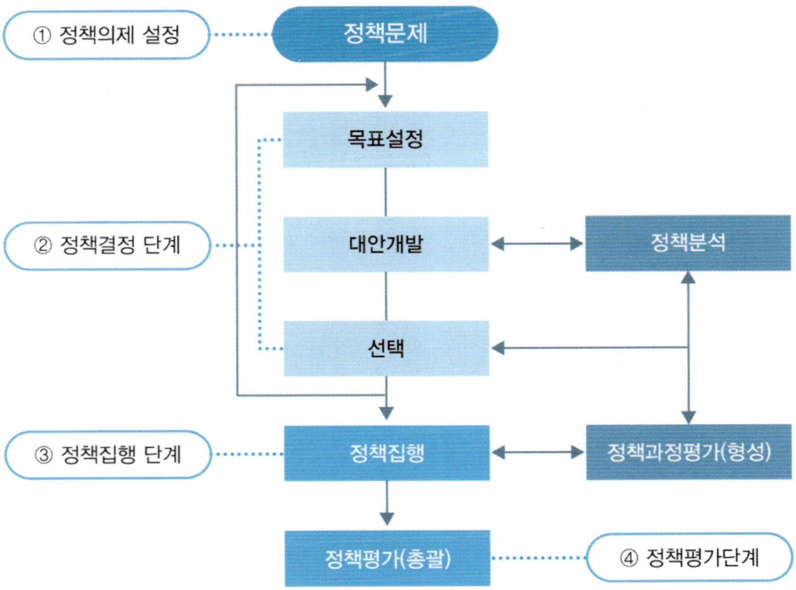

출처: 정정길 외(2012).

첫째는 정책의제 설정 단계이다. 이 단계는 정부가 사회문제를 공식적으로 해결하기 위해 정책문제로 전환하는 공식적 의사결정 활동이다. 이때 정책 당사자 간의 쟁점과 해결책을 둘러싸고 치열한 정치적 갈등과 논쟁이 일어나며 정치적 참여가 많아진다.

둘째는 정책결정 단계이다. 이 단계는 정책목표 달성을 위해서 여러 대안들 중 최선의 대안을 선택하고 결정한다. 이 단계는 어떠한 관점에서 보는가에 따라 합리적 모형, 만족화 모형, 점증적 모형, 쓰레기통 모형 등으로 구분된다.

셋째는 정책집행 단계이다. 이 단계는 정책수단을 실현하는 과정으로서 정책의도의 실현, 정책수단의 구체화 및 실질화, 정책내용의 수정 · 보완 등을 강조한다. 그리고 정책집행의 성공과 실패에 대한 판단은 정책수단의 명확성과 일관성, 정책내용의 적합성과 타당성, 능률성, 실현가능성, 정책집행 수단 및 자원의 확보, 대중 및 매스컴의 지지 등에 따라 달라진다. 또한 정책집행 과정에서 정책당사자들은 정책에 순응하거나 불응하기도 한다.

넷째 단계는 정책평가이다. 정책평가는 총괄평가와 과정평가로 이루어진다. 총괄평가는 정책집행이 끝난 후 정책효과와 정책성패를 판단하고 그 결과를 피드백하는 것이다. 반면에 과정(형성)평가는 정책집행의 도중에 정책과정에서의 투입계획, 투입자원, 집행활동, 정책수단 등 정책과정 전반에 대한 검토 · 피드백를 하는 것이다.

1) 정책의제설정

정책의제설정(agenda setting)은 정부가 사회문제를 공식적으로 해결하기 위해 이를 정책문제로 전환하는 공식적 의사결정활동이다. 여기서 정책문제(policy problem or policy issue)는 정부가 그 해결을 위하여 심각하게 검토하기로 결정한 것을 말한다. 정책의제설정은 문제해결과 정치 갈등의 첫 단계, 정책대안과 정책수단의 범위에 대한 갈등을 초래할 가능성이 많다.

정책의제설정의 과정은 사회문제, 사회쟁점, 공중의제, 정부의제 등으로 진행된다. 사회문제가 제기되면 사회쟁점이 발생한다. 사회쟁점은 일반대중에게 관심을 끌지만,

문제해결에 대한 합의가 어려워 논쟁의 대상이 되는 문제이다. 사회문제가 사회적 쟁점으로 넘어가기 위해서는 촉발장치(triggering device), 즉 사회쟁점이 공론의 장으로 출현하도록 만드는 점화장치가 필요하다. 예를 들면, 학교폭력 쟁점이 공론화될 수 있는 일반 및 정책당국이 주목하게 만드는 학생 폭력이 발생하는 것을 들 수 있다. 공중의제(public agenda)는 또는 체제의제라고도 불린다. 이것은 일반대중의 관심과 주의를 받을 만한 가치를 지니고 있으며 정부가 개입하여 문제를 해결하는 것이 정당하다고 인정받는 사회문제를 말한다. 사회적 쟁점이 공중의제로 전환되는 조건은 다음과 같다.

1) 많은 사람들이 관심을 가지고 있거나 알고 있어야 한다.
2) 어떤 방식이든 정부의 조치가 필요하다고 다수의 사람들이 생각해야 한다.
3) 문제가 정부의 개입이 필요한 영역 내의 것이며, 이것이 정부의 권한 범위 내에 있다고 많은 사람들이 믿어야 한다.

공중의제는 정부의제가 된다. 정부의제(governmental agenda)는 거시 차원의 체제의제 틀 속에서 미시 차원의 정부의제가 만들어지며, 이는 정부의 공식적인 의사결정에서 문제해결을 위해 심각하게 고려하기로 명백히 밝힌 문제를 말한다. 정책의제화되는 과정을 제시하면 다음과 같다.

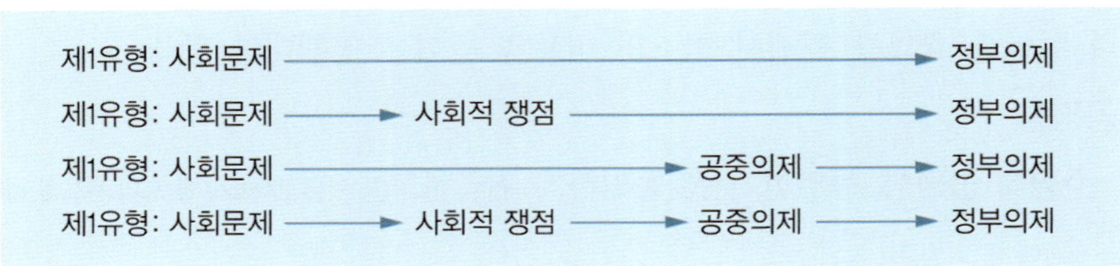

[그림 7-1] 정책의제화의 다양한 과정

출처: 정정길 외(2012).

2) 정책분석

정책분석은 해결해야 할 문제를 명확히 규명하고, 활용 가능한 대안들은 어떤 것들이 있으며, 이들 대안들이 가져올 예상되는 결과와 대안의 선택에 적용해야 할 기준들은 무엇인가에 관한 정보를 사전에 제공하여 가능한 한 합리적이고 분석적인 정책 결정을 하도록 유도한다. 정책분석의 절차는, ① 해결할 정책문제 또는 달성할 정책목표의 명확성, ② 정책대안을 광범위하게 탐색 또는 개발, ③ 정책대안이 가져올 결과 예측, ④ 정책대안의 결과를 비교 예측, ⑤ 최선의 정책대안 선택이다.

정책대안을 비교하고 선택하는 평가 기준은 소망성과 실현가능성을 들 수 있다. 소망성(desirability)은 정책대안이 과연 얼마나 바람직스러운가를 강조한다. 실현가능성(feasibility)은 정책으로 채택되고 그 내용이 충실히 집행될 가능성을 말하며, 구체적으로 정책의 실현을 제약하는 요인이나 조건들인 정책의 제약조건 등을 말한다. 이들 정책대안 비교 선택을 위한 평가 기준은 다음과 같다.

(1) 소망성(desirability)

① **효과성**: 목표달성의 정도. 정책목표를 가장 잘 달성할 수 있는 정책수단(최선의 정책수단 확보)

② **효율성**: 최선의 정책대안을 찾는 데 있어서 동일한 비용으로 최대의 효과를 얻거나 동일한 효과를 위해서 최소의 비용을 들이는 정책대안 탐색

③ **공평성**

- **수평적 공평성**: 동일한 것은 동일하게 취급하고(모든 유권자에게 한 표의 투표권 행사, 동일 노동에 동일 임금)
- **수직적 공평성**: 서로 다른 것을 다르게 취급하는 것(사회적 약자에 대한 혜택 제공하고 정책비용을 보다 적게 부담시키는 것). 배분적 정의라고도 함.

(2) 실현가능성(feasibility)

① **기술적 실현가능성:** 정책이나 정책대안이 이용 가능한 기술로서 실현이 가능한가?

② **재정적 또는 경제적 실현가능성:** 이용 가능한 재원으로서 정책 또는 정책대안이 실현가능한가?

③ **행정적 실현가능성:** 정책의 집행을 위하여 필요한 집행조직, 집행요원 및 전문인력 등의 이용가능한가?

④ **법적 · 윤리적 실현가능성:** 정책대안이나 정책의 내용이 타 법률의 내용과 모순되지 않을 가능성이 있는가. 정책대안이 윤리성과 도덕성을 담보하고 있는가?

⑤ **정치적 실현가능성:** 정치체제에 의하여 정책대안이 정책결정 국면에서 정책으로 채택되고 집행될 가능성이 있는가?

3) 정책집행

정책집행은 정책내용(수단)을 실현하는 과정을 말하며, 그 반대는 불집행(non-implementation)이라고 한다. 또한, 집행이 시도되었으나 집행의 산출물이 나타나지 않은 경우를 집행실패라고 한다. 반면, 집행의 산출물은 있었으나 집행성과가 나타나지 않은 경우를 정책실패라고 한다. 정책을 집행하는 자들은 정책결정자(예: 장관, 교육감 등)로부터 법적권한, 제도적 권한, 공적자원 등을 부여받아 정책의 내용을 수행하는 행위자(예: 교육부, 교육청 관료들)이다. 정책집행이 제대로 이루어졌는지는 정책집행 평가를 통해 이루어진다. 정책집행에 대한 평가는 총괄평가와 과정평가를 통해 이루어지며 그 유형별 특징은 다음과 같다.

(1) 평가대상

① **총괄평가:** 정책결과, 정책집행이 끝난 때에 내리는 평가

- **정책산출**(policy output) **평가:** 가장 단기간에 나타나는 효과(프로그램에 직접적인 물적, 인적

산출, 즉 도서관 시설 확충)

- **정책성과**(policy outcomes) **평가**: 정책 산출을 통해 얻는 효과(도서관을 통해 얻게 되는 독서량 증가, 도서 수 증가 등)
- **정책영향**(policy impact) **평가**: 그 사업이 다른 부문에 미치는 영향까지 고려한 효과(도서관에 의한 평생교육, 주민 문해 증가 등)

※ 장기간 관찰, 측정 요구되어 프로그램과 결과 간의 인과성 추론 난해, 여러 부문의 상호작용 효과 고려 난해

② **과정평가**: 집행과정, 집행도중에 이루어지는 평가로서 집행의 관리와 전략의 수정 보충

(2) 평가자

① **내부평가**(internal evalution 또는 자체평가 self-evalution): 정책의 결정 집행을 담당하고 있는 사람들이나 소속된 조직의 다른 구성원이 행하는 평가

② **외부평가**(external evaluation): 정책의 결정 집행의 담당기관이 아닌 제3자가 수행하는 평가

4. 교육중심 학교회계 편성

학교회계, 학교재정이라는 말을 들으면
무엇부터 떠올리나요?

교사의 입장에서는 항상 매년 예산 요구서 작성을 떠올리면서 학교예산이 매년 줄어들고 있으며, 매년 학교예산 사용에 있어서 어려움에 대한 이야기를 떠올리게 될 것이다. 가뜩이나 부족한 학교예산임에도 불구하고, 우리는 더욱 허리를 졸라매면서 개미허리로 만들어서 학교예산을 사용해야 하는 것이 현 실정인 것이다.

우리나라 학교재정은 개별자금에 따라 분리 · 운영이 되면서 드러난 재정현황 파악의 어려움, 회계집행상의 투명성 결여, 비효율적인 예산 운영 등의 문제점을 해결하기 위하여 2001년부터 학교회계제도가 시작되었다(최우정, 전정수, 2008). 이러한 의미에서 학교회계제도는 단위학교 중심의 자율적이고 효율적인 재정운영을 위해 도입이 되었으며, 다양한 교육활동을 효과적으로 지원하고 이를 통해 학교교육의 질적 수준을 높이기 위하여 실시되고 있다. 그러나 교육활동의 효과적인 지원을 통한 교수 · 학습 활동의 질적 향상을 목적으로 한다는 그저 허울만 좋은 말뿐인 학교회계제도는 아닌가 하는 반문을 해 본다.

학년말이 되면 어느 학교나 예산 편성안을 작성하게 된다. 그리고 그맘때쯤이면 항상 우리 교사들은 행정실장, 혹은 교장선생님께 이러한 말을 듣곤 한다.

"올해 예산도 빠듯합니다.
꼭 필요한 예산만 신청하도록 해 주세요."

단위학교의 자율적 재정운영, 재정운영의 투명성과 신뢰성 제고, 교원의 예산참여권 보장, 재정확보를 위한 자구노력, 학교교육활동 수준의 향상이라는 기대성과를 가지고 학교회계제도가 실시되고 있음에도 불구하고, 학교 관리자들은 아이들의 교육활동의 질적 수준 향상을 위한 예산을 계획하기 전에 미리 선을 그어서 제시해 버린다. 그리고 예년과 달리 예산을 더 많이 편성하려고 하면, 다른 부서와의 마찰이 예상되기도 한다. 실제로 예산 편성 회의 때 언성이 높아지는 경우를 더러 보는 것도 이 때문이다. 교육활동의 질적 수준을 높이기 위해 학교회계제도가 도입이 되었는데도, 학교현장에서는 교육활동과 관련된 예산을 높게 배정하지 못하는 이유는 무엇일까?

그 이유를 필자는 목적사업비[1] 배분에서 약간의 해답을 찾고자 하였다. 정성식(2015)은 『교육과정에 돌직구를 던져라』라는 저서를 통해 다음과 같은 말을 하고 있다.

1) 단위학교의 특정사업 수행을 위해 지원되는 경비

학교예산 중에서 목적사업비가 차지하는 비중이 너무 크다. 학교 예산 중 절반이 넘으며, 인건비, 급식비, 방과 후 학교 운영비, 각종 공모 사업비 등이 목적사업비로 배부되며, 이를 제외하고 나면 기본 운영비는 학교 예산의 절반도 되지 않는다. 2012년 지방교육재정 분석 결과 보고서를 통해 2012년 공립학교회계전출금 중 학교운영비 비율은 44.8%이며, 이를 제외한 비용은 모두 목적사업비이다.

학교예산 중에서 마음껏 사용할 수 있도록, 학교 자체적으로 재량권을 행사할 수 있는 부분은 50%도 되지 않으며, 이로 인해 가뜩이나 가난한 학교인데도 그 마저도 절반 이상을 빼앗겨 버리니 허울만 좋은 말뿐인 학교회계제도가 아니었을까?

이처럼 목적사업비의 비율이 높은 것은 목적사업비가 단위학교 교육비의 결정요인으로 작용하였기 때문이다. 단위학교 교육비를 산정할 때 단위학교에서의 주요세입원으로 목적사업비가 포함되며, 단위학교의 적정교육비를 산출할 때 포함되는 세출 또한 목적사업비와 관련이 깊기 때문이다. 실제 2014년 서울시교육청 산하 초·중·고등학교의 학교회계전출금 총액 구성 정도는 다음과 같다(이현국, 정동욱, 2016).

연도	학교회계전출금[2] 총액(단위: 천 원)			계
	목적사업비총액	학교운영비총액	재정결함보조금	
조사학교 수	896	896	250	896
2009	559,258,048	288,522,982	572,977,216	1,420,758,246
2010	537,876,096	285,374,827	592,992,384	1,416,243,307
2011	586,975,552	301,374,106	561,125,440	1,449,475,098
2012	702,001,024	340,867,729	606,488,960	1,649,357,713
2013	718,929,920	336,697,796	638,437,952	1,694,065,668

출처: 이현국, 정동욱(2016: 11).

2) 교육청에서 단위학교에 배부하는 재원이 학교회계전출금이며, 여기에는 학교기본운영비, 학교기타운영비, 목적사업비, 학교환경개선사업비가 포함된다. 이러한 학교회계전출금이 단위학교 측면에서는 학교회계전입금이 되는 것이며, 학교운영비전입금과 목적사업비 전입금으로 구성된다.

앞의 표에서 학교운영비가 비교적 적게 나타나는 것은 사립학교의 경우 학교기본운영비가 포함되지 않았기 때문이다. 그렇다 하더라도 목적사업비는 매년 증가하고 있다. 2009년과 2013년을 비교할 경우 목적사업비의 증가율은 학교운영비 증가율을 훨씬 뛰어넘고 있음을 알 수 있다. 뭐, 학생 1인당 교육비 재원이 된다는 이유로 목적사업비가 증가를 하고 있다고 주장을 한다면 받아들일 수 있다.

이로 인해 단위학교 재정 운영의 자율성을 침해받게 되었다. 목적사업비의 비중이 커진다는 것은 교육부, 교육청이 원하는 사업을 계획하여 정해진 예산을 단위학교에 배정하는 금액이 커진다는 의미로 학교재정운영의 자율성을 저해하게 된다. 이런 의미에서 학교회계재정에서의 목적사업비 비중을 줄여 주어야 하는 것은 아닐까? 목적사업비의 비중을 줄이고, 기본 운영비의 비중이 늘어나게 된다면 학교에서는 학생들을 위해, 그리고 학부모와 지역사회의 요구에 따라 교육활동의 질적 수준을 높이는 데 더 많은 예산을 사용할 수 있지 않을까?

그런데 이러한 시점에 한 가지 더 궁금증이 생기게 된다. 과연 목적사업비는 원래의 목적에 맞게 배분이 잘 되고 있는 것일까? 목적사업비는 학생 1인당 교육비의 재원이 되기 때문에 매우 중요하다고 할 수 있다. 그렇다면 다음의 내용은 어떻게 말을 할 수 있을까?

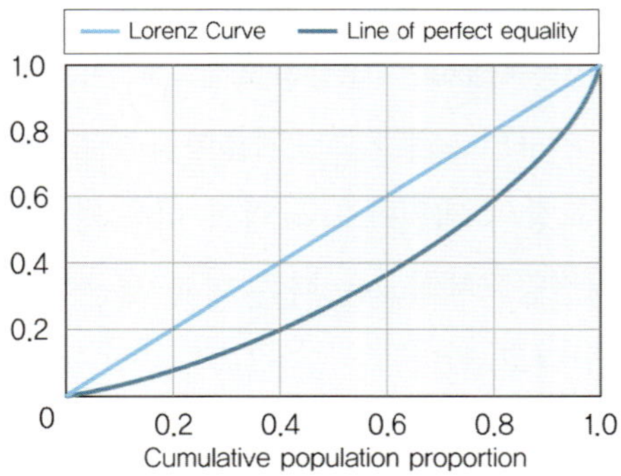

목적사업비 로렌츠 곡선

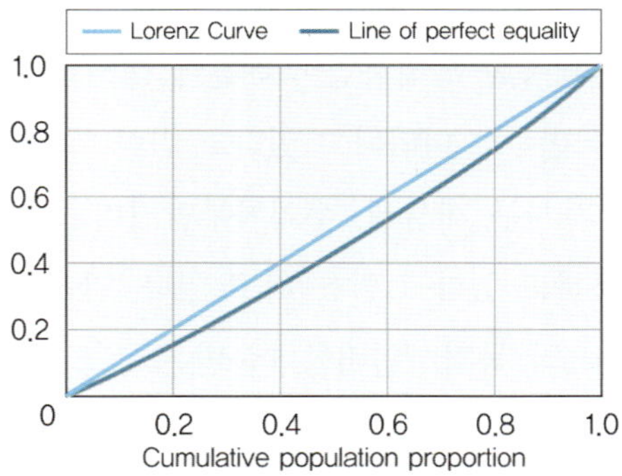

학교기분운영비 로렌츠 곡선

구분	Gini's Coefficient[3]				
	2009	2010	2011	2012	2013
목적사업비	.440	.381	.320	.250	.248
학교기본운영비	.145	.137	.135	.101	.097

출처: 이현국, 정동욱(2016: 12).

앞의 목적사업비 로렌츠 곡선과 학교기본운영비 로렌츠 곡선을 비교해 보면 알 수 있을 것이다. 2013년 목적사업비는 학교기본운영비에 비해 지니 계수 기준 약 2.6배의 편차를 보이고 있으며, 그만큼 불공정한 분배가 이루어지고 있음을 알 수 있다. 학교별로 목적사업비에 비해서 학교기본운영비는 공평하게 배분이 이루어지는 편이다. 이러한 편차는 왜 일어나고 있을까? 아마도 많은 비용이 포함되는 것이 목적사업비인 측면도 있지만, 한 개의 학교에서 여러 개의 목적사업비를 획득하였기 때문일 것이다.

왜 몇 개의 학교에 목적사업비가 집중되는 것일까?

물론 목적사업비의 특성상 중앙정부, 교육부, 교육청에서 대상 학교를 선정하고 이에 따라 차등적으로 배분이 되는 구조라서 어느 정도 불평등한 배분이 있을 수는 있다. 하지만 달리 생각해 보면 이렇게 불평등한 배분이 있을 수밖에 없는 목적사업비를 매년 증액시켜야 하는 이유는 무엇일까?

불평등한 목적사업비 배분에 대해 이현국, 정동욱(2016)은 교장공모제학교 여부가 주요한 변수로 나타나고 있다고 한다. 즉, 시설 · 기구의 노후 정도, 기초학력미달 학생비율, 자치구 재산세, 수익자부담경비보다도 학교장의 재원확보 노력이 더욱 중요하게 작용하고 있다고 말을 하고 있다. 단적으로 교장공모제학교는 다른 학교 평균에 비해 30.4%의 목적사업비를 더 받는 것으로 나타난다고 한다.

학생 1인당 교육비와 밀접한 관련이 있는 목적사업비의 필요성에 대해서는 본 필자

3) 지니계수는 목적사업비와 학교기본운영비의 배분정도를 로렌츠 곡선으로 표현한 뒤, 45°로 기울어져 있는 로렌츠 곡선과 얼마나 가까운지 혹은 멀어지는지를 나타내는 수치이다. 0에 가까울 수도록 공평한 분배가 이루어진 것이며, 1에 가까울수록 불공평한 배분이 이루어짐을 의미한다.

도 동의를 한다. 그러나 보다 필요한 학교에 형평성에 맞게 배분이 되고 있는가가 문제인 것이다. 최근 학교 복지에 대한 관심 증대로 인해 형평성을 고려한 정책들이 많이 대두되고 있다. 그렇다면 정치적, 지역적 요인보다는 교육적 필요에 의해 더욱 필요가 높은 학교에 목적사업비를 배분해 주어서 가난한 학교가 생겨나지 않도록, 교육활동에 예산편성을 못하여 허리를 졸라매고 개미허리가 되도록 예산을 편성하는 일이 없도록 해야 할 것이다. 특정사업의 추진에 있어서 효율적인 측면만을 반영하면서 목적사업비를 배분하는 것이 아니라, 단위학교의 교육여건을 살펴보고 그에 맞는 형평성을 고려한 목적사업비 배분도 필요한 시점이라고 말을 하고 싶다. 물론 앞에서 말을 했듯이 학교예산 중 목적사업비의 비율도 점차 줄여 가는 것도 하나의 중요한 쟁점이라고도 할 수 있다.

학교예산은 아이들의 교육활동을 위해, 교육활동의 질적 수준을 높이기 위해서 사용되어져야 하는 것임에 대해 함께 공감하면 좋겠다.

어느 시대든 그때마다 여러 종류의 권위자들이 있었으며, 시대의 흐름에 따라 권위자들을 바꿔 가며 우리들은 그러한 권위자들에게 의지하고 있었다. 학교 회계 또한 그러하며, 학교의 모든 일이 그러한 것 같다.

어느 순간, 우리들은 학교 컨설팅을 진행함에 있어서 동료 교사들의 의견이나 경험보다는 어느 대학교의 교수를 초빙하여 교수의 말씀을 열심히 경청하게 되었다. 마치 교수들이 우리 학교의 문제를 모두 해결해 줄 수 있는 권위자처럼 여겨 왔던 것 같다. 그러나 어떤 권위자들도 정확하게 미래를 예측하고 늘 옳은 판단을 내리지는 못한다. 교수들 또한 그러하다.

그래서 필자는 어떤 분야의 전문가를 만나더라도 그의 의견에 도전하려고 한다. 의심하고 반론을 던져 보려 한다. 자신을 더 신뢰하고, 우리들의 경험을 믿으며 도전하려고 한다.

특히 그것이 학교와 관련된 것이라면 더더욱 그러하려고 한다. 학생의 교육과 배움을 위한 것인지 아닌지만을 판단하며 말이다. 학교 회계 또한 그러해야 할 것 같다. 상부의 지시가 아니라, 학교장 혹은 행정실장의 의견이 아니라 우리들이 직접 아이들과 생활하면서 경험하고 알게 된 산지식을 바탕으로 우리 학교교육의 발전, 우리 아이들의 행복한 교육을 위해 학교 예산이 더욱 효과적, 효율적으로 사용될 수 있도록 예산 사용에 있어서 자율권을 계속해서 주장하려고 한다. 권위자의 의견에 따르는 것이 아니라 자신을 신뢰하면서 자유롭게 사고하고 의견을 말하고자 한다.

5. 덜어 내는 것에서 시작하는 학교교육행정 개혁

교사가 성장하기 위해서는 학교라는 울타리가 넓어져야 한다고 느낀다. 많은 연구, 도서, 연수, 공동체 등을 기반으로 교사는 계속해서 성장하고 있음에도 불구하고, 학교의 울타리가 그대로라면 그만큼 성장하는 교사를 학교는 받아들일 수 없게 되는 것이다. 교사가 성장하는 만큼 학교도 동반 성장해야 한다. 성장하는 교사가 더욱 마음껏 자신의 교육철학을 펼칠 수 있도록 학교는 울타리를 조금씩 넓혀 주면서 함께 성장을 해야 할 것이다.

이러한 학교 성장, 즉 학교교육행정 개혁의 첫 걸음이 바로 덜어 내기인 것 같다.

학교의 성장은 무엇인가를 더 하려고 하는 것이 아니라
무엇을 덜어 내야 하냐에 대한 고민에서 시작되어야 한다.
우리들 학교에는 다이어트가 필요하니까

'참으로 양이 많네.' 라는 생각을 제일 처음 하게 되었다. 왜 이리도 교육과 관련 없는 내용으로 꽉꽉 채우면서 150쪽이 넘는 학교교육과정을 만들었나라는 자괴감이 들기도 하였다. 지난 우리 학교교육과정에는 아이들의 교육에 대한 이야기는 들어 있지 않고, 처음부터 끝까지 법적인 이야기, 업무적인 이야기, 그리고 수업 시수에 대한 이야기로 가득 차 있었다. 학교가 업무에 따라 운영이 되는 곳이 아니라, 교사, 학생에 의한 학년별 계획 및 교육 내용에 따라서 업무가 교육을 위해 보조하는 역할을 해야 하는 곳임에도 불구하고, 우리는 주객이 전도된 채로, 교육이 아닌 업무를 중심으로 하여 교육과정 계획을 짜고 있었으며, 그에 따라 학년별 계획을 세우고 있었던 것이다. 더 많은 것을 넣어야 좋아 보일 것이라고 그때는 왜 그런 생각을 했을까?

그리고서는 무엇을 덜어 내면 좋을까라는 고민을 시작하였다. 어떻게 될지 결과는 모르지만, 하지 않은 것보다는 한 것이 좋으며, 시작하지 않은 것보다는 시작하는 것이 좋다는 생각으로 말이다.

우리 학교교육과정에서는 참으로 필요 없는 것들이 너무 많다. 그리고 주변 학교의 교육과정도 함께 살펴보았다. 필자가 근무하는 학교를 지원·관리하는 교육지원청의 경우에는 교육지원청 홈페이지에 학교별 교육계획서를 탑재하라고 지시를 하고 있어서 어느 학교의 학교교육과정이라도 쉽게 살펴볼 수 있다. 다른 학교들도 별반 다르지 않은 상황임을 발견하게 되었다.

여기서 잠시 학교교육계획서 제출에 대해서 정성식(2015) 선생님의 이야기를 빌려 오자면 다음과 같다.

> 학교는 neis와 정보공시시스템을 이용해서 교육과정을 운영하고 있다. 그리고 학교교육과정의 모든 내용을 시스템에 등록하여 대국민서비스까지 제공하고 있다. 그럼에도 불구하고 책자 형태의 학교교육과정을 또 다시 만들어 내기 위해 이토록 공을 들이는 이유는 무엇일까?
>
> neis가 처음으로 도입될 당시 정부는 교육행정의 정보화를 통해 교육 생산성을 극대화하고 교원들의 업무를 경감시킬 수 있을 것이라고 말하였다.
>
> 하지만 이러한 의도와 달리 neis는 교원의 업무를 증대시켰고, 그 안에 들어 있는 메뉴는 교사들의 짐으로 고스란히 남게 되었다. 본 필자 역시 매 학기말 성적 사정을 위해 연수를 준비하다 보면 매년 neis 성적 처리 방법에 변화가 생긴다. 매 학교 연구부장은 이렇게 변화된 방법을 찾고 정리하느라 힘들어하고, 교사들은 이제 어느 정도 할 수 있겠구나라고 생각했던 성적처리 업무였는데, 또 다시 바뀌어서 힘들어하는 경우를 아주 자주 보게 된다.
>
> 그러나 더 큰 문제는 neis가 도입되었지만 교육청의 교육과정 관련 행정에는 변화가 없다는 것이다. 그래서 학교는 똑같은 내용을 시스템에도 입력하고 종이문서로도 만들어야 한다. 교육청에서는 책자 형태의 학교교육과정을 별도로 요구하고 있으며, 이와 더불어 학교 요람이라고 하여 교육과정 요약서와 비슷한 책자도 요구하고 있다.
>
> 예를 들면, 필자가 속한 교육 지원청에서는 2017년 학교교육과정을 2월 22일까지 제출하라고 지시가 내려져 있는 상황이다.

그러나 학교교육과정은 법적인 장부도 아니었으며, 시도교육청의 교원업무경감계획에서는 종이문서와 함께 전자문서로 이중 관리되고 있는 학교장 장부를 전자문서로 단일화하여 업무 경감 및 예산 절감을 꾀하고자 한다라고 명시되어 있다.

그럼에도 불구하고 별도의 교육과정을 제출하라고 요구하는 것은 이러한 상황에 위배되는 것은 아닐까?

잠시 이야기가 다른 곳으로 새기는 했지만, 어쨌든 이야기의 골자는 교사의 성장, 학교의 성장을 위해 각 주체들이 열심히 노력하더라도, 이렇게 교육 관련 상부(?)기관의 행정 처리에는 변화가 없다는 것도 하나의 커다란 문제가 된다는 것을 말하고 싶었다. 아무리 학교에서 덜어 내려고 하고, 빼려고 해도 상부기관의 변화된 모습 없이는 그렇게 빼고 덜어 낸 부분에 다른 무언가가 또 다시 채워지게 될 것이기 때문이다.

하지만 상부기관은 우리가 어떻게 할 수 없다고 하지만, 우리들 교사, 학교는 우리가 함께 노력하면 성장할 수 있으며, 이에 따라 상부기관도 함께 성장하는 계기를 마련하게 될 것이라고 생각한다. 정성식 선생님의 학교교육과정 책자 만들기와 관련된 많은 노력으로 몇몇 해당 지원청 및 다른 몇 개의 지원청에서는 교육과정을 별도로 제출하지 않게 되었다는 소식을 접하게 되었으니 말이다. 우리 교사들이 성장하고, 학교가 성장하면 교육지원청, 교육청, 나아가서는 교육부에도 조금씩 성장의 모습이 보이지 않을까라는 희망찬 기대를 조금은 해 보기도 한다.

그렇다면 다이어트를 하고자 하는 학교, 무언가를 더 덜어 내려고 노력하는 학교를 만들기 위해 우리는 어떻게 해야 하는 것일까? 이에 대한 답을 얻기 위해서 다시 한 번 비슷한 질문을 해 본다.

덜어 내기 위해서 학교에서는 어떠한 노력을 해야 할까?

학교교육행정 개혁에 대한 이야기가 교사 개인 차원에 그친다면 효과는 그리 크지 않다. 학교교육행정 개혁이 이루어지려면 말 그대로 학교 차원의 개혁, 혹은 성장이 필요하기 때문이다. 이러기 위해서 우선 학교에서는 학교교육행정 개혁이 바라는 지향점이 무엇인지에 대한 설정이 필요할 것이다.

더 많은 이야기를 나누기 전에 한 가지 미리 말을 하고 싶은 것이 있다. 본 필자가 이 이야기를 통해 전하고자 하는 학교교육행정 개혁은 교육과 배움이 중심이 될 수 있는 학교로의 변화를 그 지향점으로 두고 있기에 이에 대해서 이야기를 계속 이어 나가도록 하겠다. 물론 이러한 필자의 이야기로 인해 기분이 상할 분도 있으리라 짐작한다. 다만 학교를 바라보는 시각에 있어서 이러한 다른 이야기도 있을 수 있구나라는 차원에서 함께 필자의 이야기를 들어주기를 희망해 본다. 필자 역시 나와는 다른 생각을 가진 교사들의 이야기를 들어주고, 인정해 주고, 그들과 어떻게 하면 함께 학교교육행정 개혁을 위해 서로의 생각을 조율해 갈 수 있을지를 고민하면서, 하나의 공동체로써 모두가 함께할 수 있는 그러한 시기가 오기를 바라기 때문이다.

교사라는 직업이 누군가를 항상 가르쳐야 하는 사람이라서 그런지 다른 사람의 말을, 특히 자신과는 다른 생각을 가진 사람의 말을 잘 듣지 않으려는 경향이 강한 것 같다. 필자와 한집에서 함께 살고 있는 아내조차, 가끔씩 교육적인 의견 충돌을 하고 있으니, 하물며 다른 교사들은 어떠할까? 그래도 이제는 서로의 생각에 대한 고집과 아집에서 벗어나서, 서로의 생각이 틀림이 아니라 다름을 인정하고 함께 상생할 수 있는 길을 찾아보기를 바라 본다. 이것이 앞서 말한 교육 공동체의 출발점이 아닐까 한다.

어쨌든 다시 원래의 이야기로 돌아오자. 학교의 성장을 위해서 이제부터 우리는 학교에 무엇인가를 더하여 추가하려 하는 것이 아니라 무엇을 덜어 내고 빼야 하는지에 집중해야 한다. 보통 연구학교, 시범학교가 형식적으로 흐르고, 실패하는 이유가 바로 이렇게 덜어 내고 빼는 것이 아니라 무엇을 더해야 하는지에 초점을 두고 있기 때문이었는지 모르니 말이다. 기존의 학교 모습은 그대로 둔 채, 새로운 정책에 맞는 프로그램을 추가하여 더하게 되면서 아이들에게는 또 다른 학습에 대한 부담감, 교사들에게는 기존 업무에 더해진 또 다른 업무에 대한 부담감이 가중될 수밖에 없기 때문이다.

전국적으로 좋은 학교라고 소문난 학교들은 공통적으로 학교교육행정 개혁을 위해서는 더하는 것이 아니라 덜어 내는 것에서부터 시작했음을 알 수 있었다. 이렇게 선생님들이 줄이거나 없애야 할 것들, 버리고 덜어 내야 할 것들을 선정한 결과를 공통적으로 살펴보면 다음과 같았다.

- 각종 글짓기, 그림 그리기 대회
- 환경 미화 심사
- 강제적인 방과 후 학교 참여
- 교문 지도
- 두발, 복장 검사
- 베끼거나 다운받아서 내는 수업 지도안
- 연구수업 지도안
- 보고용 행사
- 잦은 학교 행사
- 전달 위주의 교직원 회의
- 교직원 협의회 시 돌리는 형식적인 문서 연수들
- 현재의 교원 평가제
- 결재 방법
- 교사들의 미술 실력을 보여 주어야 하는 축제 전시회
- 의무 교육 이수를 위한 학생들의 단체 방송 수업

흔히들 교육을 위해서, 학습을 위해, 삶을 담아 내기 위해 학교교육에서 덜어 내고 뺄 것을 찾으며 구성해 가는 학교라고 하면 혁신학교를 떠올릴지도 모르겠다. 그러나 필자는 혁신학교처럼 우리 학교를 변화시킬 생각도 없을 뿐 아니라 혁신학교의 변질된 모습에 실망이 매우 큰 지금이다.

혁신학교는 공교육 정상화를 목적으로 추진된 정책 중의 하나이다. 2009년 경기도교육청에서 처음으로 시작된 이후 2016년 3월에는 경기도에서만 403개 교가 운영되었다. 또한 경기도 이외에 서울, 광주, 강원, 전북, 전남 등으로 확산되고 있다. 이처럼 혁신학교가 주목받는 이유는 그간의 정부 위주의 정책으로 톱다운 방식으로 이루어지던 대부분의 학교 정책과 달리, 혁신학교는 교육 주체들이 아래로부터 자발적인 참여를 도모한 다운업 방식으로 이루어진 교육을 위한 정책이었기 때문이다(유주영, 유성상, 김진아, 권순정, 2016).

하지만 교육청에서 혁신학교를 지정하는 것 자체가 톱다운 방식은 아닐까?

혁신학교의 철학과 가치, 그들의 교육에 대한 고민과 나눔으로 인해 학교가 성장을 했으며, 교육을 위해서 그들이 했던 결과 부분에 대해서는 필자도 인정을 한다. 물론 제대로 된 교육을 위해서 혁신학교가 시작되었을 모르지만, 교육청 자체에서 혁신학교를 지정 · 운영하게 됨으로써 점차 그러한 정신도 변질되지 않았을까 걱정되어진다.

혁신학교에 근무하고 있는 교사들은 어쩌면 동의하지 않을지도 모르겠다. 그러나 필자가 지금까지, 그리고 앞으로도 계속해서 이야기하고자 하는 것은 학교 혁신이 아닌 학교의 성장이며, 학교 성장을 통한 학교교육행정 개혁이다. 혁신도 이러해야 하지 않을까 한다. 조금씩 그리고 천천히 학교에 녹아 들게 만들고, 교사들에게 가랑비에 옷이 젖듯이 저절로 스며들도록 혁신이 이뤄져야 할 것이다.

물론 혁신학교를 하는 것은 어찌 보면 학교 성장을 이루기 위한 하나의 지름길일 수도 있을 것 같다. 이와 관련되어서 이미 많은 인프라가 구축되어 있고, 그 효과성 측면에서도 어느 정도 인정받았으며, 다양한 자료도 이미 충분히 구비되어 있기 때문에 실패하지 않고 혁신, 혹은 교육행정 개혁을 이룰 수 있는 지름길이 될 수 있을 것 같다.

하지만 혁신이라는 말을 사용하게 되면서 학교는 꼭 변화되어야 하고, 지금이라도 당장 무언가를 바꾸어야 한다고 생각을 하게 되는 것 같기도 하다. 그러나 학교 성장에는 지름길은 없다. 학교 혁신도 그러한 지름길이 될 수 없을 것이다. 변화, 혁신을 추구하는 도중 학교 스스로 제풀에 제가 꺾일지도 모르며, 교사들은 소진과 탈진을 겪게 될지도 모르는 일이다. 교사는 힘들어서 아우성치는데, 학교만 혁신한다고 하여 과연 학교가 성장되는 것일까? 앞서서도 말을 했지만, 교사의 성장이 뒷받침되어야 학교교육행정 개혁도 이룰 수 있는 것이다.

건강이 최고라는 말을 한다. 그렇다면 학교 조직도 건강한 조직이 최고인 것 같다. 조금은 느리더라도, 조금은 정도를 걷더라도, 조금은 돌아가더라도 그 움직임과 행보가 조금 느려 보일지 모르지만, 그러한 느림으로 주변을 더욱 챙기게 되고, 주변을 더 살펴보게 되며, 더욱 건강한 상태로 학교가 성장하게 될지도 모르니 말이다.

실제 필자는 학교교육행정의 개혁을 위해 덜어 내는 노력을 해 왔던 것 같다. 다년간 초등학교에서 연구부장으로 재직하면서, 학교교육계획서에 수록된 내용을 하나씩 다시 들춰 보기 시작하였다. 그리고 정말 우리 학교교육계획서에서는 버려야 할 것들이 너무 많다는 것을 알게 되었다.

덜어 내기 위해서 학교 선생님들 모두와 함께 모여서 이야기를 나누며 덜어 내어야 할 것과 묶어야 할 것을 찾아보게 되었고, 필자의 생각과 달리 그리 많은 것들을 덜어 내지는 못했지만, 이러한 활동이 하나의 시작점이 되어, 그다음 학년도에는 더 많은 것을 덜어 낼 수 있었고, 더욱 성장된 모습으로 학교교육행정 개혁을 이룰 수 있었다. 학교교육의 성장은, 성장이라는 것이 다들 그렇듯이, 단 기간에 이루어질 수 없는 것이며, 조금씩 조금씩 한 걸음 한 걸음씩 성장해 가는 노력이 필요한 것 같다. 함께 조금은 더딜 수 있지만 천천히 함께 이야기를 나누며 조금씩 덜어 내고, 그 빈 공간을 학생의 교육과 배움, 그리고 교사의 성장으로 채울 수 있다면 학교교육행정 개혁은 바른 길로 나아가는 것이라고 말하고 싶다.

학교교육행정의 개혁은 학교의 성장이 기반이 되어야 하고, 그러한 성장은 무엇인가를 더하거나 추가하는 것이 아니라 교육적이지 못한 것, 배움과 관련 없는 것, 교사와 학생들의 삶의 모습이 담기지 못하는 일회성의 행사를 포함하는 톱다운 방식으로 운영되는 교육 정책 및 프로그램, 그리고 업무 중심의 학교 운영 등을 빼거나 덜어 내는 것에서 시작해야 한다. 교육행정 개혁과 학교 성장의 첫 시작은 내려놓음이라는 것을 다시 한번 더 강조하고자 한다.

6. 교사와 학생을 위한 교육정책

딘터스미스(Dintersmith, 2019)는 '무엇이 아이들의 내일을 빼앗는가'라는 소제목으로 전통적인 학교의 모습을 다음과 같이 이야기하고 있다.

그는 이러한 가정을 당연시 여겼다고 한다.

- 입증된 커리큘럼을 거치면 기본역량을 완전히 습득할 수 있다.
- 시험 성적과 등급은 학생들의 학습 성취도를 알려 주는 척도이다.
- 학교의 평균 시험 성적을 통해 그 학교의 수준을 알 수 있다.
- 대학 학위에 미래가 달려 있는 만큼 학생들은 가혹한 학업 기준을 따라야 한다.
- 더 좋은 대학에 진학할수록 삶의 질도 높아진다.

이러한 가정을 가지고 미국의 여러 학교를 방문하면서 대부분의 학교는 '19세기형 교육 모델'과 '21세기형 역동적 세계'라는 두 가지 환경에 걸쳐 있으며, 퇴보적인 환경과 진보적인 환경 사이에서 줄다리기를 벌이고 있다고 말하였다.

하지만 점차 표준화된 교육제도는 한계에 부딪치게 되었다. 시험 문제를 잘 풀 수 있도록 연습하고, 연습하고, 또 연습해서 생각 없이 바로바로 문제에 답하는 경지에 이르게 되고, 아리송한 부분은 괜히 붙잡고 풀어 보느라 시간 낭비하지 말고 건너뛰고, 아는 문제는 기계처럼 재빠르고 정확하게 풀어야 한다고 강조하고, 창의적 사고는 문제의 요점을 놓치게 만들게 되기 때문에 금물이라고 여기게 된다. 그리고 표준화된 시험 결과가 가치가 있다거나 학생들이 유용한 역량을 갖추게 한다는 것에 대한 증거가 없음에도 불구하고 학습, 지력, 가치를 측정하는 기준으로 널리 인정을 받고 있다. 이러한 이유로 학교는 이러한 시험을 준비하는 곳으로 전락하였다.

그러나 이러한 모습의 학교는 이전의 교육관(위에서 언급한 가정들이 옳다고 여기는 교육철학)이 우세하던 시기에는 매우 높은 평가를 받았던 학교 모습이다. 학습 내용을 단기간에 최대한 많이 기억하게 함으로써 표준화된 시험에서 높은 성적을 얻게 하고, 더 좋은 대학에 입학시킬 수 있는 교육행정이었으며, 과거의 제도로부터 강요받은 환경에 순응하였던 대다수 학교의 모습이었다. 이들을, 그리고 그러한 교육행정들을 무작정 비난하는 것은 아니다. 사실 이러한 유형은 과거 우리나라의 사회 환경에 어쩌면 매우 적합했던 교육행정이었을지도 모른다.

하지만 이제는 표준화된 시험을 잘 보는 능력은 어쩌면 쓸모가 없는 시대가 되어가고 있는지도 모른다. 이러한 능력은 4차 산업혁명 시대를 맞이하는 혁신의 시대에는 쓸모가 없게 될 것이며, 그러한 사고방식을 가진 학생 또한 한계에 부닥치게 될 것이다. 호기심, 창의력으로 넘쳐 나던 아이들이 학교에 적응하면서 더 좋은 성적에만 매몰되어 희생당함으로써 훗날 박물관의 유물과 같은 신세로 전락하게 될지도 모르는 일이다.

이에 앞으로의 학교, 교실, 수업은 변화되어야 한다. 그리고 그러한 변화를 이끌어 갈 수 있는 교육철학이 기반이 되는 교육행정이 이루어져야 한다. 테드 딘터스미스는 미국 곳곳에서 비범한 활동을 펼치며 용기를 북돋아 주는 교육자를 만나게 되었고, 인간이 만들어 낼 수 있는 예술이나 발명, 교육, 또는 앞으로 나아갈 길에 한계가 없음을 이야기하였다. 훌륭한 교실과 학교들을 살펴보면서, 몇 가지 공통된 패턴을 찾았다고 한다.

첫째, 목적의식이다. 학생들은 자신 혹은 공동으로 문제를 발견하고, 이를 해결하고자 노력을 기울이며 실질적으로 영향력을 가진 프로젝트를 계획 · 실천함으로써 학생들 스스로 자신들이 세상에 변화를 일으킬 수 있다는 뚜렷한 목적의식을 가지게 된다고 한다. 이러한 목적의식을 가진 활동이 결국 목적의식이 있는 학생들을 육성한다고 하였다.

둘째, 필수역량이다. 변화를 꾀하고자 노력하는 학교, 교사들은 21세기에 필요한 재능과 자질을 간파하고자 한다. 창의적 문제해결, 소통, 협력, 비판적 사고 · 분석, 시민의식 등 여러 측면에서 역량을 분석하고, 이를 학교 수업과 혁신을 인도해 줄 교육행정의 '북극성'으로 삼는다고 한다.

셋째, 주체성이다. 어린 시절부터 스스로 목표를 설정하고, 목표를 이루기 위해 노력하고, 상황을 고려하며, 끈기 있게 끝까지 완수하는 방법을 배우게 됨으로써 누군가의 지시 없이도 스스로 학습을 이끌어 나가게 된다. 이처럼 주체적인 학습자가 되면 자신의 속도에 맞게 스스로 학습을 하게 되고, 서로가 서로에게 영감과 동기를 자극하고 배우는 과정에서 그 영향력이 커지게 되어 하나의 공동체로까지 확장되게 된다.

넷째, 지식이다. 교사의 지도를 받으며 긴밀히 연관된 주제들에 대한 전문지식을 얻고, 친구들 간에 서로서로 가르치고 도와주며 그 이해도를 더욱 깊이 있게 만들어 지식의 깊이를 깊게 하고 오래 남는 높은 수준의 지식을 얻게 된다.

이러한 네 가지의 공통된 요건들이 갖추어진 학교에서의 학생들은 자신의 학습을 스스로 꾸려 나가게 된다. 프로젝트를 수행하면서 의사소통과 논리력을 키우게 되고, 독해와 수학의 핵심적인 재능도 함께 키워 가게 된다. 여러 주제를 파 보고, 창작하고, 직접 만들고 조립해 보면서 활동을 통해 학습하고 배우게 된다. 평가는 '내용의 암기'가 아닌 '재능의 발휘'에 초점을 두게 되고, 표준화 시험은 '학습 방법'을 습득하는 데 뒤처지는 학생들을 선별하고 학생 개별 맞춤형 학습을 지원하는 도구로 조심스럽고 신중하게 활용된다. 학생들은 수업을 통해 서로서로 가르치고 배우는 관계가 형성되며, 교사들은 지도자의 역할로서 학생들이 의지할 수 있는 존재가 되며, 학생과 교사 모두 주체성을 가지게 되는 학교로 변모하게 될 것이다.

하지만 그동안 우리나라의 학교, 교실은 어떠했는가?

우리들은 교실이라고 하면 무슨 모습이 떠오르나요?

아마도 교탁과 교단이 떠오르고, 교단 위에서 그리고 교탁 앞에서 아이들을 가르치고, 칠판에 열심히 글을 써 내려가는 교사와 그 글을 열심히 따라 쓰는 아이들의 모습이 떠오를 것이다. 그리고 학교 뒷 게시판 및 교실 환경을 꾸미기 위해 3월 한 달 동안 담임 선생님 혼자서 혹은 예술적 감각이 뛰어난 몇몇 여학생들이 함께 갖은 고생을 하며 꾸미고, 그렇게 꾸며진 곳에 누군가에게 보여 주기 위하여 우리들의 작품을 만들어서 게시하고 있는 게시판, 그리고 벽면에는 시계와 시간표가 떠오를지도 모르겠다. 그리고 항상 깨끗하고 정리 정돈이 중요한 교실의 모습이 떠오를 것이다.

어느 한 선배 교사의 말이 떠오른다. 그 분도 학생들을 위해 수업을 개선하고자 하는 의욕이 넘치는 분이었다.

"나는 후배 교사들이 왜 그렇게 교실을 더럽게 사용하는지 모르겠어. 청소도 열심히 하고, 누군가 들어갔을 때 항상 정리 정돈된 교실이 되어야 하는데, 요즘 후배 교사들, 특히 갓 들어온 후배들 교실을 가 보면 얼마나 더러운지, 내가 다 민망하다니까."

이러한 교실의 선생님, 그리고 이 글을 읽고 있는 독자에게 묻는다.

이러한 교실은 누구를 위한 것일까?
교실은 누구를 위한 것일까?

이 글을 읽고 있는 여러분도 교실이라고 하면 무엇이 떠오르나? 교사가 아니어도 상관없다. 누구든 교실이라고 하면 무엇이 떠오르나? 아마도 다음과 같은 그림이 떠오를 것이라고 장담한다.

아마도 대부분의 사람들은 교실 앞의 중앙에는 교탁이 있고, 아이들의 책상은 열과 행을 잘 맞추어진 교실을... 그리고 아이들은 열과 행이 맞춰져 있는 곳에 앉아서, 교실 앞 교탁에서 열심히 무서운 얼굴로 표준화된 교과서 지식을 표준화된 수업 방식으로 설명을 하는 교실의 모습이 떠오를지도 모른다.

그리고 하나 더 물어보자.

과거와 현재의 교실은 어떠한 차이가 있을까?

과연 위의 두 사진 중, 어느 사진이 과거이고 어느 사진이 현재의 모습일까?

아마도 어느 누구라도 과거와 현재의 교실을 구분 지을 수 있을 것이다. 교실 속 물건들에 있어서 큰 차이가 있으니 말이다. 교실 선진화라는 이름하에 교실에는 다양한 정보화 기기들이 들어오게 되었고, 이로 인해 과거와 현재의 교실을 구분할 수 있게 되었다.

하지만 그 이외에 바뀐 것은 무엇일까?

과거와 현재의 교실 수업 모습에는 차이가 있을까? 단연코 본 필자는 교실 속 선진화된 비품들을 제외하고서, 수업 모습만을 살펴볼 경우 과거과 현재의 교실 속 수업 모습에는 큰 변화나 차이점이 없다라고 말할 수 있다. 물론 최근에는 교실수업 개선으로 인해 많은 변화를 주고자 노력하는 교사들이 많아지고 있지만, 대다수의 교실은 여전히 과거의 수업 방식을 그대로 답습하며 진행되는 경우가 허다하다.

또 다른 이야기를 해 보자.

만약 교실에 궁금한 점이 있는 아이가 있다. 질문을 하고 싶어 한다. 과연 그 아이는 어떻게 할까?

아마 대부분의 교실에서의 아이들은 교탁 혹은 교사 책상에 앉아 있는 교사에게 가서 질문을 할 것이다.

이러한 교실의 모습을 상상하게 될 것이다. 이런 교실에서 주인은 누구일까?

바로 교사이다.

그리고 여기 또 다른 이야기가 있다.

학기 초 학부모 상담주간에 대부분의 어머니들이 교실의 뒷문으로 들어오시고, 상담 후에도 교실 뒷문으로 나가시는 모습을 보았다. 그러는 어머니들에게 여쭈어 보았다.

"왜 뒷문으로 들어오시고, 나가세요?"
어머니들의 한결같은 대답은...
"그렇게 하는 게 예의인 것 같아서요. 그리고 어릴 적부터 교실은 뒷문으로 다니는 거라고 배웠으니까요."였다.
왜 교실의 문은 두 개일까? 앞문은 교사를 위해서, 그리고 뒷문은 아이들을 위해서 2개를 만들어 놓은 것일까?

아니다. 적어도 나는 그저 아이들의 출입을 편하게 하기 위해서라고 생각을 한다. 앞문으로 다니는 것이 편하면 앞문으로 다니고, 뒷문으로 다니는 것이 편할 때는 뒷문으로 다니면 된다. 교사에게 용무가 있다면 앞문으로 들어오는 게 더 옳지 않을까?
그리고 상담을 들어오시는 대부분의 어머니들은 교탁으로 걸어오신다. 그리고 교탁 옆에 놓은 필자가 수업할 때 사용하는 아이들의 책상에 앉으려고 한다. 아마도 그 책상이 상담 때 사용하는 책상이라고 생각을 하신 것 같다. 그리고 학부모는 그동안 대부분의 상담을 그렇게 교사 옆에 놓인 의자에 앉아서, 그리고 교사는 교사용 책상에 앉아서 해 왔을 거라고 예상할 수 있었다. 그러한 학부모들에게 나는 '거기는 아이들과 수업할 때 제가 사용하는 책상입니다. 앞에 앉으시면 되요.'라고 말한다.
그리고는 나도 학부모님과 같이 아이들의 책상에 앉는다. 이러면 대부분의 어머니들은 어리둥절해하신다.

"지금까지 상담을 할 때 선생님들은 교탁에 계시던데요."

그렇다. 우리는 이미 교탁, 교사의 책상에 익숙해지고 있는지도 모른다. 그리고 학생 중심이 아니라 교사 중심의 교실을 만들어 가고 있는지도 모른다. 바뀌어야 한다. 그리고 뒤집어야 한다. 교실 속에서 우리도 모르게 가지고 있는 교사 중심의 생각과 행동을 변화시킬 수 있는 용기를 가져야 한다.

그래서 학생들과 나는 약속을 했다. 앞문으로 나가는 것이 편할 때는 앞문으로 다니고, 뒷문으로 나가는 게 더 가까울 때는 뒷문으로 다니기로 하였다. 앞문과 뒷문이 중요한 것이 아니다. 아이들이 교실이라는 공간을 자신의 것이라고 여기게 만들어 주는 것이 중요하다. 그래야 교실 속에서 아이들이 자유롭게 활동하고 서로 소통하며 대화를 나누게 되고, 그러한 활동과 대화가 기반이 되어 활동 중심의 수업, 학습 중심의 수업이 이루어질 수 있을 것이다. 학습 중심, 활동 중심 수업의 핵심은 바로 주제와 문제에 대한 각자의 생각과 사고를 교환하며 소통하는 대화 · 토의 · 토론이기 때문이다. 자유로운 소통과 대화를 위해서는 교실이 자유로운 공간이 되어야 하며, 아이들은 교실을 자신들의 것이라고 생각을 해야 한다. 교실이라는 공간이 자신들의 것이라고 여기고, 편한 공간이 되며, 자유로운 장소가 되면 더 많은 이야기가 시작될 수 있으며, 그러한 이야기들 속에서 소통의 대화, 토의, 토론이 더욱 자유로워질 수 있기 때문이다.

그리고 나는 교사들은 항상 아이들의 눈높이에 맞출 수 있어야 한다고 생각한다. 이를 위해 교실은 오롯이 아이들을 위한 공간과 장소로 만들려고 노력을 하고 있으며, 나는 교실의 모든 공간을 아이들에게 제공하고자 노력하고 있다. 교사 책상을 교실 앞쪽의 중간에서 왼쪽 제일 끝으로 밀어 넣으면서 아이들에게 말을 한다.

> "선생님이 교탁에 있을 때는 급한 일이 있을 경우이거나, 여러분을 위해 수업을 준비하는 중일 때이니 이곳에 있을 경우에는 여러분이 나에게 와서 물어보거나 이야기를 해야 해요. 그러나 이외의 교실 안의 모든 공간은 여러분을 위한 공간이므로, 선생님 책상에 있을 때를 제외하고는 자리에서 손을 들고 있으면 선생님이 여러분에게로 갈게요."

가끔씩 공개수업을 가 보면 이러한 경우가 있다. 교실 앞의 중간에 교사의 책상을 두고서 활동 중심 공개수업을 하면서 아이들에게 책상에 다양한 생각을 포스트잇에 적어서 붙이는 활동을 이용하는 모습을 볼 수 있었다. 과연 평소에도 이런 수업을 하는 교실일까?

필자는 아니라고 답을 할 수 있다. 교사 책상이 교실 앞의 중간에 놓여 있을 경우 교실 앞의 공간은 아이들에게 죽은 공간이 되어 버린다. 평소에는 교실 앞에 나오는 것이 불편하며, 평소에는 교사가 책상에 앉아서 아이들을 가르치는 교실 수업을 하고 있음을 예상할 수 있다. 공개수업을 위해서, 활동중심 수업을 보여 주기 위하여 이번 공개수업 시간에만 특별히 아이들이 자유롭게 칠판을 이용하도록 만들고 있음을 예상할 수 있다.

교실이라는 한정된 공간을 최대한 아이들에게 제공하기 위하여 우리는 아이들을 먼저 배려하고, 이들이 자유롭게 교실을 최대한 많이 이용할 수 있도록 아이들의 공간을 제공해야 한다. 교사 책상이 놓인 최소한의 공간만을 교사를 위해 마련해 두고, 남은 공간은 모두 아이들에게 제공해야 한다. 그래서 필자는 교사의 책상을 최대한 창문 쪽으로 밀었다. 그리고 칠판을 아이들에게 허용하고, 마음껏 교실의 앞을 활용할 수 있게 안내하였다. 그랬더니 아이들의 활동 범위와 활동 수준에 변화가 일어나기 시작했다. 교실의 이곳저곳을 돌아다니며 서로 이야기를 나누기 시작하고, 교실 앞문과 뒷문을 자유롭게 다니기 시작하였다.

물론 이로 인해 칠판에 낙서를 하는 아이들이 생기고, 교실에 누워서 장난을 치는 아이들, 뛰어다니는 아이들이 생겨나기도 하였다. 뛰어다니는 아이들에게 다치지 않기 위하여 가끔씩 주의를 주기는 하지만 그 또한 어떤가? 교실을 자기의 것이라고 여기고, 스스로 마음껏 이야기 나누고 장난도 치고, 다양한 사고와 생각들이 충돌을 하는 교실을 만들어 가는 것이 더 중요하지 않을까 한다.

그리고 아이들과 눈높이를 맞추기 위하여 나는 아이들과 같은 책상을 교실 앞과 뒤에 하나씩 더 두었다. 수업 시간에는 나도 아이들과 똑같은 책상을 교실의 앞과 뒤에 하나씩 두고서 설명을 할 때는 그곳에 앉아서 함께 이야기를 나누며 함께 수업을 하였다. 아이들과 함께 호흡하며 수업을 하기 위하여 수업 시간에 사용하는 언어 수준을 맞추고, 질문의 수준도 맞추는 것 이외에 신체적 물리적인 눈높이도 함께 맞추고자 아이들과 같은 책상과 의자에 앉아서 아이들의 눈을 마주하며 대화를 나누었다. 우리 교실의 모습은 매우 다양하며, 거의 대부분을 칠판이 아닌 서로의 대화를 통해 학습이 이루어지는 수업을 만들고 있다. 이로 인해 교사가 꼭 교실 앞쪽에서만 설명을 하지 않을 경우가 있다. 더러는 교실 뒤편에서 아이들을 바라보면서 이야기를 하는 경우도 있다. 그리고 교실 뒤쪽에 앉아 있는 친구들은 가끔씩 수업 시간에 소외감을 느낄 수도 있다는 생각을 하게 되었다. 뒤에 앉아 있는 친구들에게 더 가까이 갈 수 있는 방법이 무엇이 있을까? 고민하고 생각을 하면서 내린 결정이 '교실 뒤에서도 수업을 하면 안 되는 것일까?' 였다. 그래서 교실 뒤쪽에도 아이들의 책상을 하나 더 두고서, 교실 뒤에서도 수업을 진행하였다. 일렬로 정렬된 책상이 아니라 자유롭게 움직일 수 있도록 다양한 형태의 책상 배열을 사용하고 있는 교실이었기에 가능한 방법이라고 할 수 있다. 여러분도 교실 속 아이들의 책상을 한번 살펴보면 좋겠다. 그리고 고민하고 생각했으면 좋겠다. 과연 우리 교실은 아이들이 자유롭게 움직일 수 있게 만들어져 있지를 생각해 보고 변화를 주었으면 한다.

그리고 나는 아이들에게 궁금한 점이 있거나 묻고자 하는 것이 있으면 손을 들게 하였고, 손을 들고 있는 아이들의 곁으로 내가 가서 질문도 듣고 설명도 하고, 함께 대화를 나누었다. 교실은 아이들의 공간이며, 아이들의 것이기 때문에 나는 교실에서 아이들의 입장에서는 손님이 되었다. 그래서 교실의 주인인 아이들에게 손님인 내가 직접 걸어가서 대화를 나누었다. 학생이 중심이 되는 교실에서는 궁금한 것이 있는 학생이 교사에게로 움직이는 것이 아니라 질문이 있는 아이들에게로 교사가 직접 움직이면서 아이들에게 설명하고 이야기를 나누는 것이 더 옳지 않을까 생각을 하게 되었다.

하지만 이것만은 함께 약속을 하였다. 중간 놀이시간이나 개인적인 업무를 보기 위해서 교사 책상에 앉아 있을 때는 교사의 공간에 있을 때이므로 아이들이 교탁 근처로 와서 말을 하게 하였다. 하지만 수업 시간에 교탁에 앉아서 있을 일은 정말 급한 일이 아니고서는 거의 없었기 때문에 이러한 경우도 수업 시간에는 거의 없다고 할 수 있다. 4년 동안 한 학교에서 연구부장 업무를 맡으면서 많은 업무를 추진하였지만, 수업 시간까지 포기하면서 일을 해야 하는 경우는 정말 극히 드물었다.

물론 세종시에 새롭게 들어온 초등학교처럼 다양한 전자장비, 아이들의 토론 및 토의 활동에 적합한 최근의 책상과 의자들, 그리고 수업과 배움에 도움이 될 수 있는 다양한 도구들로 가득한 교실이 아이들에게 더욱 도움이 될 수 있을지도 모른다. 하지만 필자가 지금 여기서 말하는 교실은 물리적인 공간뿐 아니라 심리적인 공간도 함께 포함된 공간으로서의 교실을 이야기하는 것이다.

신체가 자유롭고, 사고가 자유로우면 아이들의 행복 지수도 높아지게 된다. 모든 배움은 신체와 사고의 자유로움에서 시작이 되어야 한다고 생각을 한다. 신체가 자유롭지 못하고 사고가 자유롭지 못하면 아이들의 스트레스가 높아진다고 한다(Connell, 2010). 또한, 골먼(1998)은 이러한 스트레스가 더 많은 실수를 유도하고, 주의를 산만하게 만들며 기억을 할 수 없게 하고 관련 없는 사고가 끼어들어서 정보처리를 어렵게 만들며, 나아가서는 우울증을 겪게 한다고 하였다. 그러므로 교실이 아이들의 스트레스를 제공하는 공간이 되어서는 안 된다. 최대한 스트레스가 없는 교실을 만들도록 노력해야 할 것이다.

필자가 말한 방법이 아이들의 스트레스를 없애는 교실이 아닐 수도 있다. 하지만 우리 반 아이들의 모습 속에서 교실에 있는 시간이 불편하다는 느낌, 교실에 오는 것이 싫다는 느낌을 받지 않았다. 이것만으로도 좋은 것이 아닐까? 이러한 변화를 주기 전 우리 교실에서는 아이들이 쉬는 시간만 되면 운동장으로 나가려고 했다. 하지만 지금은 바뀌었다. 운동장에 나가는 것보다는 교실에서 다른 놀이 활동을 찾으려고 한다. 보드 게임을 하는 아이들, 함께 이야기를 나누며 수업 시간에 알려 준 놀이 활동을 하는 아이들이 대부분이다. 그리고 교실에서 뛰어다니려고 한다. 아이들에게 자유로운 교실, 아이들이 만들어 가는 교실, 아이들이 주인이 되는 교실은 아이들의 스트레스를 줄이고, 행복한 교실로 만들어 가는 방법임을 직접 경험하고 느끼고 있는 중이다.

이처럼 교실은 아이들이 자유롭게 생각을 이야기하고, 함께 나눌 수 있는 공간으로 변화해야 한다. 우리가 물리적인 환경을 변화시키기는 어렵지만 심리적인 환경을 변화시킬 수는 있을 것이다. 이러한 점은 교실 속 교사와 학생의 상호작용 속에서도 잘 드러난다. 나의 상호작용 방법이 어떠한지, 그리고 다른 교사들은 어떻게 생각을 하는지 생각의 차이, 사고의 차이를 알 수 있는 이야기를 해 보겠다.

어느 날, 공개수업을 촬영하고, 수업 동영상을 관내 교사에게 공개한 적이 있다. 수업 동영상을 함께 살펴본 뒤, 수업에 대해 함께 나눔을 실천하였다.

동영상을 본 후, 한 교사가 이런 말을 한다.

"저는 정말 재미있게 잘 보았습니다. 아이들의 적극적인 활동 모습이 매우 보기 좋았고, 저학년에게 토의 토론 수업을 이렇게 적용할 수 있음을 알 수 있어서 좋았습니다. 그런데, 수업 중간에 선생님께서 아이들에게 미안하다는 말을 하는 것을 듣고서 저는 그 순간에 빵 터졌습니다. 아이들에게 공개수업인 관계로 활동을 중간에 끊을 수밖에 없는 상황을 이해시키고 미안하다는 말을 하는 모습에서 웃음이 났습니다."

이 말을 한 교사는 진정으로 나의 수업을 즐겁게 바라본 사람이며, 나의 말 하나하나를 잘 잡아 준 매우 고마운 선생님이셨다.

그런데 나의 미안하다는 말이 그렇게 재미있던 부분이었나라는 의문점이 들었다.

나는 아이들에게 '미안하다'라는 말을 많이 하고, '고맙다'라는 말을 많이 한다. 내가 아이들의 활동을 방해하거나 끊어야 할 때 마안하다는 말을 하고, 아이들이 나의 수업에 집중하고 발표를 해 줄 때 고맙다는 말을 많이 한다.

평소에는 충분한 시간을 주면서 아이들의 다양한 생각과 사고를 이끌어 내고자 노력하였지만, 공개수업이라는 이유로 그 시간을 줄이고, 교사가 일방적으로 막아야 한다는 생각에 진심으로 아이들에게 미안한 마음이 들어서 미안하다고 말을 하였다.

그런데 돌이켜 생각해 보면 대부분의 교사는 이런 말을 잘 사용하지 않는 것 같다. 아마도 나에게 그런 말을 한 교사도 그러할 것 같다.

교실의 심리적인 환경의 변화는 교실을 아이들의 공간으로 만들어 주는 동시에 수업 속 혹은 일상 생활 속 아이들과 교사의 상호작용 속에서도 잘 드러나야 한다고 생각한다.

왜 아이들에게 미안하다는 말, 고맙다는 말을 하지 않을까?

미안하다는 말은 위에 있는 사람이 할 수 있는 말이다. 고맙다라는 말도 그렇다. 아래에 위치한 사람들은 미안하다라는 말 대신 용서를 구해야 하고, 고맙다라는 말 대신에 고맙다라는 말을 듣기 위한 행동을 취해야 한다. 교사와 아이들의 입장도 그러할 것이다. 잘못을 한 아이들은 매번 선생님에게 용서를 구하고, 선생님에게 칭찬을 받기 위해 착한 행동만을 하려고 하는 아이들도 있을 것이다. 하지만 아이들은 선생님에게 용서를 구하거나, 고맙다라는 말을 듣기 위해 착한 행동을 요구받는 존재가 되어서는 안 된다. 이는 교사들이 미안하다는 말, 고맙다는 말을 하지 않기 때문이다.

세상에서 가장 값진 말은 무엇일까? 아름답고 고귀한 단어들이 세상에는 무수히 많이 있지만, 나는 미안하다와 고맙다가 가장 가치 있는 말이라고 생각한다. 미안한 마음이 들 때 미안하다고 말을 하고, 고마운 마음이 들 때 고맙다라는 말을 하는 것이 무엇이 어려운지 의문을 가질 수도 있다. 하지만 이 글을 읽고 있는 독자들도 한번 생각해 보라. 나는 얼마나 자주 미안하다라는 말과 고맙다라는 말을 하고 있는지 말이다. 특히 아이들과의 관계에 있어서는 더욱 그러한 말을 하지 않는 내 자신을 발견하게 될지도 모른다.

아이들에게 약속을 지키지 못했을 때, 수업 시간에 그들의 사고와 생각을 막아야 하는 순간에 나는 아이들에게 정말 미안한 마음이 들고, 미안한다는 말을 서슴없이 한다. 그리고 아이들에게 불편함을 주었을 때도 미안하다고 한다. 특히 공개수업을 해야 하는 경우에는 그로 인해 늦게 하교를 해야 하는 아이들에게 미안하다는 말부터 시작을 하게 된다.

미안하다는 말, 고맙다라는 말을 아이들에게 하기 시작하고부터 아이들과의 관계가 조금씩 바뀌었다. 그리고 나는 반드시 왜 미안한지, 왜 고마운지에 대해 정확하게 아이들에게 전달을 한다. 처음에는 미안해하는 선생님의 모습을 보면서 낯설어하던 아이들, 선생님이 화를 내지 않게 조심스럽게 착한 행동만을 하고자 하던 아이들이 변하기 시작하였다. 선생님을 바라보지 않고 친구들을 바라보게 되었다. 이제 우리 교실은 그 누구도 선생님의 눈치를 보지 않는다. 그저 옆에 있는 친구들, 주변의 친구들에게 더욱 집중하고 더 많은 이야기를 나누고, 더 많은 대화를 나누려고 한다. 단지 그러한 대화와 소통의 기회를 막지 않으려고 한다. 소통의 기회를 막을 때면 항상 미안하다는 말을 한다. 그리고 그러한 미안함에도 불구하고 필자의 이야기를 들어주고, 그들의 대화와 소통을 멈출 때 고맙다는 말도 잊지 않고 한다. 필자의 영향이었는지 모르겠지만, 우리 반 아이들은 서로에게 미안하다, 고맙다는 말을 자주 하는 것 같다. 어쩌면 우리 교실은 학교폭력예방 교육이 따로 필요하지 않을지도 모른다. 서로에게 미안하다, 고맙다는 말을 하는 것만으로도 우리 교실은 서로 함께하며 배려하는 교실 문화가 형성이 되기 시작하였다. 물론 때로는 다투고 싸우고, 울고 불며 필자에게 오는 아이들도 있지만, 그러한 아이들에게도 나는 서로 대화를 할 시간을 충분히 준다. 그러한 과정 중에 서로 미안하다, 고맙다는 말을 하면서 서로 대화하고 소통하며 함께 지내는 방법을 깨닫는 교실이 되어 간다.

그렇다면, 대부분 교실에서 교사들은 어떠한 말을 많이 할까?

이 일이 있은 후, 공개수업을 참관할 기회가 생겼을 때 필자는 교사들이 수업을 하면서 어떠한 말을 많이 할까에 초점을 두고서 참관하였다. 그랬더니 가장 많이 하는 말은 이것이었다.

"이제 알겠나요?" "무엇을 알게 되었나요?" "그래 맞았어요"

어쩌면 우리 교사들은 아이들과의 상호작용보다는 평가를 하는 것에 익숙해져 있는지도 모른다. 이러한 평가로 인해 아이들은 더욱 정확한 답만을 말하려고 하고, 정답을 잘 알지 못하는 친구들은 손을 들지 못하고 발표의 기회조차도 사라지는 교실로 만들고 있는지도 모른다는 생각을 하게 되었다.

교사 중심적인 사고에서 벗어나야 한다. 그래야 학생들이 보이기 시작하고, 학생들의 이야기가 귀에 들리기 시작한다.

10년 전 교직에 첫 발을 내딛고, 필자는 운이 좋게(?)도 매년 2번 이상의 공개수업을 실시하였다. 초임이라는 이유에서이다. 하지만 왜인지 모르겠지만 내가 부임하고 3년이 지나고 난 뒤로 초임이라고 공개수업을 무조건 실시해야 한다는 인식이 사라졌다. 개인적으로는 후배들에게는 불쌍하다는 말을 하고 싶다. 공개수업을 준비하면서 과연 이러한 방법이 공개수업이 맞는 것인지 많은 고민을 하면서 아이들을 훈련시키는 활동에 힘들어했고, 공개수업 후에는 교감선생님과 1:1로 앉아서 1시간 넘게 혼이 나듯이 수업에 대해 지적을 받으며 화도 나고 억울한 기분도 들었다. 그리고 저녁에는 동료교사 선생님들에게 술을 마시며 한탄을 하기도 하였다. 하지만 그러한 힘듦과 어려움이 나를 성장하게 만든 계기가 되었다는 것을 시간이 흐른 뒤에 알게 되었다.

이때부터인 것 같다. 멋도 모르고 그냥 하면 되지라고 시작했던 나의 수업에 대해 반성을 하고, 다시 돌아보게 되고 스스로 성찰 활동을 시작했던 것이...

그때는 그러한 것이 수업 돌아보기인지, 나의 성찰활동이었는지도 인식하지 못했지만 시간이 흐르고 다시 생각해 보니 그때부터 그러한 활동을 스스로 시작했던 것 같다. 물론 지금 나의 수업도 많이 부족하지만, 그때 나의 수업에 비해서는 조금 더 학생들의 입장에서 바라보고, 학생들이 중심이 될 수 있는 수업을 가꾸어 가고 있다고 생각을 한다. 어쨌든 그러한 수업에 대한 고민과 되돌아보기를 할 수 있는 기회가 점차 사라져 가는 교직 사회를 보면서 앞으로는 더욱 많은 기회를 통해 자신의 수업을 개방하고, 서로의 수업에 대해 수업 나눔을 실천을 하고, 이를 바탕으로 나의 수업에 대한 성찰의 기회를 제공해 줄 수 있는 교직 문화로 바뀌어야 한다는 생각을 하게 되었다.

물론 그동안의 공개수업과 수업 장학이 바르지 않은 방향으로 흘러왔기에 많은 교사들이 수업 공개와 수업 나눔에 대해 부정적인 시각을 가지게 되었음을 부정하지 않는다. 수업 공개에 대한 이야기는 뒤에서 계속하도록 하겠다.

어쨌든 그런 시기에 공개수업을 하기 위해서 나는 아이들에게 발표 연습을 엄청 시켰던 기억이 난다. 지금은 절대로 하지 않을 교육 방법을 그때는 교사라는 입장에서 학습 훈련을 시키기 위해, 그리고 공개수업을 어떻게 하면 더 잘할 수 있을까라는 고민 끝에 보여 주기 식의 발표 연습을 수도 없이 화를 내며 연습 시켰다.

그리고 실제 공개수업에서 나는 이러하였다.

수업 시간에 손을 들고 발표하지 않는 학생에게는
"손을 들고 발표해야지"
그리고 바로 발표 내용을 말하는 학생에게는
"'네, 선생님.' 이라고 말을 하고 발표해야지"
친구의 이야기에 반박하는 말을 하는 학생에게는
"'누구 누구 의견에 저는 반대를 합니다.' 라고 말을 하고 발표해야지"
라고 말을 하며 평상시에도 나는 발표연습을 열심히 시키고 있다는 것을 알려 주고 싶었다.
그리고 발표를 연습한 대로 잘한 친구에게는
"네, 아주 잘했어요. 경민이에게 칭찬의 박수를 세 번 치세요."
하지만 발표를 잘하지 못한 친구에게는
"다음에는 경민이가 하는 것을 보고 배워서 발표를 해 보세요"라고 말하였다.

이 얼마나 어리석은 짓이었는가?

필자는 어느 사이인가 아이들의 발표 내용이 아니라 연습과 훈련에 따라 얼마나 발표를 형식에 맞게 잘 따라 하는지를 살펴보면서 아이들을 평가하고 있었던 것이다. 그리고 칭찬과 조언이라는 이름하에 아이들을 평가하고 분류하고, 잘하는 아이들에게는 우쭐함을 제공하고, 못하는 아이들에게는 부끄러움을 제공하지는 않았는지 스스로 반성을 한다. 누구 하나를 칭찬함으로써 필자는 어쩌면 칭찬이 아니라 다른 아이들을 꾸짖고 있었던 것은 아니었는지 생각을 하게 되었다. 이러한 반성을 할 때쯤 그 아이들은 우리 교실에 있지 않았으며, 아이들에게 더욱 미안한 마음을 가지게 되었다.

또한 이 당시, 필자는 아이들에게 "고마워, 미안해"라는 말을 전혀 사용하지 않았던 것 같다. 만약 이때 공개수업을 하지 않았다면, 그리고 스스로 반성하고 성찰하지 않았다면 이러한 나의 행동이 교육적이지 않았음을 깨닫지 못했을 것이다.

대부분의 공개수업 속 아이들의 발표 모습을 보면서 나는 많은 선생님들에게 한 가지 묻고 싶다.

꼭 손을 들고 발표해야 하는 걸까요?
꼭 한 명씩 발표를 해야 하는 걸까요?
발표를 시키고, 하는 이유가 뭘까요?
발표에 대해 내가 꼭 평가를 해 주어야 할까요?

필자는 이 질문에 스스로 답을 해 보면서 많은 고민과 생각이 들었다. 많은 생각과 고민을 하면서, 한 가지 분명한 것은 이러한 교실 상황 속에서는 학생들이 자유롭게 자신의 의견을 표현하지 못한다는 것이었다. 아마도 발표하기에 앞서 어떠한 방법으로 발표해야지 칭찬을 받을 수 있을 것이라는 고민을 먼저 하게 될 것이다. 자신의 의견을 표현하기 위한 자유로운 발표는커녕, 형식적인 발표 방법 연습에 더욱 매진하게 될 것이다. 그렇다면 어떻게 해야 할까? 교실 속 상호작용은 어떻게 변화해야 할까?

교실은 다양한 상호작용이 평등하게 이뤄져야 하고 협력적인 대화를 더 많이 나눠야 한다. 이래야 수업과 발표에 대한 학생들의 주도권도 증가하게 된다. 그리고 한 가지 중요한 것은 다시 말을 하지만 교실이라는 공간은 물리적인 공간이든 심리적인 공간이든 오롯이 학생의 것이 되어야 한다는 것이다.

그렇다면 학생들의 발표에 대한 평가는 어떻게 해야 하나? 나는 아이들의 발표에 평가를 내리면 안 된다고 생각한다. 발표에 대한 평가를 내리기보다는 이렇게 발표를 해 주는 것, 수업에 몰입하고 함께 참여하고 있음에 "감사하다, 고맙다"는 말을 해야 한다는 생각을 한다. 그리고 그들의 활동이나 행동, 사고를 막게 될 경우에는 내가 먼저 미안하다는 말을 해야 한다. 충분한 시간을 제공하지 못함에, 그리고 그들의 행동과 활동을 방해함에 미안하다는 말을 해야 한다고 생각한다. 또한 손을 들고서 발표를 시키는 것이 아니라 그들의 이야기를 내가 가서 들어주어야겠다고 생각했다. 교사는 앞에 서고, 아이들은 손을 들고 일어나서 발표를 하는 동안 얼마나 많은 아이들이 시간을 소비하고 있을지를 생각하게 된다면, 대다수의 아이들에게 교사는 미안한 마음을 가지게 될 것이다. 한 명의 발표를 듣기 위해서 20명이 넘은 다른 아이들은 시간을 소비하고 있는 것이었다. 물론 친구들의 발표를 들으며 함께 공부하고 배울 수 있는 것도 있지만, 이를 위해서 꼭 손을 들고 발표하게 하면서 시간을 낭비하게 할 필요는 없다고 생각했다. 그래서 발표하고 싶은 친구들이 있으면 동시에 일어나게 하고 발표를 하게 했다. 처음에는 어리둥절하며 몇몇 아이들만 주뼛주뼛 일어나더니, 어느 샌가 아이들이 모두 일어나서 자기의 말을 하고 있었다.

우리 교실은 모두가 발표를 해야 하는 경우에는 짝을 지어서 동시에 우리 반 친구 반이 일어나서 발표를 하게 하였다. 그리고 그 발표 내용을 짝이 들어주고 서로 이야기를 나누도록 하였다. 그리고 나서 역할을 바꾸어서 한 번 하게 하였다. 발표는 교사를 위해서 하는 것이 아니라 아이들 스스로를 위해서 혹은 친구들과의 대화를 위해서 하는 것이 되어야 한다. 그렇다면 꼭 한 명씩 일어나서 할 필요가 있을까? 나의 짝이 나의 발표를 들어주고, 발표 내용에 대해 함께 이야기를 나누면서 나의 발표 내용이 어떻게 전달이 되고, 친구들이 어떻게 이해를 하는지 대화를 통해 알게 되고, 발표를 들은 친구는 발표를 들으면서 자신의 사고방식에 따라 재해석하면서 발표를 한 친구에게 설명을 하게 된다. 이것보다 고차원적인 사고력을 길러 주는 발표 활동이 있을까? 한 명씩 발표할 때보다 발표 시간이 매우 활발해졌고, 더 많은 아이들이 발표를 하게 되었으며, 시간의 낭비도 최소화할 수 있게 되었다. 그리고 발표에 대한 교사의 평가가 사라지게 되었다.

이러한 상황에서 독자에게 묻고 싶다.

한 명씩 일어나서 발표를 하고 다른 친구들은 그 내용을 들으며 생각하는 교실과 모두가 일어나서 자기가 하고 싶은 발표를 모두 한 번에 하는 교실 중 어느 교실이 더욱 활발한 상호작용이 일어나고 있을까?

물론 모두가 한 번에 발표를 하면서 필자는 더욱 힘들어졌다. 평소에 발표를 잘하지 못하거나 학습 능력이 부족한 아이들이 어떠한 발표를 하는지 움직이면서 직접 확인을 해야 했으니 말이다. 그래도 그러한 아이들도 어떠한 내용이든 발표를 하게 되고, 수업에 참여하게 됨에 따라 조금씩 변화하는 모습을 살펴보는 것이 매우 행복했다. 필자는 이렇게 생각한다. 교실이 변화하기 위해서는 교사가 조금은 힘들어져야 하고 더욱 노력해야 한다고 말이다. 아마 이 말을 하게 되면 많은 교사들이 필자를 미워하고 너는 얼마나 잘하는지 한번 두고 보자는 생각을 하며 싫어하게 될지도 모르겠다. 우리 학교를 변화시키기 위해 많은 선생님들에게 이것저것 해 달라고 부탁을 하고서, 그 뒤에 욕을 먹은 경험을 떠올리면서(이에 대해서는 뒤에 이야기를 계속 이어 가겠다), 아마도 교사가 힘들어져야 하고 노력해야 한다는 말은 전국의 많은 교사들에게서 더 큰 욕을 얻게 되는 계기가 될지도 모른다는 생각이 들기도 한다.

그래도 뭐 어쩌겠는가? 나의 생각이 그러한 것을...

교사가 힘들어져야 한다고 생각한다. 그리고 교사가 더 많이 움직여야 한다. 그래야 교실이 더욱 자유로워지고, 학생들이 더욱 자유로워진다. 교사는 아이들의 모범이며 본보기이다. 교사가 직접 이곳저곳을 다니며 이야기를 나누고, 이야기를 들어주는 모습을 직접 보여 준다면 학생들도 그러한 모습을 보이지 않겠는가. 그리고 자유롭게 이야기를 시작하지 않을까?

과거에는 이런 생각을 했었다. 발표를 하기 위해, 지명을 받기 위해 모든 학생이 손을 들고서 필자는 그중에 한 명의 학생을 지명하고 연습한 대로 발표를 시작하고, 정확한 방법에 따라 정해져 있는 정답을 발표하는 것이 가장 이상적인 발표이며, 수업 방식이라는 생각을 가지고 있었다. 그리고 발표를 하기 위해서 우리 반 모두가 "저요, 저요" 하며 손을 드는 모습을 보면서, 이러한 수업이 진정한 수업이며, 아이들이 수업을 통해 행복을 느끼는 순간이라고 생각을 하면서, 이러한 교실 모습을 보면서 나는 참교육을 하고 있다고 여겼다. 지금도 그러한 교실 모습을 상상하며 열심히 아이들의 학습 훈련에 매진하는 교사들에게는 "정말 미안하지만.. 이제는 그만하면 어떠세요"라고 말을 하고 싶다.

아이들은 훈련을 받아야 하는 존재도 평가를 받아야 하는 존재도 아니다. 교사라고 하여 학생을 평가할 권리는 없다고 생각한다. 같은 인격체로서 서로 존중하고 서로에게 배워야 하는 존재라고 생각을 한다. 그게 학생이든 교사이든 누구이든 관계없다. 학생은 가르침을 받거나 평가를 받아야 하는 것이 아니라 친구들 그리고 선생님과 함께 학습하고 배우고, 그들 나름대로의 사고와 생각을 가지고 수업에 스스로 참여하고 몰입하는 존재가 되어야 한다. 이를 위해서 교실에서는 물리적 환경, 심리적 환경에 많은 변화를 주어야 한다.

담임교사에게 칭찬을 받기 위해서 그리고 그 칭찬을 통해 보상을 얻기 위해서 담임교사의 권위가 인정받는 교실이 되어서는 안 된다. 교사의 독백으로 이루어지는 교실, 교사의 억압으로 강제적으로 몰입하게 되는 교실, 교사의 칭찬과 보상을 받기 위해 적극 참여하는 척하는 교실은 더 이상 교육적인 교실이 아니라고 할 수 있다. 교실에서 활발하게 발언하고 토론하고 이야기 나눌 수 있는 자유를 제공해 주어야 한다.

다시 한번 묻고자 한다.

교실은 누구를 위한 공간이 되어야 할까?

실제 우리 반 아이들의 활동모습 속 다양한 교실 모습은 다음과 같다.

앞에서 보여 준 열과 행이 맞춰져 있는 책상에 앉은 아이들과 교탁에 가만히 서서 설명을 하는 교사로 이루어진 교실 모습과 비교했을 때 어떠한 생각이 드는가?

첫 번째 사진은 매 계절마다 이루어지는 창문 계절 꾸미기 활동 후 상호평가를 하는 모습이다. 교실의 창문 쪽 공간도 아이들의 평가를 위해 활용할 수 있게 해 주었다. 여러분은 평가라고 하면 어떠한 모습이 떠오르나? 아마도 책상에 앉아서 시험지를 풀고 있는 아이들의 모습이 떠오를 것이다. 혹은 수행평가라는 이름하에 활동지에 내용을 기록하게 만들지도 모른다. 수행평가라고 하지만 과연 그것이 수행평가가 맞는지에 대해서는 의문점을 가진다. 그리고 두 번째 사진은 팀별로 자유롭게 바닥에 앉아서 활동을 하는 모습이고, 세 번째 사진은 우리 반 학급회의 시간 모습이다. 마지막은 우리 반 팀별 수업시간 모습이다. 너무 자유로운 모습이다. 교실이라는 공간이 물리적인 것뿐 아니라 심리적인 측면에서도 교사가 아닌 학생들의 것이 되었을 때 가능한 모습이라고 생각한다. 교실의 모습은 하나가 되어서는 안 된다. 수업 시간 주제에 따라, 그리고 활동 내용에 따라 다양한 모습을 가져야 하며, 오롯이 학생들을 위한 공간이 되어야 한다고 생각한다.

교실이라는 공간은 학생의 것이 되어야 한다. 학생의 것이 되기 위해서는 학생을 위해서 교실이 배치되어야 하고 그들의 것으로 만들어 주어야 한다. 교실이라는 공간의 작은 변화가 아이들의 사고를 자유롭게 만들고, 자유로운 사고로 인해 더욱 다양한 활동이 가능해지고, 이를 통해 삶을 더욱 윤택하게 만들어 줄 수 있는 배움 중심의 수업이 가능하게 될 것이다.

본 필자도 아직 이러한 교실을 완벽하게 구현하지 못하고 있다. 다만 조금씩 변화를 시도하고 있고, 바뀌어 가는 중에 있다. 그러한 과정에 이 글을 읽는 독자들도 함께 동참하기를 희망해 본다.

어쨌든 교육에 종사하는 사람들, 그리고 교육행정가들은 모두 방법적인 측면, 철학적인 측면에서 차이가 있기는 하지만, 누구나 최선의 의도를 가지고 있다. 모두들 아이들이 성공적인 삶을 살 수 있도록 돕기 위해 자신이 할 수 있는 최선의 것을 하고 있다. 참으로 다행스러운 일이기는 하다.

하지만 그 동안의 교육행정가들, 특히 학교에 있어서 영향력이 높은 곳에 위치한 사람들은 '더 잘하기 위해', 그것은 사실상 '시대에 뒤처진 일을 더 잘하기 위해' 힘쓰고 있었던 것이다. 지금의 교육행정가들은 나무랄 데 없는 학문적 배경을 가지고 있기 때문이다. 그들에게 학교는 그들이 지금의 자리에 있기까지 매우 유용한 도움이 되었을 것이며, 명령에 더 잘 따르는 기술을 단련시켜 줌으로써 교육행정가로서의 자리에 있게 해 준 매우 고마운 곳일 것이다. 그럼으로써 학교는 정책과 절차를 통해 학생들을 관리해야 하고, 이러한 관리를 통해 학교 스스로도 이득을 추구하고, 위험을 최소화하는, 관료제도의 관리자들이 행하는 방식에 따라 교육을 이야기하고, 그에 맞는 교육행정들을 펼쳐 왔을 것이다.

이러한 교육행정가들은 이러한 말을 자주 한다고 한다. 평가할 수 없다면, 그것은 중요한 것이 아니다. 하지만 21세기에 학교교육에는 이러한 말이 더욱 어울릴지도 모른다. 교육에 관한 한 평가할 수 있다면, 그것은 중요한 것이 아닐 수도 있다(Brené Brown).

수십 년 동안 우리들은 교육에 대한 수많은 걱정으로 인해, 나름대로의 합리적인 이유를 찾고자 교육의 성과를 평가하는 일에 기를 써 왔다. 새로운 교육과정이나 시험제도, 책임 지우기 조치에 집착하다가 명령 및 통제식 대책을 대거 내놓고, 그로 인해 또 다시 모든 학생에게 표준화된 교재를 표준화된 방식으로 가르치며 새로운 표준화된 시험에 대비시켜 왔다. 대입 수학 능력 시험에 대해서만 살펴봐도 그러하다. 매년 바뀌는 수학 능력 시험 방법 및 처리 방식으로 인해 고등학교 교사들은 매년 다른 입시 전략을 짜느라 골머리를 앓고 있다고 한다.

이러한 시도를 수십 년간 해온 결과는 무엇인가? 그건 바로 우리가 평가해 온 모든 대상이 실패의 수준에 있었다는 것이다.

이제는 학교와 수업에 세세한 규정을 강요하기보다는 교사와 학생들, 나아가 학교에 자유성을 부여해 흥미로운 학습활동을 펼칠 수 있는 조건을 마련하고, 교사들을 신뢰하면서 파트너로 대우하고, 교사들과 진정성 있게 협력해 나갈 수 있는 교육행정가가 필요한 시점이 아닐까 조심스럽게 이야기를 던져 본다.

이러한 교육행정 아래에서는 학생, 교사, 관리자들 모두 '더 바람직한 일'을 할 수 있는 길이 열리게 될 것이며, 바람직한 학교상은 어떠한 모습인지, 그리고 그러한 학교상을 성취하기 위해 어떠한 교육행정들이 펼쳐지면 좋을지 학교교육 관계자 모두가 함께 협력하여 찾아보고 실천할 수 있는 자유로움이 부여될 것이다.

7. 교육과 배움 중심이 되는 교육정책개혁

김현섭(2013)은 『수업을 바꾸다』라는 저서를 통해 다음과 같은 경험을 밝히고 있다.

> 2012년 싱가폴 탐방 시, 협동학습을 잘 실천하는 고등학교 교사를 만났고 그 교사는 협동학습을 실천한 지 2년 차라는 말을 듣게 되었다. 2년 차 교사로서 할 수 있는 수업이 아니라고 생각을 하였고, 어떻게 그렇게 실천을 할 수 있었냐는 질문에 해당 학교 교감선생님은 이렇게 답을 하였다.
>
> "협동학습 전문가를 초청하여 전체 연수를 실시하고, 그중에서 자질이 갖추어진 다섯 명의 교사들을 희망자 중심으로 선발하여 전문가에게 수업 코칭을 집중적으로 받았기 때문입니다."

위의 다른 나라와 달리 현재 우리나라에서는 정답을 제시하는 연역적인 방법으로 수업 공개 및 수업 평가가 이루어지고 있다. 이 때문에 교사의 교실 수업에 변화가 느리다는 것을 위의 사례와 비교하면 알 수 있다. 우리는 교사의 수업 능력을 향상시키기 위해서 다양한 형태의 수업 공개 및 교사 연수를 실시하고 있다. 그러나 실제적으로는 학교 평가를 위해 형식상 실적 남기기에 불과한 경우가 많으며, 이 또한 평가의 방식을 따르고 있는 것이 사실이다. 현장에서 교사들은 다양한 연수를 받고 있지만, 교사들은 연수를 통해 새로운 콘텐츠를 배우더라도 교실 속에서 실제 적용하고 시행착오를 겪으며 자신의 것으로 만들어 가는 과정을 거치지 못하고 있다. 이로 인해 교사

연수가 실제 교사의 교실 수업 개선 및 실천으로 연결되지 못하고 있는 것이 사실이다.

교수-학습 방법 개선, 교실수업 개선, 교실수업 혁신은 지금껏 실천해 오던 하나의 정답으로 몰아가는 연역적인 방법으로는 실현될 수 없다. 우리는 수업과 배움 중심의 학교를 만들기 위해, 혹은 교실 수업 개선 및 혁신을 위해 수업 장학, 수업 평가, 수업 비평, 배움의 공동체, 수업 컨설팅 등 다양한 방식의 수업 개선 활동이 이루어져 왔다. 그러나 여기서 제시하는 방법들은 그 정도에서의 차이가 있기도 하지만, 대부분이 교사를 수업 개선의 주체로 여기지 않고 있으며, 교사는 수업을 개선하고 혁신을 이끌어내기 위해 변화되어져야 하는 객체로서 인식하고 있다. 교실 수업 개선과 혁신은 교사들 자신에게 답이 있는 것이며, 이에 대한 대체적인 방법으로 수업 코칭을 제시할 수 있다. 수업 코칭은 수업 문제를 귀납적으로 접근하게 하며, 자기 수업 성찰을 통해 스스로 수업에 대한 자신만의 답을 찾아가는 과정을 강조한다. 수업 코칭이 기존 수업 접근 방식과 다른 점을 찾으면 다음의 표와 같다.

비교	차이점
수업 장학 vs 수업 코칭	수업 장학은 교사의 교수학습 행위 개선이 목적이며, 수업에 대한 정답을 제시하려 하며, 그 기준에 따라 수업을 평가하고 피드백을 함 수업 코칭은 목적은 같으나 교사의 자발성을 중요시 여기면서 교사 자신의 성찰을 더 강조하는 행위임
수업 평가 vs 수업 코칭	수업 평가는 교사의 수업 능력을 측정하고 평가하는 것이 목적으로, 어떤 수업 평가 도구를 사용했느냐에 따라 결과가 달라지게 됨 수업 코칭은 특정한 수업 평가 도구로 여러 형태의 수업을 평가할 수 없다는 점을 강조하며 실질적인 수업 개선에 중점을 둠
수업 비평 vs 수업 코칭	수업 비평은 수업을 다양한 관점에서 이해하고 해석하는 것으로, 관찰자의 관점에 따라 동일한 수업에 대해 다른 결과가 나올 수 있으며, 수업 현상의 이해와 해석을 그 목적으로 두고 있음 그러나 수업 비평은 구체적은 피드백 방식까지 제시하지 못하는 반면, 수업 코칭은 성찰과 도전 과제 수행 과정 등을 통해 교사 스스로 자신의 문제를 극복하도록 도와줌
배움 공동체 vs 수업 코칭	배움 공동체는 최근 교육계에서 주목하는 것으로 구성주의 관점으로 학교 문화와 수업 문화를 개혁하려는 목적을 가짐 그러나 배움 공동체는 학생의 배움을 강조하면서 상대적으로 교사의 역할과 성찰을

비교	차이점
	덜 다루는 면이 존재함. 수업 코칭은 이에 비해 교사의 자발적인 참여를 강조하면서 내면 성찰을 중요하게 다룸
수업 컨설팅 vs 수업 코칭	수업 컨설팅은 기존의 수업 장학 문제점을 비판하고, 기업에서 사용되던 컨설팅의 개념을 교육 영역에 도입하여 만든 방법임 수업 컨설팅은 교사의 자발성에 기초한다는 점에서 수업 개선 효과가 크지만, 컨설턴트의 능력에 따라 그리고 의존 정도에 따라 그 효과에 차이가 있다는 단점을 가짐. 수업 컨설팅과 수업 코칭은 유사한 점이 매우 많지만, 수업 컨설팅이 교사가 요청한 도움을 중심으로 피드백이 이루어지는 반면, 수업 코칭은 교사가 인식하지 못했던 근본적인 문제의 원인을 스스고 깨닫고 해결할 수 있도록 도와주는 차이점을 가짐

앞의 표에서 알 수 있듯이 수업 컨설팅과 수업 코칭은 매우 유사한 점이 많으며, 그 방법적인 측면에서도 동일한 점이 많다. 그러나 학교 관리자 혹은 교육 정책 입안자들은 수업 컨설팅을 수업 장학과 비슷한 개념으로 이해하는 경향이 많으며, 컨설팅과 장학의 개념을 혼합하여 수업 컨설팅 장학이라는 개념을 새롭게 만들어서 사용하기도 하는 오류를 범하고 있다. 그래서 수업 코칭이라는 개념 도입이 필요하며, 수업 코칭이 중심이 되는 교실 수업 개선과 수업 공개 문화가 조성이 되는 학교조직을 형성하기 위하여 학교 관리자 및 교육부(청)에서는 많은 노력을 기울여야 할 것이다.

하지만 실제 학교의 모습 살펴보면, 우리나라 학교에서는 각종 보고, 공문 작성 등 업무처리에 소요되는 시간으로 인해 수업과 학생지도와 같은 본질적인 업무가 오히려 방해를 받고 있는 것이 사실이다. 각급 학교에서는 단위학교의 교육활동과 직접적인 관련이 있는 공문만 선별하여 접수 · 처리해야 하며, 결재 과정 역시 간소화함으로써 사무를 보다 신속하게 처리할 수 있도록 도와주어야 한다. 또한 교육기관에게 요구되는 다른 기관의 업무에 대해, 예를 들면 교통지도, 유해업소 단속, 각종 캠페인 동원 등과 같이 학생 교육에 직접적인 관련이 없는 활동은 해당 기관에서 담당하도록 해야 한다. 그리고 학교 내 담당이 되어 버린 방과 후 학교 역시 해당 지자체로 담당이 바뀌어야 한다. 방과 후 학교 업무를 위해 방과 후 부장이 학교에 신설이 되고, 매달 방과 후 학생 관리 및 방과 후 비용 정산을 위해 또 다른 교사 및 코디가 그 일을 담당하게 되면서 학생 지도를 위한 본질적인 교육 활동 시간을 빼앗겨 버리고 있다.

그렇다면 어떻게 교육과 배움이 중심이 되는 교육행정 개혁을 할 수 있을까?

기원전 4세기경, 아리스토텔레스(Aristotles)는 인간 삶의 목적은 행복이라고 말한 바 있다. 그로부터 수 세기가 지난 현재에도 우리는 누구나 행복한 삶을 살기를 원한다. 사람마다 행복한 삶에 대한 생각이나 정의는 다르지만, 대부분의 사람들은 추상적인 수준에서 행복을 최고의 선으로 간주하며 인생의 목적으로 생각한다(홍은숙, 2012). 그렇다면 한 인간으로서 인간다운 인간으로의 성장을 목적으로 하는 교육 역시, 그 목적은 행복이 되어야 한다고 할 수 있다.

하지만 이러한 이상과는 달리 우리 사회 현실과 교육 현실은 반대의 방향을 치닫고 있는 것 같다. 이에 대한 증거로 흔히들 알고 있는, 세계적으로 매우 낮은 수치를 보이는 한국인의 행복지수를 들 수 있다. 2016년 전 세계 나라의 행복지수를 비교한 결과, 한국은 58위를 차지했다고 한다. 또한 글로벌 리서치 업체인 스웨덴의 유니버섬이 세계 57개국에서 일하고 있는 젊은 직장인을 대상으로 행복지수를 조사한 결과 한국 직장인은 57개국 중 최하위권인 49위에 머물렀다고 한다.

한국 사람들, 직장인을 대상으로 한 설문조사 결과가 이러한데 학생을 대상으로 한 결과는 다를 것이 있을까? 당연히, 한국 어린이와 청소년이 느끼는 행복 지수 또한 OECD국가 중 꼴찌인 것으로 나타났다. 학생들의 결과 또한 당연한 결과가 아니었을까?

과연 불행한 학생, 대한민국만의 문제일까?

학생의 불행에 대한 연구 결과는 비단 우리나라에 국한된 것만은 아니었다. 숀 아처(Shawn Achor)라는 미국 하버드 연구원이 하버드 대학에 다니는 학생들을 조사한 결과 재학생 5명 중 1명이 우울증에 걸려 있으며, 재학생의 70%가 행복하지 않다고 응답하고 있었다. 세계적으로 가장 유명한 대학에 다니는 학생들도 행복하지 않다고 한다.

왜 많은 사람들은, 특히 학생들은 행복하지 않은 것일까?

공부하는 것이 즐겁지 않기 때문이 아닐까? 그런데 앞서 언급했던 영화인 '억셉티드'의 주인공이 만든 허구의 학교에 있는 아이들은 한없이 행복해 보였다. 물론 영화일 뿐이기는 하지만, 영화 속 허구의 학교에 속한 학생들은 왜 그렇게나 행복한 모습을 보일 수 있었을까? 반면 영화에서 등장하는 유명한 명문대학교에 다니는 학생들의 모습은 왜 그렇게나 불행해 보였을까?

그건 학생들이 배우고자 했던, 그리고 알고자 했던 내용으로 가득했던, 학생들이 진정으로 가고 싶어 하는 학교였는지 아니었는지의 차이였던 것 같다. 즉, 학생들이 행복했던 이유는 가고 싶어 하고, 부모들이 보내고 싶어 하며, 교사들이 스스로 기쁨과 보람으로 가르치며 자랑스럽게 학생들을 초대할 수 있는 학교였기 때문인 것 같다.

그래서인지 이전 정부가 들어서면서 학교교육 개혁의 일환으로 행복학교 정책이 시행되었다. 여기서 말하는 행복학교는 행복을 학교교육을 통해서 구체적으로 구현하고자 특별히 지정된 학교를 의미한다고 하였다(김순남, 이병환, 2016). 그런데 행복은 개인마다 생각하는 정의가 다르며, 학생들 또한 개개인이 느끼는 행복의 정도와 이유에는 큰 차이를 보이게 될 것이다.

**그렇게 주관적인 개념이 강한 행복인데,
과연 학생 모두의 행복을 구현시킬 수 있는
행복교육이 가능한 것일까?**

그런 이유 때문이었을까? 행복학교와 일반학교의 학생 행복 정도에 차이가 없었음이 밝혀졌으며, 행복학교 운영 기간에 따라서도 학생들이 느끼는 행복 정도에는 차이가 없음이 밝혀졌다. 즉, 학생들 개인별로 생각하는 행복에 대한 정의가 다르고, 그러한 행복은 어떠한 프로그램을 적용한다고 해서 높여 줄 수 없는 것임이 밝혀졌다(김순남,

이병환, 2016).

이미 학생들은 과도한 시험과 입시 경쟁으로 심신이 매우 지쳐 있다(송경오, 2011). 이러한 아이들에게 일정한 기간 동안 행복을 높여 주기 위해 인위적으로 프로그램을 적용한다고 하여, 지쳐 있는 심신이 활기를 찾고, 행복감이 높아질 리 만무하다. 물론 이렇게 학생들의 행복지수를 높여 주기 위해 행복교육이라는 것을 새롭게 실천하고자 한 노력 그 자체에는 박수와 격려를 보내 주고 싶다. 다만 그 방법적인 측면이나 내용적인 측면에 있어서 잘못된 것들이 많았던 것은 아니었을까? 그렇다면,

학생들이 생각하는 행복이란 무엇일까?
학생들은 어떠할 때 행복을 느낄까?

이 질문에 대한 여러 해법들이 행복학교의 첫 출발점이 되었어야 할 것이다. 아이들이 생각하는, 그리고 원하던 행복은 그러한 것이 아님었음에도 불구하고, 행복학교에서는 아이들의 행복을 높여 줄 수 있다고 여겨지는(교사의 관점, 성인의 관점에서 말이다) 프로그램을 새롭게 만들어서 적용하고, 연구하는 것만에 치중하고 있었던 것 같다. 또한 연구학교 혹은 시범학교로 행복학교가 운영이 되어지면서, 아이들의 행복 증대라는 본질적인 목적보다는 일부 교사들의 승진 가산점 획득이라는 불손한 의도가 개입되기도 하면서, 행복학교라는 연구 목적보다는 그 이외의 것에 더 많은 관심을 가지게 되는 불손한 공모 동기가 숨겨지게 되었음을 부정할 수는 없다. 어찌됐든 연구학교에 대한 이야기는 다음 장에서 계속 이어 가도록 하겠다.

이제 다시 행복학교에 대한 이야기로 돌아오자.

아이들이 행복한, 그리고 진정한 의미에서의 행복한 학교가 되기 위해서는 학교가 즐거워져야 하고, 교실이 행복해져야 하고, 수업이 재미있어져야 한다고 생각을 한다.

이를 위해서 본 필자는 우선적으로 학교가 성장해야 하고, 이를 위해서는 학생이 중심이 될 수 있고, 교육과 배움이 중심이 되는 교육행정이 이루어져야 한다고 생각한

다. 아이들의 배움을 위한 교수학습이 중심이 될 수 있는 학교, 아이들의 삶의 이야기와 교사의 삶의 이야기가 묻어 날 수 있는 학교로 성장해야 한다고 생각한다.

그래서인지 최근에는 여러 학교에서 교수학습 중심의 단위학교 운영에 대한 관심이 높아지고, 실제 그렇게 운영을 하려고 노력하는 학교도 많아지고 있다.

많은 단위학교에서는 교사들이 수업을 통해 행복을 느끼도록, 행사나 업무 중심이 아닌, 수업 중심의 학교 문화 형성으로 수업과 교육, 그리고 아이들의 배움에 집중할 수 있도록 하고 있으며, 이를 바탕으로 한 교사의 전문성을 길러 성장하고 발전하기 위해 학교 차원에서 스스로 많은 노력을 하고 있기도 하다. 그리고 이를 위해서, 최근에는 학교경영 및 행정에 있어서 무언가를 더하거나 추가하려 하기보다는 지금의 것에서 수업, 배움과 관련 없이 치러지는 일회성의 행사 및 업무를 줄여 나가면서 점차 하나둘씩 덜어 내고 빼려고 노력하는 학교도 자주 접하게 된다.

그런데 여기에도 복병이 숨어 있기는 하다. 아이들의 행복을 위해, 행복한 학교를 만들기 위해 단위학교에는 교육과 배움과 관련 없는 것들을 빼내려고 갖은 노력을 기울이고 있음도 불구하고, 어느 사이엔가 교육부 및 교육청의 공문과 요구사항에 의해 그렇게 덜어 내고 빼어진 부분에 또 다른 무언가가 채워지면서 매년 단위학교의 이러한 노력은 결국 제로섬이 되어서 수포로 돌아가는 경우를 더러 경험하게 된다. 실제 본교에서도 학생들의 경쟁만을 야기하는 일회성 행사를 최대한 지양하려고 많은 노력을 기울여 왔으며, 기존의 보여 주기식의 일회성 행사를 교육과정 속에 녹아들게 함으로써 수업 시간에 방해가 되는 행사를 없앴다. 그런데 이러한 노력이 무색하게도, 보건교육, 영양 교육이 학교교육과정에 들어오게 되면서 보건 및 영양과 관련된 각종 보여 주기식 행사가 담당교사의 지시하에 학년별로 치러졌음을 학년말에 알게 되었다. 학교교육과정의 총 담당자라고 할 수 있는 연구부장이었던 필자도 모르는 사이에 보여 주기식 행사가 다시 생겨나고 있었던 것이다. 학생들의 교육과 배움을 위해, 그리고 수업 시간을 보장하기 위해서 보여 주기식 행사를 없앴음에도 불구하고, 또 다른 교육 정책으로 인해 그 부분이 또 다른 행사도 채워지게 된 것이다.

그래서 여러 단위학교의 덜어 내는 노력에 학교장뿐 아니라, 전 교직원이 함께 동참

하여 학교를 평가받기 위한 조직이 아니라 함께 서로 소통하고 신뢰하면서 학생들의 배움과 교육을 위한다는 공동성을 회복할 수 있는 조직으로 이끌어 나가야 할 것으로 생각된다. 누구 한 사람의 노력으로는 불가능한 것이기에 말이다. 주변의 시선, 요구, 제도, 공문에 의해 이끌려 가는 학교가 아니라 행복한 교사를 위해, 행복한 아이를 위해 교육과 배움이 강조될 수 있는 교수·학습 중심의 학교로의 성장이 필요할 것으로 판단된다.

또한 교육의 목적을 학습자들의 바람직한 행동의 변화라는 측면에서 정의한다면, 수업 및 학습 속에서 학생들은 스스로의 배움이 있어야 하고, 그 배움의 주체 역시 교사가 아닌 학생이 되어야 한다고 말할 수 있다. 이와 더불어 교사는 학습자들의 배움을 위해 함께 배우는 조력자가 되어야 할 것이다.

그러나 전통적인 교육학에서는 이러한 학생의 배움에 대한 측면을 간과하면서 교사의 가르침을 더욱 강조하였고, 이를 위해 교사는 객관적 지식을 일방적으로 학습자들에게 전달하는 권위자로 여겨 왔음을 부정할 수는 없을 것이다. 즉, 전통적 교육이론에서 학생은 교사의 가르침을 일방적으로 받아들여야 하는 대상으로 이해되었던 것이다. 물론 학습자들의 스스로의 배움이 중요하다고 하여, 그리고 전통적인 교육이론이 가르침을 강조했다고 해서 학습자들의 배움만을 강조해야 한다는 것은 아니다.

오히려 학습자들의 배움만을 강조하게 될 경우 이 또한 또 다른 오류에 빠질 수도 있기는 하다. 왜냐하면 교육에서의 배움은 교육과정 혹은 교육적인 측면에서의 진정한 배움이 일어났는지에 초점을 두어야 하기 때문이다. 그래서 현대 사회에서의 학교교육은 가르침과 배움을 둘 다 중요하게 여길 수 있는 교수-학습이 이루어져야 할 것이다. 다만, 그동안 가르침에 더 많은 강조점을 두어 왔다는 점을 인식하고 있다면, 이제는 의도적으로 배움을 조금 더 강조하면서 이 둘(가르침과 배움)의 균형을 맞출 필요가 있기에 배움을 조금 더 강조하고자 하는 것이다.

특히, 지식 정보사회로 일컬어지는 현대 사회에서는 매일매일 접하지도 못했던 많은 양의 새로운 지식과 정보들이 쏟아져 나오고 있다. 학교에서 배운 지식은 학습자들이 살아가게 될 미래사회의 생활에 필요하지 않은 것들이 되어 가고 있다. 실제 교사들을 대상으로 실시한 설문조사에서도 역시 77%의 교사들이 지금 교실에서 배우고 있는 지식 중 절반 이상은 미래사회에 필요 없는 것들이라고 응답을 하였다. 이러한 시대적 변화에 따라 교수－학습 방법적인 면에서도 기존의 교과서와 교사의 설명식으로 이루어지던 보편화된 교수－학습 방법에서 벗어나 학생중심, 활동중심, 배움중심, 학습중심의 다양한 교수－학습 방법이 대두되고 강조되게 되고 있는 것도 이 때문일 것이다. 즉, 이러한 정보기술과 학습이론이 진보하는 시대적 변화, 그리고 아이들의 학습과 배움을 강조하는 사회적 변화로 인해 교수학습이론의 새로운 패러다임이 강조되고 있는 것이다.

많은 학자들은 학습이란 경험이나 연습의 결과로 발생하는 비교적 지속적인 행동의 변화를 의미하는 것으로, 질병이나 약물 등에 의한 일시적인 변화나 성숙에 의한 자연적인 행동의 변화는 학습에서 제외된다고들 정의 내린다. 우리들은 흔히 학습이라는 용어를 사용함에 있어서 수업이라는 용어와 혼용하여 사용하는 경우가 많다. 그러나 엄밀히 따지자면, 수업은 교사가 주체가 되어 일정한 목표를 가지고 인간을 가르치고 만들기 위해서 일방적으로 이루어진다는 의미가 강한 반면, 학습은 아이가 주체가 되어 한 인간을 기르기 위해 상호작용하며 능동적으로 이루어지는 의미가 강하다. 이로 인해 흔히들 “수업한 것을 학습하게 된다.”라는 말을 자주 하게 된다.

현대사회에서 강조하는 학습과 배움에 초점을 두는 교수학습이론은 수동적인 학습자에서 능동적인 학습자로 변화시켜야 하며, 아이들에게 맥락을 고려하지 않은 일반화되고 보편화된 지식이 아니라 아이들의 삶의 모습과 이야기가 녹아들어 있는 진정한 의미에서의 학습과제와 지식이 중심이 되는 학습을 강조하고 있으며, 고정된 학습 시간이 아니라 융통성 있는 학습 시간을 허용하는 것을 중요하게 강조하고 있다.

이러한 교수－학습이론의 새로운 패러다임, 즉 학생들의 학습과 배움에 초점을 둔 교수학습이론에서는 각자, 혹은 그들(학생) 모두의 삶, 생활과 관련된 진정한 의미에서의 실제 과제를 팀 단위로 협동하게 함으로써 각자가 학습에 대한 주도권을 가지고서 팀(모둠)이 함께 학습하고 배울 수 있도록 융통성 있는 지침을 제공해야 한다.

그리고 지식정보화 사회가 요구하는 교육 또한, 학습자들이 스스로 자신의 학습과 배움에 대한 주도권을 가지고서 능동적으로 학습하고 배울 수 있는 존재가 되어야 함을 강조한다는 점을 감안할 경우, 이 시대가 요구하는 교육 패러다임은 흔히들 알고 있듯이 구성주의로 귀결된다고 할 수 있다.

이러한 교육 패러다임의 변화에 따라 최근에 더욱 각광받고 있으며, 우리나라 교육의 문제 혹은 현실을 해결할 수 있는 학습방법으로 프로젝트 학습법에 대한 관심이 더욱 높아지고 있다. 이에 최근에는 교육과정 재구성을 통해 프로젝트 학습을 실천하려는 학교가 점차적으로 증가하고 있는 추세라고도 할 수 있다. 실제로 어느 교육청에서는 1+1+1 프로젝트라고 하여 단위학급별로 1학기별 1회 이상 1 프로젝트 학습 실천 사업을 진행 중이기도 하다.

하지만 학교 현장에서는 프로젝트 학습에 대한 교사들의 오해가 많은 것이 사실이다. 교육과정 재구성과 함께 항상 뒤따라오는 말이 프로젝트 학습으로서, 교육과정 재구성을 통해 수업을 성장시키고자 하는 노력이 제대로 된 결실을 맺기 위해서는 바로 프로젝트 학습을 반드시 실천해야 한다고 생각하기도 한다. 물론 이에 대해서 본 필자 역시 동의하는 부분이 많으며, 교육과정을 재구성한 후 수업하기 위해서는 프로젝트 학습이 가장 적절하다는 판단을 하였다.

이는 본 필자가 여기서 언급하고 있는 프로젝트 학습은 그동안 대학교 강의 혹은 다양한 교수–학습 관련 연수 등을 통해 배우고 알게 되었던 다른 다양한 학습 방법과는 방법적인 측면이나 이론적인 측면에서 큰 차이가 있다고 생각하기 때문이다.

프로젝트 학습은 기존에 배운 다른 교수–학습 방법처럼 어떠한 규칙에 따라 일정한 과정이나 방법에 의해 정형화된 틀이 존재하는 것이 아니다. 프로젝트 학습은 어떠한 틀에 의한 것이 아니라 아이들의 진정한 배움을 위해 아이들이 느끼고 있는 문제점이나 과제를 찾도록 하고, 그러한 문제나 과제를 해결하기 위해서 다른 친구들과 함께 모여서 다양한 소통과정과 방법으로 해결 방법을 찾고, 해결책을 마련하거나 해결에 대한 어떠한 결과물을 만들어 내도록 하는 하나의 프로세스(과정)에 불과한 것으로, 그러한 과정에 있는 학습이라는 어떠한 교수 · 학습이라도 프로젝트 학습이 될 수 있는 것이다. 즉, 학생들이 스스로 자신이 알고 배우기를 원하는 것, 그리고 함께 해결하고자 하는 문제를 찾도록 하고, 그 문제를 친구들, 혹은 선생님, 그리고 주변의 다양한 사람들과 함께 해결할 수 있는 경험을 제공해 주며, 최종적으로 어떠한 결과물(산출물)을 만들어 내는 경험을 제공해 주는 일련의 과정 자체가 프로젝트 학습인 것이다. 또한 그러한 과정 중에 학생들의 학습에 도움이 될 수 있고, 수업에 필요하다면, 교사들은 설명식 수업, 토의 토론수업, 액션러닝식 수업, 거꾸로 교실(플립드 러닝), 협동학습, 팀 기반학습 등 다양한 수업 방법을 필요에 따라 어떠한 것이라도 사용해도 된다. 이런 의미에서 프로젝트 학습은 기존의 다양한 교수-학습방법을 모두 포괄할 수 있는 교수-학습 방법이라고도 할 수 있다.

또한, 프로젝트 학습의 목적 중의 하나는 학생들로 하여금 학습과 배움에 흥미와 관심을 가지게 하는 것이다. 그리고 이러한 흥미와 관심으로 학습과 배움에 스스로의 몰입도를 높이기 위해서 배움과 학습의 내용을 학생들이 스스로 찾을 수 있는 기회를 제공하게 되는 것이며, 이를 통해 수업에서 이루어지는 일련의 과정들이 모두 학생들에게 유목적적인 활동이 될 수 있게 하는 것이다. 또 한 가지 중요한 점은 프로젝트 학습은 활동 후 학생들의 결과물에 대한 평가보다는 결과물을 얻기까지의 과정 자체를 중요시 여긴다는 것이다. 즉, 학생들이 결과물을 얻기까지 협력하여 문제를 해결하는 과정을 함께 경험하면서 서로 느끼고, 깨닫고, 체득하게 될 능력을 강조하고 있으며, 이는 액션러닝, 팀 기반학습 등 구성주의에 기반한 교수-학습 방법의 공통적 목표라고도 할 수 있다. 그리고 이러한 과정 중에 학생들이 스스로 깨닫고 체득하게 되는 것이 바로 바른 인성이 될 것이다. 아이들이 갖춰야 할 핵심역량이 될 것이다.

아이들의 바른 인성 및 2015 개정 교육과정에서 강조하는 6대 핵심역량은 교사의 보편화된 방식으로 이루어지는, 일방적으로 이뤄지는 교수-학습 방법으로는 함양이 절대 불가능하다고 할 수 있다. 인성과 역량이라는 것은 교사가 지도한다고 하여, 가르친다고 하여 암기하고 기억함으로써 깨닫게 되는 것이 아니기 때문이다. 이것(인성과 역량)들은 아이들이 스스로 체험하고 활동하며 깨달으면서 몸소 체득해야 하는 것으로, 이를 실현할 수 있는 학습방법 중의 하나가 바로 프로젝트 학습이라고 말을 하고자 한다. 그리고 그러한 학습방법 중의 하나가 프로젝트 학습인 것은 사실이지만, 그러한 학습 방법 중에서 아마도 가장 강력한 학습방법이 바로 프로젝트 학습이라고 말을 하고자 한다.

물론 프로젝트 학습이 교육과 배움이 중심이 되는, 교수 · 학습 중심의 학교행정개혁을 위한 커다란 과제에 대한 유일한 하나의 해결방법이 될 수는 없을 것이다. 그러나 교수 · 학습 중심의 학교 만들기를 위한 또 다른 하나의 방향을 제시해 줄 수는 있을 것 같다.

앞서 언급했듯이 흔히들 국가 수준 교육과정이라는 기본 틀이 존재하는 우리나라와 같은 경우 프로젝트 학습이 실천되는 것은 매우 어려운 일이라고 말을 하고 있다. 그러나 본 필자가 오랜 시간 직접 전(全) 교과 교육과정을 재구성하여 전(全) 차시를 프로젝트 학습으로 실천한 결과, 국가 수준 교육과정이 있더라도 프로젝트 학습이 가능하였으며, 그 결과 그에 대한 효과성(아이들이 행복해하는 수업, 즐거워하는 수업, 그리고 무엇인가를 배워 가는 수업) 또한 매우 뛰어나다는 것을 알 수 있었다.

수업 시간을 매우 즐거운 놀이시간처럼 여기는 아이들, 그로 인해 수업에 대한 높은 흥미와 관심을 보이는 아이들로 인해 학교에 보내는 것이 만족스러운 학부모들, 프로젝트 학습을 실천하지 않는 다른 학급과 비교하여 월등히 높은 평가 결과로 인해 안심하고 프로젝트 학습을 실천하는 교사들(필자가 근무하는 학교의 2학년 학급 수는 8학급이며, 그중 4개의 학급에서만 프로젝트 학습을 실천하였고, 그 이외의 학급에서는 흔히 말하는 교사 중심의 전달식 수업을 실시하였음)로 인해 학교 구성원 모두가 프로젝트 학습에 대한 높은 만족감을 보일 수 있었다. 이러한 장점 및 효과성에 대해 만족해하는 것은 비단 필자뿐만이 아니었으며, 이와 관련하여 여러 서적을 통해 간접적으로 알 수 있었다.

그중 강인애, 정준환, 서봉현, 정득년(2011)은 『교실 속 즐거운 변화를 꿈꾸는 프로젝트 학습』이라는 저서를 통해 프로젝트 학습으로 재미있는 수업 또는 진지한 놀이와 같은 수업을 직접 경험하고 실천할 수 있었으며, 실제 사례에 대하여 자세히 안내를 하고 있었다.

물론 학교의 이런저런 실정을 고려해 보았을 때, 학교 현장에서의 프로젝트 학습에 대해 가지게 되는 많은 오해들은 어찌 보면 당연한 것일 수도 있다. 교육과정 재구성과 함께 항상 뒤따라오는 말이 프로젝트 학습으로써, 이로 인해 교육과정 재구성을 통해 수업하기 위해서는 프로젝트 학습을 반드시 실천해야 한다는 생각을 가지도록 만드는 것 같기도 하다.

그러나 본 필자가 저서를 통해 지금 언급하고 있는 프로젝트 학습이 학교 성장을 위한 그리고 학교행정개혁을 위한 교수·학습 방법으로써, 학교가 스스로 성장하도록 돕기 위한 하나의 해결책이 될 수 있다고 말을 하는 이유는 바로 그동안 대학교 강의 혹은 다양한 교수–학습 관련 연수 등을 통해 배웠던 다른 교수·학습 방법과는 방법적인 측면이나 이론적인 측면에서 커다란 차이점이 있기 때문이다.

가장 큰 차이점은 바로 프로젝트 학습은 기존에 알고 있던 여타 다른 교수–학습 방법과 달리 어떠한 규칙에 따라 일정한 과정이나 방법이 정해진 정형화된 틀이 존재하지 않는다는 것이다. 아이들의 진정한 배움을 위해 아이들이 느끼고 있는 문제점이나 스스로 해결하고 싶어 하는 과제를 찾도록 하고, 그러한 문제나 과제를 해결하기 위해서 다른 친구들과 함께 모여서 다양한 소통과정과 방법으로 해결 방법을 찾고, 협력하여 해결책을 마련하거나 해결에 대한 어떠한 결과물을 만들어 내도록 하는 하나의 프로세스(과정) 자체가 바로 프로젝트 학습이라고 할 수 있다. 즉, 학생들이 원하거나 해결하고자 하는 문제를 스스로 찾는 기회를 제공해 주고, 그 문제를 친구들과 함께 해결할 수 있는 경험의 기회를 제공하며, 이를 통해 어떠한 결과물(산출물)을 만들어 내는 과정 그 자체를 중요시 여기는 학습법이 바로 프로젝트 학습이라는 것이다. 또한 그러한 과정 중에 필요하다면 교사들은 설명식 수업, 토의토론수업, 액션 러닝식 수업, 거꾸로 교실(플립드 러닝), 협동학습, 팀 기반 학습 등 다양한 수업 방법을 필요에 따라 어떠한 것이라도 사용해도 괜찮은 것이다. 이런 의미에서 프로젝트 학습은 기존의 다양한 교수–학습방법을 모두 포괄할 수 있는 교수–학습 방법이라고 할 수 있다.

그리고 프로젝트 학습을 실천하려는 목적 중의 가장 핵심은 바로 학생들로 하여금 학습과 배움에 흥미와 관심을 가지게 하는 것이다. 이렇게 높아진 학생들의 흥미와 관심을 통해 학습과 배움에 스스로 몰입하도록 함으로써 배움과 학습의 내용을 학생들이 스스로 찾을 수 있는 기회를 제공하게 되는 것이며, 이로 인해 수업에서 이루어지는 일련의 과정들이 모두 학생들에게 유목적적인 활동이 될 수 있는 것이다. 또 한 가지 중요한 목적 중의 하나는 프로젝트 학습 활동 후 학생들의 결과물에 대한 평가보다는 결과물을 얻기까지의 과정 그 자체를 중요시 여기는 것이다. 학생들이 협력하여 어떠한 하나의 결과물을 얻기까지 협동하여 문제를 해결하는 과정을 함께 경험하면서 서로 느끼고, 깨닫고, 체득하게 될 능력을 중요시 여기다고 할 수 있다. 그리고 이러한 목적은 비단 프로젝트 학습에만 국한된 것이 아니라, 액션러닝, 팀 기반 학습 등 구성주의에 기반한 교수-학습 방법에서 공통적으로 나타나는 성격이라고 할 수 있다. 그리고 이러한 과정 중에 학생들이 스스로 깨닫고 체득하게 되는 것이 바로 바른 인성이 되고, 핵심역량이 될 수 있는 것이다.

현재 학교교육의 목적으로 강조되고 있는 아이들의 바른 인성 함양 및 2015 개정 교육과정에서 강조되고 있는 6대 핵심역량의 함양은 그동안 이루어져 왔던 교사의 보편화된 방식의 일방적인 교수·학습 방법으로는 제대로 된 함양이 절대 불가능하다고 할 수 있다. 이것들은 아이들이 스스로 체험하고 활동하며 깨달으면서 몸소 체득해야 함양이 가능한 것으로, 이를 실현할 수 있는 학습방법 중의 하나가 바로 프로젝트 학습이며, 그러한 다양한 학습방법 중 가장 효과적이며 강력한 방법이 바로 프로젝트 학습이라고 말하고자 한다.

그러므로 교수학습이 중심이 되는 교육과 배움을 위한 학교경영은 학생들에 의한, 학생들의, 그리고 학생들을 위한 참된 교육의 실천이라고 생각을 하며, 그러한 실천 방법 중의 하나로 본 필자는 프로젝트 학습을 강력하게 제시하는 것이다.

이러한 프로젝트 학습을 실천하기 위해서는 우선 교사 공동체가 기본적으로 구성되어 있어야 하며, 서로 신뢰할 수 있는 공동성이 갖춰져야 한다. 교육과정 재구성과 프로젝트 학습은 교사 개인의 노력으로도 가능할지 모르겠지만, 그동안 프로젝트 학습을 실천했던 필자의 개인적인 경험의 결과, 공동체를 통해 함께 계획하고 실천을 해야 하는 부분이 더욱 크다는 것을 알게 되었기 때문이다. 이에 교육과 배움이 중심이 될 수 있는 교육행정 개혁의 첫 번째 시작은 교사 공동체 형성을 위한 노력일 것이다.

물론 필자 또한 혼자서 열심히 갖은 고생을 하며 노력을 했던 경험이 있다. 그러한 경험들이 하나씩 하나씩 차곡차곡 쌓여서 2016년에는 전체 수업을 프로젝트 학습으로 구성하고 운영할 수 있기도 했다. 그렇게 혼자서 학년에서 튀는 수업을 하고 있을 무렵, 어느 한 명의 선배 교사가 필자에게 이러한 말을 해 왔다.

"혼자서 이렇게 수업하기 안 힘드세요?"
"자신만 혼자서 튀는 다른 방식의 수업으로 인해
주변 선생님들도 힘들어하지는 않던가요?"

그때 나는 커다란 망치로 누군가가 나의 머리를 때리는 듯 정신적 충격을 받았다. 혼자서 힘들게 열심히 노력하며 달려온 길이 누군가에는 불편한 모습으로 보여질 수도 있었겠구나라는 생각을 하게 되었다. 적어도 동 학년 정도는 함께해야 한다는 것도 이때 느끼게 되었던 것 같다. 그래서 당장 함께할 수 있는 선생님들을 찾아보았고, 공동체를 꾸리기 시작한 것 같다.

이렇듯 교육과정 재구성과 프로젝트 학습을 위해서는 함께할 수 있는 교사공동체가 필요하며, 공동체 문화가 형성된 학교에서는 당연히 학생들의 교육과 배움을 강조하는 교수·학습 중심으로 교육과정을 함께 만들어 가는 상황에 놓이게 될 것이기에 교육행정 개혁이 순조롭게 이루어질 수 있게 될 것이다.

이처럼 교육과정 자율화를 실천하고자 노력하는 학교와 교사들도 많이 있기는 하지만, 실제로 학교현장에서 직접 실천에 옮기지 못하는 데에는 우리나라 교육과정이 중앙 집중형 결정 체제이며 획일화하려는 경향의 영향도 무시할 수 없다(김소영, 이윤소, 2015). 물론 지금까지의 국가 수준 교육과정이 다수에게 교육의 기회를 제공하였고, 우리나라가 문맹에서 벗어나고 교육의 양적 증가에 지대한 영향을 미쳤다는 사실은 부인하지 않는다. 하지만 변화하고 있는 시대적 상황, 그리고 앞서 언급했던 교육 환경의 변화와 교육의 질적인 변화를 고려했을 때 학습자들의 다양한 요구를 충족시키기에는 중앙 집중적이며 획일적인 교육과정으로는 부족한 점이 매우 많은 것이 사실이다.

그래서인지 7차 교육과정 이후로는 수시 개정 체제로 교육과정 개정의 원칙으로 교육과정 개정 방법이 변한 것인지도 모르겠다. 그러나 이러한 수시 개정 체제에서도 여전히 국가 교육과정이 중앙 집중적으로 이뤄지다 보니 그 변화와 성장의 속도가 사회적 그리고 학생들의 요구와 변화를 충족시키는 것에는 무리가 있을 수밖에 없다. 즉, 중앙집권적인 국가교육과정의 실행은 교육 수요자가 기대하는 교육 실행을 충족시키기에는 미흡한 점이 많다는 것이다.

중앙집권적인 교육과정에 대한 이러한 문제점을 해결하는 방안을 찾은 결과, 김소영, 이윤소(2015)는 아래의 그림처럼 텍스트 중심의 피라미드식 구조의 교육과정 구조에서 컨텍스트 중심의 매트릭스 구조의 교육과정 구조로의 변화가 필요하다고 주장하고 있다는 사실을 알게 되었고, 본 필자 역시 그들의 주장에 어느 정도 공감을 하게 되었다.

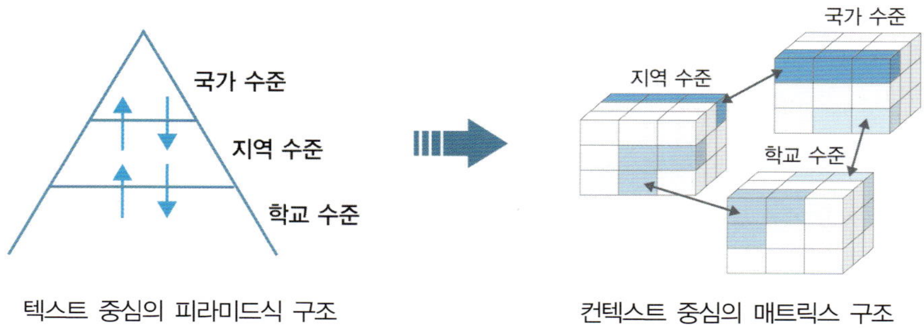

출처: 김소영, 이윤소(2015: 58).

컨텍스트는 문맥, 맥락, 연관관계를 의미하는 개념으로 교육과정 문서와 연관되는 모든 주변 상황을 의미한다고 할 수 있다. 즉, 국가 수준, 지역 수준, 학교 수준이 지금처럼 종적인 상하 관계가 아니라 입체적 관계로 각각이 가지고 있는 현상, 과제, 맥락에 따라 원활히 연계되고 소통될 수 있는 관계 형성을 강조하는 교육과정 구조임을 알 수 있다.

이를 위해서는 우선적으로 교사가 스스로 자신이 교육과정의 주체임을 인식하고 자율권을 적극 발휘할 수 있도록 교육과정에 대한 책임감과 전문성을 길러야 하는 것이 당연하지만, 현재 다수의 학교에서 이루어지고 있는 행정 구조 안에서는 매일 쏟아져 내려오는 업무 처리로 인해 실현 가능성이 희박한 것 또한 사실이다. 이에 교육행정개혁을 위한 두 번째 단계는 교사의 성장을 중요시 여기고, 교사 스스로 책임감과 전문성을 가질 수 있도록 자율권을 최대한 보장해 주는 것이다.

교사의 성장이 곧 학교의 성장으로 이어지는 것이다.

교육과 배움의 교수학습 중심의 학교가 만들어지기 위해서는 교육과정 운영에 대한 자율권을 국가가 최대한 보장해 주는 제도도 중요하며, 그에 따라 국가와 학교 간의 중간 단계에서 국가적 목표와 학교 목표를 잘 융화시킬 수 있는 지역 교육(지원)청의 역할도 중요하다. 물론 그보다 더욱 중요한 것은 교사의 자발적인 참여이며, 이를 위한 교사의 성장이다.

시대적 요구에 따라 학습자의 수준이 높아지고, 특색 있고 개별화된 교육의 질에 대한 관심과 요구가 더욱 증대되고 있는 요즘, 국가 수준 교육과정의 틀에서 벗어나 교육과정 결정의 권한을 지역과 학교로 분산시키는 노력이 필요하다. 또한 이와 함께 교육과정 전문가로서 교육과정을 재구성할 수 있는 교사로서의 성장 또한 함께 이루어져야 할 것이다.

그러면 자연스럽게 교사 공동체가 형성이 되면서 학교 문화가 변화하게 될 것이며, 문서화된 공문 중심의 학교가 아니라 교육과 배움의 교수학습 중심의 학교가 만들어지게 될 것이다.

시대 변화와 요구에 따른 프로젝트 학습의 중요성 강조에 의해 교육과 배움이 강조되는 교수·학습 중심의 학교 만들기가 필요하며, 이를 위해서는 큰 학교 스스로의 성장이 필요하다고 할 수 있다. 이제는 기존의 제도와 형식주의, 행정중심의 학교에서 벗어나 교수·학습이 중심이 될 수 있는 학교로의 변화가 필요한 시점이다. 그러한 측면에서 본 필자는 수업 공개와 수업 지도안에 대한 변화에 대해서 추가적으로 이야기를 나누고자 한다.

1) 수업 공개의 변화

교사의 교수 학습을 확인하고 평가하는 방법으로 그동안 다양한 공개수업을 학교에서 실천하고 있었다. 학부모 공개수업, 동료 교사 공개수업, 상시 공개수업, 시·도 단위 공개수업 등 굉장히 다양한 종류의 공개수업이 이뤄지고 있으며, 이로 인해 교사는 언제나 수업을 통해 자신이 가지고 있는 교사로서의 수업 전문성에 대해 평가받기 위해 존재하고 있는 듯 느끼기도 한다. 이는 수업을 공개하는 것 자체가 교사의 능력을 평가받거나 평가하기 위함이라는 인식이 지배적이었으며, 공개수업을 참관하러 온 교사 혹은 평가단 역시 교사가 수업을 얼마나 잘했느냐 못했느냐를 측정하거나 평가하기 위한 것이 공개수업의 목적이라는 인식이 만연해 있기 때문이다. 그래서 현직 교사들은 수업 장학, 수업 컨설팅, 수업 연구 등 공개 수업과 관련된 그 어떠한 교육 정책에 대해서도 좋지 못한 인식을 많이 가지고 있는 것 같다. 이로 인해 교사는 언제나 평가를 받아야 하는 존재가 되어 가고 있고, 누군가로부터 언제나 지도를 받아야 하는 존재가 되어 가고 있는 것 같다. 평가로부터 자유롭지 않은 존재가 교사가 되어 버리면서, 교사들은 언제나 늘 주의의 시선과 평가를 신경 써야 하면서 누구에게도 자유롭지 못한 존재가 되고 있다.

이제는 수업 공개에 대한 인식이 변화되어야 한다. 교수·학습이 어떻게 이뤄지고 있는지를 확인하고 분석하며, 이를 바탕으로 평가를 하거나 평가를 받기 위한 것이 공개수업이 아니라 한 교사가 교사로서 어떻게 성장하고 발전하고 있는지에 초점을 두는 수업 공개, 그리고 그 과정과 그 과정 속에서 교사가 어떠한 고민거리를 가지고 있으며, 그러한 고민을 통해 어떠한 교수-학습을 왜 실천하고 있는지를 이해하는 데 초점을 두는 수업 공개가 이루어져야 한다. 이를 위해서 수업을 참관하거나 평가하는 교사 혹은 관리자는 자신이 가지고 있는 생각과 판단에 따라 수업자의 행위를 자신의 틀에 따라서 판단하거나 평가해서는 안 된다.

이러한 수업 공개에 대한 인식 변화로 인해 최근에는 수업 행위를 예술적으로 바라보기, 학생의 배움을 중심으로 수업 바라보기, 교사의 내면을 중심으로 수업 바라보기 등 다양한 형태의 수업 협의회 중심 수업 공개 방식이 등장하고 있다. 이러한 새로운 형태의 수업 협의회는 공통적으로 교사를 측정과 평가, 분석의 대상으로 바라보지 않고 교사의 새로운 성찰을 이끌어 내는 것을 강조하고 있다(김태현, 2016). 이러한 수업 협의회 방식은 교사들로 하여금 새로운 시각을 갖게 하고, 수평적 분위기에 서로의 이야기를 가지고 소통하게 되면서, 서로에게서 조언을 들을 수 있게 된다는 장점을 가지게 된다.

물론 이러한 수업 협의회에서도 잊으면 안 되는 중요한 문제점이 있다. 바로 수업자가 수업 협의회의 중심이 되어야 한다는 것이다. 수업을 참관하게 되는 교사 혹은 관리자들이 가지고 있는 각자의 틀에 따라서 수업을 해석하는 것이 아니라 수업자의 삶의 모습, 수업자의 시선에서 수업을 바라봐야 한다는 의미이다. 흔히 수업 협의회를 살펴보면 어느 순간부터인가 수업자의 고민과 시선은 협의회에서 사라지고, 수업을 바라봤던 관찰자의 시선과 관점에 따라 좋은 수업이 무엇인지에 대한 협의회가 진행되고 있음을 자주 발견하게 된다. 수업자가 오늘의 공개 수업을 위해 어떠한 고민을 거쳤고, 그러한 고민 속에서 현재 어떤 교육적 행위를 실천하고 있는지를 이야기하고 함께 나눌 수 있어야 한다. 좋은 수업이 어떠한 수업인지에 대한 서로의 이야기 나눔도 중요하지만, 수업 협의회 시간은 오롯이 수업자가 어떠한 고민을 거쳐 왔으며, 그러한 고민의 결과 어떠한 교수·학습을 실천하고 있는지 등 수업자가 중심이 되어 처음부터 끝까지 모든 협의회가 이뤄져야 한다.

이를 위해서는 오롯이 수업자의 시선에서 수업에 대한 이야기를 나누어야 한다. 그리고 이러한 분위기가 가능하도록 관리자는 분석과 평가를 위한 수업 공개가 아니라, 수업자의 수업 이야기를 들어보고 함께 새로운 성찰의 기회를 가질 수 있는 수업 공개가 가능한 학교조직문화가 형성될 수 있도록 노력해야 할 것이다.

좋은 수업이 무엇인지 아는 것이 중요한가요?
아니면 수업자의 고민을 함께 알아보고,
수업자의 삶의 이야기를 들어보면서
함께 공감하며 삶을 나누는 것이 더 중요할까요?

선택은 이 글을 읽고 있는, 혹은 교실에서 아이들과 함께 수업을 실천하면서 다양한 교사들과 함께 수업 협의회에 참석하게 될 교사들의 몫일 것이다. 하지만 교사도 하나의 인간이며, 위로 받으며 힘을 얻게 되는 존재이다. 어떠한 선택이 더욱 바른 선택일까?

2) 수업 지도안의 변화

수업 공개에 대한 이야기를 하게 되면 항상 뒤따라 나오는 것이 수업 지도안에 대한 이야기일 것이다. 수업 지도안은 학습 지도안, 수업 설계안, 교수–학습 과정 안, 교수–학습 계획안 등 다양한 이름이 불리고 있지만, 요즘에는 대부분 교수–학습 과정안이라는 용어가 표준적인 명칭으로 자리하고 있다. 그리고 교수–학습 과정 안은 흔히 세안과 약안으로 구분되어진다. 세안은 단원 전체에 대한 분석이 포함되는 것으로, 단원명, 단원의 개관, 단원 목표, 과제 분석, 교재 연구, 학생 실태 조사, 단원 지도 계획, 본시 학습 전개 계획, 참고 문헌, 학습 자료 등 수업과 관련된 상세한 내용이 모두 포함되어 진다. 반면 약안은 세안의 상세한 내용 중에서 본시 학습 전개 계획만을 의미하는 것으로 대부분 일정한 모양과 내용으로 구성된 표의 형식으로 만들어진다(이규혁, 2013).

암묵적으로 우리는 수업 지도안을 작성할 때 네 가지 측면을 고려하게 되며, 이러한 네 가지의 측면으로 인해 지도안에 대한 문제점이 발색하기도 하는 듯하다.

첫째는 수업 지도안은 매우 상세하게 작성해야 한다는 것이다. 수업 지도안은 어느 누가 보더라도 그 수업 지도안을 가지고 수업이 가능하도록 자세하게 작성되어야 한다고 한다. 이는 계획을 치밀하게 세워야 성공적으로 수업할 수 있으며, 그것이 바로 좋은 수업이라는 인식 때문이다. 그러나 이는 교사와 학생이 함께 소통하며 만들어 가는 교실 수업의 복잡한 실제적인 상황을 고려하지 못하고 있는 것이다. 교사들은 세세하게 계획되어진 수업 지도안에 따라 수업을 진행하게 될 경우, 학생의 요구와 변화에 따르지 못하고 자신이 세운 계획과 지도안에 얽매여 꼼짝하지 못한 채 지도안에 계획되어진 절차에 따라 수업을 계속 진행할 수밖에 없는 경우를 자주 경험하게 된다. 특히 공개 수업의 경우에는 참관자들에게 수업 지도안이 모두 배부가 되며, 참관자들 또한 지도안에 따라 수업이 잘 진행이 되는지를 보려 하기 때문에 수업을 공개하는 교사는 평상시 수업과 달리 공개 수업 때는 학생들의 반응에 따른 수업의 변화보다는 지도안의 계획에 따라서만 수업을 계획적으로 진행하고자 노력하게 된다. 본 필자 역시도 평상시 수업에서는 학생들에게 활동시간을 충분히 제공하고자 노력하고 있으며, 아이들의 활동을 중간에 멈추는 경우가 잘 없지만, 공개수업 때는 한 차시 동안 계획된 모든 활동을 보여 주어야 한다는 강박관념으로 인해 학생들의 활동을 중간에 멈추게 하면서 활동 시간을 충분히 제공하지 못하기도 하고, 아이들의 사고와 의사소통을 중간에 가로막기도 하는 잘못을 범하기도 한다. 공개수업을 참관을 하러 가거나 컨설팅을 위해 수업을 참관하다 보면 이런 잘못을 범하게 되는 모습을 흔하게 관찰하게 된다.

흔히 교사를 수업 전문가라고 말을 한다. 수업 전문가로서 교사가 되기 위해서는 수업 지도안에 세워진 계획에 얽매이기보다는 학생들의 반응에 따라 교육적 의미를 통찰하여 배움이 일어날 수 있도록 유연하게 계획을 수정할 수 있는 능력을 갖추고 있어야 함은 자명한 사실이다. 수업의 목적은 아이들의 진정한 배움이지, 계획된 지도안대로 수업을 얼마나 잘 실천했느냐가 아니기 때문이다. 이런 의미에서 공개 수업을 참관하는 교사들 혹은 관리자들 또한 수업을 참관함에 있어서 지도안만을 뚫어져라 쳐다보면서 얼마나 잘 계획을 지키면서 수업을 진행하는지 평가하듯이 살펴보기보다는, 학생들의 반응을 세세하게 살피면서 수업을 하는 교사가 아이들의 그러한 반응에 어떻게 대처를 하면서 수업을 유연하게 진행해 나가는지 교사의 그동안의 노력에 함께 공감하며 살펴보는 것이 수업 전문가로서의 교사를 바라보는 우리들의 관점은 아니었을까 생각을 하게 된다.

둘째, 수업 지도안은 일정한 형식에 얽매어서, 일정한 틀과 내용에 맞게 작성해야 한다는 점이다. 대부분의 수업 지도안에는 학습 주제, 학습 목표, 학습 모형, 집단 조직, 자료, 판서 계획 등이 포함되어 있다. 내용이 포함되는 형식(표)적인 모양과 그 안에 들어 있는 유형에는 약간의 차이가 있을지 몰라도, 대부분의 수업 지도안에는 이러한 내용들이 포함되게 된다. 그리고 도입, 전개, 정리로 구분(물론 교수 · 학습 모형에 따라 다른 이름으로 정리되고 불리기도 하지만, 모든 학습 모형의 단계는 도입, 전개, 정리로 구분될 수 있으며, 이에 본 필자는 모형별로 서로 다른 이름으로 명명되어진 학습 단계를 암기하기보다는 도입, 전개, 정리로 단계를 구분 짓고, 각 단계별로 모형의 성격에 맞게 활동 내용을 적어 가도 될 것 같다는 의견을 조심스럽게 제시해 보면서 도입, 전개, 정리로 구분되어진다고 하였음을 밝힌다)되는 수업 과정과 각 단계별로 할당되는 정확하게 구분되어지는 시간 계획도 포함된다. 이러한 수업 지도안의 형식은 가르치고 배우는 활동이 무엇인지를 특정한 방식으로 사고하고 행동하도록 만들게 한다. 그 예로, 학습 모형을 들 수 있다. 학습 모형은 수업을 어떻게 하는 것이 좋은지를 구상하는 아이디어라고 할 수 있다. 그런데 수업을 함에 있어서 알려져 있지 않은 수업 모형도 존재하며, 이미 알려져 있는 수업 모형 중에서 현재 수업을 함에 있어서 적용 가능한 수업 모형이 있더라도 그러한 수업 모형을 적용하지 않는 편이 더 적합한 수업도 분명하게 존재한다. 하지만 이러한 상황을 고려하지 않은 채, 기존의 수업 모형에 대한 고정관념이 자리하고 있는 것이 사실이다. 이런 상황에서 어느 정도 적합하다고 판단되어지는 어떠한 수업 모형이 수업 지도안에서 하나의 고정된 형식으로 자리 잡게 된다면, 교사는 선택된 수업 모형에 따라 수업 내용을 계획하게 되고, 수업과 맞지 않더라도 그 모형에 맞게 자신의 수업 내용을 바꾸어 가게 되는 수업과 모형이 서로 주객이 전도되는 현상이 발생하게 된다.

셋째, 수업 지도안은 지식을 시간 단위(초등은 40분, 중고등은 50분)로 분절해서 제시하며, 이러한 분절된 지식은 다시 도입, 전개, 정리 활동의 단위로 구분되어 가르칠 수 있도록 계획된다. 그러나 지식은 시간의 흐름에 따라 이처럼 균일하게 분절되는 것이 사실상 불가능하다. 지식들 중에는 위계적 순차성을 기초하여 누적적으로 학습하는 것이 불가능한 것들이 대부분임에도 불구하고, 우리들의 수업 지도안은 시간을 단위별로 분절함으로써 지식을 표준화하여 등분화가 가능한 것으로 여기고 있는 것인지도 모르겠다. 이러한 수업 지도안과 인식이 만연한 교실에서는 앞에서 설명을 한 프로젝트 학습을 수행하기가 어려울 것이다.

넷째, 수업 목표는 행동적 언어를 사용하여 진술되어야 한다는 점이다. 행동적 목표 진술에 대해서는 찬반 논쟁이 지속적으로 이뤄지고 있는 것 또한 사실이다. 흔히 행동주의 및 행동적 목표 진술을 찬성하는 교사들은 수업 목표를 행동적 용어로 진술해야 한다고 한다. 그래야 수업을 효율적으로 진행할 수 있으며, 얼마나 많은 아이들이 수업 목표를 달성했는지를 가시적으로 확인할 수 있다고 한다. 또한, 행동적 용어로 진술하면 수업 전개를 구체적으로 제시할 수 있으며, 수업 운영의 내적 일관성을 유지할 수 있으며, 본 수업의 종착점(목표)이 무엇인지를 분명하게 제시할 수 있어서 명확한 평가 지침을 제공할 수 있다고 한다.

하지만 현대사회 및 지금의 학교교육의 진정한 목적 및 목표를 아이들의 바른 인성 함양과 핵심 역량 함양이라고 바라볼 경우, 행동적 용어로만 모든 교육(수업) 목표를 진술하는 것은 불가능하다는 것을 알 수 있다. 이는 인성과 역량 함양은 가시적 행동의 변화로 확인하기 어려운 점이 많기 때문이다. 또한 수업은 매우 역동적인 것으로 교사와 학생의 만남과 상호작용을 통해 수업 내용이 변화되기도 하고, 이러한 과정 중에 수업 목표가 바뀔 수도 있고 발현될 수도 있다. 그러므로 교수-학습은 매우 역동적이라는 인식을 가지고 있는 구성주의적 관점에서는 행동주의적 목표 진술에 대해 비판적인 시각을 가지고 있으며, 획일적인 목표 진술 대신에 교사와 학생의 소통을 통해 아이들이 관심과 흥미를 가질 수 있는 유의미한 맥락 지향적 수업 목표 설정을 권장하고 있다.

물론 지금까지 언급한 수업 지도안에 대한 다양한 쟁점도 해결되어야 할 중요한 문제점 혹은 해결해야 할 상황이기는 하지만, 더욱 중요한 것은 학교 현장의 교사들 대부분은 이러한 수업 지도안을 거의 작성하지 않는다는 것이다. 교사가 귀찮아서 수업 지도안을 작성하지 않으며 이에 대해 비판하기 위해서 이러한 말을 꺼내는 것이다. 이러한 이유는 교사의 잘못된 행동으로 인한 것이 아니라, 교사들이 이미 수업에서 무엇을 어떻게 해야 할지 그동안의 경험을 통해 능숙하게 적응되어 있기 때문에 지도안을 굳이 작성하지 않더라도 수업을 진행함에 있어서 무리가 없기 때문이다. 그런데 형식화되어 있는 공식적인 수업 지도안은 이런 교사들의 상황에 관심을 기울이지 않고, 촘촘하게 설계하여 수업을 진행하게 함으로써 교사 중심적으로 수업 공개를 하게 만들고, 지도안을 작성함에 있어서 불편함을 제공하게 된다. 즉, 계획된 스케줄에 따라 수업 시간을 관리하게 하고, 계획된 수업이 한 차시 안에 모두 이루어지기 위해서 예기치 않은 학생의 질문에는 대답을 하지 못하게 하거나 대답을 회피하게 만들기도 한다. 왜냐하면 지도안의 계획대로 수업이 진행되지 않을 경우 교사는 수업 역량이 부족하다는 평가를 받을 수도 있기 때문이다. 계획된 스케줄에 따라 이루어지는 수업에서는 교사와 학생이 함께 즐거움을 공유하는 순간은 존재하지 않으며, 계획된 지도안에 종속되어 교사가 소외되고, 학생들도 소외된 채 그저 계획되어진 지도안만 남아 있게 되는 교실 장면을 발견하게 될 것이다.

그래서 이제는 수업 지도안에도 변화가 필요한 시점이라고 할 수 있다. 관리자들 또한 세세하게 계획되어지는 수업 지도안의 형식에 얽매이기보다는 수업 아이디어를 다른 교사와 소통하면서 서로 도움을 주고받을 수 있는 측면에 초점을 맞추어서 지도안의 형식을 자유롭게 허용할 필요성이 높다고 할 수 있다. 형식에 얽매인 지도안에서 탈피하여 수업을 잘하기 위해서, 그리고 수업 아이디어를 서로 공유하기 위해서라는 2가지 측면이 고려되어진다면 지금의 지도안보다는 진정한 의미에서의 수업 나눔이 이루어지지 않을까 한다. 이러한 수업 지도안이 학교별로 만들어질 수 있다면, 수업 지도만으로도 교사들의 협의와 성찰, 수업 나눔이 중심이 될 수 있는 학교조직문화가 형성되고, 이러한 문화형성이 교육행정 개혁의 초석이 될 수 있을 것이라고 기대한다.

우리나라에 닥친 경제위기와 신자유주의 교육정책으로 인해 학교의 공공성과 민주주의는 위기에 처하게 되었다. 또한 경쟁중심과 능력중심의 학교교육은 아이들로 하여금 배움으로부터 멀어지게 만들었으며, 교사들을 기계적으로 가르치는 존재로 만들어 가고 있으며, 학교는 제도적 행정 중심의 기업화를 조장하고 있는지도 모른다. 끊임없이 계속 실시되는 여러 교육정책을 살펴보면 실망스러운 생각에 사로잡히는 것도 사실이다. 이제는 교육, 배움, 그리고 수업을 중심으로 한 학교교육경영이 이루어지기 위한 '조용한 혁명'이 필요한 시점이다. 함께 협력하고 참가를 촉진하는 학교교육 경영 개혁이 이루어지기를 바라본다.

CHAPTER

08

포스트 교육행정, 미래사회 대비 교육정책을 논하다

1. 미래사회의 특징과 교육[1]

세계는 지능정보기술의 발전에 따라 제4차 산업혁명에 접어들고 있다. 제4차 산업혁명은 기하급수적인 속도로 진화하고 있으며, 국가, 기업, 산업 및 사회 전체 시스템에 혁신을 가져오고 있다. 미래 일자리 지형의 변화에 대응하는 교육 분야의 대변혁은 피할 수 없는 상황이다. 예를 들면, 현재 초등학교 입학생의 약 65%는 현존하지 않는 새로운 직업을 얻을 것이라는 전망, 또한 2020년까지 약 510만여 개 일자리가 감소된다는 전망 등을 그 예로 들 수 있다. 따라서 교사들은 미래사회를 위한 교육 패러다임과 변화를 주도하는 리더십과 전문성을 향상하도록 끊임없는 학습을 할 필요가 있다. 다음에서는 지식정보사회와 네트워크, 온라인 집단지성, 창의성, 제4차 산업혁명, 과학기술사회, 세계화 및 다문화사회, 변화하고 있는 직업세계 등을 제시할 것이다.

1) 이 절은 김규태(2020)의 제2장을 요약 재구성한 것임을 밝힌다.

1) 지식정보사회

지식정보사회는 인터넷, 디지털, 네트워크, 스마트 기기 등을 매개로 하여 지식과 정보를 탐색, 수집, 분석, 종합, 비판, 창조하며, 사이버공간을 통해 연결, 소통, 참여, 공유하고, 스마트 기기를 활용하여 학습과 일을 효과적으로 수행할 수 있는 사회를 말한다. 지식정보사회는 앨빈 토플러(Alvin Toffler)의 '제3의 물결'에서 제시되었다. 1차 물결은 농업혁명인데, 인류가 농경을 시작해 먹을 것을 풍부하게 생산해 낸 사회를, 2차 물결은 산업혁명을 통해 도래했고, 증기기관과 기계를 통한 대량생산을 해내는 사회를, 3차 물결은 지식정보혁명으로 정보와 지식을 대량생산하고, 대량생산된 지식과 정보가 대량으로 유통, 전달, 소비되는 사회를 말한다.

지식정보사회는 네트워크를 통해 서로 연결 · 소통하는 사회이다. 네트워크 사회는 정보와 상품, 자본과 사람과 지식이 컴퓨터 네트워크를 통해 서로 연결되고 이동하는 사회를 말한다. 즉, 인터넷망과 소셜네트워크서비스 등을 통해 수평적인 연결과 소통이 강화되며 통제와 감시의 규율을 벗어나 다양화와 자율성을 지향하는 사회를 말한다.

최근 대두된 제4차 산업혁명은 이러한 지식정보사회와 네트워크사회에 더해 사물인터넷, 인공지능 등을 통해 초연결, 기계학습 등이 강화된 사회라고 할 수 있다(백욱인, 2013). 지능정보사회의 도입은 장밋빛 환상만은 아니다. 거기에는 우리가 해결해야 할 프라이버시침해, 사이버일탈, 정보격차 및 스마트폰 중독 등 여러 문제가 산재되어 있으며, 그것들은 다음과 같다.

지능정보사회의 병폐

- 프라이버시와 잊혀질 권리
  ※ 잊혀질 권리: 개인이 온라인 사이트에 올라가 있는 자신과 관련된 각종 정보의 삭제를 요구할 수 있는 권리

- 사이버일탈(cyber deviation): 컴퓨터 및 인터넷 등과 같은 사이버 공간에서 발생하는 일탈 행위. 사이버상의 범죄행위뿐 아니라 온라인 욕설이나 폭언, 음란/폭력 사이트 접촉 등
- 정보격차(digital divide): 새로운 정보에 접근할 수 있는 능력을 보유한 자와 그렇지 못한 자 사이에 경제적, 사회적 격차가 심화되는 현상
- 인터넷 중독, 스마트폰 중독 → 디지털 단식, 디지털 디톡스
- 디지털 감시사회 → 교통카드, 신용카드, 위치추적, 감시카메라 등으로 감시받는 사회

출처: 이항우 외(2011).

지식정보사회는 인터넷과 SNS 등을 통해 온라인 집단지성을 추구하는 사회라고 볼 수 있다.

집단지성(Levy, 2002)은 사이버공간을 통한 지식과 정보의 자유로운 분배와 상호 교환을 통해 공동의, 사회적 문제를 해결해 나가는 집단 능력을 말한다. 또한 네트워크, 인터넷 공동체를 통해 다수의 개체들이 서로 협력 또는 정보공유 및 생산을 하는 공동체로 불린다. 집단지성은 인터넷으로 서로의 생각을 나누고 공유하는 데서 한 걸음 나아가 현실의 집합행동으로 연결되기도 한다. 집단지성은 집단 내의 성원들이 대화와 토론, 수정과 보완을 통해 최선의 결과물을 산출해 내기 위한 일련의 과정으로 효율성과 합리성, 집단성과 호혜성을 함축하고 있다. 집단지성은 다수의 컴퓨터 이용자 간의 상호 협동적인 참여와 소통이 만들어 내는 결과물, 협동적인 참여와 소통이 만들어 내는 결과물, 집합적 행위의 결과물, 판단과 지식의 축적물 혹은 그 과정을 말한다. 하지만 집단지성에 있어 동조(conformity) 현상이 발생할 수 있다. 동조 현상은 솔로몬 애쉬(Solomon Asch)의 실험에서 제시된 것으로 대부분의 사람들이 A라는 음식을 선택하면 B를 선택하려는 마음을 바꾸어 A를 선택하는 것이다. 동조현상은 특정 조건 아래서 서로의 생각을 모아 발전시키고 구체화하기보다는, 다른 집단의 의견에 쉽게 동의하고 그 의견의 합리성을 더해 줌으로 오히려 집단에 의한 개인의 자율성 및 창의성을 감소시킬 수 있다.

집단지성의 유형

- 공유형(sharing): 특정 주제에 대한 자료나 정보를 공유하여 누구나 열람 활용할 수 있게 하는 게시판 같은 것임.
- 기여형(contributing): 상호 질문을 주고받는 형식을 통해서 특정 문제에 대한 해결책을 찾는 토론방이나 지식iN 같은 것임. 이것은 각자의 의견이 독립적으로 존재할 뿐, 이에 대한 평가나 추천은 가능하지만 의견의 차이나 모순을 조율하지 않음.
- 공동창조형(co-creating): 위키피디아나 오픈소스 등 같이 많은 사람이 참여하여 지속적으로 중립적이고 체계적인 지식을 축적해 가는 과정을 말함. 이것은 내용을 보완하거나 수정하는 자율적인 상호 조율을 통해 새로운 지식의 창출이 가능함.

집단지성의 예: 오픈소스 기반의 S/W

S/W 개발자들이 자신이 보유한 소스 코드를 서로 공개하고 협업을 통해 S/W를 공동 개발하는 것은 집단지성의 예임. 운영 체제로는 Linux, 응용 프로그램으로는 웹 서버인 Apache, 오피스 도구인 Open office 등이 있음.

2) 제4차 산업혁명 사회[2)]

세계는 지능정보기술의 발전에 따라 제4차 산업혁명에 접어들고 있다. 제4차 산업혁명은 기하급수적인 속도로 진화하고 있으며, 국가, 기업, 산업 및 사회 전체 시스템에 혁신을 가져올 것이다. 클라우스 슈밥(Klaus Schwab, 4차 산업혁명 주창자)은 제4차 산업혁명을 디지털 혁명(제3차 산업혁명, IT 및 전자기술 등)에 기반하여 물리적 공간, 바이오 공간의 경계가 융합되는 기술 혁명이라고 정의했다

2) 본 내용은 "제4차 산업혁명, 학교교육을 어떻게 변화시킬까?" (한국교육과정평가원, 연구정책Brief, 2016, Vol. 3)와 지능정보사회 대비 학교교육의 방향과 탐색(한국교육과정평가원, 2016 KICE 이슈페이퍼, 연구자료 ORM 2016-26-9), 미래사회에 지능을 더하다-교육분야(한국정보화진흥원, 2017.8)에서 지능정보사회와 교육 관련 컬럼들에서 발췌 요약한 것이며, 자세한 내용은 해당 자료를 참고 바라며, 여기서 제시된 표나 그림에 대한 별도 인용은 하지 않았다.

제4차 산업혁명은 '초연결성(Hyper connectivity)의 확장'과 '초지능성(Hyper intelligence)의 확장' 두 가지 방향을 지향한다. 컴퓨팅과 통신의 대상이 사람과 사람을 넘어 사람 · 사물 · 공간으로 퍼져 가는 네트워킹의 수평적 관점에 주목하는 개념이다. 초지능성은 초연결성을 지닌 인터넷과 모바일 플랫폼과 인공지능을 기축으로 하는 사회 시스템 간의 상호작용이 한층 심화되는 네트워킹의 수직적 확장에 비중을 두는 개념이다.

제4차 산업혁명을 촉진하는 기술은 지능정보기술이라고 불리운다. 이들 기술의 혁신은 산업과 고용구조, 생산과 삶의 방식 등 국가사회 전반에서 근본적이고 시스템적인 대혁명을 유발할 것으로 전망이다. 특히, 기계와 인간이 공존하는 사회에서 미래 일자리 지형의 변화에 대응하는 교육 분야의 대변혁은 피할 수 없는 상황이다.

이미 선진국들은 미래사회를 대비하기 위한 교육정책 혁신에 착수하고 있다. 미국은 구글, 페이스북, MS 등 기업과 함께 지능정보기술을 통해 인간의 잠재력을 최대한 끌어내기 위한 교육 프로그램 개발을 추진 중에 있고, 영국은 컴퓨팅 교육을 의무화하는 한편, 창조적인 방법으로 생각하고 문제를 해결해 나갈 수 있는 창의성 교육을 강화하고 있다.[3)]

지능정보기술은 개별화, 체험화, 로봇화 등을 특징으로 학교교육의 혁신을 주도할 것으로 전망된다. 지능정보기술의 교육 분야에의 혁신을 위한 활용 가능성을 제시하면 다음과 같다.

① **모든 학습자의 조언자**(Mentors for Every Learner): 언제 어디서나 모든 학생에게 도움을 줄 수 있는 인공지능 과외교사를 만들기 위한 사용자 모델링, 사회적 시뮬레이션, 지식재현 기술 등의 통합

② **21세기 기술의 학습**(Learning 21st Century Skills): 21세기에 필요한 기술인 자기주도력, 자가 평가능력, 팀워크 등을 개발할 수 있도록 인공지능 교육을 활용

③ **학습지원을 위한 상호작용 데이터**(Interaction Data to Support Learning): 교육 현장에서 벌

3) 영국의 경우 '13년 '공립학교 교과개정'에서 컴퓨팅 교육을 의무화했으며, 영국은 '코드 클럽(https://www.codeclub.org.uk)', 미국은 '코드닷오알지(https://code.org)'를 인터넷상 코딩 교육 학습 환경 툴로 제공

어지는 학습을 둘러싼 개인 간 상호작용, 사회적 맥락, 학습맥락, 개인의 흥미에 대한 분석

④ **글로벌 교실에 대한 보편적 접근성**(Universal Access to Global Classrooms): 전 세계의 학생이 언제 어디에서나 접속하여 수업에 참여하는 세계 교실의 실현

⑤ **평생 학습**(Lifelong and Lifewide Learning): 인공지능을 활용하여 교실 밖과 학교 밖에서도 학습을 이어 갈 수 있게 하는 평생 학습을 실현

교육 부문에의 적용할 수 있는 지능정보기술 중에서 여기서는 인공지능기술, 가상현실, 증강현실 등에 초점을 둘 것이다. 인공지능 기술은 인간의 목적 지향적 사고 과정을 본떠 만든 것으로 지능적 기계, 특히 컴퓨터가 인간처럼 행동하게 만드는 과학과 공학 기술을 의미한다. 이러한 인공지능은 빅데이터 기반의 弱인공지능('15년)에서 인간의 능력을 증강시키는 기술('18년)로 진화하며 스스로 사고 · 판단 · 예측, 스스로 학습 · 진화, 두뇌를 모사하는 인지컴퓨팅 등 强인공지능기술('25년)로 발전할 것으로 전망되고 있다.

인공지능기술의 공통 메커니즘은 기계학습이다. 기계학습은 인공지능이 인간과 가장 유사한 방식으로 학습하고 결정할 수 있도록 하는 가장 발달된 인공지능 기술이다. 기계학습은 이전의 규칙 기반 프로그래밍 기법처럼 기계에게 매 상황별로 명시적인 행동을 하도록 프로그래밍하는 게 아니라, 이전의 수많은 경험으로부터 다양한 경우를 학습한 뒤, 처음 직면하는 상황에서도 주어진 목표에 도달할 확률이 가장 높은 의사결정을 하게 하는 방법이다. 인공지능 기술은 의사결정, 예측, 계획을 가능하게 지원하는 것으로 다양한 분야에서 응용될 수 있다.

기계학습은 크게 지도학습(supervised learning), 비지도학습(unsupervised learning), 그리고 강화학습(reinforcement learning)으로 구분된다. 우선, 지도학습은 기계에게 정답이 표기된 학습 자료를 주고 입력된 정보와 정답 간의 대응관계를 학습하도록 하여 범주 분류, 결과 예측, 행동 결정을 하도록 하는 방법이다. 학습 자료의 양에 따라 성능이 달라지며 대

표적으로 서포드벡터머신(Support Vector Machine: SVM), 결정트리(Decision Tree), 딥러닝(Deep Learning) 알고리즘이 있다. 다음으로, 비지도학습은 기계에게 정답이 표기되지 않은 학습 자료를 주어 학습시킨 후 주어진 자료에서 특징을 찾아내어 유사한 것들을 묶어 범주를 형성하도록 하는 방법이다. 여기에는 군집 알고리즘, 토픽 모델링 등의 기술이 있다. 마지막으로 강화학습은 실제와 유사한 환경에서 초기 모델과 최종 목표를 주고 컴퓨터가 다양한 시도를 통해 시행착오학습(Try-and-error/Reward)을 반복적으로 경험함으로써 목표달성을 위한 최적의 결정을 하도록 모델을 점차 변화시키는 방법이다. 이는 알파고에서 딥러닝과 함께 쓰인 기술이며, 게임, 자율 주행차 등의 인공지능기술에서 많이 사용된다.

이러한 인공지능기술은 개인 맞춤형 학습(Adaptive and Personalized Learning)과 게임 기반 학습(Game based Learning)을 통해 교육 분야에서 구현될 전망이다. '개인 맞춤형 학습'은 온라인 학습 과정에서 생기는 각종 데이터를 분석하여, 수치화된 사용자 정보를 기반으로 학습자에게 적합한 방법으로 교육 콘텐츠를 제공하는 학습이다. 예를 들면, Knewton의 경우 온라인 교재 판매 회사 및 대학들에게 맞춤형 학습 플랫폼을 제공하는 서비스이다. 이는 콘텐츠의 내용, 교수학습 방법, 진도의 빠르기 등에 대한 학생의 민감도와 숙련도 등을 측정하여 개별화된 학습 전략을 제공하며, 학습 수준의 영향력에 대한 계산을 기반으로 사용자에게 다양한 콘텐츠를 추천한다.

'게임 기반 학습'으로서 Crystal Island를 그 예로 들 수 있다. 이것은 미생물학과 관련된 교육용 게임으로 크리스털 섬에 퍼진 전염병의 원인을 진단하고, 치료법을 찾도록 한다. 게임 참여자는 주어진 문제를 해결하기 위하여 가상의 객체들을 다루고, 게임 내 캐릭터들과 상호작용하며, 실험 장비 등을 사용한다. 이러한 과정에서 참여자는 다양한 미생물학 관련 지식을 학습하게 된다.

인공지능기술과 함께 가상현실(Virtual Reality: VR)과 증강현실(Augmented Reality: AR)도 학교교육에 변화를 가져올 핵심 기술이 될 수 있다.

지능정보기술의 도입은 학교교육에 있어서 역량중심 교육과정, 학습자중심교육, 참여중심수업, 교사 및 학습자 역할 변화 등에 영향을 미칠 것으로 예상된다. 우선, 학습자의 미래 핵심 역량을 강화하기 위한 역량중심교육을 강조할 것이다. 역량중심교육은 학습자가 다양한 문제들을 스스로 해결해 갈 수 있는 능력을 함양하기 위한 교육이라고 할 수 있다. 또한, 학습자가 생활을 통해 직면하는 새롭고 다양한 장면에서 개인의 삶을 더욱 윤택하게 영위할 수 있도록 나아갈 바를 스스로 탐색하고 실천할 수 있는 역량 개발에 초점을 두는 교육이라고 할 수 있다.

학생들의 역량을 개발하기 위해서는 교과 통합형 교육과정 및 개인 맞춤형 교육과정의 구현이 요청된다. 이것은 교과 중심의 분절적 교육과정을 지양하고, 교육과정의 편성과 운영이 단위 학교와 개별 학습자의 필요와 요구에 부합할 수 있도록 국가 수준의 표준화 노력이 최소화되어야 하며, 통합형 · 융합형 교육과정으로의 혁신이 필요하다는 것을 의미한다.

지능정보기술의 발달은 또한 개별 학습자에 초점을 두는 교수학습 과정 실현을 가능하게 한다. 최근 인공지능 기술과 데이터 분석 기술 등을 활용하는 적응적 학습 기술(adaptive learning technologies), 그리고 온라인 학습 환경의 발전은 개별 학습자의 학습 활동 데이터를 수집하고 분석하여 학습자 수준에 따른 개별적인 학습 경로를 설계하고 제공하는 개인 맞춤형 학습을 가능하게 한다. 맞춤형 학습은 개별 학습자가 각기 다른 목표 지점을 향해 나아가는 개념이기 때문에 개인별로 자신에게 적합한 학습 목표를 설정하고 이를 달성하기 위한 교수학습 과정상의 처치를 제공받는 개념이다.

인공지능기술은 개인 맞춤형 학습과 함께 혼합학습, 협력학습, 크로스오버러닝 등이 활성화될 것이다. 혼합학습(blended learning)은 교실학습과 온라인학습을 병행하는 것으로 물리적으로 한 공간에 모여 면대면 상호작용을 할 때 최대 효과를 얻을 수 있는 활동들에 수업 시간을 할애하고, 그 밖의 활동이나 내용에 대해서는 개별적으로 온라인 학습을 하게 된다. 그 예를 들면, 플립러닝(flipped learning)이 대표적이다. 이것은 교사가 미리 준비해 놓은 수업 영상과 자료를 통해 학생이 미리 학습하고, 수업 시간에 교사가 해당 교과 내용을 전달하기보다는 학생들과 상호작용을 하거나 심화된 학습 활동을 하는 데 시간을 할애하는 학습법이다.

협력학습(collaborative learning)은 교실 밖 실세계 문제의 공동해결을 하는 학습으로 정보기술을 활용하여 학문 중심학습(academic learning)의 결과를 실생활에 적용해 볼 기회를 확대해 나가는 것을 강조한다. 학습자에게 실생활 연계를 위해 주어지는 과제는 개인의 학습 활동을 넘어 소집단 활동 및 교실 안팎의 적극적 교류를 통해 해결 가능한 경우가 많다. 정보기술을 활용하여 교실, 학교, 국가를 넘어 학습자와 학습자, 학습자와 교사, 학습자와 전문가 간의 협력학습을 수행한다.

크로스오버러닝(crossover learning)은 교실학습과 교실 밖 현장 학습을 연계하는 것을 말한다. 기술의 발달은 교실에서의 학습과 비형식적인 환경에서의 학습을 하나의 연속선상에 올려놓고 있다. 이렇게 형식적, 비형식적 학습을 연계하는 개념이다. 교실 학습은 일상적인 삶에서의 경험(예를 들어, 박물관이나 동아리 활동과 같은 비형식적 환경에서의 학습)을 통해 풍부해지고, 비형식적인 환경에서의 학습은 교실에서 논의된 질문들에 의해 깊어질 수 있다.

인공지능기술은 학교교육 주체인 교사와 학교의 역할을 변화시킬 것이다. 교육과 정보기술이 융합된 교수학습 방법이 보편화되고 온라인상에서의 학습이 일상화됨에 따라, 학습자는 자신이 사용하는 기기와 자신이 학습하는 방법 및 내용에 대한 자율성을 더 많이 가지게 되었고 이로 인해 학습자 중심 교육으로의 전환이 가속화되고 있다. 이에 따라 교사는 강의자 혹은 '지식전달자'로서의 전통적인 역할을 벗어나, 개별 학습자의 학습을 안내하고 멘토링을 제공하는 '학습지원자'로서의 역할을 요구받게 되었다. 이러한 교사 역할의 변화에 따라, 학교 역시 전통적인 '교수 현장'으로서의 기능을 넘어 학습자의 학습을 지원하는 '학습 현장'으로서의 기능을 수행하도록 요구받고 있다.

공간으로서의 학교의 변화는 먼저, 교실이라는 물리적 공간이 점차 줄어드는 대신에 지식과 정보를 제시하고 설명하는 개념의 스튜디오나 가상공간이 현재의 교실을 대신할 것이고, 오히려 현재의 교실은 카페 개념의 소통을 위한 공간으로 변화하여 이 공간에서 학습자들은 첨단 기기 앞에서 필요한 정보를 수집하고 토론하는 '학습 현장'으로서의 장면이 예상된다. 또한, 학교에 인공지능기술이 도입되면 개별 학습자의 학습을 지원하는 가상 멘토를 제공함으로써, 개인 학습과 관련한 방대한 자료를 수집 · 분석하고 이를 토대로 학습자의 필요를 반영한 적기 학습을 가능하게 할 수 있을 것으로 전망된다. 그리고, 학문 간 융합이 일어나는 통합형 교육과정을 운영하게 되며, 교수학습 방식의 변화로 인해 학교 안팎은 물론 물리적 공간과 온라인 공간을 아우르는 체험 중심의 학습이 확대되고 궁극적으로 학교는 고정된 학제와 학력 인증의 역할에서 벗어나 학습공동체로 그 역할을 확대할 것으로 전망된다.

학습자의 역할도 변화될 것이다. 지능정보사회에서는 학교교육 안에서 개인 맞춤형 학습이 실현될 것이며, 학교교육의 내용에 있어서는 지능성을 갖춘 기기나 시스템과는 차별화되는 인간의 능력으로서 고등 사고력이 강조되고, 따라서 지식을 다루기보다는 실제적인 문제해결 역량을 함양하는 데 초점이 놓일 것이다. 개별 학습자가 자신의 삶에서 독립적 문제해결자가 되기 위해서는 자신의 요구와 필요에 부합하는 학습을 설계하는 데 적극적으로 참여하거나 혹은 보다 주도적인 역할을 수행할 필요가 있다.

3) 변화하는 직업 세계

세계경제포럼은 20개 경제권과 12개 산업영역을 고찰하여 2018~2022년 사이에 미래의 직업에서 초래될 네 가지 점을 지적하고 있다.

첫째, 2020년까지 총 710만 개 일자리가 사리지고 신규 일자리는 200만 개에 불과하고, 컴퓨터와 인공지능 등으로 대체하는 직업군도 많아진다. 이는 일자리 변화와 함께 직무역량의 변화도 요청된다. 4차 산업 혁명이 일자리에 미칠 영향에 대한 미래고용 보고서에 의하면, 향후 5년 동안 “4차 산업혁명”으로 선진국 및 신흥시장 15개국에서 710만 개의 일자리가 사라지게 될 것이며, 반복적 업무를 수행하는 사무직 475만 개가 없어질 것이며, 산업혁명에 의해 만들어지는 일자리는 210만 개에 불과한 것으로 전망했다. 사무직 및 관리 직종에 집중되어 있을 것이라 전망했다.

둘째, 자동화, 로봇화, 디지털화의 구현 정도는 나라마다 다르게 나타날 것이다. 초고속 인터넷, 인공지능, 빅데이터 분석, 클라우드 기술 등은 비교적 널리 확산될 것이며 기계학습과 증강현실, 가상현실 등에도 많은 투자가 이루어질 것이다. 그러나 로봇

기술에 대한 투자는 영화나 소설에서처럼 급속하게 이루어지지는 않고 비교적 완만하게 유지될 것이며 비유동 로봇이 가장 널리 활용될 것이다.

셋째, 상당한 정도의 직업 파괴에도 불구하고 긍정적 직업 전망이 가능하다. 기술진부화로 현재 직업의 22~31% 정도가 감소할 것으로 전망되기도 하지만 반면, 세계적으로 16~27%의 새롭게 부상하는 일자리가 출현할 것으로 보인다. 단순히 양적으로만 보면 기계, 로봇 등에 의해 7천 5백만 개의 일자리가 대체될 것으로 전망되지만 반면 1.33억 개의 새로운 일자리가 나타날 것으로 보인다. 새롭게 나타날 일자리들로는 데이터 분석가, 소프트웨어 어플리케이션 개발자, 이커머스 및 사회미디어 전문가 등 기술의 발전에 바탕을 둔 직무 그리고 고객서비스전문가, 세일즈 및 마케팅 전문가, 훈련개발 인간문화 조직개발 전문가, 혁신관리자와 같이 독특한 인간 자질에 바탕을 둔 직무들이다.

넷째, 인간, 기계, 알고리즘간의 노동 분할이 빠르게 전개될 것이다. 여러 산업에서 인간의 활동은 총 과업시간의 71%를 담당하고 기계나 알고리즘이 29%를 담당하고 있다. 하지만 2022년에 는 인간은 58%의 과업시간을 담당하고 42%는 기계나 알고리즘이 담당할 것이다. 2022년에는 데이터 처리, 정보검색 및 정보 이전 과업의 62%가 기계에 의해 처리될 것이다. 특히 추리, 의사결정, 관리 및 정보검색 등의 과업에서 기계의 참여도가 크게 확대될 것이다.

다섯째, 작업에서의 새로운 과업은 새로운 스킬에 대한 요구를 키울 것이다. 2022년에는 대부분의 직무를 이행하는 데 요구되는 스킬이 크게 변화될 것이다. 세계의 평균적 스킬 안정성은 불과 58% 정도에 그칠 것이다. 따라서 작업자들은 대략 42% 정도의 직무 스킬 변화를 경험하게 될 것이다. 특히 현저하게 증가할 스킬 요구는 기술디자인, 다양한 기술 역량 유형에 대한 요구 증가뿐만 아니라 분석적 사고, 능동적 학습 등이다. 또한 창의성, 독창성, 진취성, 비판적 사고, 설득 및 협상 등의 인간적 자질에 대한 요구와 유연성 및 복잡한 문제해결 등의 스킬의 가치도 증가할 것이다. 나아가 서비스 지향성뿐만 아니라 감정적 지능, 리더십 등도 현재보다 더욱 크게 요구될 것이다.

2. 미래사회를 위한 교육정책

1) 인공지능과 학교교육[4)]

세상을 변화시키는 기술의 중심에 인공지능이 있다. 2016년 이세돌과 알파고의 세기의 대결을 시작으로 인공지능이 등장하였다. 아니 인공지능이 부활하였다고 하는 것이 더 정확한 표현이다. 이미테이션 게임(Imitation Game)의 주인공 앨런 튜링(A. Turing)이 1936년 제시한 컴퓨팅 머신은 1956년 다트머스 회의에서 인공지능(AI, Artificial Intelligence)을 탄생시켰고, 이후 짧지만 다난했던 우여곡절의 역사를 딛고 딥러닝으로 우리의 삶에 인공지능이 다가왔다.

기계학습을 바탕으로 산업이 재편되고 직업의 소멸과 탄생 그리고 인간의 역량과 창의성의 개념을 와해시키는 등 우리가 이전에 누리지 못했던 놀라운 인공지능의 경험과 기술이 인간의 삶을 송두리째 바꾸는 듯하다. 인간이 직접 규칙을 작성(프로그래밍)하여 기계를 제어하던 기존의 컴퓨팅 방식에서, 데이터를 입력하여 기계 스스로 규칙을 학습하고 결정하는 기계학습은 정보처리와 컴퓨팅의 새로운 패러다임으로 다가왔다. 기계가 학습하도록 처리하는 방식은 그 계산의 복잡성과 학습 과정의 블랙박스(BlackBox)화로 인간은 이해하기 어려운 상황이 되었다. 이러한 특징은 인공지능을 마법상자와 같이 여기게 하였고, AI에 대한 놀라움과 고민 그리고 두려움의 대상으로 만들기에 충분하였다. 이것은 AI 개발자뿐만 아니라 일반인에게 인공지능이 무엇인지 제대로 이해하는 데 장애물이 되고 있다. 딥러닝 기술에 대부분을 의존하는 현재의 폭 좁은 인공지능에 대한 인식 또한 AI를 제대로 이해하는 데 어려움을 주고 있다.

언어의 바탕 없이 수학교육이 가능할까? 수학 없이 과학 교육이 가능할까? 과학 없이 기술교육이 가능할까? 모든 학문에는 모학문이 존재하며 그 근간에는 기초 학문이 기저를 이룬다. AI교육은 코딩을 통하여 기계에 지능적인 알고리즘을 구현한 것으로

4) 한국교육개발원(2020.7.). 교육정책포럼 교육 시론(한선관, '인공지능과 교육, 무엇을 준비해야 하는가?')에서 내용 발췌하여 수록함.

SW교육이 선행되어야 하며 SW를 이루기 위해 하드웨어와 데이터 그리고 사용자에 대한 컴퓨터 과학이 모학문으로 뒷받침되어야 한다. 컴퓨터과학은 용어에서 나타나듯 수학과 과학 그리고 프로그래밍을 위한 언어의 기초학문이 기저가 된다는 사실을 잊지 않아야 한다. 따라서 AI교육을 논할 때 기본적으로 컴퓨터과학을 가르치는 정보교육과 SW교육을 분리시켜 이해하거나 수업해서는 안 된다. AI교육은 SW&AI교육임을 자연스럽게 상기하고 접근해야 한다. 이에 AI교육을 위해 교수자와 학습자들이 SW교육을 제대로 준비하여 코딩교육과 함께 연계수업이 진행되어야 하며 컴퓨터과학의 기본적인 이론과 알고리즘에 관한 지식을 갖추어야 제대로 된 AI학습이 가능해질 것이다.

2) 온-오프 연계, 하이브리드형 수업과 학교교육[5)]

학교에서 인터넷 기술 활용의 역사는 20여 년이 되었다. 1996년 교육정보화를 통해 학교에 테크놀로지가 도입되었고, 이후 부분적으로 교사들은 수업에서 심화 보충자료로 활용해 왔다. 그 사이 인터넷 속도가 5G로 올 때까지 교실은 여러 이유로 인터넷 사용이 원활하지 못했다. 올해의 비대면 온라인 수업이라는 특수한 상황 이전까지 교실에서 교사들이 수업시간 전체를 온라인으로 운영할 이유는 딱히 없었다. 반면, 고등교육과 평생교육은 급격한 사회변화와 테크놀로지 발전과 함께 학습자 편이성을 위해 온라인 수업을 적극 활용해 왔다. 그런데 이제는 모든 학교에서 운동장과 신발장, 교실과 연단, 교사와 학생, 책상과 걸상, 교재와 필통 같은 우리에게 익숙했던 장면들과 이별할 때가 되었다.

그동안 교실수업은 기술 발전과 더불어 외형적으로 변신에 변신을 거듭했다. 블렌디드 수업, 플립러닝, 액션러닝, 프로젝트 수업, 갤러리워크 같은 생소했던 용어들이 교실수업에서 익숙하게 사용되고 있다. 기술발전이 없었다면 불가했던 수업방법이겠지만, 어쨌든 교실에서 교사가 직접 관찰하고 일일이 간섭하던 학습활동들이다. 학생들

5) 한국교육개발원(2020.9.). 교육정책포럼 교육 시론(조은순, '온라인수업이 성공하려면: 하이브리드형 수업의 시대')에서 내용 발췌하여 수록함.

은 수업에서 못 다한 나머지 활동을 숙제나 과제로 부여받았다. 모든 수업활동들이 네모난 교실을 기본으로 설계하고 운영되었다. 올해처럼 학교와 교실에 물리적 접근이 불가하게 될 줄은 전혀 몰랐다.

이러한 시점에서 현재의 기술 발전이 4차 산업혁명까지 오게 된 것은 그나마 다행이다. 올해 초처럼 전면적인 온라인 수업을 위해서는 기술과 시스템의 뒷받침이 필수인데, 우리나라 IT 기술이 우수하기 때문에 우선은 이리저리 융통해서 쓸 수 있는 소프트웨어와 기계들이 있었다. 딱 들어맞지 않았던 이런저런 문제들은 임시방편이라는 단어에다 파묻을 수도 있었다. 그런데 진짜는 이제부터다. 앞으로 예전같은 교실의 모습을 되찾기는 힘들어 보인다. 교실, 교사, 학생, 교재, 상호작용, 시험처럼 학교생활의 일상을 이제 인터넷상에서 많이 공유해야 할 것이다. 따라서 미래의 수업은 교실과 인터넷을 세트메뉴로 설계해야 한다. 우리는 이러한 '하이브리드형 수업'에 빨리 적응해야 한다.

하이브리드 수업 준비는 사람부터 움직여야 한다. 온라인 원격수업의 출현 목적이 무엇이었든지 핵심은 사람이다. 가르치는 교수자와 배우는 학습자 모두 필요한 기술을 제대로 쓸 줄 알아야 한다. 필자도 엉겁결에 근처에 있던 손에 잡히는 대화 툴과 몇 가지 소프트웨어를 가지고 비대면 온라인 수업을 운영해 봤지만, 분석결과 수업효과도 만족도와 성취도도 사용 이전만 못했다. 모두가 낯설고 불편했을 것이다. 무엇보다 교사와 학생들에게 학교와 교실 역할을 할 플랫폼이 마땅치 않았다. 기술 준비를 마치고 교실에 맞는 기능들을 맞춤형으로 첨가하고 나면 교직원들이 원활히 활용하도록 자세한 안내가 필요하다.

3) 평생학습체제와 학교교육[6)]

인구절벽, 학생수 급감, 고령화의 진행은 수 차원으로만 접근할 것이 아니라 더 깊은 성찰이 필요함은 앞서 말한 바와 같다. 교실에 앉아 있는 아이들은 이미 기능, 구조,

6) 한국교육개발원(2019.6.). 교육정책포럼 교육 시론(류방란, '인구절벽 시대, 평생학습체제로 나아가기')에서 내용 발췌하여 수록함.

관계가 변화한, 과거가 달라진 가족의 일원이고, 자유롭게 온라인 공간에 접속하며 다매체에 노출되어 윗세대와 다른 사회화 과정을 겪고 있다. 대학을 졸업하고 바로 그럴듯한 직장을 구할 수 있었던 때가 지난 지 오래다. 경제적 곤란으로 시간이 오래 걸려 졸업을 해도, 일부러 졸업을 유예하면서 취업 준비를 해도 유례없이 높은 실업률 속에서 청년들은 좌절과 체념으로 분노나 저주를 표출하거나 무기력에 빠지고 있다. 일자리를 취한 경우에도 빠른 기술의 변화, 산업의 변화는 그 직종이 지속되리라는 기대를 갖기 어렵거나, 직종이 유지되더라도 차지한 일자리를 지키거나 그 직장 내에서 발전해 나아가기란 쉽지 않다. 재교육과 향상교육의 요구가 상시화되고 있으나 이를 뒷받침하는 체제는 매우 빈약하다. 노동자 대비 로봇 사용 비율이 세계 최고인 산업현장을 지닌 우리나라에서, 생산인구가 감소되는 마당에 앞으로 더 많은 일자리가 인간과 유사한 기계로 대체될 것이라는 예측, 인구감소로 소비시장이 위축될 것이라는 예측은 불안을 부추긴다. 그것만이 아니라 후발 주자의 노력만으로는 추격이 어려운 플랫폼 경제는 양극화 심화 추세를 증폭시킨다. 이러한 여러 상황에서 불안한 현실과 미래에 대한 대응은 개인의 몫으로 남겨진 듯하다. 우리 사회는 경제 성장 과정 속에서 성취와 부를 좇아 각자 도생하며 개인이나 집단이 이해관계를 일상적으로 뾰족하게 드러내는 강퍅한 사회가 되었고, 이 과정에서 드러났던 여러 문제를 잘 헤쳐 나가기 위해 필요한 정치력은 턱없이 부족하다.

인구절벽으로 학생수가 급감하는 시기를, 학교에서는 지역을 기반으로 공공성을 강화한 유연하고 개방적인 평생학습체제를 수립하는 기회로 삼아야 할 것이다. 20여년 전 5.31 교육개혁에서 평생학습사회를 비전으로 내세웠으나 이후 법적으로 평생학습을 학교교육 밖으로 한정지었고, 단기적 성과 중심의 경쟁적 정책 사업 추진 방식은 경직되고 분절된 체제를 극복하지 못하였다. 학습자 주체성, 체제의 유연성, 개방성, 운영의 공공성 등의 원리를 구현하는 평생학습은 교육체제 전반의 개혁을 이끄는 원리가 되어야 할 것이다. 이러한 체제는 불확실한 미래에 대응하여 여러 부문에서 새로운 사회로 전환하기 위해 함께 힘을 모으는 과정에서 실현될 수 있을 것이다.

4) 포스트 코로나 시대와 학교교육[7)]

교원과 학부모, 학생, 교육행정가나 교육정책당국자들이 코로나19 상황을 겪으면서 원격교육이 보여 준 새로운 가능성에 주목하기 시작하였다. 한국교육학술정보원에서 실시한 설문조사(2020.9)에 따르면, 코로나19가 종식되어도 원격교육을 지속할 의향이 있다는 교사들의 비율이 조사대상자의 54%로 과반을 넘었다. 이 조사결과는 코로나19로 인하여 어쩔 수 없이 도입된 원격교육이 코로나19가 사라진다 하여도 등교수업 방식과 함께할 가능성이 있음을 보여 주는 것이라고 하겠다. 앞으로 원격교육은 코로나19 상황과 같은 위기에만 적용하는 교육방식이 아니라, 학교교육의 중요한 한 축으로 발전해 나갈 것이라고 전망할 수 있다. 이른바 학교교육의 새로운 표준, 달리 말해 학교교육의 '뉴 노멀' 시대로 접어들고 있는 것이다.

많은 선생님들이 원격교육 상황에서 학생 간 학습격차가 커지고 있다고 지적하면서 걱정하고 있다. 원격교육 상황에서는 가정의 학습여건과 자녀에 대한 지원 정도가 등교수업 때보다 학생들의 학업성취에 더 영향을 미치기 때문이다. 또한 교사들이 교실수업에서와는 다르게 학습에 집중하고 스스로 학습을 하는 데 어려움을 겪는 학생들을 개입하여 지도하는 것이 어렵기 때문이다. 물론 일부에서는 원격학습 자원과 기회를 균등하게 제공하는 것은 가능하지만 그 활용 여부 및 성과까지 균등하게 담보할 수는 없는 것이 아니냐고 반문하기도 한다. 그러나 학생 간의 학습격차를 학생 개인이나 가정의 몫으로만 돌리고 학교가 손을 놓을 수는 없다.

학교교육의 이상적인 형태는 개인맞춤형 교육이다. 원격교육은 개인맞춤형 교육에 적합한 방식이다. 교육부는 '코로나 이후 미래교육 10대 과제 시안'에서 디지털 전환에 대응한 교육기반을 마련하겠다고 밝혔지만, 뉴 노멀로 등장한 원격교육을 제대로 정착시키고 발전시키기 위해서 시・도교육청과 함께 장기적으로 학생 누구에게나 편리하면서도 평등한 원격교육과 디지털 학습 환경을 갖추기 위하여 노력해야 한다. 학습자

7) 한국교육개발원(2020.10.). 교육정책포럼 교육 시론(김성열, '포스트 코로나 시대, 우리 교육의 과제')에서 내용 발췌하여 수록함.

특성에 특화되고 쌍방향 소통이 가능하도록 이전보다 훨씬 진화한 디지털 학습 환경의 구축, 학습자의 다양한 특성을 고려한 디지털 교육 콘텐츠 개발과 아카이브를 통한 축적 등이 이루어져야 한다. 학급당 학생수도 원격교육에 적합한 수준으로 적정화해 나가야 한다. 예비교사와 현직교사들의 온라인 교육 및 디지털 기기와 자료 활용 역량은 물론 학생들의 온라인 및 디지털 학습역량도 함양해 나가야 할 것이다. 교육부는 이러한 일들을 원격교육과 관련이 있는 다양한 기관들과 협력적 분업체계를 구축하고 추진해야 할 것이다.

위기가 기회라는 말이 있듯이 코로나19 상황은 초·중·고등학교에서의 교육활동 양상을 돌아보고 미래를 새롭게 구상하게 만드는 계기를 제공하였다. 학교교육의 뉴노멀로 자리 잡기 시작한 원격교육은 앞으로 학교교육의 한 축으로서 실제 등교 수업과 적절하게 역할을 분담하면서 공존해 나갈 것이다. 우리는 코로나 상황에서 원격교육의 실패와 성공, 시행착오에 대한 압축적 경험과 원격교육에 대한 우호적 분위기를 잘 활용하여 포스트 코로나 시대에 학교교육의 혁신과 발전을 위한 에너지로 이어지도록 해야 할 것이다.

3. 21세기형 사회와 교육행정 개혁

'21세기형 학교'라는 테마는 1989년 베를린 장벽의 붕괴 이후 세계화를 배경으로 논의가 시작되었다. 그동안 우리는 국민국가의 통합과 산업주의 사회의 발전이라는 두 가지의 주요한 모티브를 가진 '근대학교'라 불리는 학교에 익숙해져 있었다. 하지만 냉전체제의 붕괴로 인한 세계화는 이 두 가지 모티브를 무너뜨리게 되었고, 베를린 장벽 붕괴 후 20여 년에 걸쳐 교육개혁이 실천되었다(사토마나부, 2016).

21세기형 학교를 표방하는 교육개혁은 교육 양식에서 다양한 변화를 추진하게 되었다.

우선 과거의 '프로그램형' 교육과정에서 '프로젝트형' 교육과정으로 변화를 꾀하게 되었다. '프로그램형' 교육과정은 공장생산 시스템의 조립라인을 원형으로 삼는 교육과정 양식으로, 계단을 오르듯이 교육과정이 '목표－달성－평가'의 활동 단위에 의해 단원이 조직된다. 그러하기에 목표의 달성, 결과의 평가를 배우 중요시 여기며 효율성과 생산성을 강조하게 된다. 현재 우리나라 대부분의 학교교육과정은 아직도 이러한 공장 생산 시스템에나 어울릴 법한 '프로그램 형' 교육과정에 머물러 있는 것이 현실이다. 반면 '프로젝트형' 교육과정은 '주제－탐구－표현' 단원으로 조직된 교육과정으로, 배움의 길이 다양하고, 배움의 경험 그 자체의 발전성을 추구한다.

둘째, 일제식 수업에서 벗어나 협동적 수업을 강조한다. 현재 우리나라 대부분이 교실에 이루어지고 있는 칠판을 등에 지고 교탁을 중심으로 학생 개개인은 앞을 보고 교사의 설명과 발문을 듣고 공책에 필기하는 일제식 수업은 이미 오래전 '박물관'에 들어간 수업 방식인다. 그럼에도 불구하고 앞서 교실에 대해 이야기를 했었던 것처럼 아직도 우리나라의 교실 수업을 떠올리면 이러한 모습의 수업을 상기시키게 된다. 이에 반해 21세기형 교육은 저학년에서는 동그랗게 앉아서 하는 전체 학습 속에서 협동적 학습과 짝 학습이 주를 이루게 되고, 중학년 이상에서부터는 남녀 혼합 그룹의 협동적 학습이 수업의 주를 이루게 된다. 이는 교육 선진국 교실에서 발견할 수 있는 공통적 모습이라 할 수 있다.

이러한 수업의 변화는 창조적이고 탐구적인 배움에 의한 지식활용 능력과 정보처리 능력의 형성, 살아가는 사회적 맥락에 입작한 문제해결 능력이나 의사소통 능력 형성과 같은 21세기형 교육에 대한 사회적 요구에 부응하고자 교육행정 개혁의 커다란 추진력이 되고 있는 형국이다.

물론 이러한 교실 수업의 변화는 2000년 이후 한국, 중국, 홍콩, 인도네시아, 말레이시아 등 아시아 각국에서 빠르게 진행되고 있지만, 이 나라들은 국가 정책에 의한 상의하달 식으로 이행이 단행되고 있다는 특징을 지니고 있다. 이러한 국가 주도의 탑－다운(Top-down) 방식의 교육행정 개혁이 질과 평등의 동시 추구를 달성할 수 있을지는 미지수이기는 하지만, 이렇게 변화된 교실과 교육행정에서는 다시 암기 중심적인 배움이 부활하지 못한다는 점은 확실하다.

셋째, 학교 운영에 있어서 자율성이 크게 부여된다. 1990년 이후 분권 개혁의 의해 학교에도 자율성이 부여되었고, 지역 공동체에서 문화와 교육의 센터로서의 기능적 역할에 대한 중요성도 강조되고 있다. 그러하기에 지역사회에 대한 학교의 기대 역할에 부응하는 것 또한 교육행정 개혁의 커다란 지향점이 되어야 한다.

그렇다면 그동안 우리는 학교에 얼마만큼이나 자율성을 부여하지 않았을까? 학교 내 도서관과 급식실의 모습을 예로 살펴보자.

수업을 위해, 그리고 아이들의 배움을 위해 가장 중요한 활동 중의 하나가 독서이며, 학교에서 독서를 책임지는 공간은 교실 내 학급 문고와 학교에 있는 학교 도서관이다. 학교 도서관에 대해서 흔히 볼 수 있는 이야기를 하나 던져 본다.

아이들이 점심시간에 점심을 먹고서 하는 말이 있다.
"선생님 책 반납하고, 다른 책 빌리러 도서관 다녀올게요."

점심시간에 도서관에 다녀오는 아이들에게 뭐라고 하는 말이 아니다. 오히려 도서관에서 천천히 책도 보고, 함께 수업과 배움에 대해 이야기를 나눌 수 있는 충분한 시간을 제공하지 못하는 것에 대한 미안한 마음이 더 크다.

이러한 마음을 가지면서 스스로에게, 또한 독자들에게 물어본다.

학교 도서관은 꼭 조용해야 하는가?

실제 우리 학교 선생님과의 모임에서 나누었던 이야기이다.

대부분의 교사들은 말한다.
"도서관? 왜 그런 걸 물어봐. 도서관은 아이들이 필요한 책을 빌리거나 과제를 하거나 공부를 하는 공간이잖아!"
나는 다시 묻는다.

"동네의 다른 도서관들도 다 그런데, 굳이 학교 도서관까지 그러할 필요가 있나요?"

이런 질문에 당당하게 말하던 여러 선생님들은 곰곰이 생각에 잠기곤 한다.

"그러면 선생님은 학교 도서관이 어떠해야 한다고 생각을 하나요?"

나는 대답한다.

"학교 도서관은 시끄러운 곳이 되어야 한다고 생각해요. 아이들이 학교 도서관에서는 조용하게 다녀야 하고, 책을 빌리는 곳이라는 생각을 가지게 하는 것에 대해 저는 미안한 마음이 있습니다. 도서관에 있는 다양한 책들을 함께 읽어 보면서 이야기도 나눠 보고, 시끌벅적 서로의 생각을 이야기 나눌 수 있는 곳이면 좋겠어요. 그리고 어느 학교를 가더라고 학교에서 제일 좋은 위치, 학교 건물 1층의 정중앙, 그러니까 아이들이 가장 많이 다닐 수 있고 접근성이 제일 좋은 곳에는 교무실, 행정실, 교장실이 있어요. 저는 그곳에 학교 도서관이 있어야 된다고 생각해요. 아이들이 제일 많이 다녀야 하는 곳이 바로 도서관인데, 우리들의 학교는 도서관을 제일 구석진 곳에 두고는 아이들이 책만 빌려 가기에도 시간이 부족하게 만들어요. 도서관은 아이들이 정말 편안하게 다른 친구들과 함께 이야기를 하며 책을 읽을 수 있는 공간이 되어야 해요. 그리고 도서관만큼은 벽이 없어야 될 것 같아요."

그러자 다시 묻는다.

"그래요 선생님의 의견에 어느 정도 공감은 해요. 그런데 책을 읽고자 하는 친구들에게 방해가 되지 않을까요? 그리고 분실의 우려는 없을까요?"

"아이들에게 그러한 점을 분명하게 인지시켜 주어야겠죠. 학교 도서관이 어떠한 장소인지에 대해서, 그리고 학생들을 믿고 있기 때문에 도서관을 완전 개방하고 있다는 것을 말이에요. 그리고 학부모와 공감을 통해 혹시나 가정에서 학교에서 가져간 책이 있을 경우에는 학생에게 되돌려 줄 수 있도록 함께 지도를 한다면 문제가 없을 것 같아요."

필자는 이렇게 생각을 한다. 학교 도서관만큼은 학교 밖의 도서관과는 차별화된 학교만의 아이들을 위한 공간이 되어야 한다. 학교 도서관은 아이들의 배움을 위한 공간이 되어야 하며, 오롯이 아이들을 위한 공간이 되어야 한다고 생각을 한다.

배움을 위해서 서로 이야기를 나누고 토론할 수 있는 공간이 되어야 한다. 이런 의미에서 학교 도서관은 아이들의 시끌벅적한 소리로 가득한 공간이 되어야 한다고 생각을 한다. 조용하게 책을 읽는 공간은 학교 밖 도서관에서도 충분히 할 수 있다. 학교 도서관은 아이들이 즐겁게 책을 읽고, 독서를 통해 알게 된 내용을 함께 토의 · 토론하며 새로운 사실을 함께 발견하고, 문제를 함께 해결할 수 있는 즐겁고 재미있는 공간이 되어야 할 것이다. 즐거운 공간이 학교 도서관이라는 인식을 하는 순간 아이들이 더욱 자유롭게 학교 도서관을 이용하고, 더 많은 책을 접하게 될 것이다. 이러한 공간을 위해 도서관은 벽을 허물고, 개방된 공간으로 마련하면 어떨까라는 제안을 한다. 도서관이라는 인식보다는 학교에서 자유롭게 놀 수 있는 공간, 책과 함께 자유롭게 이야기를 나누며 놀 수 있는 공간으로서의 학교 도서관을 만들어 준다면 책을 더 많이 접하게 되지 않을까 한다.

행사 위주의 독서 교육, 독서 감상문을 쓰기 위해 그리고 상을 받기 위해, 혹은 어른들의 권유로 인해 억지로 책을 읽는 것이 아니라 놀이처럼 즐겁게 독서를 하는 아이들이 되면 좋겠다. 책보다 좋은 선생님, 친구는 없으니 말이다.

이쯤에서 또 다시 하나의 질문을 던져 본다.

급식시간은 정말 조용해야 하는가?

우리나라는 밥을 먹을 때 조용히 먹어야 하고, 입을 벌리고 먹으면 안 된다는 예의범절을 가지고서 지켜 가는 나라이다. 이러한 나라에서 위의 질문은 어찌 보면 예의범절을 아이들에게 가르치지 말라는 의미로 들릴 수도 있을 것 같다. 하지만 지금 책을 읽고 있는 독자들은 함께 모여서 식사를 하는 자리에서 어떠한가?

즐겁게 만나서 그동안 살아온 이야기를 나누며 식사를 하고, 그러한 식사시간을 위해 따로 약속시간을 잡지 않는가?

우리 아이들도 그러한 시간을 경험하면 안 되는 걸까?

아이들에게 학교에서 제일 즐거운 시간을 뽑으라고 하면, 항상 최상위에 급식시간이 있다. 아이들이 즐겁게 생각하는 시간에 굳이 줄을 서지 않았다고 혼을 내고, 친구와 장난을 쳤다고 뭐라고 하고, 이야기를 하며 밥풀 튀었다고 벌을 세우게 한다면, 즐거운 식사시간이 아이들에게는 끔찍한 시간으로 다가오지 않을까? 안 그래도 학교에 다니는 것이 행복하지 않은 아이들인데, 더욱 행복하지 않은 학교생활이 되지 않을까?

필자도 한때는 학교의 방침하에 조용히 시키기 위해 많은 노력을 했었다.

그런데 어느 급식시간에 다른 생각을 가지게 되었다. 그날도 필자는 조용히 시키기 위해 많이 노력을 하고 있었다. 갑자기 떠들던 2명의 친구가 있어서 조용히 불러서 혼을 내려고 했다. 그런데 한 학생이 이렇게 말을 했다.

"선생님, 4교시에 우리가 수학시간에 배운 내용 중에 자를 이용하는 방법에 대해 설명을 하고 내일 선생님 신체의 길이를 재기 위해서 이렇게 하자고 말을 했더니, 00이가 그렇게 하면 안 된다고 말을 해요. 선생님, 제가 하는 말이 맞죠?"

또 어떤 날은 어느 학생이 급식시간에 나에게 와서는 이런 말을 했다.

"선생님, 점심 다 먹고 3교시(우리 학교 2학년 3교시 후에 급식을 먹는다)에 그린 그림을 수정해서 완성해도 되나요? 친구들이랑 이야기하다 보니 그림을 다시 그려야 될 것 같아서요."

이러한 상황이 몇 번 반복이 되었고, 이러한 말을 들으면서 나는 또 다른 갈등을 경험하게 되었다. 물론 대부분이 식사시간의 이야기는 장난스러운 이야기들이며, 다른 반 친구들의 급식을 방해할 수도 있는 장난을 치기도 하지만, 그 속에서 몇 명은 스스로의 배움을 위해 그들 나름대로의 방식으로 이야기를 하고 있을지도 모른다. 그러한 배움을 우리는 급식시간은 조용해야 한다는 강박관념으로 인해 막고 있었던 것은 아니었는지 모른다.

한 연수에서 있었던 일이다.

우리 지역에서 유명한 선생님이고, 아이들을 위해 교육과정 재구성도 스스로 실천하면서 주위 교사들에게 덕망이 높은 분이었다. 그 분이 급식시간에 대한 이야기를 하시면 이러한 말을 하셨다.

"급식시간이 많이 시끄러우시죠? 저희는 이렇게 해 보았어요. 급식실에 종을 설치하고, 아이들이 장난이 심해지거나 시끄러워지면 종을 치게 했어요. 3월 달에는 하루에도 몇 번씩 치던 종이, 조금씩 줄어들고 요즘은 일주일이 지나도 몇 번 치지 않을 정도로 조용해졌어요. 선생님들도 한 번 해 보세요."

이 방법은 교사들이 화를 내거나 혼을 내지 않고도 급식시간을 조용하게 만드는 효과적인 방법일 수 있다. 이러한 말이 잘못되었다는 것이 아니다. 필자는 단지 그러한 시끄러움과 장난스러움 속에도 아이들 스스로 배움을 위해 그들의 방식대로 함께 이야기를 나누고 학습, 반성, 성찰을 할 수도 있는데, 그러한 기회를 완전히 박탈하는 것은 아닌지 묻고 싶었다.

물론 단지 몇 번의 배움과 학습을 위해 그러한 시끄러움과 장난스러움을 참아야 하느냐고 반문을 한다면 필자는 선뜻 대답을 하지 못할 것 같다. 하지만 교사라는 직업을 가지고 있는 우리들로서 아주 극소수라 할지라도 그 속에서 배움과 학습이 들어가게 된다면, 우리는 그들을 위해서 참고 인내하고 견디어야 하지 않을까?

필자는 누군가의 독서시간을 방해하자는 의미도, 누군가의 식사시간을 방해하자는 의미에서 지금 이러한 질문을 던지고 말을 하는 것이 아니다. 단지 학교 안에서의 모든 공간은 아이들의 배움과 학습을 위해서 존재해야 하며, 그 속에서 겪게 될 시끄러움과 장난스러움은 어느 정도 감수하고 견딜 줄 아는 공간이 되어야 하지 않을까? 누구를 위한 공간인가? 학교와 교실은?

처음에는 시끌벅적한 도서관이 익숙하지 않고, 장난스러운 급식시간이 익숙하지 않을지 모른다. 그래도 아이들 스스로 익숙해지고 왜 시끄럽고 장난스러워도 되는지 스스로 깨닫게 된다면 그 후에는 그러한 시끄러움과 장난스러움이 배움과 학습을 위한 하나의 길과 방법이 된다는 것을 스스로 알게 될 것이라고 아이들을 믿어 보면 어떨까?

교사는 아이들을 믿어야 하는 존재라고 생각한다. 처음에는 장난스럽게 시작을 하고, 시끄러움으로 시작을 하더라도 그 속에서 무엇인가를 느끼고 생각을 하게 된다면 그러한 장난과 시끄러움이 배움과 학습으로 반드시 이어지게 될 것이라고 아이를 믿어 보고 기다려 주면 어떨까?

이 글을 읽는 여러분도 아이들을 믿고 기다려 주면 어떨까? 한두 번 믿어 주고 기다려주다가 포기하고 이전으로 돌아가기보다는, 꾸준히 지켜보고 더 많은 시간을 기다려 주자. 우리 아이들의 성장과 발전 능력은 우리가 생각하는 것보다 훨씬 더 뛰어나며 더 많은 잠재력을 가지고 있으니 말이다.

4. 온-오프 블렌디드형 프로젝트 학습 실천

필자는 프로젝트 학습을 실천함에 있어서 온-오프라인 블렌디드형 프로젝트 학습 계획, 그리고 교육과정-수업-평가-기록(이하 교-수-평-기)이 일체화될 수 있는 과정중심평가 계획 등 2가지의 주안점을 가지기로 하였다.

우선 블렌디드 러닝형 프로젝트 학습 계획을 위해서 웹 기반 상호작용형 콘텐츠를 비교·분석하였으며, 이에 대한 활동 방안을 다음과 같이 마련하게 되었다.

구분	콘텐츠	장 · 단점 비교 분석 내용
동영상 제작 활용 방안	캡츄라	▶장점 • 오픈소스 기반으로 만들어진 영상녹화 프로그램 • 다른 프로그램들에 비해 상대적으로 프로그램이 가벼움 • 성능이 낮은 컴퓨터에서도 사용 가능 • 이용자가 점점 늘고 있는 추세 ▷단점 • 개발 중단
	OBS Studio	▶장점 • 오픈소스 기반으로 만들어진 영상녹화 프로그램 • 다양한 플로그인, 한글 지원 ▷단점 • 일부 상황에서 녹화 시 싱크 딜레이 발생 • 프로그램 자체가 상당히 무거운 편 • 세팅을 잘못하거나 고화질을 요구할 때 녹화 중 컴퓨터가 꺼지거나 블루스크린이 뜨는 경우가 잦음 • 고사양 컴퓨터에 적합함
	Xsplit	▶장점 • 로컬 녹화기능이 있어 전문 크리에이터들이 많이 사용함 ▷단점 • 결재를 해야 제약 없이 사용이 가능함
	활용 방안	동영상 제작 관련 콘텐츠 비교 분석 결과를 바탕으로 하여, 교사들이 사용하기에 쉽고, 프로그램 작동에 있어서 컴퓨터 사양이 낮아도 활용이 가능한 측면을 고려하여 활용 여부를 선정하였다. 이에 프로그램이 가볍고, 사용 방법이 간단한 프로그램인 캡츄라를 기본으로 하여 동영상 강의 제작 시 활용하기로 하였다.
온라인 피드백	멘티미터	▶장점 • 별도의 앱을 설치하지 않아도 됨 • 중복 투표가 가능함 • 학생 회원가입이 필요없음 ▷단점 • 무료 사용 시 3장의 슬라이드만 사용 가능
	패들렛	▶장점 • 학생 결과물을 한곳에 모아 볼 수 있음 • 결과물을 파일이나 인쇄물로 출력 가능 • 학생 투표와 댓글기능이 있음 • 사용법이 간편함

구분	콘텐츠	장·단점 비교 분석 내용
		• 의견 공유에 적합함 ▷단점 • 무료로 사용 시 3장만 사용 가능
	잼보드	▶장점 • 구글에서 만들어진 협업도구 프로그램 • 무료로 사용 가능 • 협업도구이다 보니 여러 사람이 동시 접속이 가능함 • 함께 작업하는 사람끼리 링크를 공유할 수 있음 • 모바일 접속도 가능함
	활용 방안	패들렛의 경우 다양한 포맷을 기본적으로 제공하고 있고, 학생 투표 및 의견 교환 기능이 포함되어 있음. 줌 활용 실시간 수업 시 공유 기능이 간편하고, 학생들이 활용하기에 간단하기에 온라인 토론에 활용하는 데 적합하였다. 잼보드의 경우 서로의 의견을 모으기에 가장 간단하고 활용하기 편한 콘텐츠로써, 포스트잇 기능을 탑재하고 있기에 팀별 의견 수렴에 적합한 콘텐츠이기에 그룹 프로젝트에 활용하는 데 적합하였다. 이에 원격수업으로 운영되는 프로젝트 학습활동 시에 패들렛과 잼보드를 활용하기로 하였으며, 이는 '나, 내 삶의 주인' 프로젝트 학습을 통해 주로 확인가능하다.
게임 기반 문제 풀이	카훗	▶장점 • 다양한 인터페이스 지원 • 가상의 상대와 경쟁이 가능 • 여러 가지 기능이 있음 ▷단점 • 교실에서만 사용가능 • 대형 스크린이 필수 • 언어가 영어로 되어 있음
	소크라티브	▶장점 • 퀴즈 형식의 간단한 형성평가 가능 ▷단점 • 누가 어떤 답변을 했는지 확인 불가능함
	띵커벨	▶장점 • 게임 요소가 있어 학생들에게 긴장감을 유지시키며 재미있게 참여할 수 있음 • 준비과정이 간편함 • 동기유발과 정리에 적합함

구분	콘텐츠	장 · 단점 비교 분석 내용
	활용 방안	띵커벨의 경우 국내에서 개발된 콘텐츠이며, 전국 교사들이 개발한 다양한 교과 및 차시별 자료가 탑재되어 있었다. 실시간 문제 풀이 활동도 가능하기에 학습 도입 및 정리 단계에서 활용이 가능하다. 이에 프로젝트 학습 도입 시, 사전 지식 습득 정도 확인을 위하여 학급별 골든벨 대회를 운영할 때와 프로젝트 학습 이후 학년 전체 학생들과 함께 학습한 정도를 확인하기 위하여 학년 전체 골든벨 대회를 운영할 때 활용하기로 하였다. 이는 '우리가 살아가는 국토' 프로젝트를 통해 확인할 수 있다.

앞의 웹 기반 콘텐츠 비교 · 분석 및 활용방안에 대한 협의와 함께 학생중심 블렌디드 러닝형 프로젝트 학습 계획을 위한 설계안도 함께 마련하게 되었다.

효율적 블렌디드 러닝 설계의 첫 단계는 코스 얼라이먼트로 시작된다고 할 수 있다. 여기서 말하는 블렌디드 러닝에서의 얼라이먼트는 학생들이 온라인 수업상에서 얻어야 하는 학습결과를 성취하기 위해 학습목표, 교육용 자료, 학습활동, 평가 등 일련의 수업 구성 요소들을 블렌디드 러닝 특성에 맞게 재구성하고 일직선상에 나열하는 과정을 의미한다.

하지만 이 과정에서 주의할 점은 면대면 수업에서의 1시간 일반강의를 온라인 수업에서도 똑같이 1시간 동안 온라인 프로그램을 이용해 실시간으로 강의하는 것은 원격강의이지 제대로 된 블렌디드 러닝이 아니라는 점이다. 즉, 면대면 수업에서도 교사의 수업을 듣는 직접 강의 시간 외에도 그룹 프로젝트를 하고 과제물을 작성하고 피드백을 하는 등 수업 외 학습활동이 있듯이, 이러한 부분에 대한 종합적인 고려를 통해 블렌디드 수업 요소들에 대한 얼라이먼트 작업을 수행해야 하는 점이 미리 고려되어야 한다.

또한 직접 강의 시간에도 실시간 화상강의 시간뿐 아니라 교사가 제공하는 동영상 자료 시청 시간, 교사와 학생 간의 소통하는 시간, 이메일에 응답하는 시간 등이 모두 포함되어야 한다. 이러한 점을 고려한 블렌디드 러닝 코스 얼라이먼트를 제시하면 다음의 그림과 같다.

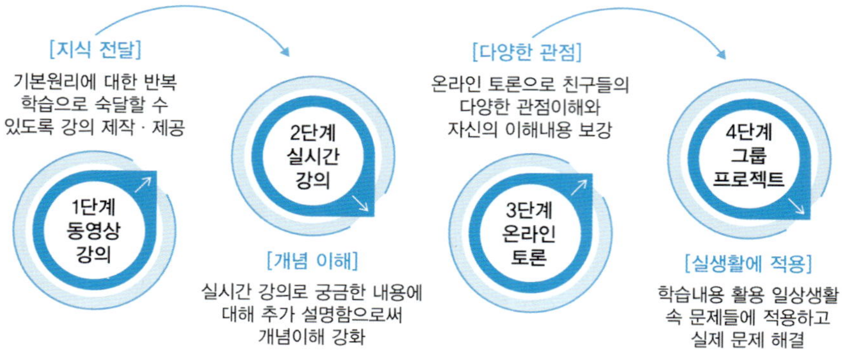

블렌디드 러닝 활용 가능 웹 기반 상호작용 콘텐츠 비교 · 분석 및 활용 방안 연구 및 블렌디드 러닝 코스 얼라이먼트에 따른 콘텐츠 활용 계획은 다음과 같다.

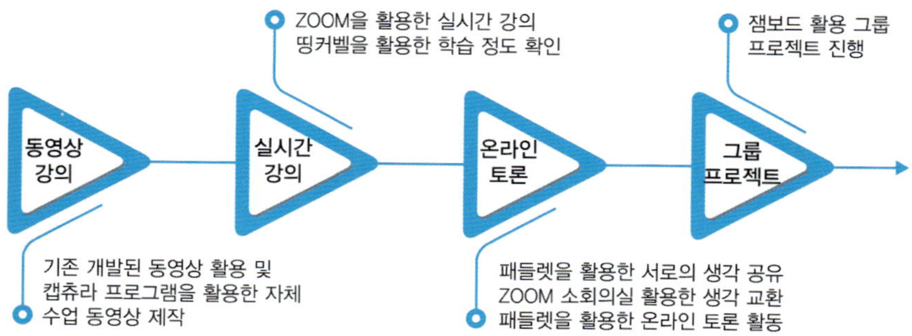

두 번째 주안점은 흔히들 말을 하는, 교–수–평–기 일체화를 프로젝트 학습을 통해 실천하기 위하여 과정중심평가를 강조한 프로젝트 학습 계획과 실천이었다.

이를 위하여 2가지의 평가 활동을 통해 과정중심평가를 실천하고자 하였다. 첫째는 프로젝트 학습 주제별 자기 평가 활동이고, 둘째는 프로젝트 학습 주제 내 활동 중 성취기준과 밀접한 활동의 경우에는 활동지별 자기 평가 활동 기록하기, 그리고 이와 동시에 프로젝트 학습 중 서로의 작품에 대한 생각이나 의견을 나누어야 하는 활동에 대해서는 평가 기준에 의거하여 동료평가 활동 실천하기 등의 2가지의 평가 활동(자세하게는 3가지)을 기획하게 되었다.

우선 프로젝트 학습 주제별 자기 평가 활동의 경우에는 프로젝트 학습을 시작하기에 앞서, 관련 배움 내용을 통해 내가 현재 얼마나 알고 있는지를 확인하는 과정을 거친 뒤에 프로젝트 학습이 끝난 후 얼마나 성장하고 발전하였는지를 스스로 평가하고, 자신의 학습 정도를 글로 표현해 보는 자기 성장과 성찰 중심의 평가활동이라고 할 수 있다.

흔히들 프로젝트 수업을 진행함에 있어서 크게 범할 수 있는 오류나 잘못이 결과에 집착을 하고, 결과물에 대한 평가에 집착하는 것이라고 할 수 있다. 프로젝트 수업이 물론 결과물을 중요시 여기고 있기는 하지만, 그보다 더욱 중시 여기는 것은 결과물을 만들어 내는 과정으로써, 학습하는 과정 그 자체를 더욱 중시 여기고 있다. 결과물을 만들어 내는 과정 중에서 학생들이 경험하게 되고, 깨닫게 되고, 체득하게 되는 것을 중요시 여기고 있으며, 그러한 과정 중에 체득하고 깨닫게 되는 것이 바로 인성과 역량이라 할 수 있다. 즉, 프로젝트 수업은 결과물에 대한 평가가 아닌, 결과물을 만들어 내는 과정 중에 학생들이 체득하고 깨닫고 경험하고 이해하게 되는 것들을 더욱 중요시 여긴다. 이에 프로젝트 수업에 있어서 가장 핵심적인 평가가 프로젝트 수업 전과 후에 이루어지는 스스로에 대한 자기 평가라 할 수 있다.

그래서 프로젝트 수업을 시작하면서 가장 첫 수업은 이번 프로젝트 수업을 통해 무엇을 학습하고 배우게 될 것인지 학생과 교사가 함께 알아보는 시간을 마련한다. 프로젝트 수업에서 배워야 할 내용이 무엇인지 확인한 후, 학생들은 각자 현재 자신이 어느 정도 수준에 있는지를 기준에 의거하여 평가한다.

프로젝트 수업이 완료된 후에는 프로젝트 성찰 시간을 마련하고, 프로젝트를 통해 스스로 어느 정도 성장하고 발전하였는지를 동일한 활동지에 추가적으로 기록하고, 어떠한 것을 배우고 알게 되었으며, 행동으로 옮기게 되었는지를 글로 표현하면서 프로젝트를 정리하고 성찰하는 시간을 가지게 된다.

자기 평가 활동 결과를 예시로 보여 주면 다음과 같다.

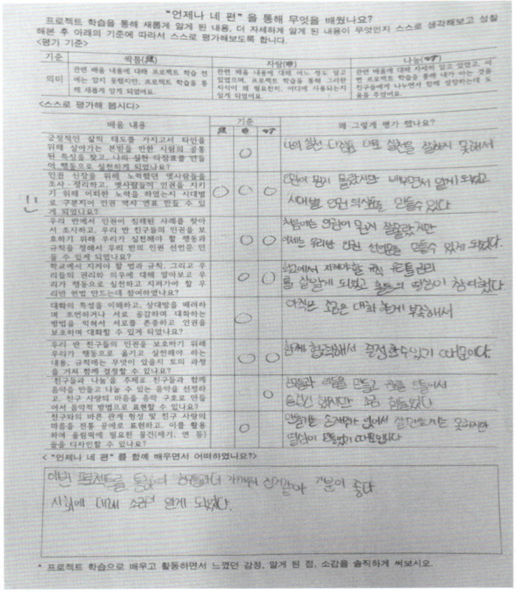

"언제나 네 편"을 통해 무엇을 배웠나요?

프로젝트 학습을 통해 새롭게 알게 된 내용, 더 자세하게 알게 된 내용이 무엇인지 스스로 생각해보고 성찰해본 후 아래의 기준에 따라서 스스로 평가해보도록 합니다.

<평가 기준>

기준	싹틈	자람	나눔
의미	관련 배움 내용에 대해 프로젝트 학습 전에는 알지 못했지만, 프로젝트 학습을 통해 새롭게 알게 되었어요.	관련 배움 내용에 대해 어느 정도 알고 있었으며, 프로젝트 학습을 통해 그러한 지식이 왜 필요한지, 어디에 사용되는지 알게 되었어요.	관련 배움에 대해 자세히 알고 있었고, 이번 프로젝트 학습을 통해 내가 아는 것을 친구들에게 나누면서 함께 성장하는데 도움을 주었어요.

<스스로 평가해 봅시다>

배움 내용	싹틈	자람	나눔	왜 그렇게 평가 했나요?
긍정적인 삶의 태도를 가지고서 타인을 위해 살아가는 본받을 만한 사람의 공통된 특징을 찾고, 나의 실천 다짐표를 만들어 행동으로 실천하게 되었나요?		○		나의 실천 다짐표 대로 실천을 실천하지 못해서
인권 신장을 위해 노력했던 옛사람들을 조사·정리하고, 옛사람들이 인권을 지키기 위해 어떠한 노력을 하였는지 시대별로 구분지어 인권 역사 연표 만들 수 있게 되었나요?	○	○	○	인권이 뭔지 몰랐지만 배우면서 알게 되었고 시대별 인권 의식표를 만들수 있다
우리 반에서 인권이 침해된 사례를 찾아서 조사하고, 우리 반 친구들의 인권을 보호하기 위해 우리가 실천해야 할 행동과 규칙을 정해서 우리 반의 인권 선언문 만들 수 있게 되었나요?		○	○	처음에는 인권이 뭔지 잘 몰랐지만 이제는 우리반 인권 선언문을 만들수 있게 되었다.
학교에서 지켜야 할 법과 규칙, 그리고 우리들의 권리와 의무에 대해 알아보고 우리가 행동으로 실천하고 지켜가야 할 우리반 헌법 만드는데 참여하였나요?		○	○	학교에서 지켜야할 규칙 [illegible] 를 잘 알게 되었고 [illegible] 참여했다
대화의 특성을 이해하고, 상대방을 배려하며 조언하거나 서로 공감하며 대화하는 방법을 익혀서 서로를 존중하고 인권을 보호하며 대화할 수 있게 되었나요?		○		아직은 조금은 대화 하는게 부족해서
우리 반 친구들의 인권을 보호하기 위해 우리가 행동으로 옮기고 실천해야 하는 내용, 규칙에는 무엇이 있을지 토의 과정을 거쳐 함께 결정할 수 있나요?		○	○	함께 협력해서 결정할수있기 때문이다.
친구들과 나눔을 주제로 친구들과 함께 음악을 만들고 나눌 수 있는 음악을 선정하고, 친구 사랑의 마음을 음악 구호로 만들어서 음악적 방법으로 표현할 수 있나요?			○	[illegible]
친구와의 바른 관계 형성 및 친구 사랑의 마음을 전통 공예로 표현하고, 이를 활용하여 올림픽에 필요한 물건(제기, 연 등)들을 디자인할 수 있나요?		○		[illegible]

< "언제나 네 편"를 함께 배우면서 어떠하였나요?>

이번 프로젝트를 통해서 친구들과 더 가까워진 것 같아 기분이 좋다 사회에 대해 조금 더 알게 되었다.

* 프로젝트 학습으로 배우고 활동하면서 느꼈던 감정, 알게 된 점, 소감을 솔직하게 써보시오.

앞의 활동지 중 배움 내용은 프로젝트 수업 관련 성취기준을 학생들이 이해할 수 있도록 질문형식으로 변형하여 제시한 것이다. 프로젝트 학습 활동별로 관련 성취기준을 활동과 관련되게 재구성한 질문으로써, 관련된 성취기준이 2개 이상일 경우에는 2개 이상의 성취기준 내용이 함께 들어갈 수 있도록 재구성하기도 하였다.

그리고 앞의 활동지에서 보이는 기준은 그동안의 단계적 의미보다는 성장의 의미가 강하다. 예를 들어, 처음 프로젝트를 시작할 때는 자람의 단계였지만 프로젝트 후에 나눔의 단계까지 성장을 했다면 자람과 나눔 모두에 표시하면 된다. 이를 통해 프로젝트 수업의 과정에서 스스로 얼마나 성장하고 발전했는지를 자기 평가 및 성찰하고, 글로 표현한다. 그래서 앞에서 보여지는 예시 자료의 경우, 평가 기준별로 2개 혹은 3개의 칸에 모두 'ㅇ'가 표시되어 있는 이유가 바로 이 때문이다. 이로 인해 프로젝트 학습을 통해 학생들 스스로 얼마나 성장하고 발전할 수 있었는지를 시각적으로 바로 확인할 수 있는 자료가 될 수 있었으며, 학생별 피드백 자료로 매우 의미 있게 활용할 수 있었다.

그리고 교사는 학생들이 작성한 내용을 기반으로 누가기록 및 종합의견을 작성해 주면 된다. 자기 평가지는 학생들이 프로젝트 수업으로 무엇을 배우고 어떻게 학습하였는지 가정 피드백을 제공해 줄 수 있는 도움 자료로써의 기능을 충분히 할 수 있기 때문이다.

또한 프로젝트별로 작성한 자기 평가지를 학기말 혹은 학년말 생활기록부와 함께 가정에 발송해드렸다. 현재 대부분의 가정 통신문에 작성된 평가 내용들은 학생들의 긍정적인 면을 바라보면서, 희망적인 글로 표현된다.

하지만 실제 학부모님들이 관연 그러한 긍정적인 글만 보고서 학생들이 얼마나 성장하고 발전하였는지를 알 수 있을까? 실제 자녀를 키워 보고, 가정 통신문을 받아보면서 과연 우리 아이에 대해 왜 그렇게 평가를 하였고, 어떠한 과정을 거쳐서 그러한 결과를 받을 수 있었는지에 대해 궁금하였다.

이러한 학부모로써 필자의 마음을, 교사로서 풀어서 우리 반 학부모에게 전달해 주고자 하였다. 그리고 그러한 고민 결과 프로젝트 주제별 성장 중심의 자기 평가 활동 결과지를 가정 통신문과 함께 발송해 드리는 것이었다. 또한 가정 통신문에 기록되어지는 누가기록을 포함한 모든 평가 내용들을 학생들이 작성한 자기 평가 활동 결과지에 근거하여 교사의 피드백을 함께 기록하여 작성함으로써 가정 통신문에 대한 신뢰성을 보다 높이고자 하였다.

물론 이러하기 위해서는 교사들의 노력도 함께 수반이 되어야 한다. 첫 술에 배부를 수 없듯이, 첫 혹은 두 번째 프로젝트 학습까지는 학생 개개인별로 작성된 자기 평가지를 살펴보면서, 어떠한 내용으로 어떻게 작성을 해야 하는지에 대한 개별적 지도와 피드백이 지속적으로 이루어져야 할 것이다.

학생들의 자기 평가지에는 '좋았다, 다음에 또 하고 싶다, 힘들었다. 잘 알게 되었다' 등과 같이 자기 평가라고 하기에는 다소 의미가 부족할 수 있는, 혹은 평가 활동으로 활용하기에는 부족할 수 있는 평가 결과지가 될 수 있다. 이러한 점만 신경을 쓴다면 학생과 학부모, 그리고 교사에게 의미가 있는 평가가 될 수 있을 것이다.

그리고 프로젝트 학습 내 성취기준과 밀접한 관련이 있는 활동의 경우에는 활동지에 스스로 얼마나 학습하였고, 무엇을 배웠는지를 글로 정리하는 형식의 자기 평가지를 다음과 같이 추가하였다.

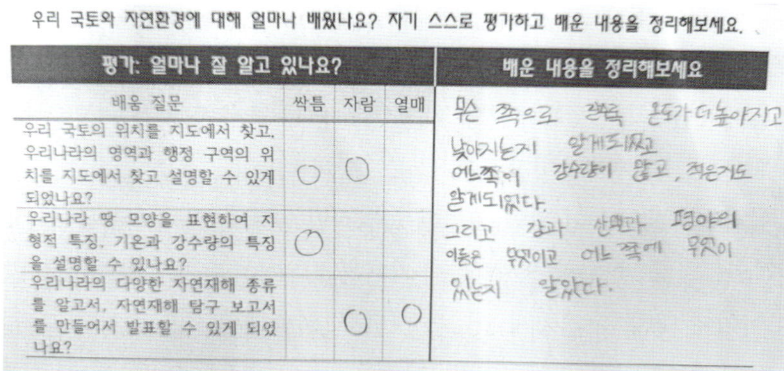

우리 국토와 자연환경에 대해 얼마나 배웠나요? 자기 스스로 평가하고 배운 내용을 정리해보세요.

평가: 얼마나 잘 알고 있나요?				배운 내용을 정리해보세요
배움 질문	싹틈	자람	열매	무슨 쪽으로 갈수록 온도가 더 높아지고 낮아지는지 알게되었고 어느쪽이 강수량이 많고, 적은지도 알게되었다. 그리고 강과 산맥과 평야의 이름은 무엇이고 어느 쪽에 무엇이 있는지 알았다.
우리 국토의 위치를 지도에서 찾고, 우리나라의 영역과 행정 구역의 위치를 지도에서 찾고 설명할 수 있게 되었나요?	○	○		
우리나라 땅 모양을 표현하여 지형적 특징, 기온과 강수량의 특징을 설명할 수 있나요?	○			
우리나라의 다양한 자연재해 종류를 알고서, 자연재해 탐구 보고서를 만들어서 발표할 수 있게 되었나요?		○	○	

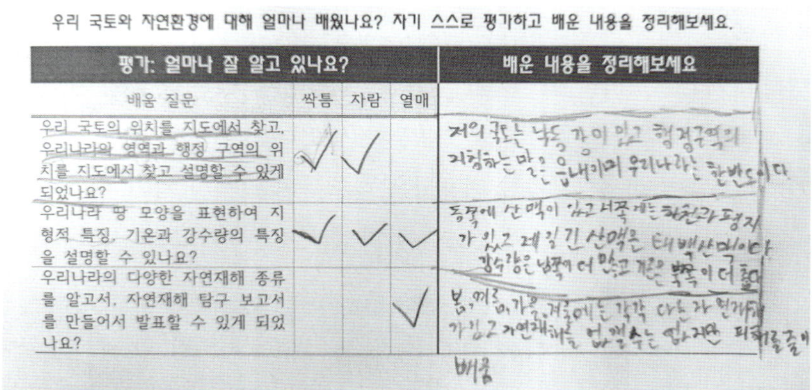

우리 국토와 자연환경에 대해 얼마나 배웠나요? 자기 스스로 평가하고 배운 내용을 정리해보세요.

평가: 얼마나 잘 알고 있나요?				배운 내용을 정리해보세요
배움 질문	싹틈	자람	열매	
우리 국토의 위치를 지도에서 찾고, 우리나라의 영역과 행정 구역의 위치를 지도에서 찾고 설명할 수 있게 되었나요?	√	√		저의 국토는 남동 가 이 있고 행정구역의 지칭하는 말은 읍내이며 우리나라는 한반도이다
우리나라 땅 모양을 표현하여 지형적 특징, 기온과 강수량의 특징을 설명할 수 있나요?	√	√	√	동쪽에 산맥이 있고 서쪽에는 하천과 평지가 있고 제일 긴 산맥은 태백산맥이다 강수량은 남쪽이 더 많고 기온은 북쪽이 더 높다
우리나라의 다양한 자연재해 종류를 알고서, 자연재해 탐구 보고서를 만들어서 발표할 수 있게 되었나요?			√	봄, 여름, 가을, 겨울에는 각각 다른 자연재해가 있고 자연재해를 없앨수는 없지만 피해를 줄이 배움

앞의 자기 평가 활동지는 '더불어 살아가는 아름다운 우리 국토' 프로젝트 학습과 관련된 것이다. 본 활동지의 경우에는 우리 국토의 자연환경에 대해 학습할 때 활용하였던 것으로, 활동지의 마지막에 자기 평가 활동을 제시함으로써 활동을 통해 무엇을 얼마나 배우고 알게 되었는지, 그 성장 정도를 싹틈(프로젝트 학습 이전에는 알지 못했지만 프로젝트 학습을 통해 알게 된 상태), 자람(프로젝트 학습 이전에 알고 있었지만, 프로젝트 학습을 통해 보다 더 자세히 알게 된 상태), 열매(프로젝트 학습을 통해 자세히 알게 되고, 친구들에게 설명을 할 수 있을 정도로 성장한 상태) 등 세

개의 단계에 대해 스스로 평가하도록 제시하였다. 물론 이때에도 본 활동을 하기에 앞서 우선 자신이 현재 배움 질문에 대해 얼마나 알고 있는지를 먼저 기록하게 한 후, 활동이 끝난 후 얼마나 배우고 학습하였는지를 스스로 성찰한 뒤에 성장하고 발전한 정도를 추가적으로 표시하도록 하였다. 이에 앞의 활동지처럼 2개 이상의 칸에 표시를 하게 되었다. 뿐만 아니라 본 활동을 통해 무엇을 얼마나 알게 되었는지를 스스로 생각해 보면서 글로 표현하며 배운 내용을 정리할 수 있도록 하였다.

과정중심평가, 성장중심평가를 우리는 어렵게 생각하지 않기로 하였다. 학생들이 학습을 하는 동안, 혹은 활동을 하는 동안 무엇을 얼마나 배우고 알게 되었으며, 어떻게 활동에 참여할 수 있게 되었는지를 스스로 살펴보고 성찰할 수 있으며, 그러한 성찰의 결과에 대해 자신의 현재 상태를 단계별로 확인할 수 있고, 이를 글로 표현할 수 있다면, 그 자체로도 평가활동이 될 수 있으며, 성장과 발전중심의 평가가 될 것이라고 판단하였다. 이러면 되지 않을까? 평가가 꼭 얼마나 잘하게 되었는지 점수로 객관화되지 못하더라도, 학생들이 스스로 무엇을 배웠는지 알 수 있고, 어떻게 활동에 참여할 수 있는지를 발견할 수 있다면 그것이 바로 과정중심평가, 성장중심평가라고 생각하였다.

물론 이를 위해서는 학생들에 대한 피드백이 중요한 것이 사실이다. 학생 개개인별 피드백이 가능하기 위해서는 교사들이 수업 시간에 여유로움이 생겨야 한다고 할 수 있으며, 프로젝트 학습은 실제 활동이 이루어지는 수업 시간에는 상당한 여유로움을 제공해 주게 된다. 그래서 학생 개인별 피드백을 통한 과정중심평가, 성장중심평가가 실질적으로 이루어질 수 있다고 할 수 있다. 이에 대한 자세한 이야기는 필자의 저서인 『왁자지껄 배우는 재미, 프로젝트 학습(상상채널, 2020)』을 참고하면 더 좋을 것 같다.

이와 더불어 성취기준과 관련이 있으면서 서로의 생각과 의견을 나눌 수 있는 활동의 경우에는 동료평가 활동을 함께함으로써 과정중심평가를 실천할 수 있었다. 동료평가 활동의 경우에는 각 활동별 성격에 맞게 평가 기준을 교사와 학생이 함께 마련하여 운영하였다.

예를 들어, 설명하는 글쓰기 혹은 주장하는 글쓰기와 관련된 동료평가 활동의 경우에는 친구들의 글을 읽을 때 함께 정한 평가기준에 맞게 평가한 결과를 포스트-잇에 기록하여 활동지에 붙여 주도록 하였다. 또한 실천다짐의 글에 대한 동료평가 시에는 평가 기준을 함께 마련하기보다는, 서로의 활동과 실천을 격려할 수 있도록 격려의 글 형식으로 평가 글을 포스트-잇에 작성하여 친구들의 활동 결과지에 붙여 주기도 하였다.

앞의 사진을 보면 2가지의 동료평가 활동 결과를 확인할 수 있다. 위의 그림과 관련된 동료평가 활동은 '더불어 살아가는 아름다운 우리 국토' 프로젝트 학습과 관련하여, 그동안의 여행 경험을 살려, 글로 표현한 학생들의 기행문 쓰기 활동과 관련된 활동 결과물 및 동료평가 결과이다. 이에 대해 자세히 살펴보면 아래의 그림을 예시자료로 제시할 수 있다.

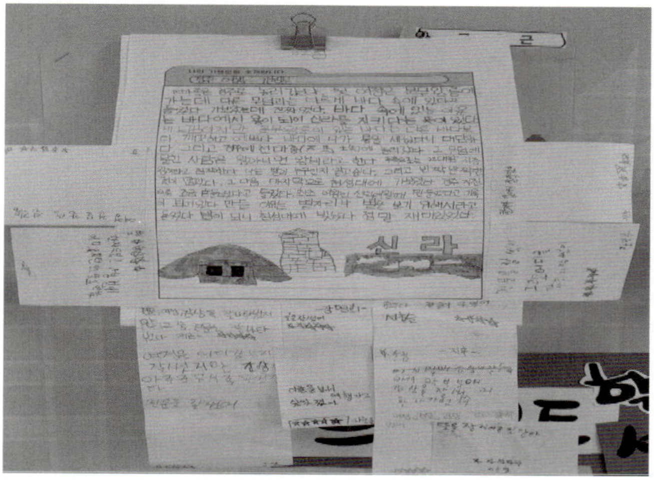

해당 학생은 경주에 놀러 갔던 경험을 기행문으로 작성하였으며, 이에 대해 기행문과 관련된 평가 기준을 여정, 견문, 느낌과 생각이 잘 드러나게 작성을 하였는지와 더불어 기행문을 통해 새롭게 알게 되었거나 배운 사실에는 무엇이 있었는지를 기록하면서 새로운 사실을 알려 준 친구에게 감사의 글 형식으로 동료평가를 하였다.

그리고 다음은 동일한 프로젝트 학습('더불어 살아가는 아름다운 우리 국토') 활동 중 팀별로 서로의 기행문을 읽어 보고, 더 자세히 알아보거나 여행을 가고 싶은 장소를 하나 선정하여 여행 안내문 만들기 활동과 관련된 결과물이다. 자세히 살펴보면 다음의 사진을 예시자료로 제시할 수 있다.

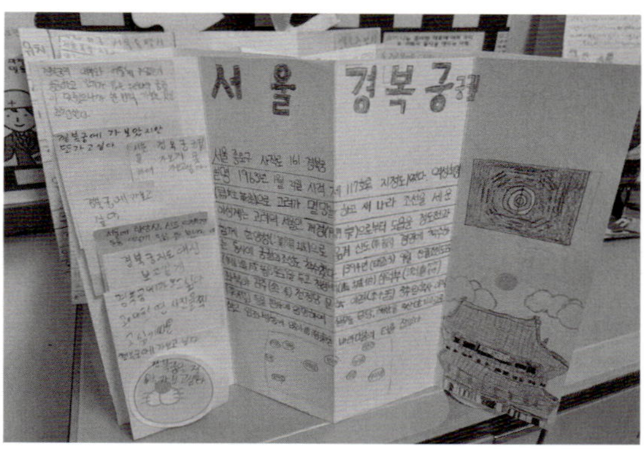

위의 활동 결과물은 여행지에 대한 안내문으로써, 해당 활동의 경우에는 안내문을 보고서 새롭게 알게 된 사실이 무엇이었는지, 그리고 새로운 여행지에 대한 안내문을 읽고서 어떠한 감정과 생각이 들었는지를 평가 기준으로 정하여 동료평가 활동을 실천하였다.

동료평가 활동 이후에는 아래의 그림처럼 친구들의 평가 결과를 각자 살펴보면서, 친구들의 평가 결과에 대해 궁금한 점이 있으면 직접 가서 물어보거나, 친구들의 평가 내용 중 받아들일 수 있는 부분은 받아들여서 스스로 활동 결과물을 수정해 보는 시간도 가졌다.

이렇듯, 자기평가 활동의 경우에는 활동을 통해 스스로 무엇을 얼마나 알게 되었고 배우게 되었는지, 그리고 어떻게 행동하고 실천할 수 있게 되었는지를 자기 성찰을 통해 평가하도록 하였다. 그리고 동료평가 활동의 경우에는 활동의 목표, 성격 등을 고려하여 학생들과 함께 다양한 평가 기준을 마련한 뒤, 평가 기준과 관련하여 어떻게 표현하였으며, 결과물을 통해 어떠한 감정과 생각이 들었는지를 글로 표현함으로써 평가 활동이 이루어지도록 하였다.

CHAPTER

09

포스트 교육행정, 교육행정 변화로 위기를 극복하다

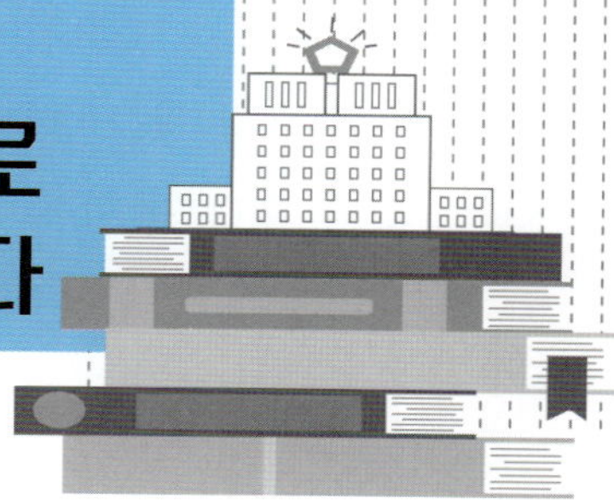

1. 코로나19, 그리고 학교행정의 변화

코로나19는 단기간에 사회적으로 많은 변화를 가져다주었다. 그 변화가 부정적이든 긍정적이든 말이다. 적어도 포스트 코로나 시대를 바라보고 있는 현 시점에서 학교와 교육적인 측면에서의 변화는 긍정적인 면이 더 많다고 할 수 있다. 흔히 미래사회를 논할 때 자주 언급되던 학교 존폐의 문제에 대해서는 코로나19로 인해 학교가 우리 사회에 얼마나 필요한 존재인지 증명을 해 주었기 때문이다.

앨빈 토플러의 명언 중 이러한 말이 있었다.

> 시속 160km 의 속도로 기업이 변한다 가정은 96km 정부는 40km, 학교는 16km, 법은 1.6km의 속도로 변화하고 있다. 한 사회의 발전을 위해서 각 분야의 속도 차이를 줄이기 위해 매진해야 한다.

그동안 교사뿐 아니라 학부모를 포함해 일반인들도 적극 공감을 했던 이 말이 어쩌면 코로나19로 인해 이제는 우리 사회에 맞지 않는 말이 되어 버린 것인지도 모른다. 그만큼이나 요즘 학교에서 일어나는 일들을 보면 진정한 21세기의 미래 학교는 코로나19와 함께 시작되었다는 말이 과장이 아님을 몸소 느끼고 있기 때문이다.

그동안 학교에 지배적이었던 시대에 맞지 않는 권위적 행정, 낡은 생각, 본질을 흐리던 규칙, 우선순위를 망각케 하는 분주한 일정, 학생 성장을 등에 업고 교육을 저해하는 정치와 경제 논리 등은 포스트 코로나 시대에 남아서는 안 될 것이 되었다. 2020년, 코로나19가 창궐하면서 학교의 모든 업무는 학생들의 안전을 위해 마비가 되었다고 해도 과언이 아닐 것이며, 그동안 행해지던 각종 행사가 모두 추진되지 못한 한 해였다. 하지만 그동안 의식적으로 행해지던 행사, 업무가 사라지게 되면서 학교는 어떠했나? 학교행정에 어려움이 있었나?

아마도 그 대답은 아닐 것이다. 어쩌면 오히려 의식적으로 행해지던 행사나 업무가 사라지게 되면서 학생들과의 온라인 수업의 질을 더 높이기 위해 더 많이 노력하고 연구하고 애쓰게 되는 긍정적인 변화를 겪게 되었을 것이다.

1) 코로나19로 인한 교육행정의 문제 사례

코로나19로 학교는 그동안 경험하지 못한 일들을 해결해 나가고 있고, 그동안 학교 깊숙이 숨겨져 있던 안일한 생각과 낡은 관행을 들추어 낼 수 있는 기회가 되고 있다. 코로나19로 인해 그동안 학교행정이 어떠한 문제점을 가지고 있었는지, 교육정책디자인연구소(2020)에서 제시한 사례를 살펴보면 다음과 같다.

(1) 수업일수와 시수 결정 권한

우선 수업일수와 시수 결정 권한이 단위학교에 없다는 점이다. 교육과정에는 법정 수업일수(초 · 중 · 고 190일, 유치원 180일)를 10% 이내 감축이 가능하다는 규정을 찾을 수는 있지만, 이에 대한 정확한 근거와 해결책을 제시하지는 못했다. 사실 현재의 수업일수와 시수 규정은 학생이 출석만 하면 졸업이 가능하다는 논리를 제공하고 있으며, 학생이 무엇을 배웠고, 무엇을 하게 되었는지 상관없이, 그저 자리에 앉아 있기만 하면 진급을 하고 졸업을 하게 된다. 코로나19를 계기로 하여, 학교와 학생들에게 면죄부처럼 작용하던 수업일수와 시수에 대한 운영 결정권이 단위학교로 인관이 되어져야 할 것으로 사료된다. 교사가 제대로 가르치기 위해 학생 선택 중심 교육과정, 교육과정 재구성이 이루어져서 학생이 배우고 싶은 것을 가르치고 배울 수 있도록 말이다. 학교의 유연한 교육과정 운영과 자율성을 저해하는 요인이 무엇이 있는지 점검하고, 교육부가 모든 것을 하지 않아도 앞으로 일어날지도 모르는 사태에 대비하여 더 잘 대처할 수 있는 시스템으로 전환될 수 있는 교육행정체계가 마련되어져야 할 것이다.

(2) 교과서 배부 방식

다음으로는 교과서 배부 방식이다. 10년 전부터 학교에서의 교과서 배부 방식에 대한 개선 요구가 지속되고 있었지만, 변화되지 않고 있었다. 이러한 낡은 관행이 코로나19로 인해 큰 혼선을 가져다준 것 또한 사실이다. 10년 동안 계속되어 온 개선 요구가 받아들여졌다면 어땠을까? 학생들과 학부모는 코로나19 확산 예방을 고려하는 동시에 학교는 학생들에게 교과서를 배부해야 하는 아이러니한 상황은 만들어지지 않았을지도 모른다. 하지만 현실은 교과서 수령에 대해서 직접 수령 지침을 교육청 차원에서 마련하였고, 안전보다 교과서 수령이 우선이냐는 학부모의 민원으로 인해, 부랴부랴 디지털교과서 활용에 대한 안내가 교육부에서 이루어졌다. 그 후 학교별로 자발적으로 드라이브 스루 방식의 교과서 배부 관련 언론 보도가 이어졌고, 교육부는 3차 개학 연기 발표 후 교과서를 배부하도록 하였으며, 학교에서는 드라이브 스루 방식, 혹은 택배 배송 등의 비대면 방법을 활용하여 4월 초에 교과서 배부가 이루어지게 되었다. 만약 그동안의 개선 요구에 맞추어서, 교과서 배부 방식이 개인이 직접 배송 받는 시스템으로 전환이 되었다면 어떠했을까?

사교육 기관의 경우, 교재는 온라인으로 주문하고 하루만 기다리면 학생이 집에서 받아볼 수 있는 시스템이 이미 마련되어 운영 중이다. 그럼에도 불구하고 학교는 여전히 교과서 공급업체가 학교로 일괄 배송을 하고, 학교에서는 교사들이 학년별, 교과별로 교과서를 분류하여 학생들에게 배부하며, 학생들은 교과서를 가지고 갈 수 있는 별도의 가방을 마련하여 무거운 교과서를 집으로 가져가고 있다. 코로나19 상황에서도 이 방식대로 교과서가 배부된 학교 또한 많았다. 실제 필자가 근무하는 학교의 경우에도, 이러한 방식을 활용하였다. 물론 비대면 방식으로 배부하기 위해 학년별 복도에 교과서를 교과별로 전시하고, 학생과 학부모는 복도에서 뷔페처럼 놓여진 교과서를 가지고 가기는 하였다. 만약 교과서 배부 시스템이 이전에 미리 바뀌었다면, 아마 학생들은 2월에 교과서를 미리 가정에서 받게 되었을 것이며, 온라인 학습과 가정학습을 준비할 수 있는 충분한 기회를 가지게 되었을지도 모른다.

세상은 변했고, 편리함을 학생들이 충분히 누릴 수 있는 상황임에도 불구하고, 학교는 그동안의 낡은 관행을 그대로 유지함으로써 학생들로 하여금 학습의 기회를 빼앗아 간 것인지도 모른다. 교육행정이 기존의 방식을 벗어나지 못했기 때문에 치러야 하는 비용이었다. 그리고 그 비용은 학생들에게 있어서는 학습 기회 박탈로 이어지게 되었고, 이로 인해 학생들로 하여금 기초학습능력 저하를 가져오는 또 다른 계기가 되었을지도 모른다.

(3) 온라인 수업과 온라인 개학

코로나19로 인해 교육행정에 있어서 가장 큰 문제점이 드러난 부분은 온라인 수업과 온라인 개학일 것이다. 3월 31일, 교육부는 온라인 개학을 발표하였으며 4월 9일을 기준으로 고3부터 순차적으로 학사일정을 시작한다는 내용이었다. 이 발표를 접한 학교와 교사, 학부모 모두 무척 당혹스러웠을 것이다. 필자 역시 그러했으니 말이다. 3월 한 달 동안 가정학습을 지원하면서 학생들의 학습을 독려하였지만, 과연 원격 수업을 운영할 수 있을 만큼 시스템을 구축하였는지, 교사들의 원격 수업 진행 역량이 갖추어져 있는지에 대한 의문이 계속해서 들었기 때문이다. 물론 이 글을 빌려 이러한 어려운 상황과 겪어 보지 못한 환경에도 불구하고, 꾸준히 연구하고 학생들의 학습을 위해 노력하고 공유하며 함께 헤쳐 나간 우리나라의 선생님들에게 다시 한번 더 감사의 인사를 드리고 싶다. 하지만 원격수업과 개학이 발표되고, 온라인 개학 시작 전부터 접속이 어렵고 불안정한 학습 플랫폼(ebs 온라인클래스, e학습터, 위두랑 등)으로 인해 불안감이 점차 커져 갔던 것 또한 사실이다. 이럼에도 불구하고, 교육부에서는 학교 현장의 의견을 수렴한 적이 없음에도 불구하고, 수업 운영 방식, 학생 참여 독려 방안 등 세세한 사항들에서 어려움을 겪고 있다는 사실을 인지하지 못한 채 온라인 개학 준비가 잘 되어 있다는 발표를 하게 되었다. 만약 온라인 개학 후 운영이 잘 되지 않는다면 그것은 오롯이 교사들의 준비 부족해서 오는 문제로 야기된 것처럼 말이다. 3월 내내 사회적 거리두기와 상관없이 교사들은 출근을 하고 있다는 사실을 교육부는 제대로 인지하지 못하고 있는 사례이기도 하였다. 즉, 학교와 소통 없는 교육부의 행보라 할 수 있다. 이는 EBS PD가 초등학교 저학년은 TV방송으로 수업을 진행한다는 발표에서도 그러하다. 물론 이러한 발표와 운영이 잘못된 것은 아니지만, 스마트 기기를 다루기 어렵고 맞벌이 가정의 교육 불평등 문제에 대한 여론이 대두되자, 민관의 신속한 협력으로 결정된 정책이었으나 그러한 과정에서 학교의 의견은 제외되었다는 점이 문제라 할 수 있다. 수많은 1~2학년 교사들이 온라인 수업을 준비 중이었지만, 그러한 교사들과 학교는 소외된 채 교육부와 EBS가 논의를 마친 상태였다. 온라인 수업과 개학은 '교육 불신', '부모 개학', '불통 교육부'라는 문제를 야기하였다.

물론 교육부도 학교와 교사의 의견을 개진하기 위한 노력을 하지 않았다는 말은 아니다. 온라인 개학을 발표하기 전 교육부는 '체계적 원격 수업을 위한 운영 기준안'을 제시하였고, 그날 저녁 단위학교별 교사 단체 SNS에서는 '신학기 개학에 대한 현장 의견' 수렴에 대한 구글 설문이 돌게 되었다. 구글 설문이 시작된 것이 금요일 밤, 설문은 일요일까지라고 하였고, 급히 연락을 받은 학교 교무부장이 교사 단체 SNS에 해당 설문 글을 올리고 URL을 배포한 것이다. 근데 한 가지 웃긴 사실은, 설문조사 결과가 토요일 아침 언론 기관에 보도가 되었다는 것이다. 일요일까지라고 했던 설문조사 결과가 토요일 아침에 보도가 되었다. 긴급하게 실시된 설문조사의 의도가 무엇이었을까, 과연 개학 시기가 설문조사의 대상이 될 수 있을까, 개학이 여론조사를 통해 결정되는 것이 과연 옳은 일인지에 대한 의문도 들게 되었다. 그리고 무엇보다, 이처럼 중요한 사항이 금요일 오후에 시행되는 이유도 궁금하였다. 어쩌면 현장 반발을 무마시키기 위한 것은 아니었을지, 합리적 의심이 드는 것도 이 때문이었다. 어쨌든 교육부는 급박한 설문조사로 현장 의견 수렴 과정을 마치고 3월 31일 온라인 개학을 발표하게 되었다.

그리고 교육부는 온라인 개학 기단 동안 원격 수업에 집중할 수 있도록, 교사들의 업무를 경감한다고 발표하였다. 하지만 실제 학교에서 이루어지는 제출 요구 공문은 여전하였다. 그중 가장 모순되는 것은 온라인 개학 직전 시행된 '파일럿 테스트' 보고 공문이었다. 그것도 두 번이나 말이다. 서버나 트래픽 점검이 목적이라고는 하였지만, 사실상 학생과 연락만 가능하다면 출석으로 인정되는, 실제 수업과는 거리가 먼 보여주기식 테스트라고 해도 과언이 아니었다. 파일럿 테스트는 1교시부터 6교시까지 학생과 연락이 가능한지에 대한 보고였으며, 아무리 간단한 자료 집계라 하더라도 원격 수업을 준비하는 교사들에게는 무거운 짐이 되었던 것은 자명한 사실이다. 이로 인해 학교 현장은 원격 수업 준비와 더불어 점검표를 작성해야 했고, 지역교육청 컨설팅도 준비해야 했다. 학교 현장과 교육을 위한 교육행정이 아쉬운 지점이었다.

(4) 학교관리의 형식성과 관행 유지

지금까지 교육부, 교육청 단위의 학교행정에 있어서 그동안의 낡은 관행을 이야기했다면, 이제부터는 학교 내에서 이루어지는 관행에 대해 이야기를 하고자 한다. 한 예로, 평가 계획을 들 수 있다. 교육부에서는 평가 계획을 연기해도 된다고 지침이 나왔음에도 불구하고, 학교에서는 교장, 교감이 불안했는지, 평가 계획을 세우도록 지시하는 학교들이 대부분이었다. 학교 책임자들은 '전달'이 아니라 '결정'을 해야 하는 역할을 해야 하고, 교사들에게 어떠한 '방향'을 제시해야 한다고 생각한다. 그럼에도 불구하고 그동안의 학교 관리자들은 책임을 회피하고자 하였고, 어려운 일이 닥쳤을 때는 '선생님들의 능력을 믿습니다'라는 말을 해 온 것은 아니었는지 반문해 본다. 학교 관리자, 학교 책임자는 학생을 위해, 그리고 교사를 위해 학교를 어떻게 관리하면 좋을지 고민하고 실천해야 하며 책임을 질 줄 하는 자율성을 갖추어야 한다고 생각한다. 하지만 이번 코로나19 사태로 인해 그동안의 학교 관리자들의 회피성이 드러나게 되었다고 생각한다. 본 필자가 근무하던 학교도 그러하였다. 교사들 대상의 수많은 설문조사를 실시하였음에도 불구하고, 그러한 조사 결과는 무시한 채 주변의 학교, 주변의 학교 관리자들이 어떻게 결정하고 운영하는지에 대해 이야기를 하게 되었고, 주변 학교에 맞추어서 학사가 운영되었다. 어쩌면 학교 관리자의 입장에서는 당연한 처신이었는지 모르지만, 학교행정에 있어서 책임감 있는 선택과 결정은 아니라는 생각은 든다. 그러한 일이 반복되면서 학교 교사들은 '무엇 때문에 설문조사를 하는 것인지?' 의구심이 들게 되었고, 조금씩 학교 관리자에 대한 불신이 쌓이기 시작했기 때문이다. 교사를 신뢰하고, 교사들이 수업에 집중할 수 있는 학교조직문화 형성을 위해서는 서로 간의 신뢰가 필요함에도 불구하고, 어쩌면 코로나19로 인해 많은 학교 관리자들의 이러한 신뢰가 무너지게 되지 않았을까 걱정되기도 한다.

이는 그동안 학교가 교육행정의 말단 기관으로 상급기관의 지침과 명령에 의존하여 학교 운영과 교육활동을 획일적으로 구성해 온 것과도 그 맥을 같이하고 있다고 할 수 있다. 공문을 통해 지속적으로 규정, 지침, 감사하며 학교의 자율권을 제한하면서 운영에 관여해 왔기 때문에, 학교는 순응하는 것에 익숙해지고, 스스로 생각하고 판단하기를 포기하는 수준에 이르렀다고 할 수 있다.

(5) 보이기식 일회성 행사의 사라짐

도전에 양면이 있고 빛이 있으면 그림자가 생기기 마련이듯이, 모든 일에는 장점과 단점이 동시에 존재한다. 코로나19를 경험한 학교 또한 그러하다. 코로나19로 인해 학교의 각종 행사가 취소되고 사라졌지만, 어느 학교도 학사 운영에 차질을 가져오지 않았다. 오히려 일회성의 보여 주기식 행사가 학교에서 사라졌기에, 수업에 집중할 수 있고, 학생들을 온전히 바라볼 수 있는 기회가 되었다고 반색하며 반기는 분위기이기도 하다. 그리고 이러한 분위기로 하여금, 어쩌면 그동안 우리들의 학교행정이 낡은 관행에 젖어 있지는 않았는지 반문해 보는 기회가 되기도 하였다.

(6) 원격수업 준비미흡

최근 몇 년간 교육계에서 나온 화두 중 하나는 4차 산업혁명 시대로 인한 학교의 새로운 담론의 시작이라고 말할 수 있다. 새로운 시대로의 진입과 이를 대비하기 위해 교육의 변화를 시대가 요구하였지만, 실제 학교에서는 이러한 변화의 요구에 대응하는 움직임이 매우 적었고, 너무 느리게 대응하고 있었던 것이 사실이며 성공적인 모습을 보여 주지 못한 것 또한 현실이다. 어쩌면 그러한 늑장 대응이 코로나19로 인해 더욱 큰 문제점으로 부각되었는지도 모른다. 하지만 코로나19사태로 인하여 학교가 나아가야 할 방향성이 무엇인지 학교 구성원에게 단편적으로 보여 주는 계기가 되었고, 미래적 변화에 대응하는 학교의 성정과 발전에 있어서 발걸음을 재촉하는 계기가 되었다. 막연하게 예측만 하던 미래 학교의 모습과 변화의 양상들이, 이제는 모든 사람들이 공감하고 관심을 가질 수 있는 현실적인 모습으로 변모하게 된 것이다. 교사들 또한 더욱 많이 소통하고 협력하게 되었다. 원격수업이라는 새로운 수업 형태에 적응하기 위하여 온라인 수업 플랫폼에 능숙한 젊은 교사들은 온라인 수업의 전면에 나서게 되면서 교사들 사이에 세대를 아우르는 협력과 소통의 기회가 마련된 것이다. 그리고 그러한 교사들 간의 협력과 소통이 학교 발전의 원동력이 될 수 있음을 다시 한번 더 상기시켜 주었고, 교사들의 가치를 재증명하게 되었으며, 미래 학교가 나아가야 할 방향 또한 교사들에게 있음을 알게 해 주었다. 이러한 면에서 학교행정도 교사들의 자율성과 협력성을 높여 줄 수 있도록, 그리고 학생들이 주인이 될 수 있도록 그동안의 낡은 관행을 벗어던지고, 변화되어 가야 함을 일깨워 주게 되었다고 할 수 있다.

2) 코로나19에서의 학교 변화의 방향

(1) 덜어내기

이러한 흐름에 따른 학교의 변화에 대해 어떤 학자들은 이렇게 이야기를 한다. 첫째는 덜어 내야 한다는 것이다. 팬데믹을 지나오면서 '더 가지려 했던 삶에서 나다움만

남기고 껍데기나 허울은 버리는 삶으로 전환해야 한다'는 것을 깨닫게 되었으며, 그동안의 학교가 무엇을 더 가지게 할 것인가, 무엇을 더 하게 할 것인가에 집중하였다면, 앞으로의 학교행정은 무엇을 덜어 내야 하는가, 무엇을 남길 것인가를 고민해야 한다고 한다.

(2) 공동체 삶 강조

공동체 삶의 중요성이 더욱 부각될 것이다. 교육은 사람과 사람만 연결된 것이 아니라 우리를 둘러싼 자연과도 연결될 수 있다고 강조하면서, 앞으로의 학교교육은 효율성만을 생각하는 삶이 아닌, 지속 가능성과 적정성을 함께 고민해야 한다고 하였다.

(3) 타인에 대한 따뜻한 시선

타인에 대한 따뜻한 시선이 중요하다고 하였다. 그동안 학교교육을 바라보는 시선에는 긍정적인 시선도 있었지만, 사회적으로 부정적인 시선도 팽배했던 것이 사실이다. 하지만 코로나19로 인해 고통스러운 시간을 보내면서 사람들에게 타인의 따뜻한 시선과 말이 얼마나 큰 위로와 힘이 되는지 다시 한번 느낄 수 있는 시간을 보내게 되었다. 이에 학교, 학부모, 교사는 따뜻한 시선으로 자녀와 학생을 관찰하고, 안내하며, 기다려 줄 수 있는, 그러한 학교행정과 경영이 필요한 것이다.

어떤 이는 코로나19로 인해 학교의 해체가 빨라질 것이라고 예상을 하는 반면, 어떤 이는 학교의 중요성이 그 어느 때보다 중요해졌다고 말을 한다. 그리고 포스트 코로나 시대를 바라보고 있는 현 시점에서는 후자의 의견이 조금은 지배적인 상황이라 할 수 있다. 그럼에도 불구하고 현 상황을 정확히 바라보는 학교행정이 필요한 것은 자명하다. 교육, 교사의 역할이 무엇인지, 어떠한 방향으로 나아가야 하는지 학교 자체적으로 성찰할 필요가 있으며, 그러한 성찰을 통해 역할을 탐색하고 재정립할 수 있는 학교행정이 요구된다. 그리고 이러한 요구에 따라 학교행정, 교육행정이 어떻게 변화되면 좋을지 본 저서를 통해 많은 독자들에게 이야기하고자 한다.

2. 초등교사가 바라본, 코로나19와 교육정책 이야기

〈코로나, 학교 변화를 앞당기다.〉

4차 산업혁명으로 인한 역량 중심의 2015 개정 교육과정 시행, 세월호 사건으로 인한 안전교육 관련 교육정책 시행, 급증하는 학교폭력 및 성폭력 관련 사안 발생으로 인한 학교폭력예방교육 관련 교육정책 시행 등 그동안 시대적 상황과 정책들에 따라 학교교육은 변화되어 왔다. 2021년 1년간의 다양한 교육정책들 또한 학교교육이 새로운 변화에 유동적으로 대처할 수 있게 추진되었다. 2021년 교육정책들이 학교 현장에 적용되었던 모습을 떠올려 보면, 2년째 이어 오고 있는 코로나19에 대응하기 위해, 혹은 포스트-코로나 시대를 대비하기 위해 학교교육이 발 빠르게 혹은 유연하게 적응하거나 변화할 수 있도록 많은 교육정책들이 시행되었다. 물론 그동안 2016년 바둑대결을 통해 보여 준 알파고의 능력, 그리고 다보스포럼에서 논의되었던 4차 산업혁명으로 인해 학교교육 변화를 촉구하는 목소리가 있었던 것은 사실이다. 그럼에도 불구하고 아직까지 학교 현장은 과거의 모습을 답습하고 있었고, 미래학자 엘빈 토플러의 말처럼 여전히 시속 10마일의 학교가 100마일로 달리는 기업에 취업하려는 학생들을 준비시키고 있다. 하지만 2021년은 자의든 타의든 코로나19로 인해 교육정책이 발 빠르게 변화된 한 해였으며, 학교 현장의 변화를 보다 빠르게 앞당기게 되었다는 것을 직접 체험할 수 있었던 한 해였다.

〈꼼꼼한 교육 안정망 구축과 원격수업 질 제고로 코로나19에 대응하다!〉

2021년에 추진된 다양한 교육정책들을 한 문장으로 요약해 보면, '코로나19 대응 및 포스트-코로나 시대를 대비하고자 학교의 일상 회복 및 원격수업 질 제고'로 정리될 수 있다. 2021년도에는 전면 등교 수업이 가능하도록 방역 · 학습 · 정서 안전망 구축을 위해 노력하였으며, 원격수업 질 제고를 위해 규제 혁신 · 질 관리 체제 마련 · 인프라

완비 등의 다양한 교육정책이 추진되었다. 이로 인해 사상 초유의 개학 연기와 4차에 걸친 학교 휴업 끝에 4월 9일이 되어서야 순차적으로 온라인 개학을 시행할 수 있었던 2020년과 달리, 2021년도는 다양한 학습 플랫폼 활용 방안 안내, 원격 · 등교수업의 출결 · 평가 · 기록에 대한 가이드라인 안내 등의 교육정책 추진으로 원격수업과 대면수업을 병행한 정상적인 학교교육이 자리 잡을 수 있었다.

예를 들어, 거리 두기 단계별 학교 밀집도 원칙을 마련하여 지역별 · 학교별 상황에 맞는 탄력적 학사운영으로 등교수업일을 확대하였고, e학습터, EBS 온라인 클래스 등 공공 학습관리 시스템 운영을 통한 화상수업 서비스 전면 개통으로 교사-학생 간 소통을 강화한 실시간 원격수업이 확대 운영되었다. 즉, 디지털 기술을 활용한 학생 맞춤형 미래교육의 청사진을 마련했다는 점에서 2021년 교육정책은 그 의의가 높다고 할 수 있다.

하지만 2년째 지속되고 있는 원격수업으로 인한 학력 저하 및 학력격차 심화 문제는 학교 현장에서 정책적으로 해결돼야 할 문제점으로 지적되고 있다. 다양한 인프라 구축을 통한 원격수업의 질적인 제고는 성공적이었던 반면, 학습력 제고 및 기초 학력 신장을 위한 보완책은 미비했던 것이 사실이다. 학습 격차 완화를 위해 실시되었던, 기초학력 협력수업 실시, 국가 기초학력지원센터 신설, 「기초학력 보장법」 추진 등의 교육정책들은 학교 현장의 상황을 고려할 때 적용되기 어려운 부분이 많다. 이는 기초학력 협력수업이 교육의 질적인 변화에 큰 영향을 미치지 않았음은 경기지역 초등 교원 83.6%가 '기초학력 협력교사가 필요 없다'고 응답한 설문조사 결과를 통해 여실히 드러난다. 또한 3월 25일부터 「기초학력 보장법」이 시행되고 있지만, 국가 기초학력지원센터의 운영 모습을 살펴보면 해당 법의 실효성에 대한 의구심이 드는 것이 사실이다. 물론 이전과 달리 학습역량 · 학습동기 · 적응도 · 정서 등 다양한 측면에서의 진단검사가 실시되고 있지만, 검사들이 대부분 문제풀이 형식으로써 학습의 결과적인 측면에 집중되어 학습 자료들이 제공되고 있으며, 학습에 대한 지원방법도 기존과 동일하다. 또한 지원인력의 전문성이 확인되지 않은 임시 인력이 방과 후에 지원하는 형태로 운영되고 있는 실정이다. 이에 기초학력 신장 및 학력격차 완화를 위해서는 체계적인 연구와 실행이 가능하도록 학교 현장의 목소리를 귀담아들으면서 학교 현장에서 실질적으로 필요로 하는 물적 · 제도적 조건을 갖추는 것이 선행되어야 할 것이다. 예를 들면, 교사 개개인의 암묵지가 형식지가 되어 교사들의 집단지성으로 만들어져서 활용될 수 있는 디지털 온라인 허브 구축, 기초학력 향상 전담교사 배치 및 전담교사의 타 업무 경감 방안 마련, 안전한 교실 환경 구축으로 대면 수업 · 방역 · 학생 지도가 가능하여 학력 격차를 줄일 수 있는 현실적 대안인 학급당 학생 수 상한제 도입 등을 고려할 수 있을 것이다.

〈2021 교육정책 추진 과정, 새로운 패러다임을 제시하다〉

지난 2020년 코로나19로 인한 개학 연기 이후 시행된 다양한 교육정책에 대한 각종 실태 조사 결과와 차기 교육과정 개정에 대한 의견 수렴 과정을 살펴보면, 그동안 연구자 혹은 정책 입안자들 중심으로 행해지던 교육정책 수립이 교육 관련자들의 협의와 합의에 의해 수립 · 시행될 수 있다는 가능성을 보여 주었다. 디지털 기기 제공, 공공 학습관리 시스템 개선 추진, 긴급 돌봄 서비스 및 원격학습 도우미 지원 등 2021년에 시행되었던 다양한 교육정책들은 교육현장에 종사하는 당사자들의 의견과 요구가 적극 반영된 정책들로써, 이전의 교육정책과 비교하여 보다 실제적이고 구체적이었다고 판단된다.

미래사회는 코로나19와 같은 상황이 아니더라도, 불확실성이 보다 높은 사회가 될 것이며, 변화 속도 또한 보다 빠를 것이다. 따라서 적극적인 의견 수렴 과정을 거치며 시행되었던 2021년 교육정책 추진 과정을 타산지석으로 삼아, 필요에 따라 수정 · 개선될 수 있는 유연성과 개방성을 전제로 한 상시적 합의 절차 혹은 모델이 선제적으로 마련된다면, 2021년 교육정책 추진 과정은 앞으로의 교육정책 추진 방향에 있어 의미 있는 커다란 전환점이라는 평가를 받게 될 것이라 생각한다.

〈다시 늘어나는 교사들의 행정업무, 과거로 회귀하다.〉

학교 현장에서 교사들의 가장 큰 불만은 과도한 행정업무라 할 수 있다. 교사전문성의 핵심은 수업이며, 교사들의 존재 이유 또한 수업에서 찾아야 하는 것임에도 불구하고, 우리 교사들은 그동안 밀려드는 행정업무로 인해 수업이 뒷전이 되기 일쑤였다. 이에 교육부 및 각 시·도 교육청에서는 교사들이 수업, 학생생활지도 등 본연의 교육 활동에 전념할 수 있는 학교 환경을 조성하기 위하여 교육지원 전담팀 운영 등 교사의 행정업무 부담 경감에 대한 교육정책을 몇 해 전부터 지속적으로 운영 중이다. 특히 2020년에는 코로나19에 대한 교육적 대응력을 높이고자 교원 업무 경감 방안을 별도로 마련하기도 하였다. 실제로 작년 한 해를 돌이켜 보면, 매년 실시되던 학교 평가 및 교원능력개발 평가가 실시되지 않았고, 학교에서 행해지던 크고 작은 행사들이 한시적으로 축소 및 폐지되면서, 이전과 비교했을 때 수업이라는 교사의 본질적 역할에 더욱 집중할 수 있었다.

하지만 2021년, 학교의 일상 회복을 위한 교육정책들이 추진되는 과정 속에서, 교사들의 행정업무 역시 이전으로 회귀하고 있으며, 오히려 코로나19 이전보다 행정업무가 더욱 가중되고 있기도 하다. 교사들은 온-오프라인을 병행한 블렌디드 수업 운영을 위해 대면 수업 준비와 더불어 실시간 원격수업 준비를 별도로 해야 하며, 화장실 몰래카메라 단속 업무, 저소득층 지원, 돌봄 및 방과 후 학교 업무, 방역인력이나 협력 강사를 구하는 일까지 떠안게 되었으니 말이다. 이에 더해져서 학교평가 및 교원능력개발평가 등 2020년에 한시적으로 실시하지 않았던 교육정책도 학교의 일상 회복과 함께 부활되고 있으며, 코로나19로 인해 결손되었던 학생들의 심리·정서, 사회성 함양을 위한 별도의 교육 프로그램 운영 등의 부차적인 업무도 늘어나고 있는 것이 현실이다.

2021년을 마무리하는 이 시기에 우리는 코로나19를 극복하는 과정에서 느끼고 경험했던 교사들의 뛰어난 위기 대응력과 위대함을 잊어서는 안 될 것이다. 그동안 경험하지도 상상하지도 못했던 전 사회적 위기 상황을 교사들이 협력하여 극복할 수 있었던 원동력은 무엇이었을까? 그것은 아마도 교사의 본질과 거리가 멀었던 기존의 행정업무 중심의 교육정책들이 한시적으로 폐지되거나 축소되면서, 수업이라는 교사의 본질로의 회귀가 가능했기 때문일 것이다. 그럼에도 불구하고 2021년 학교의 일상 회복과 더불어 폐지되거나 축소되었던 교육정책들이 다시금 부활하고 있다는 점, 거기에 더해져서 또 다른 교육정책들의 실시로 인해 교사들의 행정업무가 더욱 과중되고 있다는 점은 아쉬움으로 남는다.

학교 현장은 코로나19에 대처하면서, 그동안 당연하다고 생각했던 혹은 다른 대안을 찾을 수 없던 상황에서 수십 년간 이어져 왔던 학교 제도의 한계를 경험하게 되었으며, 이를 통해 그동안 정해져 있다고 여겨지던 다양한 것들에서 벗어날 수 있는 기회를 경험하게 되었다. 즉, 그동안의 교육정책이 교사들의 수업, 그리고 학생들의 학습을 위한 것이었는지에 대해 되돌아보게 된 것이다. 물론 코로나19로 인해 무너졌던 학교의 일상을 회복하는 것도 중요한 일이다. 하지만 이러한 문제들은 우리가 함께 합의하고 협의하며 해결해야 할 문제인 것이지, 교육정책 추진에 있어서 과거로의 회귀를 위한 이유가 되어서는 안 될 것이다.

〈포스트-코로나 시대 교육정책, 덧셈에서 뺄셈으로 돌아가기〉

새로운 세대로의 진입과 이를 대비하기 위해서는 교육의 새로운 패러다임적 변화가 필연적으로 요구된다. 하지만 실제 학교 현장에서는 이러한 변화의 요구에 대응하는 움직임이 적었으며, 성공적인 변화 모습을 보여 주지 못한 것이 현실이다. 어쩌면 학교교육 변화 요구에 대한 늑장 대응이 코로나19로 인해 더욱 큰 문제점으로 부각되었는지도 모른다. 하지만 코로나19 사태는 학교가 나아가야 할 방향성이 무엇인지를 학교 구성원에게 단편적으로 보여 주는 계기가 되었고, 미래사회 변화에 대응하기 위해 학교의 성장과 발전에 있어서 발걸음을 재촉하는 계기가 되었다고 생각한다. 특히나 2021년은 그동안 미래 학자들에 의해 막연하게 예측만 되던 미래 학교의 모습과 변화의 양상들이, 교육 관계자들 모두가 공감하고 관심을 가질 수 있는 현실적인 모습으로 변모하기 시작한 시기인 것 같다.

일부 학자들은 온라인 비대면 혹은 혼합 수업이 미래 학교의 뉴-노멀이 되어야 한다고 주장하기도 한다. 또 다른 학자들은 인간과 교육의 특성에 적합한 디지털 기반 스마트교육과 전통의 아날로그교육이 융합된 스말로그(smart+analogue)교육이 되어야 한다고 주장한다. 물론 여러 교육학자들의 의견을 존중하고 받아들이며 선제적으로 준비하는 것도 중요하지만, 우리가 함께 코로나19라는 위기 상황을 극복하면서 경험하고 깨달았던 것을 잊지 말아야 할 것이다. 그것은 교육정책이 일부 전문가들의 생각이나 의견에 의해 결정되어서는 안 되며, 다양한 채널을 활용한 교육 구성원들과의 협의와 합의에 바탕을 두어 학교가 교육의 본질을 회복할 수 있는 방향으로 나아가야 한다는 것이다. 즉, 그동안의 교육정책이 '무엇이 더 필요하고, 무엇을 더 하게 할 것인가'에 집중되어 추진되었다면, 앞으로의 교육정책은 교육의 본질로 돌아가기 위해 '무엇을 덜어 내고, 무엇을 남길 것인가'라는 고민에서 그 시발점을 찾아서 당위성을 마련해야 할 것이다.

코로나19라는 위기 상황을 극복하고 포스트-코로나 시대를 대비하기 위해서, 가시적인 결과를 얻고자 새로운 교육정책들을 추가적으로 추진해서는 안 될 것이다. 코로나19를 극복하기 위해 수업에 집중할 수 있도록 불필요한 교육정책을 덜어 내었던 경험을 고려한다면, 앞으로는 교사들이 교육과 생활지도에 집중할 수 있도록 교육의 본질로 회귀할 수 있는 교육정책이 학교 현장에 더욱 필요한 것이라 판단된다. 이에 덜어내기에서 시작하는 새로운 패러다임의 교육정책 추진이 우리에게 더욱 필요한 것은 아닌지에 대한 화두를 던져 본다.

3. 생태전환교육, 그리고 학교교육의 방향

본 필자가 운영 중인 교원공동체에서 2021학년도에 한국창의재단에서 운영 중엔 ESD(지속가능발전교육) 교사 연구회(거점학교)를 운영하였다. 기후위기, 환경재난 등으로 인해 앞으로는 환경교육에 대한 관심이 보다 뚜렷해지게 될 것이며, 이를 현재는 생태전환교육, 혹은 지속가능발전교육이라는 용어로 각 교육청에서 다양한 교육정책을 운영 중이기도 하다. 또한 교육 정책 추진에 있어서 공통적으로 강조하고 있는 점음 체험중심의 환경교육과 학교교육과정과 연계된 생태전환교육이라 할 수 있다. 이에 필자가 운영했던 ESD 교사 연구회 운영 내용에 대해 소개하고자 한다. 여기서 소개하는 방안이 가장 효과적 · 효율적인 생태전환교육의 방향은 아닐지는 모르지만, 교육과정과 연계된 생태전환교육의 한 흐름 혹은 방향을 제시할 수 있을 것이라고 판단된다.

ESD 중심 프로젝트 학습을 최종적으로 완성하기 위하여, 기존에 개발 · 인증된 ESD 교육 프로그램을 함께 살펴보았다. 그리고 학급과 우리 반 아이들을 살펴보면서 프로젝트 학습을 1차적으로 완성한 뒤 실제 교실 수업에 적용하기에 앞서, 기 개발 · 인증된 프로그램을 접목하였다. 이는 우리 반에서 실천되는 ESD 중심 프로젝트 학습이 우리 반 특성과 상황을 고려하는 동시에 온-오프라인이 융합된 블렌디드형 프로젝트 학습으로 지속가능발전 교육 활동에 대한 공공성과 신뢰성도 함께 갖추기 위함이었다. 본 교사 연구회는 프로젝트 주제별로 교실 상황 및 코로나19의 사회적 상황을 고려하여 다음과 같은 흐름으로 ESD 중심 프로젝트 학습을 실천하였다.

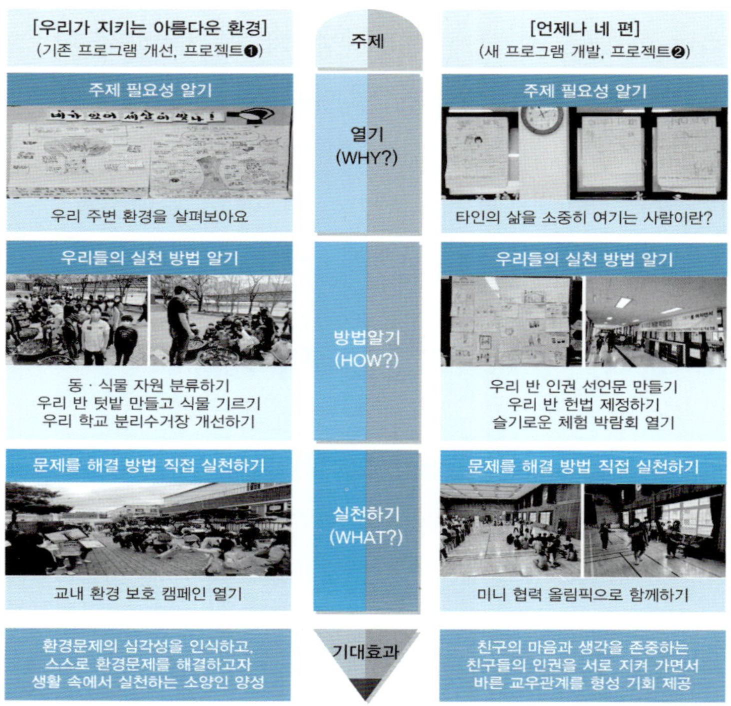

ESD는 환경, 경제, 사회적 측면의 상호관계 속에서 사회적인 이슈와 핵심 개념을 이해하고 이를 해결할 수 있는 핵심 역량을 길러 세계시민을 양성하는 데 그 목적이 있다고 할 수 있다(조영철, 이상원, 2021). 이에 ESD는 학생들이 삶과 관련된 많은 문제들을 간학문적으로 탐구하고 이를 실천할 수 있는 역량 함양에 중요한 수단이 될 수 있다고 할 수 있다.

이러한 측면에서 본 연구회에서는 'SDGs 2 기아 종식'과 '15 육상 생태계' 목표를 통합한 '우리가 지키는 아름다운 환경' 프로젝트 학습을 통해 학생들은 현재 우리 주변 육상 오염의 심각성 및 우리 삶에 미치는 영향에 대해서 학습한 후(SDGs 15), 지속가능한 육상 생태계를 위해 동 · 식물 다양성을 보존하고자 1~2학년 학생들을 대상으로 환경 보호 캠페인을 열기도 하였으며, 중요성에 대해 이해하게 되었으며, 학급별 텃밭을 가꾸고 식물 자원을 직접 확보하는 경험을 통해 인간의 삶에서 식량 문제의 중요성을 깨닫고서 미래 식량 대책을 위해 지속가능한 농업 진흥의 필요성(SDGs 2)을 체험을 통해 직접 경험해 보았다.

그리고 'SDGs 8 양질의 일자리와 경제성장'과 'SDGs 16 평화와 정의, 제도' 목표를 통합한 '언제나 네 편' 프로젝트 학습을 통해서는 학생들 스스로 행복한 삶을 추구할 수 있도록 진로를 인식하고 개척(SDGs 8)할 수 있는 '너희의 미래를 응원해, 진로 체험 박람회 열기' 활동을 통해 진로효능감을 증진시켜 미래의 삶을 준비할 수 있도록 하였으며, 지속가능발전을 위한 올바른 법과 제도의 정비와 그 나아갈 방향에 대해 알고서 평화롭고 포용적인 사회 정의 실현(SDGs 16)을 간접적으로 경험할 수 있도록 우리들만의 인권 선언문 만들기 및 우리 반 헌법 제정하기 활동을 실천하였다.

이처럼 본 교사 연구회는 ESD 중심 프로젝트 학습을 초등학교 전 학년에 걸쳐서 계획 · 실천할 수 있는 교육과정 재구성에 대한 방안을 마련하고자 초등학교 저학년과 고학년에 적용 가능한 ESD 프로그램을 계획하고자 노력하였다. 하지만 코로나19 등으로 인한 학교 및 사회적 여건으로 인해 초등학교 5~6학년군을 중심으로 한 ESD 중심 프로젝트 학습을 계획 · 운영하게 되었지만, 그럼에도 불구하고 환경 보호 캠페인 열기, 진로 박람회 열기 등 1~2학년군 학생들과 함께 운영할 수 있는 ESD 중심 프로젝트 학습 활동을 학생들과 함께 계획하고 실천하였다는 점에서 매우 의미 있는 프로그램이라 할 수 있다.

그 결과 프로젝트 학습 기반의 ESD를 통해 학생들의 지속가능발전교육에 대한 전반적인 인식 함양에도 긍정적인 영향을 줄 수 있었다. 지속가능발전교육 교육 흥미도, 소통, 유용성 등 전반적인 인식 모두에 대한 사전 · 사후 검사 결과 비교 분석을 통해 학생들의 지속가능발전교육 전반적 인식 함양에 긍정적인 영향을 주게 되었음을 확인하였다. 또한 프로젝트 학습 기반의 ESD 프로그램 만족도 조사 결과 평균 점수가 4.78로 매우 높은 만족도를 나타내고 있음을 추가적으로 확인할 수 있었다. 즉, 기존 ESD 프로그램을 개선하여 사회적 관점(기아 종식)과 환경적 관점(자연자원)에서 영역을 통합하여 구성한 '우리가 지키는 아름다운 환경' ESD 프로젝트 학습, 그리고 사회적 관점(사회정의)와 경제적 관점(일자리/생계)에서 영역을 통합하여 구성한 '언제나 네 편' ESD 프로젝트 학습이 학생들의 지속가능발전교육 전반적 인식 향상에 긍정적인 영향을 주게 되었다.

그동안 UN과 유네스코, 한국 지속가능발전위원회 등 ESD 전문 기관 및 정부, 교육부, 학교를 중심으로 ESD가 활발하게 적용 · 실천되고 있지만, 아직까지는 SDGs 달성을 목표로 통합적인 관점에서 프로젝트 학습 기반의 SDGs 연계 ESD 프로그램 개발은 미흡한 것이 사실이다. 이에 본 연구회에서는 유엔 지속가능발전교육 10년에서 제시하는 환경분야, 사회분야, 경제분야를 융합할 수 있는 통합 분야로 적용 · 운영할 수 있는 프로젝트 학습 기반의 ESD 주제를 선정 또는 개발하였다. 이를 통해 초등학교 시기에 지속가능발전에 대한 인식의 변화로 성인이 되어서도 책임 있는 사회 시민 행동을 할 수 있는 창의 융합형 인재를 양성할 수 있는 기반을 마련할 수 있었다고 평가하고자 한다. 또한 초등학교 고학년 위주의 지속가능발전교육 프로그램인 ESD 중심 프로젝트 학습을 구성 · 운영함으로써 지속가능한 미래와 사회 변혁을 위해 필요한 가치, 행동, 삶의 방식을 배울 수 있는 교육의 기회를 제공함과 동시에 미래사회를 살아가야 할 아이들에게 필요한 핵심 역량을 함께 함양할 수 있는 기회를 제공할 수 있었다.

이를 통해 사회, 환경, 경제 문제를 다양한 각도에서 바라보고, 스스로 우리 마을, 사회, 나아가서는 나라를 위해 해결해야 할 문제가 무엇인지 깨닫게 되고, 이를 친구들과 함께 해결해 나가려는 마음과 태도를 가지게 될 것이며, 인권 존중, 미래세대 존중, 생태적 다양성 존중, 그리고 문화적 다양성 존중에 대한 핵심가치를 스스로 깨닫고 체득하게 되었다고 할 수 있었다.

국내에서 지속가능발전교육이 소개된 지 10여 년이 흘렀다. 그동안 국내에서 진행되었던 지속가능발전교육은 국내에서 생태적 관심이 많은 지역이나 환경오염 피해의 경험을 가졌던 지역을 중심으로 유지되어 오고 있다. 그러나 지속가능발전교육은 특정한 몇몇의 노력이나 관심만으로는 그 목적을 온전히 달성할 수 없다. 지속가능발전교육을 효과적으로 정착시키기 위해서는 기존 교육과정에 단순히 새로운 교과를 추가하거나, 창의적 체험활동에 하나의 주제로 추가 혹은 재설정하는 것에서 그치는 것이 아니라, 기존 교육내용을 재검토하여 지속가능발전의 개념이 교육과정 자체에 스며들 수 있도록 하는 교육과정의 전반적인 측면에서의 재구성적인 변화가 필요한 것이며, 그러한 변화의 가능성을 이번 프로젝트 학습 기반의 ESD 프로그램이 보여 주었다는 점에서 본 자료의 의의를 찾을 수 있을 것이다.

즉, 본 교사 연구회에서는 앞으로 ESD 교육이 나아가야 할 방향을 프로젝트 학습 기반의 ESD 프로그램을 통해 보여 주고자 하였으며, 그동안 ESD 교육이 가지고 있던 문제점에 대한 실천적 해결 방안을 동시에 마련하고자 하였다. 그리고 본 연구회에서 개발·개선한 프로젝트 학습 기반의 ESD 프로그램 내 교육내용과 실천 방안을 학교와 지역사회로 외연화하여 확대 실천할 수 있는 방안이 함께 마련된다면, 학생들이 ESD 역량 실천의 생활화를 통해 ESD 교육의 효과가 더욱 극대화하게 될 것으로 사료된다.

4. 초등교사가 바라본, 수업을 통한 교권 회복의 길[1)]

한때, 우리나라에서 학교는 매우 신성시되는 공간이었고, 교사에게 무한한 존경과 신뢰를 보낸 적이 있었다. 그러나 현재에는 학교 무용론이 제기되고 있고, 교권침해라

1) 최경민 외(2020). 왁자지껄 배우는 재미, 프로젝트 학습(상상채널)에서 내용 발췌

는 말이 일상생활에서 사용되고 있으며, 교사들조차 학생들의 순종적이지 못한 행동에 대해 교권침해라는 표현을 사용하고 있다.

그렇다면 교권이란 무엇일까?

교권 회복과 프로젝트 수업과의 관련성에 대해 이야기에 앞서서 가장 먼저 던져야 할 질문이 이것이라고 생각을 한다. 교권의 개념은 매우 다의적이기는 하지만, 공통적인 요소를 묶는다면 교원의 권위, 교원의 교육권으로 이해할 수 있다(조기성, 2019).

1) 교원의 권위 관점에서의 교권

우선 교원의 권위를 중심으로 하는 교권에 대한 견해부터 살펴보고자 한다. 김운종(2013)은 교원의 권위는 교원의 전문성에 근거하여 획득할 수 있는 것이라고 주장한다. 이러한 면에서 과거의 학교는 학생들로 하여금 유일한 지식 전수 기관으로써의 역할을 하였기에, 교사들의 권위가 높을 수밖에 없었다. 과거에는 학생들이 배울 수 있는 유일한 공간이 학교였고, 학습할 수 있는 자료가 교과서뿐 이었으며, 오직 선생님을 통해서만 지식을 배울 수 있고 학습할 수 있었기에 교사들의 권위는 매우 높을 수밖에 없었을 것이다. 학생들에게 유일하게 지식을 알려 주고, 가르침을 제공하고, 깨달음을 줄 수 있는 존재가 교사였기에, 과거의 교사는 학생들에게 매우 권위적이고 유능한 분으로 각인되었을 것이며, 혹 신성시되어졌을지도 모른다.

그러나 현대 사회에서 학교는 지식 전수 기관으로서의 유일한 역할을 하지 못한다. 학생들은 학교 이외의 공간(학원, 인터넷 등)에서 지식을 획득할 수 있는 기회가 더 많아졌으며, 교과서 중심의 수업으로는 현대 사회를 살아가고, 미래사회를 살아가야 하는 학생들에게 필요한 모든 지식을 제공하거나 가르쳐 줄 수 없는 상황이다. 이것이 현대 사회에서 교원의 권위로서의 교권이 하락하게 된 이유일지도 모른다. 학생들은 학원을 통해서, 혹은 인터넷 공간에서 알 수 있는 사실을 통해서 학교에서 배워야 할 지식을 이미 습득하고 있는 경우가 허다하다. 실제 본 필자가 근무하는 학교가 대도시가 아님에도 불구하고, 중소도시에 위치하고 있음에도 불구하고 교실에서 수업을 하다 보면 70% 이상의 아이들이 교과서 혹은 수업을 통해 배워야 하고 알아야 할 지식을 이미 습득하고 있는 경우를 보게 된다. 이러한 상황에서 교육적으로 관심이 더 높은 대도시에 위치한 학생들은 어떠할까? 모르긴 몰라도 70%보다 더 높은 수치의 아이들이 학교에서 배워야 할 지식을 더 빠른 시기에, 그리고 더 많은 장소와 방법을 통해 습득하고 체득하고 있을 것이다.

또한 대부분의 초등학교에서 일제 고사가 사라지고는 있지만, 중 · 고등학교에서는 대학입시로 인해 여전히 일제 고사가 중요한 평가 자료로 활용이 되고 있는 상황이다. 상황이 이러하다 보니 아이들은 더욱 학교보다는 학원을 신뢰하게 되고, 학원 학습을 위해 학교에서는 잠을 청하거나 학원 숙제를 하는 아이들이 점차적으로 늘어나게 되는 이유일지도 모른다.

과연 교사가 가르쳐야 하고, 교과서를 통해 배워야 할 지식의 상당수를 수업하기 전에 이미 아이들이 알고 있고, 습득하고 있는 상황에서 교원으로서의 권위가 살 수 있을까? 그리고 학교에서 이루어지는 평가에 있어서도 그에 필요한 지식이나 기능을 학교라는 공간보다 여타 다른 기관에서 더 상세하고 자세하게 알려 주고, 습득할 수 있도록 해 주는 현재의 교육 상황에서, 교사들이 스스로 교원으로서의 권위를 살릴 수 있을까?

아마도 이러한 교실과 수업에서 교사의 권위는 하락되거나 상실될 수밖에 없을 것이다. 그러므로 학교와 교실 수업은 다른 여타 교육기관 및 그러한 기관에서 이루어지는 수업방법과 차별성을 지닐 수 있는 교육 방법을 실천하는 것이 어쩌면 현재 교원의 권위로서의 교권을 회복하는 방법이 될지도 모른다. 아니 아마도 그러할 것 같다. 그리고 이러하기에 평가 방법 역시 결과가 아닌 학습하고 배우는 과정을 중시하는 평가의 방법을 강조하고 있는지도 모른다. 결과가 중시되는 평가의 경우에는 학원에서 배우고 학습한 내용이 도움이 더 많이 될 수 있을지 모르지만, 과정을 중시하는 평가의 경우에는 학원에서의 학습보다는 학교에서의 학습과 배움의 과정을 더욱 강조하기 때문이다.

이러하기에, 다른 여타 교육기관과 차별성을 가질 수 있는 교실 수업, 그리고 학습과 배움의 과정을 강조할 수 있는 평가를 실천할 수 있는 프로젝트 수업을 교원의 권위로서의 교권을 회복하는 한 방법이 될 수 있을 것이라고 제안하게 된 이유이다.

2) 교원의 교육권 관점에서의 교권

다음으로 교원의 교육권을 중심으로 교권을 이해하는 견해에 대해 살펴보도록 하겠다. 조기성(2019)은 교원의 교육권에 대한 본질적인 내용을 교육목적을 달성하기 위해 학생들에게 학습시키고 학습내용을 선정할 수 있는 '교육내용 결정권', 교수 · 학습의 결과인 학생들의 학업 성취를 측정할 수 있는 '교육평가권', 교원 훈육을 통한 '징계권' 등으로 규정하였다.

(1) 교육내용 결정권

우선 교육내용 결정권에 대해서 알아보자. 교육내용은 국가 수준에서 제공하는 교육과정, 그리고 지역 및 학교 수준에서 제공하는 교육과정, 끝으로 교사수준 교육과정으로 나뉜다고 할 수 있다. 교육내용 결정권이라는 교권이 우리에게 주어졌음에도 불구하고, 그동안 우리는 이 교권을 무시한 채 국가 수준에서 제공하는 교육과정, 그 또한 교육과정이 아닌 교과서를 중심으로 하여 교과서에서 제시하는 지식을 천편일률적으로 전달해 왔던 것은 아니었을까? 교육내용 결정권을 가진 교원의 교육권으로서의 교권을 가진 교사들 스스로, 자신의 전문성을 살리지 못하면서 교권을 상실하게 된 것은 아니었을까? 교원 스스로 교육내용 결정권을 가질 수 있는, 교사 수준의 교육과정을 구성하여 교육내용을 결정할 수 있는 연구와 노력이 뒷받침되어 전문성을 되찾는 것이 교원의 교육권으로서의 교권을 회복하는 길이 아닐까 생각을 한다. 이러한 의미에서 프로젝트 수업은 국가 수준 교육과정에서 제시하는 성취기준을 근거로 하여, 교사와 학생이 함께 교육내용을 결정 · 구성하여 주제를 찾으면서 계획되고 시작되어지기에 교육내용 결정권을 가진 교원의 교육권으로서의 교권을 회복함에 있어서 효율적이고 효과적인 수업 방법이 될 수 있을 것이다.

(2) 교육 평가권

두 번째 교육 평가권에 대해 알아보자. 특히 우리나라의 경우 결과중심평가로 인한 고질적인 문제가 지속적으로 제기됨으로 인해 현재 결과가 아닌 학습과 배움을 강조하는 과정중심평가로 평가의 방향이 변화되고 있는 시점이라 할 수 있다. 물론 이러한 변화는 비단 현재뿐 아니라 과거에도 그러하기도 하였다. 과거 정부가 사고력, 분석력, 고등사고력 배양을 위해 수행평가를 강요하게 되면서 학생과 학부모의 민원이 제기되었고, 평가의 타당성과 신뢰성의 측면에서 많은 문제가 제기되기도 하였다(송요원, 2003). 또한 이보다 더한 문제는 실제 학교에서 이루어지는 수행평가를 살펴보면 원래의 목적이라고 할 수 있는 사고력, 분석력, 고등사고력 배양을 위한 평가가 아닌 결과중심의 지필 평가와 별반 다르지 않은 지식 암기 정도를 확인하는 문항으로 대다수 수행평가가 이루지고 있다는 것이다. 물론 아무리 좋은 평가 문항이라고 하더라도 신뢰성이 담보가 되지 않으면 문제가 발생할 수 있기에, 학교와 교사 입장에서는 어쩔 수 없는 선택이었다고 할 수 있지만, 교육 평가권에 대한 교권을 회복하기 위해서는 평가에 대한 전문성, 그리고 엄격한 도덕성이 함께 요구된다고 할 수 있다.

현재의 과정중심평가로의 전환에 대해서도 수행평가 강조로 인해 발생했던 문제점들이 유사하게 제기되고 있다. 아직 많은 교실에서는 교과서 위주의 교사 중심 수업이 이루지고 있음에도 불구하고, 평가는 창의력과 고등사고력을 평가해야 하므로 어쩔 수 없는 문제 제기라고 할 수 있다. 그러니 수업이 창의력과 고등사고력을 높여 줄 수 있는 방법으로 변화되어져야 할 필요성이 높은 것이다.

그렇다고 하여, 수업이 변화되어진다고 하여 평가 방법이 변화되는 것은 그리 쉬운 일이 아닐 것이다. 교육법의 차이에 의해 학업성적과 같은 경우에는 객관적인 방법으로 수량화하여 평가는 것이 가능할지 모르지만, 교육의 근본적인 목표라고 할 수 있는 인성, 역량, 고등사고력 등을 타당하고 신뢰성 있게 평가하는 일은 매우 어려운 일이다. 인성 함양, 역량 발현, 고등사고력 향상에 대한 교육은 단기간에 성과를 판단하기 어렵고, 학교와 교실 수업의 영향력이 어디까지 미쳤는가를 평가하기 어려우며, 아이들 모두 서로 다른 성향을 가지고 있기 때문에 더욱 어려운 일이라고 할 수 있다.

그래서 또 다시금 필요한 것이 프로젝트 수업이라 말하고자 한다. 프로젝트 수업은 계획 단계에서 관련 성취기준을 분석하여 프로젝트를 통해 함양하거나 길러 주어야 할 역량과 인성을 미리 분석하게 되고, 실제 수업 시간에는 아이들 개개인의 성향을 파악하고 학생 개개인에게 맞는 피드백을 해 줄 수 있는 충분한 시간적 여유를 교사들에게 제공해 주며, 결과물이 아닌 학습과 배움의 과정 중에 어떠한 변화와 성장의 과정을 경험하고 있는지 학습과 배움의 과정을 강조하는 평가를 중시하고 있기에 교사들의 교육 평가권에 해당하는 교권 회복에 효과적 · 효율적인 교수 · 학습 방법이 될 수 있을 것이라고 제안하려고 한다.

잠시 이쯤에서 우리들의 이야기를 하고자 한다.

우리 필자들 또한 프로젝트 수업을 계획하면서 가장 큰 어려움이 바로 평가에 대한 부분이었다. 프로젝트 수업이 역량을 길러 줄 수 있고, 인성을 함양시켜 줄 수 있다고 주장을 하고 있는데, 과연 활동과 수업 과정 중에 그러한 역량과 인성이 얼마만큼 길러지고 함양되어졌는지 어떻게 평가 할 수 있을까에 대한 큰 고민거리가 생기게 되었다. 어떻게 인성이 함양되고 역량이 길러졌는지 교사들이 평가할 수 있을까?

그런데 여기서 생각을 뒤집어 보자. 그동안 우리들은 교사들의 입장에서 아이들이 수업을 통해 얼마만큼 알게 되었는지를 진단하고 확인한다는 의미에서 평가를 바라본 것 같았다. 그런데 굳이 평가가 얼마나 많이 알게 되었는지를 교사가 확인할 필요가 있을까? 물론 그러한 결과를 통해 피드백을 줄 수 있다고는 하지만, 솔직해져 보자. 우리 교사들 입장에서 그동안 평가 결과를 피드백 자료로 얼마나 활용을 해 왔는가? 그저 평가 결과를 보고서 생활기록부에 기록하고, 부모님들에게 통지하는 것에서 그치지 않았는가?

그래서 우리는 이러한 관점에서 벗어나고자 하였다. 교사들의 관점에서 얼마나 많이 알고 있고, 하게 되었는지를 판단하고 평가하는 것이 아니라, 학생들 스스로의 입장에서 내가 수업과 활동을 통해 얼마나 알게 되었고, 무엇을 배우게 되었으며, 어떠한 행동을 할 수 있게 되었는지를 기록하면 그것으로도 평가가 되지 않을까 생각을 하게 되었다.

그래서 우리는 프로젝트 수업 중에 이루어지는 활동지 중 성취기준과 관련된 활동지의 경우에는 활동지 마지막에 자기 평가를 통해 수업으로 알게 된 사실과 할 수 있게 된 기능을 구분지어서 글로 표현할 수 있도록 하였으며, 각 주제별 프로젝트 수업 마지막에는 아란해윰 활동이라고 하여 본 주제와 관련하여 프로젝트 수업 전체를 통해 무엇을 배우고 알게 되었으며 할 수 있게 되었는지를 글로 표현하여 스스로 성찰하고 배움을 정리할 수 있는 시간을 제공해 주었다. 또한 이렇게 기록된 주제별 프로젝트 수업 후 아란해윰 활동지를 모아서, 학기말 생활기록부와 함께 부모님들께 배부해 드렸다.

평가가 이러하면 되지 않을까?

과정중심평가라고 하여 거창하게 무엇인가를 더 만들어 내거나 준비를 할 필요는 없는 것 같다. 그냥 교실에서 이루어지는 수업과 그 과정을 솔직하게 보여 줄 수 있는 자료 혹은 평가라면 그것이 바로 과정중심평가라고 생각을 한다.

학생 스스로 무엇을 알게 되었는지, 그리고 어떠한 행동을 할 수 있게 되었는지를 활동하는 과정 중에 그리고 활동이 모두 끝인 시점에서 매번 성찰하도록 하고, 그러한 성찰을 글로 표현할 수 있으면 그것이 과정중심평가가 아닐까 생각한다. 또한 부모님들은 학기말에 별 도움도 되지 않고 의미도 없는 몇 문장의 긍정적인 단어로만 이루어진 생활통지표를 받는 것이 아니라, 학생들이 스스로 성찰하고 기록한 내용을 근거로, 그러한 학생들의 솔직한 배움과 학습 과정이 담긴 자료와 함께 프로젝트 수업별로 어떠한 학습과 배움이 있었는지가 상세하게 기록된 생활통지표를 받게 된다면 어떠할까? 아마도 수업의 솔직한 모습과 배움 과정이 담겨 있는 활동지들과 함께 생활통지표를 받아 들게 된 학부모들은 기존의 단편적인 안내만 이루어진 생활통지표를 받던 때보다 교실에서 이루어지는 수업에 대해 더욱 신뢰하게 될 것이며, 이렇게 높아진 신뢰성의 바탕이 교사들에 대한 신뢰성으로 이어지게 될 것이며, 이것이 곧 교권 회복의 길이 되지 않을까 생각하게 된다.

(3) 훈육을 통한 징계권 관점에서의 교권

세 번째 훈육을 통한 징계권에 대해 알아보자. 과거에는 교육적 목적으로 체벌을 하는 것이 허락된 시절이 있었다. 또 체벌이 어느 정도 교육적 효과성도 있다고 믿기도 하였다. 그런데 체벌에 대한 효과성에 대한 검증이 이루어진 것이 없으며, 체벌에 대한 법적인 근거가 없기에, 현재에는 체벌이 법으로 금지가 되어 있다. 하지만 체벌이 금지가 되면서, 흔히 교사들은 이러한 말을 자주 한다.

"요즘 애들은 왜 이리 말을 안 듣는지 모르겠어요"
"그게 다 안 맞아서 그런거야……"

맞는 말일지도 모른다. 체벌이 허가되어진다면, 교육적 목표라는 이유로 체벌이 가능해진다면, 그래서 아이들을 체벌할 수 있게 된다면 아이들은 지금보다 훨씬 더 말을 잘 들을지 모른다. 그런데 체벌을 통해서 말을 듣게 하는 것이, 어떠한 교육적 효과가 있는 것일까?

체벌이 과거에 허용되었던 이유는 그에 대한 교육적 효과가 있었기 때문이라고 말을 하고는 하지만, 그것이 과연 어떠한 교육적 효과였는지에 대해서 생각을 해 본 적이 있는가?

심리학자 아들러(Adler)[2]는 아이들에게 혼을 내서도 칭찬을 해서도 안 되며, 아이들은 무엇이든 할 수 있다는 믿음을 가져야 한다고 하였다. 상이나 칭찬에 이끌려 행동하는 사람은 자신의 의지로 하는 것이 아니라 상이나 칭찬이 멈추면 행동 또한 멈추게 된다고 한다. 그리고 벌을 주거나 혼을 내면 바람직하지 않은 행동을 멈추게 할 수는 있지만 자신의 의지가 아니기 때문에 통제가 사라지는 상황에서는 그러한 행동을 계속하게 된다고 한다. 칭찬과 벌은 어쩌면 교사가 아이를 조종하는 도구일지도 모른다. 우리는 교사라고 하여 그 어느 학생을 조종해서는 안 된다. 이것은 교육이 될 수도 없으며, 오히려 아이들에게 역효과를 불러오게 된다. 교사는 학생을 조종하는 것이 아니라 바

2) 심리학의 3개 거장 중의 한 사람으로, 미움 받을 용기로 인해 관심이 높아지게 된 심리학자

른 행동을 이끌어 내어야 한다(최경민, 김규태, 2016).

이에 대해 아들러는 다음과 같은 명확한 해답을 제시해 주었다.

> 혼내거나 벌을 주거나 위협하지 않아야 한다. 학생에게 간단한 설명과 친밀한 대화를 하는 것만으로도 충분하다. 서로 신뢰하는 사이라면 그것을 받아들일 것이다.
>
> – 'Adler(2014). 인생에 지지 않을 용기' 중에서

아들러가 제시하는 해답을 읽고서 필자는 많은 생각을 하게 된 것 같다. 그동안 올바른 행동을 이끌어 내기 위해 수없이 많은 칭찬을 해 왔고, 바람직하지 못한 행동을 억제하기 위해 그보다 더 많이 화를 내고, 체벌을 해 왔던 것 같다. 돌이켜 생각해 보면 이때의 칭찬도 진정한 의미에서의 칭찬은 아니었던 것 같다. 서로를 비교하게 하고, 잘하는 아이를 칭찬한다는 명목하게 못하는 아이들을 비교하게 하였으며, 이로 인해 못하는 아이에게 직접적으로 벌을 가하지는 않았지만, 간접적으로 화를 내거나 벌을 주는 것과 같은 영향을 미쳤던 것 같다. 아이들을 비교하고 평가하고, 그를 통해 혼을 내거나 칭찬을 했던 것 같다. 그동안의 교사들 대부분이 그러하지 않았을까. 아이들과의 관계형성은 무시한 채 아이들을 조종하기 위해서 칭찬과 벌이라는 도구를 수도 없이 반복하며 사용해 왔던 것이 아니었을까.

어찌 보면 이러한 모습의 필자는 프로젝트 수업을 실천하면서 조금씩 변화되었던 것 같다. 바른 행동을 촉진하고 바르지 못한 행동을 억제하기보다는 프로젝트에 대해 아이들과 함께 이야기를 나누고, 자유롭게 프로젝트가 진행이 될 수 있도록 교실에서의 자유로움을 허락하고, 아이들이 함께 협력하며 스스로 자신의 역할에 책임을 다하며 결과물을 만들어 낼 수 있도록 기다려 주고, 또 기다려 주고, 더 기다려 주면서 아이들과 관계 형성에 더 노력하게 되고, 지켜봐 주게 되고, 성장하고 발전하며 나아갈 수 있도록 옆에서 함께 격려하고 지지해 주게 된 것 같다. 그러면서 혼을 내거나 벌을 세우거나, 체벌을 하지 않게 된 것 같다. 그럼에도 불구하고 아이들이 교권을 침해하는

말을 하거나 행동을 하지 않았다.

그러면서 필자는 교사로서 심리적으로 느껴졌던, 교권 침해로 여겨질 수 있는 학생들의 수많은 언행들이 어쩌면 교사가 만들어 놓은 규칙과 규율을 지키지 않는 학생들의 언행에 대한 반감이 아니었을까 생각을 하게 되었다.

이러한 경험이 바탕이 되어 징계권을 통한 교권 회복 역시 자유로움을 허락해 줄 수 있는 프로젝트 수업과 매우 밀접한 관련이 있음을 말하고 싶어졌다. 자유로운 아이들에 대한 이야기는 다음 장(학교폭력예방과 프로젝트 수업)에서 계속하도록 하겠다.

이번 장에서는 교권 회복과 프로젝트 수업의 관계에 대해 지속적으로 이야기 하고자 한다. 교권을 보호하기 위해 교원소청심사위원회, 학교교권보호위원회, 시 · 도 교권보호위원회, 교원치유센터가 운영되고 있고, 2012년도에는 교육과학술부에서 교원이 안심하고 교육활동에 전념할 수 있는 학교를 만들고자 교권 보호 종합 대책을 제시하였다.

하지만 교권은 법으로 보호한다고 하여 회복되어질 수 있는 것이 아닌 것 같다. 앞서 살펴본 것처럼 교권은 단순하거나 지엽적인 개념이 아니다. 교권은 교원의 권리, 교육권, 그리고 여기서는 언급하지 않았지만 교원의 인권 등 매우 포괄적인 개념으로 정의되어질 수 있다. 그리고 포괄적인 의미만큼 교권의 보호를 받을 수 있는 범주 또한 매우 높을 수도 있고, 교권을 회복할 수 있는 방법 또한 매우 범주가 크다고 할 수 있다. 그러나 교권이라는 것은 법으로 지켜져야 하는 성질의 것이 아니라, 스스로 인정하거나 인정받아야 하는 성질의 것이라고 판단된다. 즉, 교권보호 관련 법과 무관하게 교육 대상자인 학생, 그리고 학생과 관련 깊은 학부모, 끝으로 학교가 포함되어 있는 지역사회가 교사들의 교권을 인정해 주느냐 그렇지 않느냐는 별개의 문제인 것 같다.

학생, 학부모, 나아가서 지역사회가 교권을 스스로 인정하기 위해서는 교사 스스로도 신뢰를 회복해야 하고, 교실에서 이루어지는 수업이 신뢰를 회복해야 하며, 학교가 여타 다른 교육기관과는 다른 창의적이고 융합적인 교육을 실천하고 있다는 신뢰를 회복해야만 한다. 아니 이러한 신뢰가 선행되어야 한다. 이를 위해서 가장 우선 되어야 하는 것이 수업에 대한 교사의 전문성을 회복하는 길일 것이다.

물론 굳이 교사의 전문성을 회복하는 방법이 프로젝트 수업이 아니어도 된다. 하지만 프로젝트 수업을 실천하기 위해서는 교육과정을 살펴보아야 하고, 성취기준을 기반으로 하여 교육과정을 재구성해야 하고, 동료 교사들과 함께 수업에 대해 이야기를 나누며 함께 학생중심 수업을 만들어 갈 수 있고, 학생들의 삶과 생활이 중심이 되어 주제를 찾아서 수업을 시작하게 되고, 문제를 해결하고자 학생들 스스로 협력하여 활동과 수업에 참여하게 될 것이며, 함께 결과물을 만들어 내는 과정을 통해 앞으로 삶을 살아감에 있어서 필요한 인성과 역량을 함양할 수 있는 수업을 실천할 수 있을 것이다. 그래서 광범위한 의미에서의 프로젝트 수업을 교권을 회복할 수 있는 방법으로 제시하고자 하는 것이다.

이번 장은 교사의 언행에 대한 이야기로 마무리 짓고자 한다. 교권이 추락하게 되면서, 교사들은 교사들과의 모임에서 사소한 아이들의 언행에도 교권 침해라는 말을 장난스럽게 하는 모습을 보게 된다. 그러한 말을 들으면서 한편으로는 우리 아이들이 안쓰럽다는 생각을 하게 되었다. 얼마나 아이들을 믿지 못하고 불신하게 되었으면, 아이들의 사소한 장난이나 잘못조차도 교권 침해 사례로 포함이 되게 되었는지, 우리 아이들이 오히려 더 안쓰러워졌다.

교사는 설명으로 가르치고 외우게 하고 확인하고 평가하는 역할이 아니라, 기대에 조금은 못 미치고 아쉬운 마음이 들더라도 그러한 아쉬운 마음을 받아들일 줄 알아야 하며, 나의 생각보다 느리게 성장하고 변화된 모습을 보이지 않더라도 조금 더 기다려 줄 수 있는 기다림의 시간을 흔쾌히 스스로에게 허락해야 하는 존재가 되어야 할 것 같다. 아쉬움을 받아들일 줄 알고, 기다림의 시간을 흔쾌히 허락하게 된다면 사소한 아이들의 잘못된 언행을 받아들일 줄 알게 될 것이며, 그러한 행동이 반복되어진다면 아이들 또한 그러한 교사의 마음을 이해하고 받아들여져서 교사들의 교권을 스스로 인정해 주는 계기가 될지도 모르는 일이니 말이다.

교권 회복에 대한 필자의 실제 이야기를 전해 주고자 한다. 필자는 교권을 회복하고자 그 어떠한 노력을 하지 않았다. 그저 학생들과 함께 호흡하면서, 프로젝트 수업을 기반으로 조금은 다른 수업을 진행했을 뿐이다. 몇 해 전부터는 공동체의 필요성과 소중함을 깨닫고 동 학년 중심의 학습 공동체를 형성하여 함께 운영하였지만, 그 전에 오랜 시간 동안은 혼자서 연구하고 고민하며 프로젝트 수업을 실천하였던 적이 있다.

2015년 2학년 학생들과 함께 프로젝트 수업을 실천하고 있었고, 한 아이를 만나게 되었다. 그 중 2학년 학생이라고는 믿기 힘들 정도로 말을 잘하였고, 그러한 자신의 역량을 스스로 깨닫고는 주변의 친구들의 말을 무시하고, 자신이 최고라는 인식을 가지고 있던 한 여학생이 있었다.

어느 날은 수업 중에 필통에 붙어 있던 축구 게임을 하고 있기에, 주의를 주었다. 주의를 듣고서도 계속 게임을 하는 모습을 보고는 필통을 수업 시간에는 못 가지고 있도록 뺏게 되었다. 그러자 그 학생은 울면서 소리를 지르고, 자신이 가지고 있던 전화기를 들고 나가서 화장실에서 엄마에게 전화를 하였다. 그 때 그 여학생이 나에게 했던 말은 이러한 것이었다.

"선생님 돈 많아요? 저희 집 돈 많아요. 엄마에게 전화해서 교장선생님한테 말해서 선생님 자르게 할 거예요."

시간이 한참 흘렀고, 그 당시의 상황을 짧은 글로 표현하고 있기에 어쩌면 심각하지 않은 것처럼 여겨질 수 있지만, 그 당시에는 눈을 치켜뜨고 분노에 찬 목소리로 고함을 지르듯이 나에게 소리치는 아이의 모습에 매우 많이 놀랐던 것이 사실이다. 그때는 몰랐지만 그러한 그 여학생의 모습을 가만히 지켜보고, 화장실에 가서 전화기로 소리 지르며 엄마에게 전화하는 그 여학생을 말리지 않고 가만히 놔두었던 나의 모습에 대해 학부모 사이에서는 학생을 컨트롤하지 못하고, 그 여학생을 무서워한다는 오해를 받기도 했었다는 것을 시간이 흐른 뒤 다른 학부모에게 듣기도 하였다.

어쨌든 그 당시에는 그 여학생과 만난 지 시간이 얼마 흐르지 않은 4월 초의 일이었기에, 시간이 흐르면 나를 이해할 수 있을 것이고, 학교와 수업에 더욱 적극 참여하게 될 것이라는 확신이 있었기에 가만히 지켜보고자 했던 것 같다.

물론 이 상황의 경우 그 학생의 잘못이 명백하였기에 학부모가 나에게 죄송하다는 말을 먼저 해 왔던 것 같다. 그래도 교사로서, 그리고 선생님으로서 그 학생에 대한 질책이나 혼보다는 앞으로 1년간 프로젝트 수업을 통해 많은 성장과 발전을 하게 될 것이기에 믿고 기다려 달라고 말을 했던 것 같다.

그렇게 1년의 시간을 함께하고 난 후 그 학생의 어머님으로부터 문자를 받기도 하였다. 지금은 가지고 있지 않지만, 기억으로는 감사하는 말, 그 여학생이 옆의 친구를 더 많이 배려하게 되었고, 친구들과 더 많은 것을 함께 하려한다는 내용, 그리고 지역의 한 학교이지만 서울의 유명한 사립 초등학교에서나 경험할 수 있는 수업 방법을 적용하고나 노력해 주셔서 감사하다는 내용의 문자였던 것으로 기억한다.

그리고 학교를 옮기고, 다른 학교에서 새로운 공동체를 꾸리고 운영을 하면서 바쁘게 지내면서 그 학생을 잠시 잊고 있었는데, 3년이라는 시간이 흐른 후 그 학생의 어머님으로부터 아래와 같은 메시지를 받게 되었다. 아래의 사진은 그렇게 나에게 소리를 질렀던 여학생의 어머님이 2018년 올해의 스승상 수상에 대한 신문 기사를 보고서 보내 주신 메시지이다.

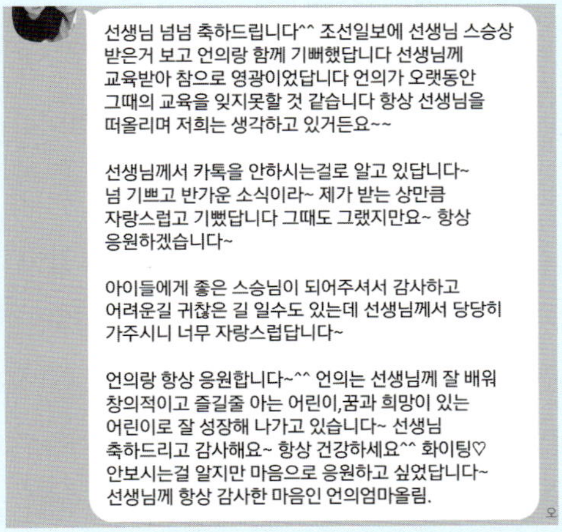

올해의 스승상을 수상할 당시 매우 기쁘고 여기저기 축하의 인사를 받느라 정신이 없기도 하였지만, 가장 기억에 남은 축하의 인사말이었던 것 같다.

나는 나에게 소리를 지르며 교권을 침해했던 학생에게 스스로 교권을 회복하기 위해서 법적인 조치를 들먹였던 것도 아니고, 학생들에게 엄하게 대한 것도 아니었으며, 학부모들에게 어떠한 교육적 대처나 처분에 대해 이야기를 한 적도 없었다. 그저 학부모들에게 믿고 기다려 달라고 했고, 그러한 기다림 속에 프로젝트 수업을 학생들과 함께 실천했던 것이 전부였다. 그럼에도 학부모들, 그리고 학생들이 조금씩 믿기 시작하고, 신뢰하기 시작했던 것 같다. 교사로서 책임감을 가지고 있으며, 그저 교과서 위주의 강의가 아닌 학생들의 마음을 만질 수 있고, 학생들과 함께 삶의 이야기를 꾸려 가기 위해 노력하고 있으며, 그러한 삶 속에서 학생들이 더불어 함께 살아갈 수 있도록 스스로의 역량을 키워 주면서도 친구들과 어울리며 살아갈 수 있는 역량도 함께 함양시켜주고자 한다는 것을 학부모, 학생들이 수업을 통해 알게 되고, 그러한 앎이 신뢰로 이어지게 되었던 것 같다.

이러면 되지 않을까?

교권 회복의 길은 멀리 있는 것이 아닌 것 같다.

5. 수업을 통한 학교폭력예방의 길[3)]

학교폭력예방과 프로젝트 수업과의 연관성을 찾기 위해서는 이 질문으로 시작을 해야 될 것 같았다.

학교폭력은 왜 발생하는 것일까?

요즈음 학교교육을 살펴보면 사물을 보는 자유로운 방법을 키운다면서 일일이 지시하거나 강제하며 교육하는 모습을 보게 되기도 하고, 아이들이 하고 싶어 하는 일을 제멋대로 하도록 방임을 하면서 자유로운 아이로 길러 내기 위한다는 말을 듣기도 한다. 교육목표와 방법은 서로 연결되지 않으면 안 된다. 아이들에게 협력을 가르치고자 할 때에는 서로 힘을 합치게 되면 더욱 즐겁고 행복하다는 경험을 교실 수업을 통해 제공해 주면 될 것이다. 그럼에도 불구하고, 실제 교실에서는 그러한 경험 없이 그저 협력이라는 덕목만을 암기식 수업을 통해 강조 당하게 되고, 실제적인 협력 관련 사회성은 길러지지 못한 채 머리로만 협력을 배우고 암기하고 있는 것 같다.

사실 현대 학교교육 모습을 살펴보면 창의성과 인성을 길러 준다고 강조하면서도 이상할 정도로 기성 지식을 암기시키는 데 모든 힘을 쏟고 있는 듯하다. 인간관계의 지혜라고 할 수 있는 도덕마저도 교과서를 통해 암기를 하며 배우고 있으니 말이다. 그래서인지 친구들과의 관계에서 생각이나 욕구가 부딪칠 때, 서로 조정해 가며 함께 해결해 나가는 지혜를 터득하지 못하고, 학교폭력이 사회적으로 큰 문제가 되는 것 같기도 하다. 이로 인해 여러 대책이 마련되어 시행이 되고 있음에도 불구하고 학교폭력의 심각성은 줄어들지 않고 오히려 계속해서 높아지고 있는 것은 아닌지 생각해 본다.

물론 학교폭력 피해 관련 교육부 보도 자료를 살펴보면 2012년부터 2018년도까지 지속적으로 그 비율이 감소함을 알 수 있다. 하지만 학교에서 근무를 하다 보면 그러한

3) '최경민 외(2018). 프로젝트 학습 즐거움으로 배움을 요리하다. 경기: 공동체'의 글에서 내용을 발췌하여 수록함.

보도 결과는 수치에 불과할 뿐이라는 사실을 몸소 체득하게 된다. 실제로 교사들이 알아차리지 못하는 사건이 훨씬 더 많으며, 이러한 일이 해가 지나서 발견되어지기도 하니 말이다. 또한 그러한 사건이 터질 때마다 교사들이 전혀 눈치채지 못한 경우가 학교 현장에서는 너무나도 많다.

보고되어지는 학교폭력 건수는 줄어들지 모르지만, 학교폭력의 양상이 갈수록 잔인해지고 흉포해지고 있으며 학생 탈선의 수준을 넘어서 신체적 · 인격적 살인 수준으로 문제의 심각성이 점차 커지고 있다. 예컨대, 해마다 학생들의 자살률 증가하고, 인터넷상에서 학생을 괴롭히는 신종 학교폭력 건수 증가하고, 학교폭력의 가해학생과 피해학생의 연령이 점차 낮아지고, 학교폭력의 수법이 점차 더욱 잔인해지고, 가해학생들은 점차 학교폭력에 대해 둔감해지고, 피해학생들은 학교폭력이 일상화되어 가고, 피해학생이 가해학생으로 둔갑하기도 하고, 점차 집단화와 세력화가 되어 가고, 성추행과 성폭력이 점차 증가하는 추세를 보이고 있다.

왜 그런 것일까?

학교폭력 피해 학생 응답률은 줄어든다는 보도가 있지만, 실제 학교에서는 왜 아직도 학교폭력이 끊이지 않게 발생하고 있으며, 그 양상이 더욱 잔인해지고 흉포해지는 것일까?

사실 우리 교사들은 이에 대해 생물학적인 관점 및 정신분석학적 관점을 대부분 가지고 있는 것 같다.

흔히들 이런 말을 하고는 한다. 새 학기가 되면...

"00선생님, ◎◎는 매우 공격적이니까 1년 동안 조심해야 되요"

이러한 말이 바로 생물학적 관점에서 학교폭력을 바라보는 교사들의 흔한 관점이라고 할 수 있다. 생물학적 관점이란 학교폭력과 같은 학생들의 공격성향은 유전된다고 보는 관점이다. 로렌츠(Lorenz, 1966)는 다른 동물과 마찬가지로 인간의 폭력이나 공격행위는 보편적 본능에 기여하며, 이러한 공격본능으로 인해 사람들이 폭력행위에 빠져들게 된다는 것이다. 즉, 생물학적 관점에서 폭력성향은 유전적으로 갖고 태어나는 것으로써 폭력적인 사람들은 유전적 폭력성향을 통제해야 하는 뇌신경체계가 장애를 가지기 때문에, 폭력과 같은 공격행위를 보이게 되는 것이라고 말을 하고 있다. 학교 그리고 교사들은 이러한(생물학적) 관점에서 학교폭력을 바라보는 경우가 많은 듯하다. 실제 학교에서 근무를 하면서 학교폭력으로 인해 문제를 일으키는 학생에 대해 교사들과 대화를 해 보면, 원래 그렇게 공격적인 아이이기 때문에, 혹은 공격적인 아이니까 지속적으로 관찰하고 상담하고 관리를 해야 한다는 말을 자주 전해 듣게 된다. 아마 이 글을 읽는 분이 교사라면 그러한 생각을 하거나, 그러한 말을 하거나 들었던 경험이 다분하다고 예상된다. 이로 인해 학교폭력의 원인이 학생들이 선천적으로 지니고 있는 공격성 때문이라고 여기게 되고, 폭력행위를 멈추게 하거나 예방하고자 학생들을 지속적 · 강압적으로 지도 · 관리하게 되는 것 같다.

그리고 학교와 교사들이 가지고 있는 대부분의 학교폭력 원인에 대한 관점이 하나 더 있다.

"왜 애들은 충동적으로 욕을 하고 폭력을 저지르는 것일까?"
"00선생님, 요즘 아이들 다 그래요"

'요즘 아이들 다 그래요.', 참으로 무서운 말인 것 같다. 그럼에도 불구하고 많은 교사들이 이러한 말을 스스럼없이 하고 있다. 바로 이러한 관점이 정신분석학적 관점에서 학교폭력을 바라보는 관점이라고 할 수 있다. 정신분석학적 관점은 사람들은 누구나 폭력적 충동이나 본능을 가지고 있다고 가정을 하고, 이러한 내부 심리기제의 작용이 학교폭력을 일으키는 원인이라고 설명하는 관점이라고 할 수 있다.

학교에서 근무를 하면서 대부분의 교사들은 부족한 인성, 잦은 학교폭력의 원인이 아이들 자체에 있다고 여기고 있음을 알게 되었다.

과연 잦은 학교폭력의 문제가 아이들만의 문제인 것일까?

과연 앞서 설명을 했던 생물학적 관점, 정신분석학적 관점에서만 학교폭력의 원인을 바라보는 것이 맞는 것일까? 과연 학교폭력이 학생 자체의 문제인 것일까? 우리는 이러한 관점에서 그동안 학교폭력을 바라보면서, 해결책을 찾으려고 했던 것은 아닐까?

이러한 관점에서 바라보게 된다면, 우리들에게 과연 학교폭력을 예방할 수 있는, 그리고 학교폭력을 사라지게 할 수 있는 근본적인 대책 마련이 가능한 것일까?

어쩌면 우리는 그동안 이러한 관점으로 학교폭력을 다루었기에 법적인 측면으로 강압적으로 학교폭력을 예방하려고 했고, 법을 근거로 하여 학생들을 더욱 강하게 억압하고 학교에 가두려고 했던 것은 아닐까?

그것이 또 다른 학교폭력의 불씨가 될지도 모른 채 말이다.

몇 해 전 전 세계적으로 열풍이 불었던 『미움 받을 용기』라는 책을 본 적이 있는가? 『미움 받을 용기』라는 책이 열풍이 불기 시작하면서, 사람들은 그 책의 근간이라고 할 수 있는 아들러 심리학에 대한 관심이 높아지게 되었다. 이런 아들러의 심리학을 연구하는 연구자들은 최근 재미있는 연구결과를 내놓았다. 바로

"학교폭력은 심한 열등감을 보상하기 위한 행위"

라는 결과이다. 이는 곧 학생들은 자신의 열등감을 보상하기 위한 행위로 학교폭력을 일으킨다는 의미로 해석될 수 있다.

그렇다면, 이러한 관점에서 과연 우리 아이들은 열등감을 어디에서 경험하게 될까? 모르긴 몰라도, 우리 아이들이 열등감을 가장 많이 접하게 되는 공간과 시간은 학교이며 수업시간일 것이다. 이는 곧 학교폭력은 결국에 학교와 수업이라는 문제로 귀결된

다고 할 수 있다.

이러한 주장에는 또 다른 근거가 있다. 허쉬(Hirschi, 1969)의 사회유대 이론을 살펴보면, 학생이 가정, 학교, 사회와의 유대가 없고, 가정, 학교, 사회가 영향력을 미치지 못하며, 학생이 의미 있는 사람(교사, 부모, 친구)들에 대해 아무 관심이 없으면, 학교폭력과 같은 폭력행위가 더욱 자유롭게 이루어질 것이라고 말을 하고 있다.

그리고 이와 유사한 관점으로 모멸극복적 관점이 있다. 이는 학생들은 자신보다 신체적 · 정신적으로 약한 학생들에게 폭력을 가함으로써 자기보다 강한 사람으로부터 받은 모멸감을 극복하기 위해 학교폭력을 일으킨다는 관점이다. 즉, 학생들은 주위로부터 인정과 칭찬을 받지 못하고 모멸감을 당할 경우에 이러한 모멸감을 극복하고 자기의 가치를 회복하기 위해서 자기보다 못한 학생을 대상으로 학교폭력을 일으킨다는 것이다.

어쩌면 학교폭력의 원인은 학생 본인에게 존재하기보다는, 학생들로 하여금 열등감을 주게 하고, 모멸감을 느끼게 하는 학교 시스템, 교실 수업의 문화가 아니었을까?

물론 학교폭력의 원인과 문제들이 아이들 자체의 문제일 수도 있기는 하지만, 상당 부분 강압적인 학교 시스템, 억압적인 교실과 수업 문화가 아니었을까 생각하게 되었다. 학교에서 강압적으로 행동을 강요받게 되고, 교실과 수업 속에서 억압적으로 행동을 하게 됨으로써 아이들은 자유롭지 못했고, 그러한 자유롭지 못함으로 인해 받은 열등감, 모멸감, 그리고 이로 인해 느꼈던 피로감, 스트레스 등을 풀기 위해 후배들, 혹은 나보다 힘이 약한 친구들을 대상으로 학교폭력을 일으켰던 것은 아니었을까 생각을 하게 된다. 이러한 관점에서 아이들을 이해하고, 아이들의 관점에서 아이들의 행동과 생각을 고려해 보면, 그동안의 학교와 교실 속 억압으로 인해 아이들은 학교, 혹은 교실, 혹은 선생님을 향한 소심한 반항으로 학교폭력을 일으켰던 것은 아니었을까?

학교폭력 문제와는 조금 별개의 문제일 수도 있지만, 이와 유사한 본 필자의 경험을 이야기하고서 다른 이야기를 이어 나가도록 하였다. 어느 연수에서 있었던 일이다.

"그건 학생들의 안전 문제 때문입니다."

이는 5년 전, 한 학교에서 연수를 진행하면서 필자가 운영하는 학급에서는 별도의 규칙이나 규범이 존재하지 않으며, 학생들이 필요에 따라서는 앞문과 뒷문, 어디로 다녀도 된다고 말을 하자, 한 선생님께서 하셨던 말이다.

물론 그 선생님의 말이 맞을지도 모른다. 앞문은 교사가 다니고, 뒷문은 학생이 다니는 것은 안전사고의 위험이 줄기 때문일 수도 있다. 하지만 필자는 한 학교의 연구부장(교육과정부장)을 맡으면서 2학년 담임을 5년 동안 하게 되었다. 그동안 우리 아이들에게 그 어떠한 강압적인 규칙이나 규율을 주지 않았다. 그러니 우리 아이들은 자기의 편의에 의해 앞문과 뒷문을 자유롭게 드나들었다. 그럼에도 불구하고, 2학년 아이들이었음에도 불구하고 안전적인 문제로 그 어떤 것도 발생하지 않았다.

과연 5년 동안 본 필자는 스스로 규칙을 잘 지키는 아이들, 친구들 배려하는 아이들을 만났기 때문에 지켜야 할 규칙을 주지 않았음에도 불구하고, 안전사고 발생하지 않았던 것일까? 정말 그러했던 것일까?

단언컨대, 그건 아닐 것이다.

우리 아이들은 어쩌면 그동안 교사들의 입장에서, 어른의 입장에서 아이들에게 필요할 것이라고 예상되는 여러 가지 것들을 규율과 규칙으로 정하고, 강압적으로 아이들을 관리하고 다스렸기 때문에 더 장난을 치려고 했을지도 모르고, 더 많은 안전적 문제가 발생한 것일지도 모른다. 학교폭력도 이러하지 않을까? 그동안 너무나도 강압적이고 억압적인 학교 시스템, 교실 수업 문화로 인해 그들이 받은 스트레스를 풀고자 자기보다 신체적·정신적으로 약한 대상으로 학교폭력을 일으켰던 것은 아니었을까?

이러한 이유 때문일까?

필자는 그동안 아이들에게 그 어떤 규칙도 주지 않고, 규율도 제공하지 않았다. 솔직하게 말을 하면, 학교에서 지켜 주었으면 하는 규칙들, 안내를 하고 지도를 하라고 하는 규칙도 아이들에게 안내를 하지 않았으며, 스스로 생각하고 행동하도록 자유를 주었다. 그런데, 필자가 교직 생활을 하는 12년 동안 학교폭력 사건으로 인해 문제가 생겼던 적이 없다.

사실 우리나라 교실 속 아이들을 보면 참으로 암기를 잘하는 것 같다. 그러나 그러한 과정 중에 과연 함께 모여서 지식을 만들어 내는 과정을 경험하는 아이들은 얼마나 되는 것일까? 아이들은 스스로를 돌아볼 수 있는 기회, 스스로에 대해 생각을 하고 성찰을 해 볼 수 있는 기회를 갖기도 전에 입시지옥, 그리고 나이가 조금 들어서 취업지옥이라는 고독한 경쟁에만 내몰리고 있었던 것은 아닐까?

그러한 과정 중에 아이들은 부모나 교사에게 '공부 잘하고, 밝고, 끝까지 노력하는 아이'가 되어야 한다는 강요를 받게 된다. 게다가 아무리 노력해도 '이제 그만하면 잘했어'라는 인정을 받지 못한다. 이미 충분히 잘하고 있고, 이미 충분히 열심히 노력하고 있음에도 불구하고 더욱더 열심히 해야 되고, 더욱더 잘해야 한다고만 강요받고 있는 것은 아닐까. 그러면서 아이들의 내면에는 어른들의 끊임없는 요구에 부응할 수 없음을 깨닫고, 스스로에 대한 열등감, 모멸감이라는 부정적인 감정이 점점 부풀어 올랐던 것은 아닐까. 아이들은 마음속에 있는 이 같은 열등감, 모멸감, 좌절감, 자기 부정, 자기증오, 죄의식, 절망감을 이겨 내기 위해, 다른 방법으로 이로 인해 발생하는 스트레스를 해결하기 위해 학교폭력이라는 수단을 사용했던 것은 아니었을까?

어쩌면, 아이들이 스스로 느끼고 경험하고 있는 열등감, 모멸감, 좌절감, 자기 부정, 자기증오, 죄의식, 절망감이라는 부정적인 감정을 들추어 낼 수 있는 기회를 제공해 주고, 이러한 기회를 통해 스스로 혹은 도움을 받아 스스로를 긍정할 수 있는 감정이 되살아날 수 있도록 도와주지 않는 한 학교폭력 문제는 근본적으로 해결되지 않을 지도 모른다. 법적인 측면으로 실시되는 다양한 인성교육 정책, 프로그램화되어 천편일률적으로 적용되어지는 인성교육 프로그램 등 근시안적인 학교폭력 대책으로는 문제가 해결되기보다는 오히려 점점 더 그러한 상황을 복잡하게 만들게 될지도 모른다.

어쩌면, 학교폭력을 해결함에 있어서 가장 중요한 것은 아이들 마음속에 있는 '정말로 이렇게 되고 싶어', '정말이지 이러한 학교에 다니고 싶어'라는 바람에 학교가, 그리고 교사가 귀를 기울이는 것일지도 모른다. 또한 그동안 우리 아이들의 마음속에 있는 진정한 바람은 더 높은 성적, 더 좋은 대학 입시가 아니라, 학교와 교실, 그리고 수업에서 자유롭고 싶었음이 아니었을까 생각을 하게 된다. 아이들은 어쩌면 학교에서 자유롭고, 교실에서 자유롭고, 수업에서 자유로움을 느낄 수 있기를 바랐을지도 모른다.

그럼에도 불구하고, 어른들, 특히 우리 교사들은 어쩌면 그동안 이러한 우리 아이들의 바람에는 의식하지 않고 그저 유명한 대학교 입학을 위해 더욱 높은, 그리고 우수한 성적을 받아야만 한다고, 더 잘해야 한다고, 더 열심히 해야 한다고 강압하고 억압만을 강조해 왔던 것은 아니었을까? 아이들에게 필요한 것은 '지금 이대로는 안 돼'라는 말이나 눈초리가 아니라 '지금의 너, 그대로의 네가 좋다'라는 메시지였음에도 불구하고 말이다.

그렇다면, 왜 아이들은 학교에서 자유롭지 못할까?

흔히들 학교의 주인은 학생이라는 말을 한다. 그러나 실제 학교 모습을 살펴보고 있으면, 학교와 수업 속에서 진정한 주인공이 되어야 할 학생들은 사라지고, 그저 교사들이 주인공인 것 같다. 교사들이 어떻게 수업을 하고, 어떻게 가르치고, 어떠한 수업 방법을 사용하고 있는지에만 관심을 가지고 있는 것 같다. 정작 그 속에서 아이들이 어떻게 배우고 있고, 어떠한 생각을 하고 있으며, 어떠한 행동을 하고 있는지에 대해서는 큰 관심이 없는 것 같다. 나이가 같다는 이유만으로 몇 십 명의 아이들이 좁은 교실에 앉아서 조용히 책을 보면서, 교사의 설명에 집중하고 필기하고 있다. 아이들의 개성과 개인차는 무시된 채, 교과서 내용을 얼마나 정확히 기억하느냐라는 하나의 잣대로 아이들이 평가되고, 서열화되고, 선별되고 있다. 그리고 이러한 과정에서 적응하지 못하고 암기하지 못하는 아이들에게는 '학습 의욕이 없는 아이', '공부 못하는 아이'라는 딱지가 붙는다. 이로 인해 아이들은 열등감과 모멸감이라는 감정에 휩싸이게 되고, 학교와 수업에서 주체가 아닌 객체로 머물러 있었던 것 같다.

그래서 그런지 현재 학교에서는 사고, 행동이 자유롭지 않은 아이들로 가득하게 되었으며, 내면에는 불안이나 자기증오를 지니면서, 지식의 양은 많아도 스스로 생각하지 못하는, 그리고 어른에게 도덕적인 삶을 강요당하면서 타인과 더불어 살아가는 데 필요한 지혜(지식이 아닌)나 배려, 공감 등 인성적인 요소가 부족해졌던 것은 아니었을까? 그리고 이로 인하여 학생들에게 학교는 의무에 의해 다녀야만 하는 장소, 수업은 지루하고 재미없는 시간, 친구는 나와 경쟁하는 상대가 되어 버리게 된 것인지도 모른다. 이러한 장소, 시간, 그리고 경쟁 속에서 뒤처지거나 탈락하는 아이들이 늘어나면서 스스로 열등감에 휩싸이고, 모멸감에 힘들어하고 스트레스를 받게 되었을지도 모르는 일이다.

하지만 이미 시대와 아이들은 빠르게 변하고 있다. 아니 변했다. 그럼에도 불구하고 학교와 수업 시스템은 할아버지 시대, 아버지 시대와 크게 달라지지 않았다. 이러한 모습을 보면서 호리 신이치로(掘眞一郎, 2008)는 마치 키와 몸집이 크게 자란 아이에게 어려서 입던 옷이나 신발을 신겨 놓고서는, 아파하고 거북해하는 아이들에게 그저 참고 견디라고만 하고 있는 것 같다고 하였다. 그리고서는 참고 견디다 못해 작아진 옷이나 신발을 벗어던지거나 소리를 지르는 아이들에게 학교는 문제 학생, 중퇴 학생이라는 딱지를 붙이고 있었던 것인지도 모른다.

하지만 학교에서 그리고 교실에서, 혹은 수업 속에서 자유로운 아이들은 감정적으로 해방되어 스스로 생각하며, 공동생활에서 민주적으로 행동할 줄 알게 된다고 한다(키노쿠니어린이마을학원, 2014). 이러한 자유로운 아이들로 길러 내도록 노력하는 것이 어쩌면 근본적인 학교폭력 예방의 길일지도 모른다.

학교폭력의 원인은 학생 개개인에게 있었던 것이 아니라, 학교와 교실에 내재된 시스템적인 문제가 더욱 컸던 것인지도 모른다. 아니 아마 그러할 것 같다. 학교폭력이 사회적 문제로 대두되면서 「인성교육 진흥법」이 제정되어 실천되고 있어도, 학교폭력을 예방하기 위해 법적인 근거(학교폭력사안처리 등)를 마련하여 운영하여도, 국가적 차원에서 인성교육 프로그램이 운영되고 있어도, 학교폭력이 사라지지 않고 날이 갈수록 더욱 심각해지고 있는 것은, 그러한 방법들은 학교폭력 문제를 해결할 수 있는 근본적인 해결책이 아니라는 반증일지도 모른다.

학교폭력의 근본적인 문제는 강압적인 학교 시스템, 과거부터 이어 오던 교실 수업 모습, 그리고 그로 인해 학교와 교실, 그리고 수업 시간에 자유롭지 못했기 때문이 아니었을까? 이러한 시스템으로 우리 아이들은 열등감과 모멸감을 경험하게 되었고, 이로 인해 학교폭력이 발생하게 되는 것은 아닐까 조심스럽게 말을 하고자 한다.

그래서 경쟁이 아닌 협력이 기반이 되고, 서열화로 인한 열등감이 아닌 스스로의 역할에 최선을 다함으로 인해 자존감의 향상과 역량 발현의 기회를 높여 줄 수 있고, 각자의 삶과 학교생활에서 발견할 수 있는 문제를 기반으로 자유롭게 토의 · 토론하여 이야기를 나눌 수 있으며, 함께 문제의 해결책을 찾아 공동 · 개별의 결과물을 만들어 냄으로서 성취감을 느낄 수 있고, 수업하는 과정 중에 스스로 배려와 공감의 경험을 통해 인성이 길러지며, 생각의 차이점과 다양성에 대한 인정을 바탕으로 더욱 다양한 생각과 사고를 이끌어 냄으로써 창의성이 높아질 수 있는 프로젝트 수업을 학교폭력예방의 한 방법으로 제시하게 되었다.

실제 우리 필자들이 경험을 하게 되었다. 프로젝트 수업으로 1년 동안 함께 학년을 구성 · 운영하면서 학교폭력으로 인해 문제가 발생하지 않았음을 경험하게 되었다. 그 안에서 다툼이 없었던 것은 아니었다. 하지만 감정을 주제로 한 프로젝트 수업, 친구 관계 형성을 주제로 한 프로젝트 수업 후 아이들은 다툼이 생기면, 서로 이야기를 나누게 되었고, 자신의 감정을 친구에게 자세히 설명을 하면서 서로 화해를 하는 모습을 발견하기도 하였다. 교사의 개입, 강제적인 규칙이 아닌 스스로 생각하게 되고, 그러한 생각의 변화로 인해 행동도 변하기 시작하는 모습을 관찰하게 되었다. 그리고 프로젝트 수업을 진행하는 동안 아이들은 최대한 학교에서 자유를 느낄 수 있도록 해 주었다. 흔히 이렇게 자유를 준다고 하면 서로 다투는 일이 빈번해질 것이라고 말을 하지만, 우리 학년 어느 학급에서도 이러한 일이 발생하지 않았다. 과연 우리가 함께 맡았던 학년의 학생들이 모두 인성적으로 바른 아이라서 그러한 것일까? 아마도 아닐 것이다.

학교와 교실, 그리고 수업 속에서 자유로움을 느끼고, 이미 충분히 잘하고 있다는 자신감을 얻게 되고, '나도 잘할 수 있구나'라는 자존감을 형성하게 되었기에 가능하지 않았을까?

참고문헌

권미경, 김천기(2015). 교사의 관점에서 본 학부모의 소비자 주권적 태도와 그에 따른 교사의 위축 및 정체성 변화. **교육종합연구, 13**(3), 83-109.

김규태(2012). **교육책무성: 이론, 제도, 정책**. 서울: 원미사.

김규태(2018). 교사 정체성 이론과 쟁점 및 과제. **한국교원교육연구, 35**(3), 491-521.

김규태(2020). **교사리더십과 학급경영**. 파주: 양성원.

김규태, 강유정, 권민석, 최경민(2017). **교육행정 및 교육경영**. 파주: 양성원

김정숙, 유금란(2010). 전문상담교사의 역할갈등과 소진의 관계에서 전문직 정체성의 조절효과. **한국심리학회지: 상담 및 심리치료, 22**(1), 53-69.

김지혜, 변수용, 전재은(2020). 누가 교직을 떠나려 하는가? 중학교 교사 교직이탈가능성 예측요인 분석. **교육사회학연구, 30**(4), 89-112.

김효정, 정가윤, 이현주(2013). 과학교사들의 교사모임에의 참여 경험과 교사 정체성 형성과정에 대한 탐색 -실천공동체 이론을 중심으로-. **한국과학교육학회지, 33**(2), 390-404.

박현정, 강주연, 이수진(2006). KEDI 종합검사도구 개발연구(Ⅱ): 가정특성과 학교특성을 중심으로. 서울: 한국교육개발원.

소경희, 최유리(2019). 국내 교사 정체성 연구에 드러난 교사 정체성 이해에 대한 비판적 고찰. **한국교원교육연구, 36**(3), 289-313.

송경오(2015). 학교혁신을 위한 교사 전문적 정체성의 의미와 중요성: 자유학기제와 혁신학교 사례를 중심으로. **교육행정학연구, 33**, 147-174.

송미경, 양난미, 이은경(2016). 교사의 소명의식, 자아존중감, 직업적 정체감, 삶의 만족 간의 관계. **교원교육, 32**(4), 197-218.

오정란(2006). 전문직으로서의 교직 정체성 찾기: 시장화에서 공공성의 정치학으로. *Andragogy Today: International Journal of Adult & Continuing Education, 9*(4), 129-161.

유홍준, 유태용, 정태인, 배성호, 조아름(2014). 직업정체성 척도개발과 직업정체성의 선행 및 결과 변인들 간 관계 검증. **한국심리학회지: 산업 및 조직, 27**(4), 617-645.

이정표(2018). 학급담임으로서 초등학교 역할 정체성 구성요인 탐색. **초등교육연구, 31**(3), 51-74.

정정길, 최종원, 이시원, 정준금, 정광호(2012). **정책학원론**. 서울: 대명출판사.

정혜정, 남상준(2012). 초등 사회과 교사 정체성 형성 과정 연구. **사회과교육연구, 19**(4), 143-158.

조동근, 임세영(2017). 공업계 고등학교 기계과 교사의 직업정체성에 관한 생애사 연구. **대한공업교육학회지, 42**(1), 1-29.

조홍식(2007). 중등 체육교사의 직업적 정체성 요인이 조직의 맥락수행 태도에 미치는 영향. **한국체육학회지, 46**(4), 183-196.

채현순, 장유진(2016). 전문상담교사의 전문직 정체성 형성 과정에 관한 질적 연구. **한국교원교육연구, 33**(4), 167-192.

허난설(2016). 초등 교사의 직무 스트레스와 소진과의 관계에서 직업 정체성의 조절 효과. **열린교육연구, 24**(1), 253-274.

홍창남(2006). 학교 특성과 교사 헌신의 구조적 관계. **교육행정학연구, 24**, 31-53.

Allen, N. J., & Meyer, J. P. (1990). The measurement and antecedents of affective, continuance and normative commitment to the organization. *Journal of occupational psychology, 63*(1), 1-18.

Beijaard, D., Meijer, P. C., & Verloop, N. (2004). Reconsidering research on teachers' professional identity. *Teaching and Teacher Education, 20*(2), 107-128.

Beijaard, D., Verloop, N., & Vermunt, J. D. (2000). Teachers' perceptions of professional identity: An exploratory study from a personal knowledge perspective. *Teaching and Teacher Education, 16*(7), 749-764.

Cameron, K. (2012). Positive leadership: Strategies for extraordinary performance. Berrett-Koehler Publishers.

Canrinus, E. T., Helms-Lorenz, M., Beijaard, D., Buitink, J., & Hofman, A. (2011). Profiling teachers' sense of professional identity. *Educational Studies, 37*(5), 593-608.

Cheung, H. Y. (2008). Measuring the professional identity of Hong Kong in-service teachers. *Journal of In-service Education, 34*(3), 375-390.

Cohen, J. L. (2010). Getting recognized: Teachers negotiating professional identities as learners through talk. *Teaching and Teacher Education, 26*, 473-481.

Collins, G. (2011). 코칭바이블: 개인을 변화시키고 조직을 혁신하는 코칭의 모든 것. 서울:IVP.

Danielson, C. (2006). Teacher leadership that strengthens professional practice. ASCD.

Danielson, C. (2011). 교사리더십(김미숙 역). 서울: 박학사.

Flores, M. A., & Day, C. (2006). Contexts which shape and reshape new teachers'identities: a multi-perspective study. *Teaching and Teacher Education, 22*, 219-232.

Hanna, F., Oostdam, R., Severiens, S. E., & Zijlstra, B. J. H. (2020). Assessing the professional identity of primary student teachers: Design and validation of the teacher identity measurement scale. *Studies in Educational Evaluation, 64*, 1-10.

Hannula, M. S., Leder, G. C., Morselli, F., Vollstedt, M., & Zhang, Q. (2019). *Affect and Mathematics education: Fresh perspectives on motivation, engagement, and identity (eds).* Cham, Switzerland: Springer.

Harrison, C., & Killion, J. (2007). Ten roles for teacher leaders. Educational leadership, 65(1), 74-77.

Henderson, N., & Milstein, M. M. (2003). Resiliency in schools: Making it happen for students and eductors. Thousand Oaks, CA: Corwin Press.

Hong, J. Y. (2010). Pre-service and beginning teachers' professional identity and its relation to dropping out of the profession. *Teaching and Teacher Education, 26*(8), 1530-1543.

Hoy, W. K., & Ferguson, J. (1985). A theoretical framework and exploration of organizational effectiveness of schools. *Educational Administration Quarterly, 21*(2), 117-134.

Hoy, W. K., & Miskel, C. G. (2013). Educational administration(9th ed). New York: MaGraw-Hill.

Kao, Y. R., & Lin, S. (2015). Constructing a structural model of teachers'professional identity. *Asian Journal of Management Sciences & Education, 4*(1), 69-81.

Karaolis, A., & Philippou, G. (2019). Teachers' professional identity. in Hannula, M. S., Leder, G. C., Morselli, F., Vollstedt, M., & Zhang, Q. (2019). *Affect and Mathematics education: Fresh perspectives on motivation, engagement, and identity (eds).* Cham, Switzerland: Springer.

Lasky, S. (2005). A sociocultural approach to understanding teacher identity, agency and professional vulnerability in a context of secondary school reform. *Teaching and Teacher Education, 21*(8), 899-916.

Lee, S., & Schallert, D. L. (2016). Becoming a teacher: Coordinating past, present, and future selves with perspectival understandings about teaching. *Teaching and Teacher Education, 56*, 72-83.

Lentillon-Kaestner, V., Guillet-Descas, E., Martinent, G., & Cece, V. (2018). Validity and reliability of questionnaire on perceived professional identity among teachers scores. *Studies in Educational Evaluation, 59*, 235-243.

Li, B. (2016). A three-way validation of a tool measuring teacher identity. *International Journal of Research in Education Methodology, 7*(4), 1313-1322

Lieberman, A., & Miller, L. (2011). Teacher leadership. John Wiley & Sons.

Mockler, N. (2011). Beyond 'what works': Understanding teacher identity as a practical and political tool. *Teachers and Teaching, 17*(5), 517-528.

Noi, L. A., Kwok, D., & Goh, K. (2016). Assessing teachers' professional identity in a post-secondary institution in Singapore. *The Online Journal of New Horizons in Education, 6*(4), www.tojned.net

Palmer, J. P. (2007). **가르칠 수 있는 용기**(The Courage to Teach), 이종인, 이은정(역) (2013). 서울: 한문화.

Pepe, A., Addimando, L., & Veronese, G. (2017). Measuring Teacher Job Satisfaction: Assessing Invariance in the Teacher Job Satisfaction Scale (TJSS) Across Six Countries. *Europe's Journal of Psychology, 13*(3), 396-416.

Phelps, P. H. (2008). Helping teachers become leaders. The Clearing House: A Journal of Educational Strategies, Issues and Ideas, 81(3), 119-122.

Pietarinen, J., Pyhältö, K., Soini, T., & Salmela-Aro, K. (2013). Validity and Reliability of the Socio-Contextual Teacher Burnout Inventory (STBI). *Psychology, 4*(1), 73-82.

Reeves, J. (2018). Teacher identity work in neoliberal schooling spaces. *Teaching and Teacher Education, 72*, 98-106.

Robbins, S. P., & Judge, T. A. (2014). Organizational behavior(16th ed). New York: Pearson.

Sachs, J. (2001) Teacher professional identity: competing discourses, competing outcomes, *Journal of Education Policy, 16*(2), 149-161,

Shirley, D., & MacDonald, E. A. (2016). The mindful teacher. Teachers College Press.

Starr, S., Haley, H. L., Mazor, K. M., Ferguson, W., Philbin, M., & Quirk, M. (2006). Initial testing of an instrument to measure teacher identity in physicians. *Teaching and learning in medicine, 18*(2), 117-125.

Sutherland, L., Howard, S., & Markauskaite, L. (2010). Professional identity creation: Examining the development of beginning preservice teachers' understanding of their work as teachers. *Teaching and Teacher Education, 26*(3), 455-465.

Turnbull, J. (2013). 9 Habits of Highly Effective Teachers: A Practical Guide to Personal Development. A&C Black.

Whitaker, T. (2003). What great principals do differently: Fifteen things that matter most. New York: Routledge.

Wynne, J. (2001). Teachers as Leaders in Education Reform. ERIC Digest.

찾아보기

저자 소개

■ 최경민

현재 칠곡 장곡초등학교에서 프로젝트 학습 기반 학생 주도형 수업을 실천하고 있으며, 계명대학교에서 교육행정 및 경영 교과목을 가르치고 있다. 저서로는 왁자지껄 배우는 재미 프로젝트 학습(2020), 즐거운 프로젝트 수업(2019), 프로젝트 학습 즐거움으로 배움을 요리하다(2019), 학교가 행복한 우리 아이들(2018), 가르치고 배우며 함께 성장하는 길(2017) 등 다수가 있다.

■ 김규태

계명대학교 교육학과 교수로서 교육행정, 교육정책, 교육경제, 교육조직행동 등에 관심을 갖고 연구하고 가르치고 있다. 교사리더십과 학급경영(2020), 평생학습을 위한 창업과 기업가정신(2021), 교육행정 및 교육경영(2017), 교사정체성 척도 개발 및 타당화(2021), 교사정체성 이론과 쟁점 및 과제(2018), 교육조직행동 연구 동향 분석(2018), 교육정책사회학의 이론적 정립과 연구과제 탐색에 대한 소고(2015) 등 다수의 논문과 저서가 있다.

새로운 교육의 시대
포스트 교육행정

1판 1쇄 인쇄 — 2022년 6월 27일
1판 1쇄 발행 — 2022년 6월 30일

저 자 - 최경민 김규태
발 행 인 - 강성민
발 행 처 - 수양재
주 소 - 경기도 파주시 검산로 173번길 29-20
전 화 - 031-946-3863(代)
팩 스 - 031-946-3864
이 메 일 - syjpub@naver.com
출판등록 - 2016년 6월 3일 제 406-2016-000069 호

ISBN 979-11-89457-21-1

정가 23,000원